多變量分析：
使用SPSS與STATA

陳正昌 著

五南圖書出版公司 印行

序言

在社會及行為科學的研究中，隨著研究方法的複雜及個人電腦的普及，應用多變量統計方法來分析資料的機會也相對增加。特別是近年來，各大學研究生人數逐年增加，基於學位論文撰寫的需要，多變量分析方法及統計套裝軟體的運用乃成為不可或缺的能力。另一方面，人工智慧及機器學習日益影響人類生活，而多變量分析方法也是其中重要的一環。

一九九四年，有鑑於初次接觸多變量統計分析的學習者經常對於電腦程式的撰寫及報表閱讀感到困難，當時是博士候選人的陳正昌及程炳林乃以國內較普遍的統計軟體為主，撰寫《SPSS、SAS、BMDP 統計軟體在多變量統計上的應用》一書，介紹這三套軟體在多變量統計上的應用，並特別針對輸出報表做比較詳細的說明。

隨著電腦統計軟體視窗版的發展與更新，加上多變量分析方法不斷推陳出新，二〇〇三年，乃由陳正昌另外邀請陳新豐及劉子鍵一同參與改寫工作，合力完成《多變量分析方法——統計軟體應用》這一著作。感謝讀者的支持，使本書歷經六次出版（另有大陸簡體字版）；更有將近三千位博碩士生在學位論文中，以本書為參考文獻。

此次改版並更改書名為《多變量分析：使用 SPSS 與 STATA》，由陳正昌獨力撰寫，並自行繪圖、排版。感謝程炳林與陳新豐兩位教授，同意引用部分手稿。在本書中，我挑選了較常用的主成分分析（principal component analysis）、探索性因素分析（exploratory factor analysis）、驗證性因素分析（confirmatory factor analysis）、集群分析（cluster analysis）、典型相關分析（canonical correlation analysis）、多元迴歸分析（multiple regression analysis）、徑路分析（path analysis）、邏輯斯迴歸分析（logistic regression analysis）、區別分析（discriminant analysis）、多變量平均數假設檢定（hypothesis testing for multivariate means）、多變量變異數分析（multivariate analysis of variance）、多層次模型（multilevel modeling, MLM）、共變數結構方程模型（covariance-based structural equation modeling, CB-SEM）、偏最小平方結構方程模型（partial least squares structural equation modeling, PLS-SEM）等十五種方法加以介紹。在多數的章節中，第一部分均為理論的說明，第二部分為小型資料的簡要分析及說明，第三部分是應用各種統計軟體（以 SPSS 及 STATA 為主）配合實際的資料加以解說，第四部分則為統計摘要。

本書的主要分析工具是 SPSS 29 版（考量篇幅及翻譯精確性，操作畫面僅使用英文版示範，另附中文注解）及 STATA 17 版。與 CB-SEM 有關章節，配合 Amos 29、

Mplus 8、LISREL 10 分析；PLS-SEM 配合 SmartPLS 4 分析；MLM 也使用 HLM 8 及 Mplus 8 驗證分析結果。由於同一軟體的新舊版本之間差異並不大，因此本書也適用於早期的版本。在視窗環境中，許多統計套裝軟體已經不太需要撰寫程式，所以本書在 SPSS 附有點取選單（menu）的圖示。不過，因為使用語法有其方便性，所以 SPSS 也配合使用撰寫程式的方式進行分析（程式中小寫部分為指令，讀者可以全部照引；大寫部分為變項，需要視個人資料加以更改）。STATA 雖然也有選單可以分析，但是，多數研究者傾向使用指令分析，因此，本書僅附分析指令（STATA 的指令為小寫，變數有大小寫區別，應多留意）。輸出報表部分，為了不增加太多的篇幅，都只選擇以 SPSS 為主要解說的依據，必要時再輔以其他軟體。幸好，較知名的統計套裝軟體之輸出結果差異都不大，讀者應該都可以從本書中找到需要的說明。

　　本書能夠順利出版，首先要感謝臺灣師範大學林清山教授，在多變量課程認真的教導，並細心地審閱第一版初稿，恩師提攜之情永難忘懷。其次，作者在政治大學研究所就學期間，接受林邦傑、馬信行、余民寧、郭貞、及詹志禹等教授在多變量統計相關課程的知識傳授，亦是本書得以完成的憑藉。在與程炳林、陳新豐、與劉子鍵三位教授合作的過程，充滿收穫與喜悅，感謝他們鼓勵我獨立完成此書。感謝學棣王光多老師、內人林素秋老師、五南校稿同仁，協助校對，使本書錯誤減至最少。

　　五南圖書出版公司慨允出版，使本書歷經陳念祖、張毓芬、侯家嵐等三位主編，得以持續將近三十年。當然，許多讀者對本書的支持及指正，也是本書得以不斷改版的動力。

　　本書是我學術生涯中重要的著作，從出版到歷次修訂，花費了許多時間及心力才得以完成，它留下了多年來成長的紀錄，而此期間也得力於許多人的協助。當然，不論如何用心，錯誤疏漏之處或恐難免，敬祈諸位先進直接與我聯繫，提出批評指正，謹此表示感謝之意。如果需要資料檔進行練習，請到五南官網查詢 1HAP 下載。

 謹識

2023.1

目錄

1 多變量方法與統計軟體簡介

本章簡要說明多變量分析方法的適用時機，以及本書使用的統計軟體。本書以 SPSS 及 STATA 為主，兼採其他特定功能的統計軟體。

1.1 多變量分析方法簡介

學者在進行量化研究時，常不僅限於單變量（univariate）或雙變量（bivariate）的分析，許多時候要使用多變量分析（multivariate analysis）的方法。嚴格而言，多變量分析是用來同時分析兩個以上依變數的觀察資料的方法，它將依變數視為彼此有關的融合體，同時加以考量，而不是彼此無關而分離的單獨變數（林清山，1988）。寬鬆而言，多變量分析是用來探討多個變數間的單一關係或是多組關係的技術（Hair et al., 2019），因此，多變量分析方法可大略定義為：同時分析三個以上變數間關係的方法。

隨著個人電腦的快速普及與統計軟體的持續發展，加上目前多數統計軟體的操作都相當容易，多變量統計已逐漸成為資料分析時不可或缺的工具。另一方面，由於前述的條件，使得許多以往較為複雜的多變量方法（如：結構方程模型、偏最小平方結構方程模型、及多層次模型），也普遍被使用。而當前熱門的資料探勘、巨量資料分析、或機器學習，也與多變量方法息息相關。然而，如何選擇適當的方法加以善用，則需要特別留心，否則常會導致錯誤的結論。

在決定分析方法之前，研究者應先了解研究變數的性質。變數一般分成四類：名義變數（nominal variable，或譯為名目變數）、次序變數（ordinal variable，或譯為順序變數）、等距變數（interval variable，或譯為區間變數）、及比率變數（ratio variable，或譯為等比變數）。前兩者為非計量性變數（nonmetric variable），無法進行數學之四則運算，為質的變數（qualitative variable，或稱定性變數）；後兩者為計量性變數（metric variable），是量的變數（quantitative variable，或稱定量變數）。

其次，應了解變數是屬於自變數（independent variable）或依變數（dependent variable），若不區分是自變數或依變數，則屬於相依變數（interdependent variable）。依據上述的分類，可以將常用的多變量分析方法整理成表 1-1。

如果自變數及依變數都是計量的變數，適用的統計方法有多元迴歸分析（見本書第 7 章）、多變量迴歸分析、典型相關分析（第 6 章）、多層次模型（第 13 章）、結構方程模型（第 14 章）、偏最小平方結構方程模型（第 15 章）。多元迴歸分析主要在使

表 1-1 多變量分析方法分類

		依變數		
		無依變數	非計量	計量
自變數	非計量	對數線性模型 多元尺度法 潛在類別分析	邏輯對數線性模型	Hotelling T^2 多變量變異數分析
	計量	主成分分析 因素分析 集群分析 多元尺度法	邏輯斯迴歸分析 區別分析	多元迴歸分析 多變量迴歸分析 典型相關分析 CB 結構方程模型 PLS 結構方程模型

用一組計量（或非計量）變數加以組合，以對另一個計量變數進行預測，屬於機器學習的監督式學習技術。典型相關分析是分別針對兩組計量變數加以組合，以求得組合因素的相關。結構方程模型（也包含徑路分析）則在探討多個計量變數間的因果關係。偏最小平方結構方程模型與共變數本位的結構方程模型同為第二代統計技術，兩者已是目前統計分析的主流。

假使自變數是計量變數，而依變數為非計量變數，適用的統計方法有邏輯斯迴歸分析（第 9 章）及區別分析（第 10 章）。區別分析常用於分類，屬於機器學習中監督式學習的分類技術，是使用一組計量（或非計量）變數加以組合，以對另一個非計量變數加以預測，此常用於觀察體的分類。進行區別分析時，如果資料違反統計假定，邏輯斯迴歸分析是可行的替代方法，邏輯斯迴歸分析常用於醫學的研究，也屬於監督式學習的分類技術。

要比較各組間多個計量變數平均數的差異，Hotelling T^2（第 11 章）及多變量變異數分析（簡稱 MANOVA，見本書第 12 章）是常用的方法。Hotelling T^2 適用於一組或兩組之間多個計量依變數平均數的比較，如果自變數是三組（水準）以上，或是有兩個以上非計量的自變數（二因子以上），則應使用多變量變異數分析。

如果變數都是計量變數，但不區分自變數或依變數（稱為相依變數），則可用的統計方法有主成分分析（第 2 章）、因素分析（第 3 章）、集群分析（第 5 章）、及多元尺度法（簡稱 MDS，見本書第六版第 11 章）。主成分分析是針對一組計量變數加以線性組合，以達到精簡的目的，屬於非監督式學習的降維技術。因素分析則在探討一組計量變數的潛在因素或結構，可以針對變數加以分類。集群分析是使用一組計量

（或非計量）變數，對觀察體（也可用於變數，但較少使用）加以分類，屬於非監督式學習的技術。MDS 之目的在發掘一組變數（可為計量或非計量）背後之隱藏結構，希望在主要元素所構成的構面圖來表達出資料所隱藏的內涵。

　　當變數都是非計量變數時，如果是相依變數，可以使用對數線性模型（見本書第六版第 15 章）、MDS、及潛在類別分析。對數線性模型在探討一組非計量變數的關係，分析時並沒有自變數及依變數之分，如果依變數也同樣是非計量變數，則應使用邏輯（logit）對數線性模型。潛在類別分析在探討一組非計量變數的潛在因素或結構（亦為非計量性質），類似於計量變數的因素分析（可使用 Latent GOLD 或 Mplus 進行分析），此方法可參見邱皓政（2008）的專書。

1.2　本書使用之統計軟體簡介

　　多數研究者在進行多變量分析時，均會使用現成的統計套裝軟體；而配合統計軟體撰寫教科書，也是目前的趨勢。經過多年的發展，目前常見的統計軟體均具備相當友善的操作界面，也具有非常完備的分析功能。不過，軟體難免會有錯誤（bug），除了定期更新（update）及升級（upgrade）外，由於計算過程像是「黑箱」（black box），使用者無法了解其中奧祕，我們建議最好能同時使用兩套以上軟體進行分析並互相對照，以減少可能出現的運算錯誤。

　　常言道：「尺有所短，寸有所長。」這些統計軟體（如 SPSS 及 STATA），多半是配合多數使用者的普遍需要，因此涵蓋的分析程序較多，然而對於特殊需要者，則會顯得不足，此時就有必要使用較特定用途的統計軟體（如 LISREL 及 Amos）。

　　本書第一版同時介紹當年盛行「三大」（big three）統計軟體——SPSS、SAS、BMDP，到了第六版時，BMDP 已被 SPSS 併購而退出市場。近年來，許多大學已不再租賃 SAS，因此使用者較少。而 STATA 則因售價較低，功能完整，具可擴充性，因此，本次改版，選擇以 SPSS 及 STATA 為主要分析軟體。

1.2.1　SPSS（新名為 IBM SPSS Statistics，簡稱 SPSS）

　　SPSS 軟體所屬之 SPSS 公司於 1968 年設立，於 2009 年 7 月被 IBM 公司併購，並更名為 IBM SPSS software（網址為 https://www.ibm.com/analytics/spss-statistics-software），早期它代表著 Statistical Package for the Social Sciences，其後是 Statistical Product and Service Solutions 的縮寫，自 2009 年 4 月起，短期更名為 PASW（Predictive Analytics Software），並有一系列產品，目前改為 IBM SPSS Statistics。

　　SPSS Statistics 目前為第 29 版，自第 17 版開始可直接切換 12 種語言界面及報表（含繁體及簡體中文）。SPSS Statistics 採短期授權（通常 1 年期）及長期賣斷兩種方式，如果要進行多變量分析，最少需要 Base、Advanced、及 Regression 三個模型（model），其他模型可視使用者需要加以選購。

　　SPSS 提供全部功能之 Subscription 試用版，可在 IBM 公司申請帳號，即可以下載試用 1 個月。Subscription 版係透過網路啟動、分析，功能與 Desktop 版完全相同。

　　SPSS 可以讀取 SAS、STATA、Excel、及純文字的資料檔，多數使用者會透過選單的方式分析資料，然而，這也使得每次分析都要重複點擊選單，效率不高。本書兼採撰寫語法方式，除了可以重複同樣的分析外，也可增加對程式設計的基本能力。

　　筆者（陳正昌，2022）著有《SPSS 與統計分析》一書，也錄製 SPSS 的單變量分析操作方法（網址為：https://goo.gl/qp2Tkl 或 https://reurl.cc/1molRV），讀者可以自行上網觀看。

1.2.2　STATA

　　STATA 為 StataCorp 公司（網址為 https://www.stata.com）於 1985 年發行，目前是 17 版，除了本身的資料檔外，STATA 也可以讀取 SAS、SPSS、及純文字格式的資料。STATA 可以使用選單點選進行分析，也可以撰寫語法，如果有缺少之統計功能，可以透過網路尋找其他使用者提供的外部 ado 檔，擴充性相當大。本書第 15 章的 PLS 結構方程模型，即可使用 plssem.ado 完成多數的分析，結果與 SmartPLS 一致。

　　STATA 比一般統計軟體提供更多的分析方法，它在類別資料及縱貫資料的分析更是突出。STATA 以往並沒有內附分析結構方程模型（SEM）的功能，自 12 版後已經加入此分析程序，使用上更是方便。STATA 同樣提供試用版（通常 1 個月），讀者可以在該公司網站申請下載試用。

1.2.3　Amos

　　Amos 由 James L. Arbuckle 設計，IBM 公司發行，目前是第 29 版，主要用來進行結構方程模型分析，可以直接使用 SPSS 資料進行分析。由於使用繪圖方式，操作界面簡單，受到使用者的喜愛，已逐漸超越早期較有名的 LISREL 軟體。

　　Amos 也提供 1 個月的試用版，可以在 IBM 公司下載。Amos 的簡要操作，請觀看筆者錄製的示範影片，網址為：https://reurl.cc/06g3Ox。

1.2.4　LISREL

LISREL 由瑞典統計學家 Jöreskog 及 Sörbom 於 1970 年代設計，目前由 Scientific Software 公司（網址為 https://www.ssilive.com/license/lisrel）發行，最新版是 12 版，主要用來進行結構方程模型分析，由於使用者眾多，LISREL 甚至成為結構方程模型的代名詞。除了結構方程模型之外，LISREL 也提供了各式迴歸及試探性因素分析功能。

LISREL 的使用者多數使用語法進行分析，早期的 LISREL 語法較為專業，須具備矩陣概念，目前的 SIMPLIS 語法則使用簡單的英文，配合方程式加以撰寫，使用甚為方便。

LISREL 同樣提供試用版，可向該公司申請。

1.2.5　Mplus

Mplus（網址為 https://www.statmodel.com）由 Muthén 伉儷所設計，前身為 LISCOMP。Mplus 於 1998 年發行第 1 版，目前為 8.8 版，可以用來進行結構方程模型、潛在類別模型、及各種迴歸分析，可說是功能相當強大的統計軟體。Mplus 以撰寫語法為主，其輸出檔為純文字形式。分析後在“Diagram”選單下選擇“View diagram”即可繪製徑路圖。

如果進行結構方程模型分析，Mplus 所提供的適配性指標較 LISREL 及 Amos 少，但是它能進行的分析方法（如，潛在類別分析），則較後兩者多。

Mplus 提供功能較少，但無使用期限的學生版，可在該公司網站下載。

1.2.6　SmartPLS

SmartPLS（網址為 https://www.smartpls.com）由 Ringle、Wende、及 Becker 設計，主要在進行 PLS（partial least square）結構方程模型（PLS-SEM）分析，目前為第 4 版，筆者（陳正昌）曾參與其繁體中文化工作。

在 PLS-SEM 的分析上，SmartPLS 可說是功能最完整的軟體，它繪圖功能強大，可以直接繪圖並執行分析，使用相當簡便。

SmartPLS 提供功能完整的 1 個月試用版，可在該公司網站下載。

1.2.7　HLM

多層次模型（Multilevel Modeling, MLM）與結構方程模型（SEM）可說是目前多變量分析的顯學，多數統計套裝軟體均或多或少具備分析多層次模型的功能，然

而，較完整且使用便利者，仍首推 HLM。

HLM 由 Raudenbush、Bryk、及 Congdon 設計，同樣為 Scientific Software 公司（網址為 https://ssilive.com/license/hlm）所發行，目前是第 8.2 版，主要用來進行多層次模型分析，HLM（階層線性模型）幾乎等於多層次模型的代名詞。

HLM 可以讀入 SPSS、SAS、Systat、及 STATA 的資料檔，並轉換為 ssm 或 mdm 檔。將模型界定完成，點選 "Run Analysis" 下之 "Run the model shown" 即可進行參數估計。完成分析後，會直接在瀏覽器顯示結果。

HLM 同樣提供試用版，可向該公司申請。

1.2.8　S-PLUS 及 R

S 語言是由 AT&T 貝爾實驗室所開發的一種用來進行數據探索、統計分析、及繪圖的語言，而 S-PLUS 及 R 都是植基於 S 語言的統計軟體。S-PLUS 由 TIBCO 公司（網址為 http://www.tibco.com）販售，屬於商業軟體，目前為第 8.2 版；而 R 則是一群志願者所開發的軟體（網址為 http://www.r-project.org），屬於自由軟體（freeware），目前為 4.2.2 版。兩套軟體有一定的相容性。

這兩套軟體均能處理多數的多變量統計分析，也具有相當優異的繪圖功能。S-PLUS 可以兼採選單及語法方式進行分析，R 以撰寫語法為主，配合 RStudio 可以加快語法撰寫，如果安裝 R Commander 則可以使用選單進行分析。

由於 R 屬自由軟體，沒有版權問題，適合經費不足的單位或學生，且參與開發的志工眾多，有特殊的統計方法，多數可以在網路中尋找並安裝，目前有愈來愈多的統計書籍使用 R 進行分析，因此值得大力推薦。R 軟體在多變量分析的應用，可參考陳正昌與林曉芳（2020）的專書。

1.2.9　JASP 及 jamovi

JASP 是由荷蘭阿姆斯特丹大學 Eric-Jan Wagenmakers 教授的團隊，開發的自由軟體，以 R 語言為核心，兼重古典統計（Frequentist）與貝氏統計（Bayesian），採用選單及即時分析的方式，只要選擇所需選項，即可產生與 SPSS 極為相似的報表。

Jamovi 是由 Jonathon Love 主導開發的自由軟體，同樣以 R 為核心，不過，他的目標是以提供較多統計方法，相對比較不重視貝氏統計。Jamovi 的優點是提供擴充模組，古典統計的功能較 JASP 強大。Jamovi 也提供 jmv 程式套件，可在 R 統計軟體中安裝，進行多樣的統計分析。

1.3　多變量分析方法與統計軟體選擇

　　除非專精於程式設計，可以自行撰寫所需要的程式，否則多數研究者在進行多變量分析時，均會選擇使用現成的統計套裝軟體。

　　前述所介紹的統計軟體，可分為兩大類：一類是具有廣泛的分析功能，但是某些特定的方法可能較欠缺或正在發展中，此類軟體以 SPSS 及 SAS 歷史最為悠久，使用者也較多。STATA 由於功能完整，更新快速，且售價較低，近年來使用者日眾。此外，如 Minitab、NCSS、Statistica、Statgraphics、及 Systat，也都各有優異的功能。另一類是特定功能的軟體，但也具備部分常用的統計方法，此類軟體如 Amos、LISREL、Mplus、HLM、MLwiN、及 SmartPLS。

　　近年來，R 統計軟體逐漸受到重視，除了免費外，R 具有許多優勢，值得推薦。R 軟體在統計學的應用，可以參考陳正昌與賈俊平（2019）以及陳正昌與林曉芳（2020）的專書，其中有詳細的說明。JASP 及 jamovi 是基於 R 所設計的選單式自由統計軟體，兩者都提供常用的多變量及機器學習方法，建議讀者可以嘗試使用。

　　現在的統計軟體多數都已採選單方式進行分析，優點是簡單易學，可以跟著操作示範快速完成分析，缺點則是較缺乏彈性，且每次分析都要重新點選，耗時費力。建議讀者，可以試著改用撰寫分析指令（特別是 SPSS）的方式來進行分析，雖然一開始會較陌生且易出錯，不過，如果嫻熟指令後，反而有以下優勢：1.指令可以存檔，開啟後即可一次執行眾多分析，比點擊選單快速；2.方便檢查分析步驟是否正確；3.指令可以提供他人，執行相同的分析，確認是否分析正確並得到同樣的報表；4.複雜的分析過程常需要借助語法才能完成；5.透過語法，可以較深入了解統計概念，且有助於遷移到其他統計軟體或程式語言。

　　本書的 SPSS 操作示範，兼用選單及指令，STATA 則以指令為主，不介紹選單操作過程。各章主要指令及其他可用之軟體，整理如表 1-2。

表 1-2　多變量分析方法與統計軟體選擇

統計方法	SPSS	STATA	其他軟體
多元迴歸分析	regression	regress	Amos、LISREL、Mplus
邏輯斯迴歸分析	logistic regression、nomreg	logistic	Amos、LISREL、Mplus
典型相關分析	stats cancorr、manova、canonical correlation 巨集	canon	SmartPLS
區別分析	discriminant	discrim	
Hotelling T^2 分析	glm、manova、t-test	hotel	NCSS
多變量變異數分析	glm、manova	manova	
主成分分析	factor	pca	
因素分析	factor、Amos	factor	LISREL、Mplus、JASP、jamovi
集群分析	cluster、quick cluster	cluster	
結構方程模型	Amos	sem	LISREL、Mplus、JASP、jamovi
PLS 結構方程模型		plssem	SmartPLS
多層次模型	mixed、genlinmixed	mixed	Mplus、HLM、MLwiN

2 主成分分析

主成分分析在機器學習中被歸為降維的技術，它的目的是希望減少資料的維度，又不影響整體的效能。主成分分析與因素分析有部分相似處，但仍有許多差異。本章僅說明較重要的概念，主成分個數的決定，則留待第 3 章介紹。

2.1 理論部分

2.1.1 主成分分析的功能

主成分分析是由英國統計學家 Karl Pearson 創用，而 Harold Hotelling 再加以發展的一種統計方法（林清山，1988; Dunteman, 1994; Jolliffe, 2002），它是一種將多變量資料轉化為單變量資料的技術，其主要目的在於資料的**精簡**及**線性轉換**。

在社會及行為科學研究中，經常會處理許多變數，如果有 5 個自變數，單要分析兩兩之間的關係就有 10 種（$5 \times 4 \div 2$）；10 個自變數，就有 45 種（$10 \times 9 \div 2$）關係；而 p 個變數間兩兩之間的關係就有 $p \times (p-1) \div 2$ 種。更何況還要分析自變數與依變數的關係。所以如何使用 k 個（$k < p$）線性組合後的主成分（變量）來代替這 p 個變數，使其能以最精簡的主成分數目，得到最大的變異量，是主成分分析的第一個功能。

圖 2-1 是 30 名學生在國文及數學兩科的得分，第 1 組學生以白色圓點表示，第 2 組學生以灰色圓點表示。由左圖可看出，兩科分數各在 60 上下的學生，兩組共有 11 名會重疊。如果將國文及數學取主成分（可名之為學業成績），得到右圖，則兩組學生就不重疊。

圖 2-1　將國文及數學成績取主成分

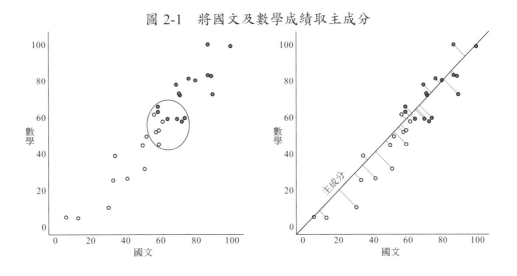

　　其次，在多元迴歸分析中（第 7 章），預測變數間不可以有線性相依的問題。如果預測變數間有很高的相關，可以透過重新給予這些變數不同的加權，轉換得到新的變數（主成分），且使新的變數之間兩兩的相關均為 0，然後再將這些主成分投入迴歸分析，此稱為**主成分迴歸**（principle component regression）。因為兩兩的主成分之間完全無關，所以每個主成分與效標變數之簡單相關的平方，就是進行多元迴歸時，個別變數（主成分）對效標變數單獨的預測力。因此，如何將 p 個彼此有高相關的變數，經過線性組合後得到 p 個彼此無關的主成分，然後進行後續分析，是主成分分析的第二個功能。

2.1.2　主成分分析的基本概念

　　主成分分析與因素分析（第 3 章）有許多相似之處，但也有不同的地方，其目的可以用圖 2-2 表示。左圖為主成分分析，是由變數加權（**主成分加權係數**）後求主成分，此稱為**形成性指標**（formative indicators）；圖右為因素分析，主要是以因素加權（**因素負荷量**）表示因素與變數（指標）間的關係，此為**反映性指標**（reflective indicators）。主成分分析著重在解釋資料的變異數，而因素分析則著重在解釋指標間的關係（Sharma, 1996, p. 128）。所以主成分是**變異數**導向的統計方法，而因素分析是**共變數**導向的統計方法（林清山，1988，p. 348）。

圖 2-2　主成分分析及因素分析

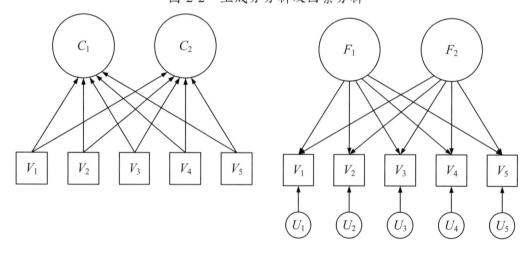

　　主成分分析的最主要目標就是將 p 個 X 變數給予不同的加權（w）以組合成 q 個（$q \leq p$）新的變數（稱為主成分）C，公式如下：

$$C_1 = w_{11}X_1 + w_{12}X_2 + w_{13}X_3 + \cdots\cdots + w_{1p}X_p$$

$$C_2 = w_{21}X_1 + w_{22}X_2 + w_{23}X_3 + \cdots\cdots + w_{2p}X_p \tag{2-1}$$

$$\vdots$$

$$C_q = w_{q1}X_1 + w_{q2}X_2 + w_{q3}X_3 + \cdots\cdots + w_{qp}X_p$$

公式 2-1 中，w 是變數對主成分的加權係數。X 變數可以是**原始分數**、**離差分數**、或是**標準分數**，選擇不同，結果也會有所不同。不過，概念則是大同小異。

2.1.2.1 主成分分析的基本要求

主成分分析要達到以下的要求：

1. 所有的主成分之間都沒有相關。
2. 第 1 個主成分的變異量最大，第 2 個次之，第 3 個又次之……。
3. $w_{i1}^2 + w_{i2}^2 + w_{i3}^2 + \cdots\cdots + w_{ip}^2 = 1$，　　$i = 1\cdots\cdots q$ $\tag{2-2}$
4. $w_{i1}w_{j1} + w_{i2}w_{j2} + w_{i3}w_{j3} + \cdots\cdots + w_{ip}w_{jp} = 0$，　　$i \neq j$ $\tag{2-3}$

2.1.2.2 以共變數矩陣進行分析

如果使用離差分數，是利用**共變數矩陣**進行分析，其要點如下：

1. 以共變數矩陣（**S**）進行分析時，在 w'w = 1 的條件下，求 w'Sw 的極大值。
2. 由 **S** 矩陣解出**特徵值 λ** 及**特徵向量 w**，此時特徵向量 **w** 即為 X 變數之**加權係數**，特徵值 **λ** 即是主成分的**變異數**。STATA 軟體以特徵向量直接乘以 X 的原始數值，得到主成分分數，其變異數等於特徵值。SPSS 的加權係數將特徵向量再除以 $\sqrt{\text{特徵值}}$。
3. 此時主成分分數 **C** = **Xw**，而第 i 個主成分的變異數等於第 i 個特徵值，即：
$$\text{var}(C_i) = \lambda_i \tag{2-4}$$
4. 各個主成分的解釋變異量比例為：
$$\frac{\lambda_i}{tr\mathbf{S}} \tag{2-5}$$

   其中 $tr\mathbf{S}$ 是 **S** 矩陣的跡（trace），即矩陣對角線的和，也就是所有 X 變數的變異數總和。
5. 第 i 個主成分（C_i）與第 j 個變數（X_j）的相關（負荷量），是以特徵向量（加權係數）乘以 $\sqrt{\text{特徵值}}$ 再除以變數的標準差而得，公式為：

$$r_{C_iX_j} = \frac{w_{ij}\sqrt{\lambda_i}}{S_j} \qquad (2\text{-}6)$$

其中 S_j 是 X_j 的標準差。

6. SPSS 軟體還有原始負荷量，是以特徵向量（加權係數）乘以 $\sqrt{特徵值}$ 而得，公式為：

$$r'_{C_iX_j} = w_{ij}\sqrt{\lambda_i} \qquad (2\text{-}7)$$

2.1.2.3 以相關矩陣進行分析

雖然使用共變數矩陣比較容易解釋，統計顯著性檢定也比較簡單（林清山，1988），但是因為變數測量單位不同，會影響計算結果，所以許多學者建議將資料轉換為標準分數，也就是使用**相關矩陣**進行分析（張健邦，1993），這是比較正確的方法（林清山，1988，p. 290）。如果沒有特別指定，統計軟體都以相關矩陣進行分析。計算要點如下：

1. 以相關矩陣（**R**）進行分析時，在 **w'w** = 1 的條件下，求 **w'Rw** 的極大值。

2. 由 **R** 矩陣解出**特徵值 λ** 及**特徵向量 w**，此時特徵向量 **w** 即為 X_z 變數之**加權係數**，特徵值 **λ** 即是主成分的**變異數**。STATA 軟體以此方式計算主成分分數。

3. 此時主成分分數 $C_z = \mathbf{X}_z \mathbf{w}$，而第 i 個主成分的變異數等於第 i 個特徵值，即：

$$\text{var}(C_{z_i}) = \lambda_i \qquad (2\text{-}8)$$

4. 各個主成分的解釋變異量比例為：

$$\frac{\lambda_i}{tr\mathbf{R}} = \frac{\lambda_i}{p} \qquad (p \text{ 為變數數目}) \qquad (2\text{-}9)$$

5. SPSS 統計軟體將主成分的變異數轉換為 1，此時加權係數公式為：

$$w' = w \times \frac{1}{\sqrt{\lambda}} \qquad (2\text{-}10)$$

6. 第 i 個主成分（C_{z_i}）與第 j 個變數（X_{z_j}）的相關（在因素分析中稱為**因素負荷量**, factor loading）為：

$$r_{Cz_iXz_j} = a_{ij} = w_{ij} \times \sqrt{\lambda_i} \qquad (2\text{-}11)$$

2.1.2.4　特徵值及三種矩陣

綜合上述，主成分分析需留意特徵值及三種矩陣，分別說明如後。

特徵值由共變數矩陣或相關矩陣求得，它是每個主成分的變異數，取平方根後就是主成分的標準差。由每個特徵值所占比例，可以計算個別主成分的解釋量。

特徵向量（矩陣）由共變數矩陣或相關矩陣求得，將觀察體的原始分數或標準分數乘以特徵向量，就可以得到每個觀察體的主成分分析。STATA 以特徵向量計算主成分分數，主成分的變異數等於特徵值，主成分的平均數等於各變數的平均數乘以特徵向量的和。例如：X_1、X_2、X_3 的原始平均數分別為 3.35、3.30、3.45，第 1 行的特徵向量為 0.580、0.603、0.548，則以共變數矩陣分析後得到的第 1 個主成分之平均數為：

$$3.35 \times 0.580 + 3.30 \times 0.603 + 3.45 \times 0.548 = 5.824$$

主成分分數係數矩陣是由特徵向量除以 $\sqrt{特徵值}$ 而得，SPSS 以此矩陣計算主成分分數。計算後的各個主成分分數，平均數為 0，標準差為 1。

成分矩陣（也是負荷量矩陣、結構矩陣）是各變數與主成分的相關矩陣，由特徵向量乘以 $\sqrt{特徵值}$ 再除以各變數的標準差而得。如果不除以各變數的標準差，在 SPSS 中稱為原始成分矩陣。如果使用標準化分數，由於變數的標準差為 1，此時，成分矩陣就等於特徵向量乘以 $\sqrt{特徵值}$ 。

2.1.2.5　主成分數目的決定

要保留多少個主成分，須視目的而定。如果目的只在於將原變數轉換成沒有相關的主成分，以進行後續的分析，則主成分數目就等於原變數數目。假如目的在於變數的精簡，則主成分數目就小於原變數數目。此時有兩種常用的方法可以選擇：第一種是使用相關矩陣進行分析，通常保留特徵值大於 1 者；第二種是畫出陡坡圖配合平行分析來決定，其方法請見本書第 3 章。此外還可以使用統計檢定的方式，其方法比較複雜，讀者可參考林清山（1988，p. 320-325）、Dillon 和 Goldstein（1984, pp. 44-47）、Sharma（1996, pp. 77-79）等人的著作。

2.2　假設性資料

表 2-1 是假設性資料，有 20 個觀察體，各有 3 個變數，以標準化數據進行主成分分析。

表 2-1　20 個觀察體之 3 個變數資料

觀察體	X1	X2	X3	觀察體	X1	X2	X3
1	3	4	3	11	2	2	2
2	3	2	4	12	2	2	2
3	4	5	5	13	4	5	5
4	5	5	5	14	3	2	3
5	2	2	2	15	3	4	3
6	4	4	4	16	1	2	2
7	2	3	3	17	5	3	3
8	4	4	4	18	3	2	3
9	4	4	3	19	4	3	4
10	4	3	4	20	5	5	5

2.2.1　簡要語法

在 SPSS 中使用 factor 程序，使用 PC 法萃取 3 個主成分，並列出相關矩陣及因素分數係數。

```
get file      'C:\MULTI\SPSS\princomp_ex.sav'.
factor
              /variables X1 X2 X3
              /print initial correlation extraction fscore
              /criteria factors(3)
              /rotation norotate
              /method=correlation.
```

在 STATA 中，簡要語法如下，分別在進行主成分分析，儲存 3 個主成分分數，並計算主成分（簡寫為 P?）與 X 變數（簡寫為 X?）的相關。

```
use "C:\multi\STATA\princomp_ex.dta", clear
pca X1 X2 X3
predict PC1 PC2 PC3
correlate PC? X?
```

2.2.2　簡要報表

　　以下報表以 SPSS 為主，STATA 為輔。為配合 STATA 結果，SPSS 的數值均由內定的 3 位小數，改為 4 位小數。報表說明如後。

報表 2-1

Correlation Matrix		X1	X2	X3
Correlation	X1	1.0000	.7058	.7871
	X2	.7058	1.0000	.7811
	X3	.7871	.7811	1.0000

　　報表 2-1 為 3 個變數的相關矩陣。變數間的相數係數都高於 .70，為高相關。

報表 2-2（STATA）

Component	Eigenvalue	Difference	Proportion	Cumulative
Comp1	2.51657	2.22226	0.8389	0.8389
Comp2	.294316	.105206	0.0981	0.9370
Comp3	.18911	.	0.0630	1.0000

　　報表 2-2 中由相關矩陣的解得的 3 個特徵值分別為 2.51657、0.294316、0.18911，總和為 3，是 3 個變數標準化後的變異數（都是 1）總和。第 1 個主成分的變異量百分比為 2.51657 / 3 = 0.8389 = 83.89%，其他 2 個主成分的解釋量分別為 9.81% 及 6.30%。

報表 2-3（STATA）

Principal components (eigenvectors)				
Variable	Comp1	Comp2	Comp3	Unexplained
X1	0.5716	-0.6925	0.4401	0
X2	0.5700	0.7209	0.3942	0
X3	0.5902	-0.0255	-0.8068	0

　　報表 2-3 為特徵向量，有兩個特性：1.任一直行（或橫列）元素的平方和都是 1；2.任意兩直行（或橫列）元素交乘積和都是 0。它們是計算主成分時的加權係數。在 STATA 中，利用上述 20 個觀察體之 3 個變數的標準化分數，乘以此加權係數，就可

以得到 3 個主成分分數，它們的變異數分別是報表 2-2 的 3 個特徵值。

　　將此處 3 行特徵向量，各自乘以特徵值平方根的倒數（也就是除以 3 個特徵值的平方根），就可以得到報表 2-4 的 SPSS 主成分分數係數（或稱主成分得點係數）。以第 1 行為例：

$$\begin{bmatrix} 0.5716 \\ 0.5700 \\ 0.5802 \end{bmatrix} \times \left[\sqrt{2.5166} \right]^{-1} = \begin{bmatrix} 0.3603 \\ 0.3593 \\ 0.3721 \end{bmatrix}$$

　　將報表 2-3 的 3 行特徵向量，各自乘以 3 個特徵值的平方根，就可以得到報表 2-5 的負荷量係數（也是主成分與變數的相關係數）。如特徵向量的第 1 行，乘以第 1 個特徵值的平方根，即為：

$$\begin{bmatrix} 0.5716 \\ 0.5700 \\ 0.5902 \end{bmatrix} \times \sqrt{2.5166} = \begin{bmatrix} 0.9068 \\ 0.9042 \\ 0.9363 \end{bmatrix}$$

報表 2-4
_____

Component Score Coefficient Matrix

	Component		
	1	2	3
X1	.3603	-1.2766	1.0120
X2	.3593	1.3289	.9064
X3	.3721	-.0471	-1.8553

Extraction Method: Principal Component Analysis.

　　報表 2-4 是 SPSS 的主成分分數係數矩陣。以標準化的分數（Z_{X_1}、Z_{X_2}、Z_{X_3}）乘以主成分分數係數，即可得到標準化的主成分分數，此時 3 個主成分的變異數均為 1。

報表 2-5
_____

　　報表 2-5 是由 SPSS 分析所得的負荷量（結構）矩陣。由第 1 行的係數可看出，3 個變數與第 1 個主成分的相關均達 .90 以上，所以第 1 主成分可以充分代表 3 個變數。

Component Matrix^a

	Component		
	1	2	3
X1	.9068	-.3757	.1914
X2	.9042	.3911	.1714
X3	.9363	-.0139	-.3509

Extraction Method: Principal Component Analysis.
a. 3 components extracted.

報表 2-6（STATA）

	PC1	PC2	PC3	X1	X2	X3
PC1	1.0000					
PC2	0.0000	1.0000				
PC3	-0.0000	-0.0000	1.0000			
X1	0.9068	-0.3757	0.1914	1.0000		
X2	0.9042	0.3911	0.1714	0.7058	1.0000	
X3	0.9363	-0.0139	-0.3509	0.7871	0.7811	1.0000

　　報表 2-6 是 3 個主成分與 3 個變數間的相關矩陣。矩陣可分成 3 個部分：左下角是主成分與變數的相關（另加灰色網底），與報表 2-5 一致；左上角是主成分間的相關，兩兩的相關係數都為 0，符合主成分的要求。右下角是變數間的相關係數，與報表 2-1 一致。

2.3　應用部分

2.3.1　範例說明

　　以下以筆者實際實施的「智慧型手機使用情形調查」中之 $E1$、$E2$、$E3$ 等 3 個實際使用智慧型手機題目，進行主成分分析。讀者應留意，這些題目應是形成性指標才適宜進行主成分分析。如果是反映性指標，應使用因素分析。

2.3.2　SPSS 分析步驟圖

　　雖然因素分析與主成分分析概念上有所不同，但是 SPSS 都是使用因素分析來進行（只是報表較不完整）。以下只介紹與主成分分析有關之分析，其他較詳細部分請見第 3 章之因素分析。由於使用相關矩陣進行主成分分析較適宜，因此不說明以共變

數矩陣分析的結果。

1. 在【Analyze】（分析）下選擇【Dimension Reduction】（維度縮減）之【Factor】（因子），以進行主成分分析（圖 2-3）。

圖 2-3　Factor 選單

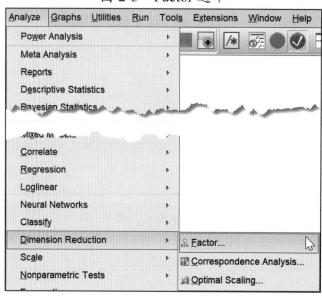

2. 將所要分析的變數點選到右邊的【Variables】（變數）中（圖 2-4）。

圖 2-4　Factor Analysis 對話框

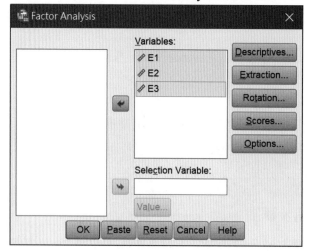

3. 在【Descriptives】（敘述統計）中勾選【Univariate descriptives】（單變量敘述統計）、【Initial solution】（初始解）及【Correlation Matrix】（相關矩陣）之【Coefficients】（係數）（圖 2-5）。

圖 2-5　Factor Analysis: Descriptives 對話框

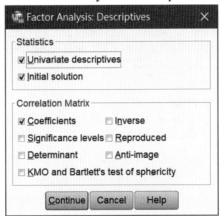

4. 在【Extraction】（萃取）的選單中，內定使用【correlation matrix】（相關矩陣）進行【Principal components】（主成分）的萃取，而萃取的標準是採【Eigenvalue】（特徵值）大於 1 者。如果想要將所有的主成分都保留，除了改選【Fixed number of factors】（固定因子數）將【Factor to extract】（萃取因子數）設為變數數目（本範例為 3 個）外，也可以採用保留特徵值大於 0 者（圖 2-6）。

圖 2-6　Factor Analysis: Extraction 對話框

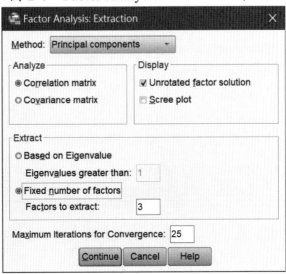

5. 如果要使用主成分繼續進行後續的分析，則應在【Scores】（分數）的選單上，選擇【Save as variables】（將因素儲存成變數），內定的方法是【Regression】（迴歸）。而【Display factor score coefficient matrix】（顯示因素分數係數矩陣），則是要顯示變數對主成分的加權係數（圖 2-7）。

圖 2-7　Factor Analysis: Factor Scores 對話框

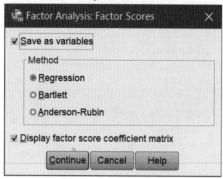

6. 當上述的選項都設定後，即可點選【OK】（確定）進行分析。如果點選【Paste】（貼上語法），則可以自動產生程式（如圖 2-4）。

2.3.3　SPSS 程式

[1]	get	file='C:\MULTI\SPSS\princomp.sav'.
[2]	factor	variables=E1 E2 E3
[3]		/print=univariate initial correlation extraction fscore
[4]		/criteria factors(3)
[5]		/method=correlation
[6]		/extraction=pc
[7]		/rotation=norotate
[8]		/save regression(all PC).
[9]	list	variables =PC1 to PC3.
[10]	descriptives	variables =PC1 to PC3
[11]		/statistics=mean variance.

2.3.4　SPSS 程式說明

[1]　讀入 SPSS 之系統檔，檔名為 princomp.sav，儲存於 C 磁碟之 MULTI 的 SPSS 資料夾中。

[2]　以 $E1$、$E2$、$E3$ 等 3 個變數進行主成分分析（與因素分析同一程序）。

[3]　印出所有的統計量。

[4]　取 3 個主成分。

[5]　使用相關矩陣進行分析。

[6]　用主成分法抽取資料矩陣。

[7]　不進行轉軸。

[8]　用迴歸法來求得主成分分數，括號內表示要保留所有主成分，變數的字首為 PC，所以會有 $PC1$、$PC2$、$PC3$ 等 3 個新變數存在現行工作檔中，可以進行後續分析。如果用這 3 個主成分來進行迴歸分析，就是主成分迴歸。

[9]　列出所有觀察體的 3 個主成分分數。

[10] 以此 3 個主成分進行描述統計分析。

[11] 列出平均數及變異數。

2.3.5　STATA 程式

```
[1]    use "C:\MULTI\STATA\princomp.dta", clear
[2]    pca E1 E2 E3
[3]    predict PC1 PC2 PC3
[4]    correlate PC? E?
```

2.3.6　STATA 程式說明

[1]　讀入 STATA 之系統檔，檔名為 princomp.dta，儲存於 C 磁碟之 MULTI 的 STATA 資料夾中。

[2]　以 $E1$、$E2$、$E3$ 進行主成分分析。

[3]　儲存主成分以供後續分析之用，可視個人需要設定保留 1～3 個主成分。

[4]　計算主成分及各變數間之相關矩陣。

2.3.7　報表及解說

以下報表以 SPSS 為主，STATA 為輔，詳細解說如後。

報表 2-7

Descriptive Statistics			
	Mean	Std. Deviation	Analysis N
E1	4.23	1.350	231
E2	4.95	1.184	231
E3	4.42	1.358	231

報表 2-7 是 3 個變數的簡單描述統計，含平均數、標準差、及樣本數。由於各題都是 Likert 式的 6 點量表，因此 231 名受訪者在各題的反應較趨向「很同意」。

報表 2-8

Correlation Matrix				
		E1	E2	E3
Correlation	E1	1.000	.458	.490
	E2	.458	1.000	.653
	E3	.490	.653	1.000

報表 2-8 是 3 個變數間的相關矩陣，均為中度的相關。如果變數間相關太低，則不需要進行主成分分析。反之，變數間相關較高，通常保留 1 個主成分即可。

報表 2-9

Total Variance Explained

	Initial Eigenvalues			Extraction Sums of Squared Loadings		
Component	Total	% of Variance	Cumulative %	Total	% of Variance	Cumulative %
1	2.072	69.082	69.082	2.072	69.082	69.082
2	.582	19.411	88.494	.582	19.411	88.494
3	.345	11.506	100.000	.345	11.506	100.000

Extraction Method: Principal Component Analysis.

報表 2-9 為各成分的解釋變異量。以報表 2-8 之相關矩陣進行主成分分析後，共得 3 個主成分。第 1 個特徵值為 2.072，所以其解釋量為 2.072 / 3 = 0.69082 = 69.082%，後 2 個主成分的解釋量分別為 19.411% 及 11.506%。右邊的萃取後負荷量平方和與初始特徵值一欄相同。

由於只有 1 個特徵值大於 1，如果採 SPSS 預設的標準，保留 1 個主成分，已可

以解釋 3 個變數將近 70%的變異量。另外將 *E*1 + *E*2 + *E*3 求得總分（或平均），與第 1 個主成分的相關為 .999，2 個分數的一致性非常高。

報表 2-10（STATA）

Principal components (eigenvectors)

Variable	Comp1	Comp2	Comp3	Unexplained
E1	0.5302	.0.8449	0.0711	0
E2	0.5947	-0.4303	0.6791	0
E3	0.6043	-0.3177	-0.7306	0

報表 2-10 是由報表 2-8 之相關矩陣解得之特徵向量，這是主成分**加權係數**，也就是 3 個變數標準化之後組合成 3 個主成分時所用的加權係數。STATA 軟體以此求得主成分分數，其變異數等於報表 2-9 的特徵值。

第 1 行的係數分別為 0.5302、0.5947、0.6043，差異不大，因此，第 1 個主成分可以命名為智慧型手機的**實際使用情形**。第 2 個主成分主要由 *E*1（使用智慧型手機安排行事曆）加權而得，第 3 個主成分則難以命名。在實務上，通常第 1 個主成分較具意義，第 2 個主成分之後常較難命名，也不具保留價值（周文賢，2002）。

報表 2-11

Component Score Coefficient Matrix

	Component		
	1	2	3
E1	.3683	1.1072	.1211
E2	.4131	-.5639	1.1558
E3	.4198	-.4164	-1.2435

Extraction Method: Principal Component Analysis.
Component Scores.

報表 2-11 是 SPSS 的主成分分數係數矩陣，由報表 2-10 的特徵向量除以 $\sqrt{特徵值}$ 而得，SPSS 以此係數乘上各變數的標準化分數求得主成分分數。計算後的各主成分變異數均為 1，平均數均為 0。

報表 2-12

Component Matrix[a]

	Component		
	1	2	3
E1	.7633	.6447	.0418
E2	.8561	-.3284	.3990
E3	.8700	-.2425	-.4293

Extraction Method: Principal Component Analysis.
a. 3 components extracted.

　　報表 2-12 是主成分負荷量矩陣，這是 3 個變數與 3 個主成分間的**相關矩陣**，由特徵向量乘以 $\sqrt{特徵值}$ 而得。各直行係數的平方和，會等於特徵值。例如：

$$.7633^2+.8561^2+.8700^2=2.072$$

報表 2-13

Component Score Covariance Matrix

Component	1	2	3
1	1.000	.000	.000
2	.000	1.000	.000
3	.000	.000	1.000

Extraction Method: Principal Component Analysis.
Component Scores.

　　報表 2-13 是 3 個主成分間的相關係數矩陣，兩兩之間相關均為 0，這正是主成分分析的目的。

2.4　分析摘要表

　　表 2-2 是本章範例之主成分加權係數、特徵值，及解釋量。表 2-3 因為已經標準化為 1，所以不列特徵值，其餘請讀者自行參閱。

表 2-2　以相關矩陣進行主成分分析之結果（標準化為特徵值）

	主成分		
	1	2	3
E1 使用智慧型手機安排行事曆	0.53	0.84	0.07
E2 使用智慧型手機上社群網站	0.59	-0.43	0.68
E3 使用智慧型手機收發信件	0.60	-0.32	-0.73
特徵值	2.07	0.58	0.35
解釋百分比	69	19	12
累積百分比	69	88	100

表 2-3　以相關矩陣進行主成分分析之結果（標準化為 1）

	主成分		
	1	2	3
E1 使用智慧型手機安排行事曆	0.37	1.11	0.12
E2 使用智慧型手機上社群網站	0.41	-0.56	1.16
E3 使用智慧型手機收發信件	0.42	-0.42	-1.24

2.5　主成分迴歸

　　進行多元迴歸分析時，自變數間如果有多元共線性，會產生許多問題，其中一種解決的方法是主成分迴歸，將自變數進行主成分分析，求得主成分分數，再進行迴歸分析。以第 6 章 6.3 節的資料為例，先以 $B1$、$B2$、$B3$，對 $C1$ 變數進行多元迴歸分析，標準化係數如報表 2-14，R^2 為 .3287。STATA 指令為：

```
regress C1 B1 B2 B3, b
```

報表 2-14

C1	Coefficient	Std. err.	t	P>t	Beta
B1	.3511712	.0833148	4.21	0.000	.3232444
B2	.1325567	.0582686	2.27	0.024	.1629675
B3	.1649804	.0618479	2.67	0.008	.1821008
_cons	1.444187	.3259711	4.43	0.000	.

　　如果先將 $B1 \sim B3$ 進行主成分分析，存成 $PC\_B1 \sim PC\_B3$ 等 3 個主成分，再對 C

變數進行迴歸分析，報表 2-15 為主成分分析結果（特徵向量、加權係數），報表 2-16
為迴歸分析結果（迴歸係數），R^2 也為 .3287。STATA 指令如下：

```
pca B1 B2 B3
predict PC_B1 PC_B2 PC_B3
regress C1 PC_B1 PC_B2 PC_B3, b
regress C1 PC_B1, b
```

報表 2-15

Variable	Comp1	Comp2	Comp3	Unexplained
B1	0.6019	-0.1316	-0.7877	0
B2	0.5738	-0.6147	0.5411	0
B3	0.5554	0.7777	0.2945	0

報表 2-16

C1	Coefficient	Std. err.	t	P>t	Beta
PC_B1	.3208398	.0306355	10.47	0.000	.5694985
PC_B2	-.0009074	.0626751	-0.01	0.988	-.0007873
PC_B3	-.0929822	.0760521	-1.22	0.223	-.0664842
_cons	4.774892	.0447296	106.75	0.000	.

　　圖 2-8 是兩種迴歸分析示意圖。在一般迴歸分析中 $B1$ 的標準化迴歸係數最大，
約是 $B2$ 及 $B3$ 係數的 2 倍。在主成分迴歸分析中，$B1 \sim B3$ 對 PC_B1 的加權係數相差
不大（對 PC_B2 及 PC_B3 的係數不繪出）。PC_B2 與 PC_B3 對 $C1$ 的標準化迴歸係
數都幾乎等於 0，可以忽略不納入分析。如果只以 PC_B1 對 $C1$ 進行迴歸分析，標準
化係數為 0.5695，R^2 為 .3243（不列出報表），與前述 .3287 幾乎沒有差異。

圖 2-8　一般迴歸與主成分迴歸結果

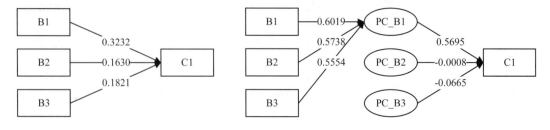

3 探索性因素分析

本章旨在說明探索性（試探性）因素分析（exploratory factor analysis, EFA），驗證性因素分析（confirmatory factor analysis, CFA）則在第 4 章介紹。

3.1 理論部分

3.1.1 前言

因素分析（factor analysis，或譯為因子分析）是廣泛應用的多變量分析方法之一。依使用目的而言，因素分析可區分為**探索性因素分析**與**驗證性因素分析**兩類。探索性因素分析主要用在模式之建立，如果研究者在編製量表時並**無**明確之理論依據或是預設立場，則此方法會較恰當；而驗證性因素分析主要用在模式之驗證，如果研究者在編製量表時已有明確之理論依據或是預設立場，則此方法會較適用。本章僅介紹探索性因素分析，有關驗證性因素分析部分請參閱本書第 4 章。

探索性因素分析在於以簡潔、精確的方法來描述眾多變數之間的交互關係，以協助研究者對這些變數的概念化（Gorsuch, 1983）。一般而言，使用探索性因素分析的目的有四（Hair et al., 2019）：一是辨認資料或變數的結構；二是資料的減縮，以少數的因素來代表眾多的變數；三是以因素分析的結果進行其他的統計分析技術；四是透過因素分析選擇重要的變數。

3.1.2 因素分析的步驟

進行探索性因素分析的重要步驟包括共同因素的抽取、因素個數的決定、因素的轉軸、因素的命名與解釋等，以下分別說明之。

3.1.2.1 共同因素的抽取

在探索性因素分析中，較常見的共同因素抽取法如主成分抽取法（principal components）、主軸法（principal axis factoring）、未加權最小平方法（unweighted least squares）、一般化最小平方法（generalized least squares）、最大概似法（maximum likelihood）、Alpha 因素抽取法（alpha factoring）、及影像因素抽取法（image factoring）等。依據 SPSS 手冊的說明，摘要如下：

第一、主成分法：抽取互不相關的主成分，其中第 1 個主成分變異數最大，後續主成分解釋變異量逐次減少。主成分法可以獲得初始的因素解。當相關矩陣是特異時，

可以使用此方法。

　　第二、**主軸法**。相關矩陣以複相關係數平方取代，使用疊代運算，將新的共同性取代舊的共同性，直到差距達到設定標準為止（聚斂）。主軸法是研究者最常使用的方法，它的目標是從每個因素的變數中抽取最大的變異量，與其他可以更有效地重製相關矩陣的抽取方法相比，主軸法在某些情況下會不太理想（Hahs-Vaughn, 2017）。

　　第三、**未加權最小平方法**：將觀察的相關矩陣及再製相關矩陣的差值（也就是殘差矩陣）之平方和最小的抽取方法。

　　第四、**一般化最小平方法**：目的同未加權最小平方法，過程中相關係數依唯一性（因素無法解釋變數的部分）反向加權，唯一性最大者給予最小的加權。

　　第五、**最大概似法**。如果樣本來自多變量常態分配，此方法可以有較佳的再製相關矩陣。計算過程中會使用疊代運算，也會依唯一性反向加權。

　　第六、**Alpha 因素抽取法**。將分析中的變數視為所有潛在變數之樣本的疊代抽取方法。此方法會將 Alpha 信度係數最大化。

　　第七、**影像因素抽取法**。由 Guttman 根據影像理論發展出的方法。變數的共同性（稱為淨影像）是其他變數的迴歸線性組合，而不是潛在因素的函數（線性組合）。

　　這些因素抽取法各有不同的計算過程，讀者可參閱因素分析專書（如 Gorsuch, 1983; Harman, 1976; Kim & Mueller, 1978）中有關的章節。這些方法中，以主成分抽取法及主軸法較常被使用，所得結果也相當一致。有學者（Johnson, 1998）建議，如果是生手最好使用主成分抽取法，比較便於解釋；專家則最好使用主軸法，以符合統計原理。本書也僅說明這兩種方法的抽取過程。

　　在抽取共同因素之前必須先估計各變數共同性的初始值，稱為**初始共同性**（initial communalities），將之代入變數相關矩陣的對角線中，之後再進行疊代（iteration，或譯為迭代），將新的共同性取代上一步驟的共同性，以抽出共同因素。在 SPSS 中，如果以主成分作為抽取因素的方法，各變數共同性的初始值都是 1；若是採其他方法抽取共同因素，則各變數共同性的初始值都是以**複相關係數平方方法**（squared multiple correlation coefficient, SMC）所計算，即用第 j 個變數與其他變數的多元相關係數平方作為該變數共同性的初始值。

　　以表 3-4 資料計算所得相關矩陣 **R** 如次頁所示。

　　使用主成分法抽取共同因素，是以相關矩陣直接解特徵值及特徵向量，結果如表 3-1（以 SAS 求得）。由特徵向量乘以相對應的 $\sqrt{特徵值}$ ，即是負荷量矩陣；而特徵向量除以相對應的 $\sqrt{特徵值}$，則是因素分數係數矩陣。相關說明，可以參閱本書第 2 章。

$$\mathbf{R} = \begin{bmatrix} 1.000 & 0.941 & 0.960 & -0.021 & -0.062 & -0.114 \\ 0.941 & 1.000 & 0.977 & 0.058 & 0.012 & -0.047 \\ 0.960 & 0.977 & 1.000 & 0.037 & -0.040 & -0.087 \\ -0.021 & 0.058 & 0.037 & 1.000 & 0.945 & 0.960 \\ -0.062 & 0.012 & -0.040 & 0.945 & 1.000 & 0.972 \\ -0.114 & -0.047 & -0.087 & 0.960 & 0.972 & 1.000 \end{bmatrix}$$

表 3-1　特徵向量（主成分法）

	F1	F2	F3	F4	F5	F6
X1	0.424	0.385	0.579	0.517	-0.058	-0.255
X2	0.397	0.420	-0.200	-0.619	0.182	-0.458
X3	0.415	0.406	-0.332	0.085	-0.067	0.736
Y1	-0.379	0.434	-0.557	0.411	-0.260	-0.348
Y2	-0.404	0.412	0.422	-0.413	-0.532	0.190
Y3	-0.428	0.391	0.163	0.046	0.780	0.165
特徵值	3.011	2.834	0.069	0.054	0.021	0.011

使用主軸法抽取共同因素，是將對角線以 SMC 取代，初始矩陣如下。

$$\begin{bmatrix} 0.937 & 0.941 & 0.960 & -0.021 & -0.062 & -0.114 \\ 0.941 & 0.964 & 0.977 & 0.058 & 0.012 & -0.047 \\ 0.960 & 0.977 & 0.980 & 0.037 & -0.040 & -0.087 \\ -0.021 & 0.058 & 0.037 & 0.954 & 0.945 & 0.960 \\ -0.062 & 0.012 & -0.040 & 0.945 & 0.955 & 0.972 \\ -0.114 & -0.047 & -0.087 & 0.960 & 0.972 & 0.968 \end{bmatrix}$$

保留 2 個因素，經疊代 13 次求解特徵值及特徵向量，結果如表 3-2（以 SAS 求得）。

表 3-2　特徵向量（主軸法）

	F1	F2
X1	0.418	0.381
X2	0.395	0.421
X3	0.419	0.412
Y1	-0.378	0.430
Y2	-0.404	0.410
Y3	-0.433	0.394
特徵值	2.973	2.796

以表 3-2 之特徵向量乘以相對的 $\sqrt{特徵值}$，可以求得因素負荷量矩陣，過程如下：

$$
\begin{bmatrix}
0.418 & 0.381 \\
0.395 & 0.421 \\
0.419 & 0.412 \\
-0.378 & 0.430 \\
-0.404 & 0.410 \\
-0.433 & 0.394
\end{bmatrix}
\times
\begin{bmatrix}
\sqrt{2.973} & 0 \\
0 & \sqrt{2.796}
\end{bmatrix}
=
\begin{bmatrix}
0.721 & 0.637 \\
0.682 & 0.704 \\
0.722 & 0.689 \\
-0.651 & 0.718 \\
-0.697 & 0.685 \\
-0.746 & 0.659
\end{bmatrix}
$$

因素負荷量矩陣是因素與變數間的相關係數，可以進行以下三種計算（由於報表中數值四捨五入的關係，因此會有計算的誤差）。

1. 直行係數的平方和，等於因素對變數的解釋變異量。以第 1 行為例：

   $0.721^2 + 0.682^2 + 0.722^2 + (-0.651)^2 + (-0.697)^2 + (-0.746)^2 = 2.973$

   將 2.973 除以變數個數 6，得到：

   $2.973 / 6 = 0.49548 = 49.548\%$

   因此，第 1 個因素可以解釋 6 個變數 49.548% 的變異量。

2. 橫列係數的平方和等於變數的**共同性**，是變數被因素解釋的變異量。以第 1 列為例：

   $0.721^2 + 0.637^2 = 0.927$

   因此，第 1 個變數可以被 2 個因素解釋的變異量為 0.927，不能解釋的部分稱為唯一性，為 $1 - 0.927 = 0.073$。

3. 任意兩列係數的交乘積和，是再製的相關係數。以第 1、4 列為例：

   $0.721 \times (-0.651) + 0.637 \times 0.718 = -0.012$

   因此，$X1$ 與 $Y1$ 的再製相關係數為 -0.012。而 $X1$ 與 $Y1$ 的原始相關係數為 -0.021，所以，殘差為：

   $(-0.021) - (-0.012) = -0.009$

   如果因素分析適當，則殘差應非常接近 0。SPSS 會註明絕對值大於 0.05 殘差個數。

3.1.2.2　因素個數的決定

在抽取共同因素的過程中，研究者最重要的決策就是必須決定要抽取或保留多少個共同因素。共同因素數目的決定通常可以依循下列原則：

第一、**事前標準法**（a priori criterion）。應用此標準時，研究者在進行因素分析之前就已經設定所欲抽取的共同因素數目。此種方法適合兩種情境：一是用來測試某一理論所主張的因素（或構念）數目之假設。例如：研究者依據某一理論新編一份測驗或量表，該理論有明確的因素（或構念）數目之主張，此時可以採用此原則決定因素數目；二是複製其他研究者的研究結果。例如：研究者使用他人所編製的測驗或量表蒐集資料，而希望以自己所蒐集的觀察資料複製或驗證該量表的因素結構（Hair et al., 2019），此時亦適合使用事前標準法決定因素數目。事實上，此種情境更適合使用驗證性因素分析。

第二、**變異百分比法**（percentage of variance criterion）。當所抽取的共同因素之累積解釋量已達某一標準之後，其後的因素就不予保留。累積解釋量的百分比並無絕對的標準。在自然科學的研究中，至少要有 95% 的變異量已經能由所抽取的因素所解釋，或是再抽取的因素之解釋量低於 5% 時，就可不再抽取共同因素。但在社會科學的研究中，由於測量不如自然科學精確，其標準較低，所保留的共同因素至少要能解釋觀察變數總變異量的 60% 以上（Hair et al., 2019），而 50%以上則是最低的要求。

第三、**潛在根法**（latent root criterion），又稱 Kaiser 弱下限法（weakest lower bound），即保留特徵值大於 1 的因素，理由是變數標準化之後，變異數為 1，如果共同因素的變異量小於 1，就小於單一個變數了，因此予以刪除。但是此種方法僅適用於變數個數在 20～50 之間，若變數個數少於 20 時，可能會低估因素數目；而當變數個數大於 50 時，有可能抽出過多的共同因素（Hair et al., 2019）。另外，有研究（Hakstian, Rogers, & Cattell, 1982；引自 Pituch & Stevens, 2016）顯示，當樣本數 >250、變數的平均共同性 ≥ .60，而且共同因素數目÷變數個數 < .30 時，使用潛在根法及陡坡檢定法都能產生精確的結果。潛在根法僅適合使用主成分法抽取因素（Bandalos & Boehm-Kaufman, 2009），如果使用主軸法，最好改採其他規準。

第四、**陡坡檢定法**（scree test criterion）。此種方法是根據因素變異量遞減的比率來決定。繪製陡坡圖時，以因素數目為橫軸、以因素變異量（特徵值）為縱軸。以圖 3-1 為例，有 2 個因素的變異量在陡坡圖上由大到小下降的速度很快，幾乎成陡直狀態，而第 3 個因素以後的下降趨緩，成近乎平坦狀態，則以抽取前面 2 個因素為宜。但是陡坡圖有時會有 2 個轉折點或是各因素變異量下降成一致的現象，此時往往不易根據陡坡圖來決定共同因素的數目。如同潛在根法，當樣本數 >250、變數的平均共同性 ≥ .60，而且共同因素數目÷變數個數 < .30 時，使用陡坡檢定法才能產生精確的結果。

圖 3-1　陡坡圖

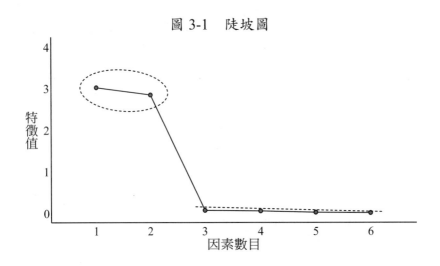

第五、**平行分析**（parallel analysis）。此方法由 Horn 於 1965 年提出，它是利用蒙地卡羅（Monte Carlo）的方法，使用與真實資料相同的變數個數及觀察體值之模擬資料，反覆（最少 50 次，最好為 500 至 1,000 次）算出隨機的特徵值，並求其平均數，代表在完全隨機的情形下，各個因素的解釋量。接著，與研究者蒐集的資料加以比較，如果實際資料計算所得的特徵值大於模擬所得特徵值，表示該因素有實質的意義，應予以保留。反之，如果實際資料計算所得的特徵值小於模擬所得特徵值，就表示該因素並不具實質意義，應予以刪除。根據研究，如果採用模擬之平均特徵值，可能會保留稍多的因素，此時可以取百分等級為 95 之特徵值（Hayton et al., 2004）。

SPSS 軟體並無預設的程序進行平行分析，不過許多學者（Hayton et al., 2004; O'Connor, 2000）也提供了兩種軟體的語法，可以進行模擬分析。STATA 軟體則可以使用「findit fapara」找到平行分析的 ado 檔加以安裝，先進行因素分析，再使用「fapara, reps(1000)」語法進行 1,000 次（由研究者自訂次數）之模擬分析。

以圖 3-2 為例，實線部分為利用表 3-4 資料（見 3.2 節之說明）所得之陡坡圖，虛線是利用 STATA 反覆進行 1,000 次模擬資料之特徵值的陡坡圖（分別使用主成分法及主軸法）。實線部分的前 2 個因素之特徵值大於模擬資料之特徵值，因此應保留 2 個因素。第 3 個之後的因素，因為解釋量小於隨機資料，所以應予以刪除。

第六、**最小平均淨相關法**（minimum average partial correlation, MAP）。此方法是由 Velicer 於 1976 年提出，主要步驟為：

1.　保留全部因素，求出所有因素分數。

圖 3-2　平行分析法

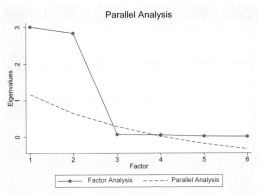 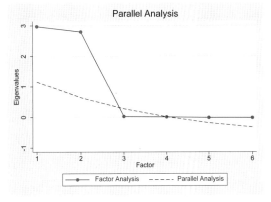

2. 求出所有變數間兩兩之相關係數，再將相關係數加以平方（Velicer 於 2000 年修正為取四次方），並計算其平均數。

3. 排除第 1 個因素後，求所有變數間之淨相關，取平方後再求平均數。

4. 排除前 2 個因素後，再求平均淨相關平方。

5. 其後依序加入第 3 個以後之因素並加以排除，同時計算各自之平均淨相關平方，直到倒數第 2 個因素（只留最後 1 個因素時，平均淨相關平方為 1）。

6. 當平均淨相關平方為最小時，代表應保留的共同因素數目。

以表 3-4 資料為例，配合 O'Connor（2000）所寫之 SPSS 語法可得到表 3-3。由表中可看出，將淨相關係數取平方或四次方，當排除前 2 個因素時，6 個變數間之平均淨相關分別為 0.1698 及 0.0641 為最小，因此應保留 2 個共同因素。

STATA 軟體可以透過「findit MINAP」安裝 minap.ado，並使用「minap X1-Y3」語法進行分析，結果顯示「minap procedure suggests that 2 principal components should be extracted」，因此，以主成分法進行因素分析，建議取 2 個因素較適當。

表 3-3　SPSS 最小平均淨相關法分析結果

排除前 n 個因素	平均淨相關平方	平均淨相關四次方
0	0.3702	0.3387
1	0.8804	0.7772
2	0.1698	0.0641
3	0.2790	0.1629
4	0.4052	0.2611
5	1.0000	1.0000

　　第七、χ^2 檢定法（chi-square test criterion）。此種方法是以 χ^2 檢定來決定因素數目，雖有其優越處，但 χ^2 值對樣本數極為敏感。一旦樣本數很大時，χ^2 值很容易顯著，幾乎每次檢定都必須拒絕虛無假設。其次，以統計檢定法決定共同因素數目時，通常只能提供共同因素數目的上限，而且依此方法抽取的共同因素有時在理論及實用上並無意義。因此，讀者宜參酌各種方法來決定共同因素數目。

　　Zwick 及 Velicer（1986）以模擬研究比較了前述三至七等五種決定共同因素的方法，發現平行分析及最小平均淨相關法最適合所有的情境。

　　確定所要抽取的共同因素數目後，電腦乃以所保留的共同因素重新計算各變數的共同性，稱為**抽取的共同性**（extraction communalities）。

3.1.2.3　因素的轉軸

　　因素抽取完成後的結果通常都不容易解釋，經常會出現一個變數在數個因素上有高的負荷量之情形。因此，因素抽取完成後就要進行因素轉軸（factors rotation），以讓因素分析的結果易於解釋。轉軸的目的在達到 Thurstone（1947）所主張的簡單結構（simple structure），以讓研究者可以有意義的解釋因素分析結果。Thurstone 的簡單結構有數項標準（讀者可參閱 Harman, 1976, p. 98），但綜合而言，所謂的簡單結構就是每一個變數究竟應歸屬於哪個因素要非常清楚。假若變數 j 屬於第 1 個因素，那麼此一變數在因素一上的因素負荷量要很高，但在其他因素上的因素負荷量要很低，最好是 0。當每個變數都能清楚歸屬某一因素時，研究者就很容易解釋因素分析的結果了。

　　以圖 3-3 為例，左圖雖然顯示 $X1 \sim X3$ 三個變數屬於同一個因素（集群），在因素一的負荷量均高於 0.5，而 $Y1 \sim Y3$ 屬於另一個因素，在因素一的負荷量均低於−0.5，但是兩群變數在因素二的負荷量都在 0.5 左右，因此很難確定何者屬於因素一，何者又屬於因素二。右圖是經使用最大變異法進行轉軸後的結果，$X1 \sim X3$ 在因素一的負荷量均高於 0.9，在因素二的負荷量則都接近 0；$Y1 \sim Y3$ 則反之，在因素二的負荷量均高於 0.9，在因素一的負荷量則都接近 0。因此也就可以確定 $X1 \sim X3$ 屬於因素一，$Y1 \sim Y3$ 則屬於因素二。

　　因素的轉軸有兩類，一類是**正交轉軸**（orthogonal rotations，也稱**直交轉軸**），另一類是**斜交轉軸**（oblique rotations）。在正交轉軸中，假定各因素之間都沒有相關，轉軸時各因素軸間的夾角都維持 90°，轉軸後因素組型與因素結構相同。在斜交轉軸中，假定各因素之間都有相關，轉軸時各因素軸間的夾角不再是 90°。如果因素間是負相關，則因素之夾角會大於 90°；如果因素間是正相關，則因素之夾角會小於 90°。轉軸後因素組型與因素結構將不相同。結構負荷量是變數與因素間的相關，代表各變數點

在因素軸上的垂直投影；組型負荷量可視為以因素為預測變數、以觀察變數為效標變數進行迴歸分析所得之加權係數，是各變數點與因素軸的平行座標（如圖 3-4）。

圖 3-3　因素負荷量圖

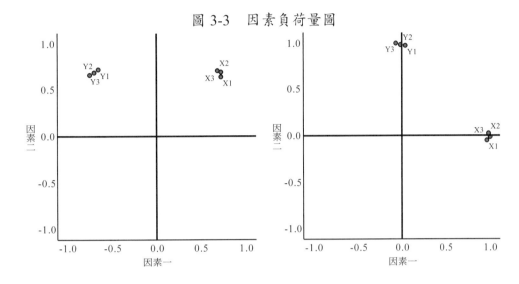

圖 3-4　結構負荷量及組型負荷量示意圖

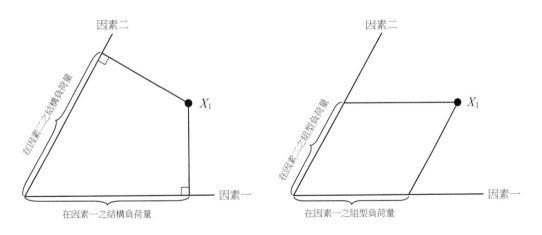

　　以兩個因素為例，當正交轉軸時，兩個因素的夾角維持 90°，轉軸後變數點（X1 及 Y1）在兩個因素軸上的垂直投影與平行座標是相同的（參見圖 3-5）。若採斜交轉軸，兩個因素的夾角不再是 90°，轉軸後變數點在兩個因素軸上的垂直投影與平行座標變成不相同（參見圖 3-6）。此外，不管採用何種轉軸法，變數的共同性是不變的。

圖 3-5　正交轉軸示意圖

圖 3-6　斜交轉軸示意圖

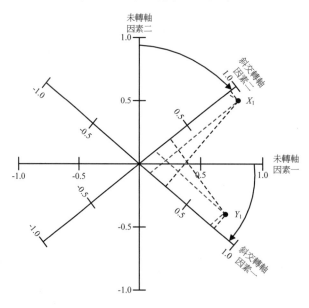

在正交轉軸中，**最大變異法**（varimax）、**四方最大法**（quartimax）、及**均等最大法**（equamax）是較常見的方法。綜合多位學者（Gorsuch, 1983; Kim & Mueller, 1978; Sharma, 1996; Tabachnick & Fidell, 2019）之說明可知，最大變異法是藉由最大化每一

個因素的負荷量變異來最小化因素之複雜度（將負荷量矩陣的行／因素單純化）。此一程序將使轉軸前高的負荷量在轉軸後更高，而轉軸前低的負荷量在轉軸後更低。如此可讓結果的解釋變得更容易，因為每一個變數究竟歸屬於哪一個因素會變得很清楚。同時，此種轉軸法會重新均等分配各因素的變異量，讓各因素的解釋量變得接近，研究者可獲得數個幾近相等重要的因素。因此，最大變異法極為適合用在量表構念效度的檢定上，因研究者依據理論編製一個包含數個因素的量表，當然希望因素分析的結果能夠獲得原先預定的因素數目，而且這些因素具有同等重要性。

　　另一方面，四方最大法是藉由最大化每一個變數的負荷量變異來最小化變數之複雜度（將負荷量矩陣的列／變數單純化）。此一程序會使轉軸後第 1 個因素變得非常重要，而其他因素的解釋量都很小。因此這種轉軸法適合用在研究者假定有 G 因素存在時（例如：智力測驗）。而均等最大法則是最大變異法和四方最大法的折衷，同時單純化變數和因素（欄和列），但是此種轉軸法較不穩定。

圖 3-7　直接斜交轉軸及最優斜交轉軸

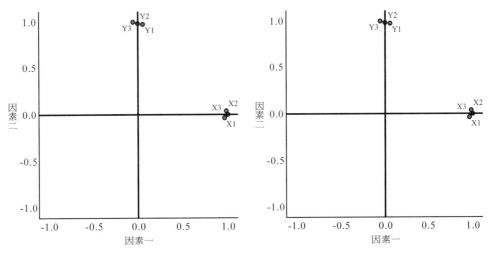

　　究竟應採正交轉軸或斜交轉軸，通常是研究者甚難下的決策。就兩類轉軸法的基本假定而言，正交轉軸假定所有共同因素之間沒有相關，而斜交轉軸假定所有共同因素之間有相關。但由於正交轉軸後各個因素是獨立的，其結果較容易解釋，所以多數研究者喜歡採用正交轉軸法。然而，一份測驗所測量的數種特質（或構念）之間甚少是沒有相關的。依此而論，似乎採用斜交轉軸法是較適當的。事實上，轉軸法的選擇一直都受到廣泛的討論。

　　例如：Tabachnick 與 Fidell（2019）建議因素之間相關的絕對值若 ≥.30 就採斜交轉軸，因素之間相關的絕對值若 <.30 就採正交轉軸。Hair 等人（2019）主張：若因

素分析的目的只在減少原來的變數，不關心因素之意義，或是因素分析之目的在將大數目的變數精簡成較少數目無相關的變數，以便進行其後的迴歸分析或其他預測技術，則採正交轉軸法。假若研究者進行因素分析的目的是在獲得數個理論上有意義的因素構念，則斜交轉軸較為適當，因為很少有因素是無相關的。

除前述外，Pedharzur 與 Schmelikn（1991）建議研究者在進行因素分析時，應同時進行正交轉軸及斜交轉軸。之後，再根據斜交轉軸所提供的因素相關係數矩陣判斷應採正交轉軸或斜交轉軸。如果因素之間的相關低到可以忽略，則取正交轉軸之結果；反之，則取斜交轉軸之結果。在轉軸法的選擇上，Gorsush（1983）主張同時進行最大變異法（varimax）正交轉軸及最優斜交法（promax）斜交轉軸。如果斜交轉軸後因素之間的相關低到可以忽略（如絕對值 < .30），則取最大變異法正交轉軸之結果；反之，則取最優斜交法斜交轉軸之結果。筆者認為 Pedharzur 與 Schmelikn 及 Gorsush 之建議應是可供參考的方式。當然，轉軸的目的既然是在簡單結構，所以最能達成此一目的的轉軸法應該就是最適當的方法了。因此除了以理論上是否有相關、因素間相關值的大小等作為判斷依據外，觀察正交轉軸後的因素負荷量矩陣及斜交轉軸後的因素負荷量矩陣（組型負荷量）何者較符合簡單結構，或許也是不可忽略的程序。

3.1.2.4　因素的命名與解釋

因素分析的最後一個步驟就是解釋因素分析的結果。在這個步驟中，研究者必須做幾件事。首先，研究者必須做的決策是決定因素負荷量多少以上才算是重要的變數。一般而言，變數在因素上的負荷量若在 ±.30 以上，則該變數可被視為是此一因素的重要變數。這是因為因素負荷量通常是指變數與因素之間的相關（正交轉軸時），.30 的平方大約是 .10（比較精確為 $.32^2 = .10$）。假若變數 j 在因素一上的負荷量是.30，表示因素一可以解釋變數 j 總變異量的 10%左右。因此，多數研究者以 ±.30 為截切標準。然而，因素負荷量值的大小容易受到變數的變異（例如：量表的點數，4 點量表、5 點量表、或 6 點量表）、抽取因素的方法、轉軸方法等的影響，±.30 並非是不可變的標準。例如：Hair 等人（2019）就認為因素負荷量在 ±.30 以上是最低標準；±.40 以上是較重要的變數；±.50 以上則可以視為非常重要的變數。Comrey 及 Lee（1992）則認為負荷量的絕對值小於 .32 時為不佳，.45 為尚可，.55 為良好，.65 為優異，.71 以上則是非常傑出。

其次，在因素結構的解釋上，研究者應以轉軸後的因素負荷量矩陣來解釋因素結構、描述因素與變數之間的關係，並說明各因素對變數的解釋量、全體解釋量等。在正交轉軸中，因素結構和因素組型是相同的，故研究者只須解釋轉軸後的因素負荷量

矩陣（可視為因素與變數的相關）即可。同時，研究者也必須說明各個因素對全體變數的解釋量及共同因素的總解釋量。此處應注意的是，轉軸前及轉軸後各因素的解釋量並不相同。如果研究者已經進行轉軸，就應呈現轉軸後各因素的解釋量而不是轉軸前。因為一旦轉軸後，在總解釋量不變的前提下，各因素的解釋量會重新分配。

假如研究者是採斜交轉軸，轉軸後因素結構和因素組型並不相同。這時應以因素組型（或稱組型負荷量）來描述因素結構、說明因素與變數之關係（Sharma, 1996）。因為組型負荷量可視為由因素來預測變數的**標準化迴歸係數**，代表因素與變數間的淨相關，而結構負荷量只是因素與變數之**簡單相關**。另一個使用組型負荷量的原因是基於實用的理由，因為組型負荷量的大小差異，會比結構負荷量來得大，因此也較明顯（Tabachnick & Fidell, 2019）。

同時，斜交轉軸後各因素之間有相關，每個因素對變數的單獨解釋量甚難估算，此時不須如同正交轉軸一般說明各個因素對變數的單獨解釋量，只須呈現全體共同因素對變數的總解釋量即可。

最後，根據轉軸後的因素負荷量矩陣，研究者可清楚知道每個變數應歸屬哪一個因素。同時，依照變數在因素上負荷量的高低給予因素適當之名稱。

3.1.3　共同因素分數的計算

在實際應用時，研究者會利用變數來計算共同因素分數（估計之共同因素分數）。第一種方式是不使用加權係數，直接計算屬於該因素之變數的平均數或總和（不屬於該因素的變數則不列入計算），代表潛在的因素分析。在範例中，$X1 \sim X3$ 屬於因素一，而 $Y1 \sim Y3$ 屬於因素二，欲得到某個觀察體在因素一的得分，只要將其在 $X1 \sim X3$ 的得分相加（或再除以 3）即可。此方法的優點是便於計算，且不受不同樣本的影響。缺點則是即使真正的因素分數是無關的，估計的因素分數間仍會有相關；且估計之因素分數與真實之因素分數間的相關，會低於以下的三種方法。

第二種方式是將變數乘上不同的加權係數（因素分數係數），得到線性組合分數。在 SPSS 統計軟體中，提供了三種方法：一是 Thurstone 的迴歸取向方法，所求的因素分數平均數為 0，變異數為估計的因素分數及真正的因素值相關之平方。它的好處是容易了解，不過此方法所求得的因素分數是有偏誤的，而且即使在真正的因素為正交時，估計的因素分數間也可能有關；二是 Bartlett 法，其目的在使唯一性的平方和達到最小，它的因素分數是無偏誤的，且平均數為 0，它比較適合因素為正交的情形；三是 Anderson-Rubin 方法，此方法所求得的因素分數平均數為 0，標準差為 1，而且估計的因素分數間完全無關，不過也是有所偏誤的。如果想要求得沒有關聯的因素分

數，Anderson-Rubin 是較佳的選擇，否則一般情形，使用迴歸方法較易於解釋（Tabachnick & Fidell, 2019）。

3.1.4 因素分析的樣本數

一般而言，因素分析要求大樣本，這是因為由小樣本估計所得的相關係數較不可信（Tabachnick & Fidell, 2019），而因素分析正好是使用相關係數矩陣來抽取共同因素。試想，如果有 20 個題目，就會有 190 個相關係數（20 × 19 / 2），在 .05 顯著水準時，就有可能有將近 10 個係數是湊巧顯著的，因此在進行因素分析時，應將樣本數增加。至於究竟應有多少的樣本數，一直無定論。學者們建議的樣本數從變數個數的 2 倍到 20 倍都有。然而，樣本數最好超過 100，且至少是變數（題目）數的 5 倍以上，是大多數學者共同推薦的規則。

3.2 假設性資料

假設有 20 個觀察體，填寫 6 個題目之量表（預設為 2 個分量表，其中 X 分量表為 $X1 \sim X3$，Y 量表為 $Y1 \sim Y3$），以此資料進行因素分析。

表 3-4　20 個觀察體之 6 個變數資料

觀察體	X1	X2	X3	Y1	Y2	Y3	觀察體	X1	X2	X3	Y1	Y2	Y3
1	66	48	49	163	165	164	11	112	97	109	75	62	73
2	72	71	60	119	130	119	12	116	97	110	72	49	48
3	73	74	74	117	127	117	13	120	98	112	93	88	88
4	81	83	85	107	108	102	14	122	102	117	88	86	87
5	81	86	87	104	100	99	15	124	102	118	103	99	95
6	85	86	89	97	91	93	16	125	109	121	102	99	95
7	92	86	90	97	89	91	17	138	119	126	111	127	109
8	103	86	91	86	75	87	18	140	120	126	108	123	106
9	105	89	91	80	71	77	19	142	124	144	148	140	129
10	110	91	95	24	39	46	20	145	136	146	156	142	146

3.2.1 簡要語法

在 SPSS 中使用 FACTOR 程序，使用 PAF 法抽取特徵值大於 1 的因素，採用最大變異法進行轉軸，並列出相關矩陣及轉軸後的負荷量矩陣。

```
get file              'C:\multi\SPSS\factor_ex.sav'.
factor
                      /variables X1 X2 X3 Y1 Y2 Y3
                      /print initial correlation extraction rotation
                      /criteria mineigen(1)
                      /extraction paf
                      /rotation varimax.
```

在 STATA，進行同樣的分析，其簡要語法如下。STATA 的 factor 程序，使用疊代主軸法抽取因素，保留 2 個因素，轉軸法為 varimax，並使用 Kaiser 法加以常態化。

```
use "C:\multi\STATA\factor_ex.dta", clear
factor X1 X2 X3 Y1 Y2 Y3, ipf fa(2)
rotate, varimax norm
```

3.2.2　簡要報表

以下以 SPSS 報表為主（其他軟體報表另外註明），並經過彙整，非原始輸出結果。簡要說明分析結果如後。

報表 3-1

Correlation Matrix

		X1	X2	X3	Y1	Y2	Y3
Correlation	X1	1.000	.941	.960	-.021	-.062	-.114
	X2	.941	1.000	.977	.058	.012	-.047
	X3	.960	.977	1.000	.037	-.040	-.087
	Y1	-.021	.058	.037	1.000	.945	.960
	Y2	-.062	.012	-.040	.945	1.000	.972
	Y3	-.114	-.047	-.087	.960	.972	1.000

報表 3-1 為 6 個變數的相關矩陣，其中 $X1 \sim X3$ 及 $Y1 \sim Y3$ 間的相關較高，均大於.900（以灰色網底表示）。X 變數與 Y 變數間的相關係數絕對值都在 .114 以下，相關程度很低。

報表 3-2

Total Variance Explained

Factor	Initial Eigenvalues			Extraction Sums of Squared Loadings		
	Total	% of Variance	Cumulative %	Total	% of Variance	Cumulative %
1	3.011	50.175	50.175	2.973	49.548	49.548
2	2.834	47.241	97.416	2.796	46.596	96.145
3	.069	1.147	98.563			
4	.054	.898	99.461			
5	.021	.352	99.813			
6	.011	.187	100.000			

Extraction Method: Principal Axis Factoring.

　　SPSS 初始特徵值是以相關矩陣（對角線為 1）直接解特徵值而得，6 個特徵值分別為 3.011、2.834、0.069、0.054、0.021、0.011，總和為 6。抽取 2 個因素後，直行負荷量平方和分別為 2.973 及 2.796。2 個因素對變數的解釋量分別為 49.548%及 46.596%，差異不大。

報表 3-3（SAS）

Eigenvectors	1	2
X1	0.41839	0.38115
X2	0.39535	0.42082
X3	0.41866	0.41222
Y1	-0.37758	0.42957
Y2	-0.40419	0.40966
Y3	-0.43293	0.39417

　　報表 3-3 是由 SAS 分析所得的特徵值向量，SPSS 未提供此矩陣。由特徵向量可再計算因素負荷量矩陣及因素分數係數矩陣。

報表 3-4

　　將報表 3-3 的兩行特徵向量，各自乘上 2 個特徵值的平方根，就可以得到報表 3-4 未轉軸的因素負荷量，它是因素與變數的相關係數。

　　由前二行來看，X1～X3 在 2 個因素的負荷量都是正數，Y1～Y3 在第 1 個因素的

負荷量都是負數,在第 2 個因素的負荷量都是正數。整體並不符合簡單結構原則,不過由圖 3-8 未轉軸的因素負荷量圖大致可以看出 X1 ~ X3 屬於一個因素,而 Y1 ~ Y3 則屬於另一個因素。

Factor Matrix[a]

	Factor	
	1	2
X1	.721	.637
X2	.682	.704
X3	.722	.689
Y1	-.651	.718
Y2	-.697	.685
Y3	-.746	.659

Extraction Method: Principal Axis Factoring.
a. 2 factors extracted. 7 iterations required.

圖 3-8　未轉軸之因素負荷量圖

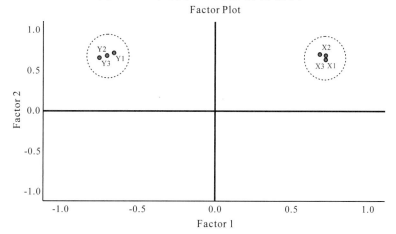

報表 3-5

Factor Transformation Matrix

Factor	1	2
1	.713	-.701
2	.701	.713

Extraction Method: Principal Axis Factoring.
Rotation Method: Varimax with Kaiser Normalization.

　　報表 3-5 為轉換矩陣（使用 Varimax 法），將報表 3-4 未轉軸的因素負荷量矩陣，右乘此矩陣，就可以得到報表 3-6 轉軸後的因素負荷量矩陣。轉換矩陣的元素分別代表以下的三角函數，其中 θ 為逆時針轉動的角度。

$$\mathbf{R} = \begin{bmatrix} \cos\theta & -\sin\theta \\ \sin\theta & \cos\theta \end{bmatrix}$$

　　經使用 STATA 函數「disp acos(.713)/_pi*180」或「disp asin(.701)/_pi*180」計算，得到 θ 為 44.5°，表示將舊軸逆時針轉動 44.5° 即可得到新的因素負荷量圖，如圖 3-9 所示。

圖 3-9　轉軸示意圖

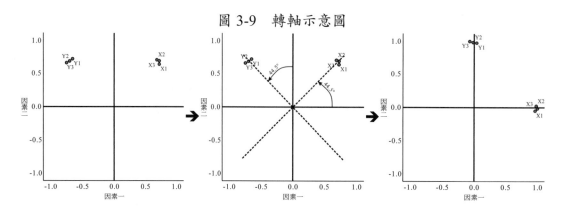

報表 3-6

Rotated Factor Loadings Matrix

	Varimax		Equamax		Quartimax		Parsimax	
	Factor 1	Factor 2	Factor 1	Factor 2	Factor 1	Factor 2	Factor 1	Factor 2
X1	0.961	-0.052	0.961	-0.052	0.961	-0.052	0.961	-0.053
X2	0.979	0.023	0.979	0.023	0.979	0.023	0.979	0.022
X3	0.998	-0.015	0.998	-0.015	0.998	-0.015	0.999	-0.017
Y1	0.040	0.969	0.040	0.969	0.040	0.969	0.041	0.968
Y2	-0.016	0.977	-0.016	0.977	-0.016	0.977	-0.015	0.977
Y3	-0.070	0.993	-0.070	0.993	-0.070	0.993	-0.068	0.994

　　報表 3-6 是四種正交轉軸的彙整結果。當只有 2 個因素時，Varimax 法和 Equamax 法的結果相同，其他兩種方法所得的結果也都相近。由表可以看出，X1 ~ X3 屬於一個因素，而 Y1 ~ Y3 屬於另一個因素。

　　圖 3-10 是使用 Varimax 轉軸 44.5°之後所得之因素負荷量圖，由圖中可以明顯看出 *X*1 ~ *X*3 屬於第 1 個因素，*Y*1 ~ *Y*3 屬於第 2 個因素。

圖 3-10　以最大變異法轉軸後之因素負荷量圖

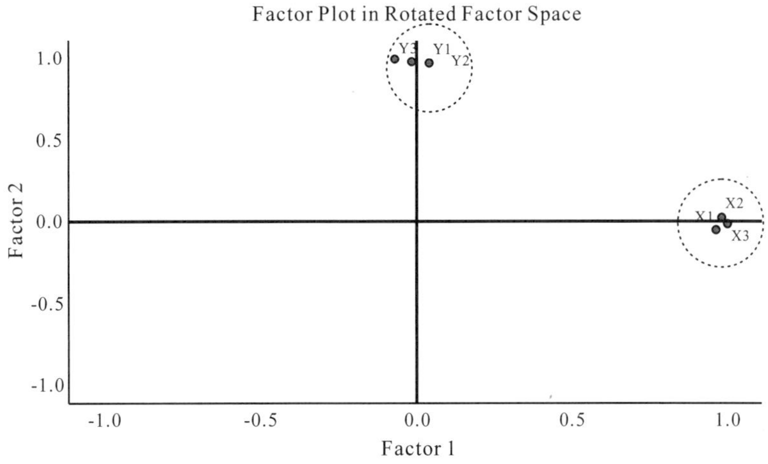

Factor Plot in Rotated Factor Space

報表 3-7

Total Variance Explained

Factor	Initial Eigenvalues			Extraction Sums of Squared Loadings			Rotation Sums of Squared Loadings		
	Total	% of Variance	Cumulative %	Total	% of Variance	Cumulative %	Total	% of Variance	Cumulative %
1	3.011	50.175	50.175	2.973	49.548	49.548	2.886	48.096	48.096
2	2.834	47.241	97.416	2.796	46.596	96.145	2.883	48.049	96.145
3	.069	1.147	98.563						
4	.054	.898	99.461						
5	.021	.352	99.813						
6	.011	.187	100.000						

Extraction Method: Principal Axis Factoring.

　　由轉軸後的因素負荷量可以計算轉軸後解釋量。以 Varimax 法為例，第 3 大欄第 1 直行因素負荷量的平方和為 2.886，除以 6（有 6 個變數）之後，解釋量為 48.096%；第 2 直行的因素負荷量平方和為 2.883，解釋量為 48.049%。兩者合計解釋量為 96.145%，與未轉軸的累積解釋量相同。

報表 3-8

Pattern Matrix				
	Oblimin		Promax	
	Factor1	Factor2	Factor1	Factor2
X1	0.961	-0.038	0.961	-0.037
X2	0.980	0.038	0.980	0.038
X3	0.998	0.000	0.998	0.000
Y1	0.054	0.969	0.055	0.970
Y2	-0.002	0.977	-0.001	0.977
Y3	-0.055	0.993	-0.054	0.993

　　如果使用斜交轉軸，則會有樣式矩陣及結構矩陣，此時一般建議以樣式矩陣為準，它是因素對變數的標準化加權係數。兩種斜交轉軸的結果差異很小。

報表 3-9

Structure Matrix				
	Oblimin		Promax	
	Factor1	Factor2	Factor1	Factor2
X1	0.962	-0.066	0.962	-0.067
X2	0.979	0.009	0.979	0.008
X3	0.998	-0.030	0.998	-0.031
Y1	0.025	0.968	0.025	0.968
Y2	-0.031	0.977	-0.031	0.977
Y3	-0.084	0.994	-0.085	0.994

　　將報表 3-8 之樣式矩陣右乘報表 3-10 因素間相關矩陣就可以得到報表 3-9 之結構矩陣。以直接斜交法為例，

$$
\begin{bmatrix}
.961 & -.038 \\
.980 & .038 \\
.998 & .000 \\
.054 & .969 \\
-.002 & .977 \\
-.055 & .993
\end{bmatrix}
\times
\begin{bmatrix}
1.000 & -.030 \\
-.030 & 1.000
\end{bmatrix}
=
\begin{bmatrix}
.962 & -.066 \\
.979 & .009 \\
.998 & -.030 \\
.025 & .968 \\
-.031 & .977 \\
-.084 & .994
\end{bmatrix}
$$

　　因此，當因素間的相關係數均為 0 時（正交），樣式矩陣就等於結構矩陣。

報表 3-10

Factor Correlation Matrix		
Factor	1	2
1	1.000	-.030
2	-.030	1.000

Extraction Method: Principal Axis Factoring.
Rotation Method: Oblimin with Kaiser Normalization.

　　斜交轉軸後兩個因素間的相關為 −.030，遠低於 .30，變數分類結果也與正交轉軸相同，因此本範例採用正交轉軸即可。

報表 3-11

Rotated Factor Loadings Matrix of Orthogonal Rotation

	PCF		PAF		ULS		ML	
	Factor 1	Factor 2	Factor 1	Factor 2	Factor 1	Factor 2	Factor 1	Factor 2
X1	0.979	-0.052	0.961	-0.052	0.961	-0.052	0.960	-0.047
X2	0.986	0.024	0.979	0.023	0.979	0.023	0.978	0.023
X3	0.993	-0.015	0.998	-0.015	0.998	-0.015	0.999	-0.016
Y1	0.041	0.982	0.040	0.969	0.040	0.968	0.053	0.969
Y2	-0.016	0.986	-0.016	0.977	-0.016	0.977	-0.024	0.977
Y3	-0.070	0.990	-0.070	0.993	-0.070	0.994	-0.071	0.994

　　報表 3-11 是分別使用四種抽取方法，配合 Varimax（最大變異法）轉軸，得到的結果相差不大。在本範例中，建議使用主軸法抽取因素，並採用最大變異轉軸法，即可獲得良好的結果。

3.3　應用部分

3.3.1　範例說明

　　以下將使用筆者所編「智慧型手機使用量表」之分析，說明如何運用因素分析以了解研究工具之構念效度。

　　本量表為 6 點量表，在編製時，即依照科技接受模型（technology acceptance model,

TAM）的相關理論與實徵研究結果設計 3 個分量表，分別是「**知覺易用性**」（題目為 $A1 \sim A3$）、「**知覺有用性**」（題目為 $B1 \sim B3$）、「**使用態度**」（題目為 $C1 \sim C3$）。

3.3.2　SPSS 分析步驟圖

1. 在【Analyze】（分析）中選擇【Dimension Reduction】（維度縮減）之【Factor】（因子、因素），進行因素分析（圖 3-11）。

圖 3-11　Factor 選單

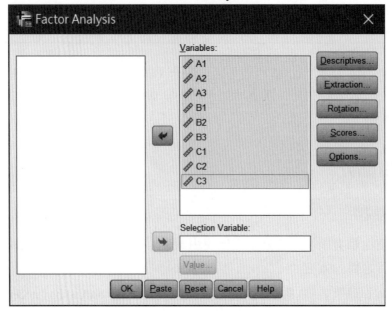

2. 選擇要分析題目（或變數）到右邊的【Variables】（變數）中（圖 3-12）。

圖 3-12　Factor Analysis 對話框

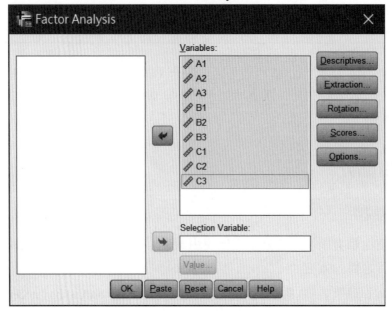

3. 在【Descriptives】（敘述統計）中勾選所有的選項（依個人需要勾選即可，SPSS 28 版新增「Covariance matrix」選項，可不勾選。）（圖 3-13）。

圖 3-13　Factor Analysis: Descriptives 對話框

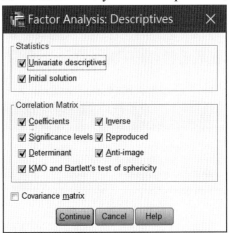

4. 在【Extraction】（抽取）的選單中，預設使用【correlation matrix】（相關矩陣）進行分析。此處使用【Principal axis factoring】（主軸因子）抽取因素，而抽取的標準內定是保留特徵值（eigenvalue）大於 1 的因素。由於量表編製時已設定 3 個因素，此處採事前標準法，由研究者設定抽取 3 個因素。此時，只要選擇【Fixed number of factors】（固定因子個數），並在【Factors to extract】（抽取因素數）填入 3 即可（圖 3-14）。

圖 3-14　Factor Analysis: Extraction 對話框

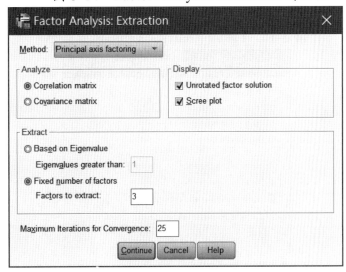

5.　在【Rotation】（轉軸）的選單中，選擇轉軸方法。其中，最大變異法（Varimax）、四次方最大法（Quartimax）、及均等最大法（Equamax）是正交轉軸法；直接最小斜交法（Direct Oblimin）及最優斜交法（Promax）為斜交轉軸法。由於一次分析只能從選單中勾選一種轉軸法，因此若要依照 Gorsuch（1983）建議的最大變異法—最優斜交法之程序，必須再進行另一次因素分析，其程序與此次相同，只是在轉軸法上改為勾選最優斜交法（圖 3-15）。

圖 3-15　Factor Analysis: Rotation 對話框

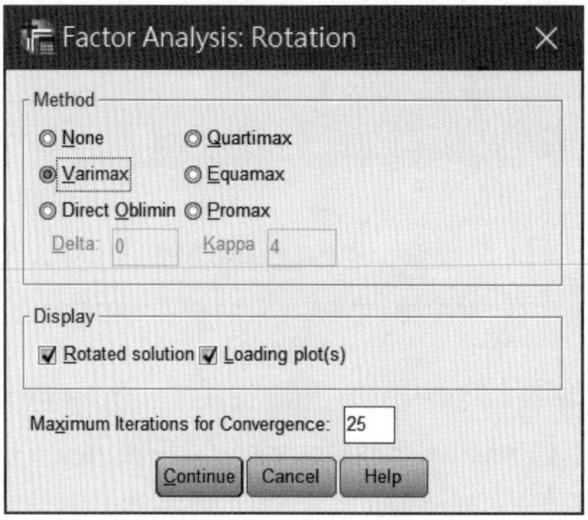

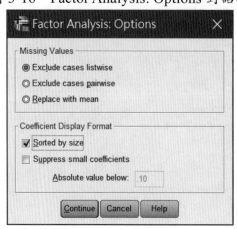

6.　為了讓因素負荷量較清楚，可以在【Option】（選項）的選單中，選擇【Sorted by size】（依據因素負荷量排序）。如果同時點選【Suppress small coefficients】（隱藏較小的係數）（預設為 .10），則因素負荷量小於設定值者，就會以空白取代（圖 3-16）。

圖 3-16　Factor Analysis: Options 對話框

7. 如果要使用因素分數繼續進行後續的分析，則應在【Scores】（分數）的選單上，選擇勾選【Save as variables】（因素儲存成變數），預設的方法是【Regression】（迴歸方法）。而【Display factor score coefficient matrix】（顯示因素分數係數矩陣），則是要顯示變數對因素的加權係數（圖 3-17）。

圖 3-17　Factor Analysis: Factor Scores 對話框

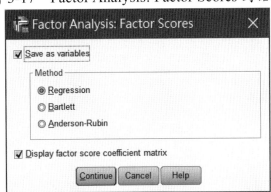

8. 當上述的選項都設定後，即可點選【OK】（確定）進行分析。如果點選【Paste】（貼上語法），則可以自動產生程式。（如圖 3-12）

3.3.3　SPSS 程式

```
[1]    factor          variables=A1 to C3
[2]                    /print=all
[3]                    /format=sort
[4]                    /plot=eigen rotation
[5]                    /criteria=mineigen(1)
[6]                    /extraction=paf
[7]                    /rotation=varimax.
```

3.3.4　SPSS 程式說明

[1] 以 A1 至 C3 等 9 個題目進行因素分析。

[2] 要求因素分析結果的所有統計量數都要輸出。

[3] 如有需要，可要求將因素負荷量由大而小排列。本範例仍依原始變數順序排列。

[4] 繪出陡坡檢定圖及轉軸後因素負荷量圖。

[5] 界定共同因素的抽取（保留）標準，保留特徵值大於 1 的因素。

[6] 界定因素抽取的方法是主軸法。

[7] 界定因素轉軸的方法是最大變異法。此部分可視需要改為 quartimax、equamax、oblimin、或 promax 等轉軸法。

3.3.5 STATA 程式

```
[1]    use "C:\multi\STATA\factor.dta", clear
[2]    factor A1-C3, factors(3)
[3]    screeplot
[4]    rotate, varimax
[5]    rotate, promax
[6]    estat kmo
[7]    pca A1-C3
[8]    fapara, pca reps(1000)
[9]    minap A1-C3
```

3.3.6 STATA 程式說明

[1] 讀入 STATA 之系統檔，檔名為 factor.dta，儲存於 C 磁碟 MULTI 之 STATA 資料夾中。如果原先已有資料，加上 clear 選項表示清除舊資料。

[2] 以 factor 程序進行因素分析，由於 STATA 預設使用 pf（principal factor）法，內定保留特徵值大於 0 的因素，會有 8 個因素，因此使用 factors(3)選項，只保留 3 個因素。如果改用內定的 pf（principal factor）法，內定保留特徵值大於 1 的因素，會有 3 個因素。

[3] 繪製陡坡圖。

[4] 以 varimax 法進行轉軸。

[5] 改用 promax 法進行轉軸。

[6] 分析後，可以另外列出需要的估計值，如 kmo、smc、anti……。

[7] 以 $A1-C3$ 進行主成分分析，類似以主成分法進行因素分析。也可以改用「factor A1-C3, pcf」指令。

[8] 以外部指令 fapara 對 pca 結果進行平行分析，反覆次數為 1000 次。

[9] 以外部指令 minap 進行 MAP 分析。

3.3.7　報表及解說

以下報表以 SPSS 為主，STATA 為輔，詳細解說如後。

報表 3-12

Descriptive Statistics			
	Mean	Std. Deviation	Analysis N
A1	4.70	.939	231
A2	4.50	1.095	231
A3	4.29	1.138	231
B1	5.24	.759	231
B2	4.81	1.013	231
B3	5.17	.910	231
C1	4.77	.824	231
C2	4.81	.850	231
C3	4.89	.778	231

報表 3-12 是 9 個題目的簡單描述統計，含平均數及標準差。其中平均數最低者為第 1 個分量表之第 3 題「智慧型手機所提供的加值功能，對我而言是容易操作的」；平均數最高者為第 2 個分量表之第 1 題「使用智慧型手機，能讓生活更便利」，本題的標準差也是最小。

受試者共有 231 人，沒有缺失值。進行因素分析時，若遇到缺失值，SPSS 的預設格式是 listwise（完全排除），即受試者只要有 1 個題目缺失就不列入分析。

報表 3-13

Correlation Matrix[a]

		A1	A2	A3	B1	B2	B3	C1	C2	C3
Correlation	A1	1.000	.648	.617	.366	.335	.279	.400	.361	.400
	A2	.648	1.000	.603	.261	.265	.168	.314	.292	.291
	A3	.617	.603	1.000	.335	.318	.313	.423	.383	.431
	B1	.366	.261	.335	1.000	.633	.583	.532	.485	.533
	B2	.335	.265	.318	.633	1.000	.493	.457	.405	.441
	B3	.279	.168	.313	.583	.493	1.000	.451	.453	.463
	C1	.400	.314	.423	.532	.457	.451	1.000	.725	.740
	C2	.361	.292	.383	.485	.405	.453	.725	1.000	.723
	C3	.400	.291	.431	.533	.441	.463	.740	.723	1.000

Sig. (1-tailed)	A1		<.001	<.001	<.001	<.001	<.001	<.001	<.001	<.001
	A2	.000		.000	.000	.000	.005	.000	.000	.000
	A3	.000	.000		.000	.000	.000	.000	.000	.000
	B1	.000	.000	.000		.000	.000	.000	.000	.000
	B2	.000	.000	.000	.000		.000	.000	.000	.000
	B3	.000	.005	.000	.000	.000		.000	.000	.000
	C1	.000	.000	.000	.000	.000	.000		.000	.000
	C2	.000	.000	.000	.000	.000	.000	.000		.000
	C3	.000	.000	.000	.000	.000	.000	.000	.000	

a. Determinant = .009

　　報表 3-13 是所有題目的相關矩陣及顯著水準，最下方是相關矩陣的行列式值 .009，此一數值可以用來計算 Bartlett 的球形檢定。

　　上半部是題目間的相關矩陣。其中，受試者對 C1 及 C3 兩題的反應最一致。

　　下半部是相關係數的顯著水準，呈現的數值是 p 值。若大於 .05，表示未達顯著水準。當某一變數與其他變數的相關係數有太多未達顯著水準時，表示此一變數不適合進行因素分析，可以考慮刪除。由此部分報表可知，每一個題目與其他題目的相關係數都達 .001 顯著水準，表示這 9 個題目大致適合進行因素分析。不過，顯著性會受到樣本影響，因此 p 值雖然都小於 .001，但是有部分的相關係數仍低於 .30。

　　如果所有題目（或變數）間都有很高的相關，不見得是研究者所期望的，因為此時可能只能抽取出 1 個因素而已。因此，如果題目間存在有多個因素，應該會呈現某些題目間有高的相關，而某些題目間則只有低相關，甚至無關。

報表 3-14

Inverse of Correlation Matrix

	A1	A2	A3	B1	B2	B3	C1	C2	C3
A1	2.117	-.880	-.593	-.171	-.070	-.021	-.086	.006	-.144
A2	-.880	1.978	-.674	-.016	-.095	.184	-.033	-.116	.139
A3	-.593	-.674	1.986	.062	-.024	-.186	-.144	.002	-.253
B1	-.171	-.016	.062	2.207	-.804	-.594	-.250	-.049	-.279
B2	-.070	-.095	-.024	-.804	1.799	-.280	-.171	.011	-.051
B3	-.021	.184	-.186	-.594	-.280	1.692	-.037	-.230	-.115
C1	-.086	-.033	-.144	-.250	-.171	-.037	2.824	-.991	-1.043
C2	.006	-.116	.002	-.049	.011	-.230	-.991	2.573	-.969
C3	-.144	.139	-.253	-.279	-.051	-.115	-1.043	-.969	2.822

報表 3-14 是相關矩陣的反矩陣，可以由此計算因素分數係數矩陣。

報表 3-15

KMO and Bartlett's Test		
Kaiser-Meyer-Olkin Measure of Sampling Adequacy.		.869
Bartlett's Test of Sphericity	Approx. Chi-Square	1054.782
	df	36
	Sig.	<.001

報表 3-15 是 Kaiser-Meyer-Olkin 的取樣適當性量數（即 KMO）。其計算方式是利用多變數相關係數之平方和與各淨相關係數平方和之比率決定是否適合進行因素分析。計算公式如下：

$$\text{KMO} = \sum_{i \neq j} r_{ij}^2 / \left(\sum_{i \neq j} r_{ij}^2 + \sum_{i \neq j} a_{ij}^2 \right) \tag{3-1}$$

r_{ij}：相關係數　　a_{ij}：淨相關係數

此處的淨相關係數即是報表 3-16 的反影像相關矩陣對角線以下部分的負數（也就是反影像矩陣與淨相關矩陣的正負相反）。由於在計算相關係數及淨相關係數的平方和時 $i \neq j$，所以 KMO 計算公式的分子正好是相關矩陣對角線以下係數的平方和，分母是相關矩陣對角線以下係數之平方和加上反影像相關矩陣對角線以下係數之平方和。在因素分析中，各變數的淨相關係數愈大表示共同因素愈少，故此一公式正好反映出各變數共同因素的多寡。將報表 3-13 相關係數及報表 3-16 的反影像矩陣左下角取平方和，得到 7.768 及 1.170，代入公式 3-20，得到：

KMO = 7.768 / (7.768 + 1.170) = 0.869

KMO 值會介於 0~1 之間，當 KMO 值愈大時，表示變數間的共同因素愈多，愈適合進行因素分析。Kaiser 與 Rice（1974）指出，當 KMO < 0.50 時，即不宜進行因素分析；0.50 ≤ KMO < 0.60 為不理想；0.60 ≤ KMO < 0.70 為普通；0.70 ≤ KMO < 0.80 屬尚可；0.80 ≤ KMO < 0.90 為佳；KMO ≥ 0.90 為極佳。由此處可知，KMO 值為 0.869，屬「佳」的標準，表示適合進行因素分析。

Bartlett 的球形檢定，也是在檢定變數間是否有共同因素存在。公式如下：

$$\chi^2 = -\{N - 1 - [(2v + 5)/6]\} \ln |\mathbf{R}_{vv}| \tag{3-2}$$

$$df = v(v-1)/2 \tag{3-3}$$

此處 N 是樣本數，v 是變數個數，$|\mathbf{R}_{vv}|$ 是所有特徵值的連乘積或相關矩陣的行列

式。根據這 2 個公式，此處之球形檢定的 χ^2 值及 df 如下：

$$\chi^2 = -\{231 - 1 - [(18 + 5) / 6]\}\ln(.009) = 1054.782$$

$$df = 9 \times (9 - 1) / 2 = 36$$

計算結果與報表所得之數值一致，且達顯著水準，表示母群體的相關矩陣有共同因素存在，適合進行因素分析。

報表 3-16

Anti-image Matrices

		A1	A2	A3	B1	B2	B3	C1	C2	C3
Anti-image Covariance	A1	.472	-.210	-.141	-.037	-.018	-.006	-.014	.001	-.024
	A2	-.210	.505	-.171	-.004	-.027	.055	-.006	-.023	.025
	A3	-.141	-.171	.503	.014	-.007	-.055	-.026	.000	-.045
	B1	-.037	-.004	.014	.453	-.203	-.159	-.040	-.009	-.045
	B2	-.018	-.027	-.007	-.203	.556	-.092	-.034	.002	-.010
	B3	-.006	.055	-.055	-.159	-.092	.591	-.008	-.053	-.024
	C1	-.014	-.006	-.026	-.040	-.034	-.008	.354	-.136	-.131
	C2	.001	-.023	.000	-.009	.002	-.053	-.136	.389	-.133
	C3	-.024	.025	-.045	-.045	-.010	-.024	-.131	-.133	.354
Anti-image Correlation	A1	.849[a]	-.430	-.289	-.079	-.036	-.011	-.035	.002	-.059
	A2	-.430	.792[a]	-.340	-.008	-.050	.100	-.014	-.051	.059
	A3	-.289	-.340	.874[a]	.030	-.013	-.101	-.061	.001	-.107
	B1	-.079	-.008	.030	.866[a]	-.404	-.308	-.100	-.021	-.112
	B2	-.036	-.050	-.013	-.404	.883[a]	-.161	-.076	.005	-.023
	B3	-.011	.100	-.101	-.308	-.161	.900[a]	-.017	-.110	-.053
	C1	-.035	-.014	-.061	-.100	-.076	-.017	.883[a]	-.367	-.369
	C2	.002	-.051	.001	-.021	.005	-.110	-.367	.878[a]	-.359
	C3	-.059	.059	-.107	-.112	-.023	-.053	-.369	-.359	.880[a]

a. Measures of Sampling Adequacy(MSA)

報表 3-16 上半部為反影像共變數矩陣。若以第 i 個變數為效標變數，其餘各變數為預測變數，進行多元迴歸分析，效標變數能被預測到的部分稱為 Z_i，不能被預測到的部分稱為 U_i，Z_i 即是該變數的影像，U_i 即為該變數的反影像。根據這些變數的 U_i 可以求得各變數的反影像共變數矩陣及反影像相關矩陣。

下半部是反影像相關係數矩陣，在性質上類似於淨相關係數矩陣（但正負相反）。其數值愈大，表示共同因素愈少，不適合進行因素分析；反之，則共同因素愈多，適合進行因素分析。

反影像相關矩陣之對角線是每一個變數的取樣適當性量數（MSA），MSA 類似於 KMO，計算公式也相似：

$$MSA = \sum_{i \neq j} r_{ij}^2 / (\sum_{i \neq j} r_{ij}^2 + \sum_{i \neq j} a_{ij}^2) \tag{3-4}$$

r_{ij}：相關係數　　a_{ij}：淨相關係數

在 MSA 中，相關係數的平方和及淨相關係數的平方和只是計算與第 i 個題目有關的數據，並非計算整個矩陣。如本分析中 $A1$ 的 MSA 是：

$$\frac{r_{A_1 A_2}^2 + r_{A_1 A_3}^2 + r_{A_1 B_1}^2 + \cdots + r_{A_1 C_3}^2}{(r_{A_1 A_2}^2 + r_{A_1 A_3}^2 + r_{A_1 B_3}^2 + \cdots + r_{A_1 C_3}^2) + (a_{A_1 A_2}^2 + a_{A_1 A_3}^2 + a_{A_1 B_1}^2 + \cdots + a_{A_1 C_3}^2)}$$
$$= \frac{1.574}{1.574 + 0.281} = 0.849$$

如果某一題目的 MSA 小於 0.50，表示該題不適合進行因素分析，可以考慮將該題刪除。由此處可知，本分析中 9 個題目的 MSA 都在 0.70 以上，並沒有小於 0.50 者，因此所有題目都適合進行因素分析。

報表 3-17

Communalities	Initial	Extraction
A1	.528	.656
A2	.495	.665
A3	.497	.583
B1	.547	.741
B2	.444	.541
B3	.409	.467
C1	.646	.737
C2	.611	.712
C3	.646	.742

Extraction Method: Principal Axis Factoring.

報表 3-17 是初始及抽取後的共同性。由於主軸法的共同性估計是採預設格式的 SMC 法，故某一變數的最初共同性乃是其他變數對該變數進行多元迴歸分析時的 R^2。

例如：$A1$ 的最初共同性是以 $A1$ 為效標變數，$A2 \sim C3$ 為預測變數進行多元迴歸分析時所得的 R^2 值，其餘類推。

抽取後的共同性是以所保留的因素重新計算而來，可根據報表 3-21 之因素負荷量矩陣重新計算，其計算方式是橫列的平方和。例如：$B3$ 的共同性是其在每個因素上的負荷量平方和：

$$h^2 = (.603)^2 + (-.238)^2 + (.217)^2 = .467$$

由報表中可看出：抽取後 $B3$ 的共同性只有 .467，而唯一性為 $1 - .467 = .533$，可考慮刪除該題。研究者在呈現變數的共同性時應取抽取後的共同性而非初始共同性。

報表下方註明以主軸法（PAF）進行因素的抽取。

報表 3-18

Total Variance Explained

Factor	Initial Eigenvalues			Extraction Sums of Squared Loadings			Rotation Sums of Squared Loadings		
	Total	% of Variance	Cumulative %	Total	% of Variance	Cumulative %	Total	% of Variance	Cumulative %
1	4.577	50.857	50.857	4.241	47.117	47.117	2.086	23.172	23.172
2	1.417	15.743	66.600	1.059	11.769	58.886	1.935	21.502	44.675
3	.884	9.819	76.419	.544	6.041	64.927	1.823	20.253	64.927
4	.521	5.787	82.206						
5	.391	4.344	86.551						
6	.353	3.927	90.477						
7	.332	3.692	94.169						
8	.268	2.977	97.146						
9	.257	2.854	100.000						

Extraction Method: Principal Axis Factoring.

報表 3-18 是特徵值及所解釋的變異百分比。本表共分初始、抽取後、及轉軸後三大欄。初始特徵值是由相關係數矩陣求得，因素能解釋的變異百分比是將該特徵值除以變數個數而得。例如：第 1 個因素的特徵值是 4.577，將之除以變數個數 9，可得 .50857，是 50.857%。累積百分比，是將每個因素所能解釋的變異百分比累加而得，當抽取的因素數目等於變數個數時，累加的變異百分比將是 100%。

第二大欄是抽取的因素負荷量平方和，是所有變數在某一因素上未轉軸的負荷量

平方和（由報表 3-21 得知）。例如：第 1 個因素抽取的因素負荷量平方和是：

$$F(1) = (.642)^2 + (.548)^2 + \cdots + (.792)^2 = 4.241$$

而解釋的變異百分比是將抽取的因素負荷量平方和除以變數個數而得。由此處可知，3 個因素分別能解釋 47.117%、11.769%、6.041%的變異，合計 3 個因素能解釋 9 個題目總變異的 64.927%。

第三大欄是轉軸後因素負荷量的平方和及其解釋量，計算方法與第二大欄相似，但是必須使用報表 3-23 轉軸後因素負荷量來計算。以第 1 個因素為例：

$$F(1) = (.196)^2 + (.114)^2 + \cdots + (.760)^2 = 2.086$$

未轉軸前第 1 個因素的解釋量為 47.117%，轉軸後減為 23.172%（由 2.086 / 9 而得，其餘因素的解釋量依此類推）；未轉軸前第 2 個因素的解釋量為 11.769%，轉軸後增為 21.502%；第 3 個因素則分別為 6.041%及 20.253%。3 個因素的總解釋量仍為 64.927%。由此可知最大變異法可將因素的解釋量重新分配成相近之狀態，以讓所抽取的因素具有同等的重要性（都為 20% 左右）。假若研究者是採正交轉軸，在呈現各因素的解釋量時應採轉軸後因素負荷量平方和之解釋量，而不是轉軸前抽取的因素負荷量平方和之解釋量。

須留意的是：無論抽取因素的方法是什麼，SPSS 所列出的初始特徵值都是根據主成分法計算而得，不會有負值。如果使用 STATA 的 ipf 法，則前 8 個特徵值為正數，後 1 個特徵為負數。STATA 預設的標準是保留特徵值大於 0 的因素，此時會保留 8 個因素。

報表 3-19

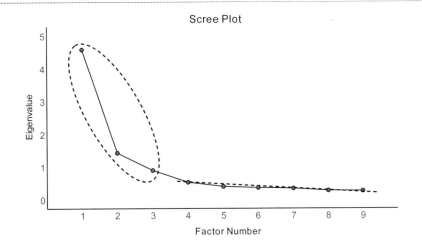

　　報表 3-19 是 Cattell 的陡坡檢定圖，圖中橫座標是因素數目、縱座標是特徵值。陡坡檢定圖可以幫助研究者決定因素數目，判斷的依據是，取陡坡上的因素不取平滑處的因素。由此圖可知，有 3 個因素位於陡坡上（也可以是 2 個）。如果以特徵值大於 1 的標準，則應保留 2 個因素。

報表 3-20

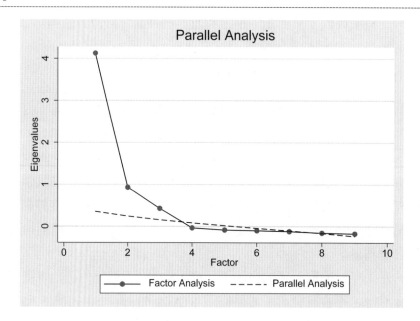

　　報表 3-20 為使用 STATA 以主軸法（pa）進行平行分析的結果，在虛線以上有 3 個因素，因此保留 3 個因素較恰當。不過，如果改用主成分法，則平行分析結果為保留 2 個因素。

　　綜合陡坡檢定、平行分析，及量表設計理論依據，後續保留 3 個因素。

報表 3-21

　　報表 3-21 是 9 個題目在 3 個因素上未轉軸的因素矩陣（即因素負荷量矩陣）。由此一矩陣可以重新計算每一變數的共同性、特徵值、因素解釋的百分比，及再製相關矩陣。共同性的計算，請參見報表 3-17 之解說。再製相關矩陣，則在報表 3-22 加以說明。由此處亦可知，由未轉軸的因素矩陣很難看出因素結構，因為多數變數在 2 個以上因素之上有高的負荷量。這就是因素分析之所以還要進行轉軸的最主要原因。

Factor Matrix[a]

	Factor		
	1	2	3
A1	.642	.491	.050
A2	.548	.604	.024
A3	.636	.422	-.013
B1	.729	-.257	.378
B2	.632	-.168	.337
B3	.603	-.238	.217
C1	.794	-.194	-.263
C2	.756	-.212	-.309
C3	.792	-.205	-.270

Extraction Method: Principal Axis Factoring.

a. 3 factors extracted. 13 iterations required.

報表 3-22

Reproduced Correlations

		A1	A2	A3	B1	B2	B3	C1	C2	C3
Reproduced Correlation	A1	.656[a]	.649	.615	.361	.340	.281	.401	.366	.395
	A2	.649	.665[a]	.603	.253	.253	.191	.311	.278	.304
	A3	.615	.603	.583[a]	.350	.327	.280	.426	.395	.421
	B1	.361	.253	.350	.741[a]	.632	.583	.530	.489	.528
	B2	.340	.253	.327	.632	.541[a]	.494	.446	.410	.444
	B3	.281	.191	.280	.583	.494	.467[a]	.468	.439	.468
	C1	.401	.311	.426	.530	.446	.468	.737[a]	.722	.739
	C2	.366	.278	.395	.489	.410	.439	.722	.712[a]	.726
	C3	.395	.304	.421	.528	.444	.468	.739	.726	.742[a]
Residual[b]	A1		-.001	.002	.005	-.005	-.002	-.001	-.004	.005
	A2	-.001		.000	.008	.012	-.024	.002	.014	-.012
	A3	.002	.000		-.016	-.009	.033	-.003	-.012	.010
	B1	.005	.008	-.016		.001	.000	.003	-.004	.005
	B2	-.005	.012	-.009	.001		-.001	.011	-.005	-.003
	B3	-.002	-.024	.033	.000	-.001		-.017	.014	-.004
	C1	-.001	.002	-.003	.003	.011	-.017		.003	.001
	C2	-.004	.014	-.012	-.004	-.005	.014	.003		-.003
	C3	.005	-.012	.010	.005	-.003	-.004	.001	-.003	

Extraction Method: Principal Axis Factoring.

a. Reproduced communalities

b. Residuals are computed between observed and reproduced correlations. There are 0 (0.0%) nonredundant residuals with absolute values greater than 0.05.

報表 3-22 為再製相關係數及殘差矩陣。在此報表的上半部中，對角線是各變數的共同性，對角線之外是再製相關矩陣，由報表 3-21 之因素負荷量矩陣右乘本身的轉置矩陣而得。由 3 個因素所再製的相關係數與原來變數間的相關係數愈接近，表示因素分析愈成功。

下半部是由原來的相關係數減去再製相關係數所得的殘差。例如：A1 與 A2 原來的相關係數是 .648（見報表 3-13），再製而得的相關係數是 .649，故殘差為 .648 − .649 = −.001。

報表最下面指出：由原來相關係數減去再製相關係數所得的殘差中，沒有（0%）大於 0.05 者，表示因素分析相當成功。

報表 3-23

Rotated Factor Matrix[a]

	Factor		
	1	2	3
A1	.196	.756	.212
A2	.114	.802	.097
A3	.260	.692	.190
B1	.293	.179	.789
B2	.228	.203	.670
B3	.317	.122	.593
C1	.751	.241	.337
C2	.766	.204	.289
C3	.760	.231	.335

Extraction Method: Principal Axis Factoring.
Rotation Method: Varimax with Kaiser Normalization.
a. Rotation converged in 5 iterations.

報表 3-23 是採用最大變異法（Varimax）進行正交轉軸之後的因素負荷量矩陣，轉軸時採用預設的 Kaiser 常態化方式處理，轉軸共需 5 次疊代。由於是正交轉軸，故表中係數可視為變數與因素之相關係數矩陣（即因素結構矩陣），也可以視為因素的加權矩陣（即因素組型矩陣）。轉軸後的因素矩陣是由未轉軸的因素矩陣（報表 3-21）右乘因素轉換矩陣（報表 3-24）而得。

經轉軸後發現，本例 9 個題目中，C1 至 C3 這 3 個題目與因素一的相關最高，符合原來的預期。A1 至 A3 這 3 個題目與因素二的相關最高，B1 至 B3 這 3 個題目與因

素三的相關最高，顯示轉軸後相當符合量表設計之構念。

　　從此處亦可判斷採用最大變異法進行轉軸之適切性。由於轉軸的目的在於簡單結構，故愈能符合簡單結構者應是最理想之轉軸法。若以因素負荷量 ±.30 為判斷標準，則表中顯示：B3 雖歸屬於因素二，但它在因素一上的負荷量（稱為交叉負荷量）仍高達 .317；C1 與 C3 雖屬因素一，但它在因素三上的負荷量仍各有 .337 及 .335。這些結果都顯示以最大變異法進行正交轉軸似乎不太能符合簡單結構之要求。

報表 3-24

Factor Transformation Matrix

Factor	1	2	3
1	.632	.525	.570
2	-.358	.850	-.386
3	-.688	.040	.725

Extraction Method: Principal Axis Factoring.
Rotation Method: Varimax with Kaiser Normalization.

　　報表 3-24 為因素轉換矩陣。將報表 3-21 的未轉軸因素矩陣右乘此處之因素轉換矩陣，可以得到報表 3-23 之轉軸後的因素矩陣。

報表 3-25

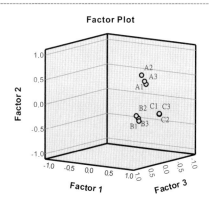

　　根據報表 3-21 所繪的轉軸前 9 個題目在 3 個因素上的負荷量座標圖，由圖可看出，A1 ~ A3、B1 ~ B3、C1 ~ C3 各屬於 1 個因素。

報表 3-26

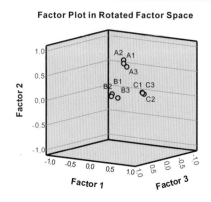

Factor Plot in Rotated Factor Space

根據報表 3-23 所繪的轉軸後，9 個題目在 3 個因素上的負荷量座標圖。

報表 3-27

Total Variance Explained

Factor	Initial Eigenvalues			Extraction Sums of Squared Loadings			Rotation Sums of Squared Loadings[a]
	Total	% of Variance	Cumulative %	Total	% of Variance	Cumulative %	Total
1	4.577	50.857	50.857	4.241	47.117	47.117	3.607
2	1.417	15.743	66.600	1.059	11.769	58.886	2.872
3	.884	9.819	76.419	.544	6.041	64.927	3.268
4	.521	5.787	82.206				
5	.391	4.344	86.551				
6	.353	3.927	90.477				
7	.332	3.692	94.169				
8	.268	2.977	97.146				
9	.257	2.854	100.000				

Extraction Method: Principal Axis Factoring.

a. When factors are correlated, sums of squared loadings cannot be added to obtain a total variance.

報表 3-27 是重新進行最優斜交轉軸所得的特徵值及所解釋的變異百分比，前三大欄與報表 3-18 相同，最右邊一欄等於報表 3-29 直行係數的平方和。由於斜交轉軸時因素間有相關，因此無法計算個別因素對變數的解釋量，其結果也不能直接相加。

報表 3-28

Pattern Matrix[a]

	Factor		
	1	2	3
A1	.002	.777	.062
A2	-.067	.871	-.058
A3	.113	.692	.014
B1	.001	-.012	.865
B2	-.037	.053	.735
B3	.136	-.048	.606
C1	.814	.023	.046
C2	.863	-.015	-.018
C3	.828	.010	.041

Extraction Method: Principal Axis Factoring.
Rotation Method: Promax with Kaiser Normalization.
a. Rotation converged in 5 iterations.

　　報表 3-28 是採最優斜交法轉軸所得的因素組型矩陣（即組型負荷量矩陣）。斜交轉軸後因素矩陣有兩個，一是因素組型矩陣，一是因素結構矩陣，這兩者都是因素負荷量。根據 Sharma（1996）的建議，若研究者採用斜交轉軸，應以組型負荷量來解釋因素分析的結果較為恰當。由於斜交轉軸後，兩個因素的夾角不再是 90°，因素組型有可能大於 1。因素組型在性質上類似於迴歸係數，反映每個因素對各個變數的貢獻。

　　由報表可看出，因素一可命名為**使用態度**，因素二命名為**知覺易用性**，因素三則是**知覺有用性**。

報表 3-29

Structure Matrix

	Factor		
	1	2	3
A1	.446	.808	.427
A2	.342	.810	.303
A3	.479	.756	.414
B1	.591	.393	.861
B2	.496	.377	.734
B3	.528	.305	.677

C1	.857	.464	.617
C2	.843	.422	.569
C3	.861	.456	.615

Extraction Method: Principal Axis Factoring.
Rotation Method: Promax with Kaiser Normalization.

　　報表 3-29 是斜交轉軸後的因素結構，由報表 3-28 右乘報表 3-30 而得，是變數與因素之相關，也是變數在因素軸上的垂直投影。STATA 預設只列出組型負荷量，如果要列出因素結構，可加上「estat structure」指令。

報表 3-30

Factor Correlation Matrix			
Factor	1	2	3
1	1.000	.516	.688
2	.516	1.000	.467
3	.688	.467	1.000

Extraction Method: Principal Axis Factoring.
Rotation Method: Promax with Kaiser Normalization.

　　報表 3-30 是因素的相關矩陣。斜交轉軸後因素與因素的相關不再是 0，從此處可知 3 個因素的交互相關為 .516、.688、.467，都高於 ±.30，這顯示本範例應採斜交轉軸較為恰當。

報表 3-31

Factor Score Coefficient Matrix			
	Factor		
	1	2	3
A1	.020	.346	.041
A2	-.004	.395	-.015
A3	.043	.255	.032
B1	.044	.015	.501
B2	.013	.028	.241
B3	.043	.001	.173
C1	.317	.039	.065
C2	.306	.012	.036
C3	.331	.034	.062

Extraction Method: Principal Axis Factoring.
Rotation Method: Promax with Kaiser Normalization.

報表 3-31 是因素分數係數矩陣，是由報表 3-14 的相關矩陣之反矩陣，右乘報表 3-29 的結構矩陣而得，表示若要求取某一觀察體的因素分數時，每一個變數之標準分數應乘上的比重。由網底部分可看出，即使其他變數上的加權係數不為 0，但是屬於同一個因素的變數，其加權係數相比之下仍然比較大。

報表 3-32

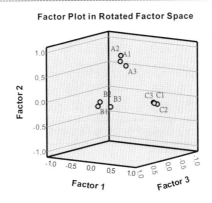

報表 3-32 是斜交轉軸後，9 個題目在 3 個因素上的組型負荷量座標圖。

3.4　分析摘要表

表 3-5 是本章範例之正交轉軸（最大變異法）後的因素負荷量及共同性取自報表 3-17、報表 3-18、報表 3-23。表中的平方和是轉軸後因素負荷量平方的累加和，不是特徵值。將平方和除以變數個數後得到的解釋量百分比代表轉軸後 3 個因素分別可以解釋 9 個題目總變異量的百分比，分別是 23.172%、21.502% 及 20.253%，3 個百分比相加得 64.927%，表示 3 個因素總計可以解釋 9 個題目總變異的 64.927%。由於共同性是觀察變數在 3 個共同因素上負荷量之平方和，所以將 9 個題目之共同性相加正好是 3 個因素平方和的和。在因素名稱上，因素一是使用態度、因素二是知覺易用性、因素三是知覺有用性。

表 3-6 是本章範例之斜交轉軸（最優斜交法）後的因素負荷量及共同性，取自報表 3-17 及報表 3-28。3 個因素分別是：因素一是使用態度、因素二是知覺易用性、因素三是知覺有用性。由於是採斜交轉軸，3 個因素間已有相關，只須呈現組型負荷量及共同性，並於文中說明 3 個因素對 9 個題目總變異量的解釋百分比即可。整體而言，從簡單結構及因素間相關值的大小上來看，本章範例似乎較適合採斜交轉軸。

表 3-5　科技接受模型量表之因素分析結果（最大變異正交轉軸）

量表題目	因素負荷量			共同性
	因素一	因素二	因素三	
A1	0.196	**0.756**	0.212	0.656
A2	0.114	**0.802**	0.097	0.665
A3	0.260	**0.692**	0.190	0.583
B1	0.293	0.179	**5.843**	0.741
B2	0.228	0.203	**5.843**	0.541
B3	0.317	0.122	**5.843**	0.467
C1	**0.751**	0.241	0.337	0.737
C2	**0.766**	0.204	0.289	0.712
C3	**0.760**	0.231	0.335	0.742
平方和	2.086	1.935	1.823	5.843
解釋%	23.172	21.502	20.253	64.927

表 3-6　科技接受模型量表之因素分析結果（最優斜交轉軸）

量表題目	組型負荷量			共同性
	因素一	因素二	因素三	
A1	0.002	**0.777**	0.062	0.656
A2	-0.067	**0.871**	-0.058	0.665
A3	0.113	**0.692**	0.014	0.583
B1	0.001	-0.012	**0.865**	0.741
B2	-0.037	0.053	**0.735**	0.541
B3	0.136	-0.048	**0.606**	0.467
C1	**0.814**	0.023	0.046	0.737
C2	**0.863**	-0.015	-0.018	0.712
C3	**0.828**	0.010	0.041	0.742
平方和	2.086	1.935	1.823	

4 驗證性因素分析 *

4.1 理論部分

本章旨在說明驗證性因素分析（confirmatory factor analysis, CFA），探索性因素分析（exploratory factor analysis, EFA）已在第 3 章介紹。

驗證性因素分析屬於結構方程模型（structural equation modeling, SEM）中的**測量模型**（measurement model），常被用來分析測驗或量表的**構念效度**（construct validity），它主要用在模型（model，或譯為模式）之驗證，如果研究者在編製量表時，已有明確的理論依據或是預設立場，或已經有許多相關研究支持，則使用驗證取向之因素分析會較恰當。

另一方面，要進行結構方程模型分析，應先檢驗測量模型，當測量模型可以適配觀察資料時，才能將其整合到 SEM 分析潛在變數的關係。如果一個 SEM 模型無法適配資料，問題通常出在它的測量模型部分（王濟川等人，2011）。因此，CFA 可說是 SEM 的基礎。

進行驗證性因素分析，比較常用的步驟有五，以下分節說明之。

4.1.1 發展理論模型（formulation）

試探性因素分析假定所有測量指標（題目、項目）都受到每個共同因素的影響，因此各個因素與指標間均有因素負荷量。圖 4-1 是試探性因素分析的示意圖，圖中共有 6 個題目（$V1 \sim V6$），分析時設定為 2 個潛在因素（$F1$ 及 $F2$）的測量指標，因此共有 12 條（2×6）單向箭頭。保留 2 個潛在因素則是根據本書第 3 章所述之原則，通常不是事前設定，而因素間可以設定無關（直交）或有關（斜交）。

經過因素分析後，可能 $V1 \sim V3$ 在 $F1$ 的因素負荷量較高，而 $V4 \sim V6$ 在 $F2$ 的因素負荷量較高，此時會將 $V1 \sim V3$ 歸為第 1 個因素（$F1$），而 $V4 \sim V6$ 歸為第 2 個因素（$F2$）；接著，研究者會根據題目性質對因素加以命名。然而，$F1$ 對 $V4 \sim V6$，$F2$ 對 $V1 \sim V3$ 的因素負荷量（圖 4-2 中灰色虛線）並不等於 0，此稱為**交叉負荷量**（cross-loading）。如果某個題目在 2 個因素的負荷量都很大，表示這個題目設計不佳，應考慮刪除此題項。

---

* 本章改寫自：陳正昌與林曉芳（2020）。**R 統計軟體與多變量分析**，第 12 章。五南圖書。該章由陳正昌主筆。

圖 4-1　試探性因素分析-1

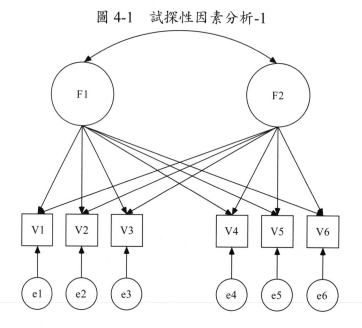

圖 4-2　試探性因素分析-2

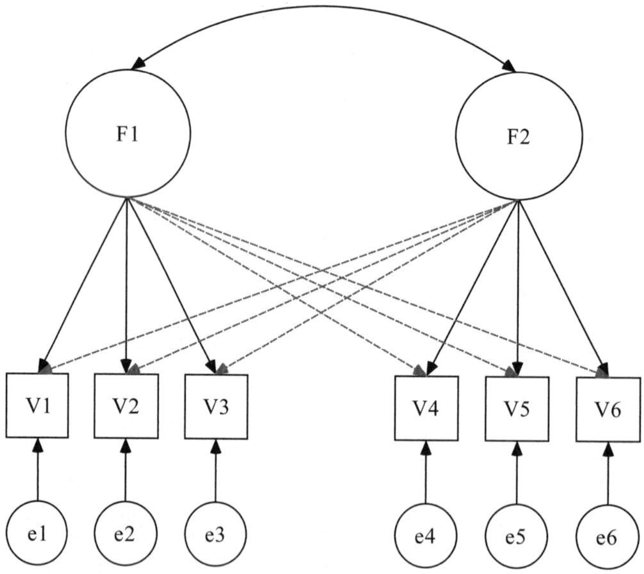

　　進行 CFA 之前，研究者應對構念（因素、潛在變數）及測量指標（題項）有清楚的概念。圖 4-3 是驗證性因素分析的示意圖，在驗證性因素中，因素數目是事前設定，研究者依據理論設定 $V1 \sim V3$ 是 $F1$ 的測量指標，而 $V4 \sim V6$ 是 $F2$ 的測量指標，所以只有 6 條單向箭頭。此時，$V4 \sim V6$ 不是 $F1$ 的測量指標，$V1 \sim V3$ 也不是 $F2$ 的測

量指標，所以並沒有單向箭頭連接它們。

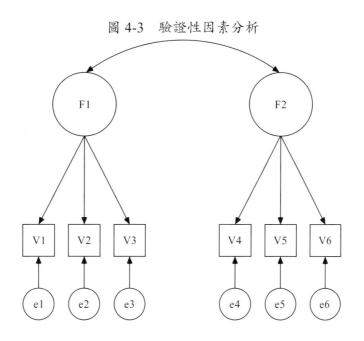

圖 4-3　驗證性因素分析

　　在 CFA 中，測量指標通常是如圖 4-4 左邊的**反映性測量**（reflective measurement）。反映性測量可稱為**結果的指標**，受潛在因素的影響，反映在可觀察的指標上。例如：顧客對一家商店有高的「滿意度」，可能會表現在：1.願意繼續再光顧這家商店；2.在網路上給予好評；3.向親友推薦這家商店。這 3 個指標間會有高度的相關。圖 4-4 右邊是**形成性測量**（formative measurement），是**原因的指標**，會影響潛在因素。例如：顧客對一家商店有高的「滿意度」，可能是因為：1.空間寬敞、裝潢雅緻；2.服務人員親切專業，以客為尊；3.販售的商品質精物美，價格合理。這 3 個指標間不一定有相關。如果是形成性測量指標，比較適合使用偏最小平方結構方程模型（partial least squares structural equation modeling, PLS-SEM），如果要使用共變數本位的結構方程模型（covariance-based structural equation modeling, CB-SEM）會較複雜。本章僅以反映性指標為例，形成性指標的分析請見本書第 15 章的說明。

　　在發展適當的測量指標前，應對潛在因素有明確的定義，然後才能依此定義編製適當的題項，或尋找適合的指標，並請該領域專家先行檢視。例如：在 Davis（1989）所提的科技接受模型（technology acceptance model, TAM）中，「認知易用性」定義為「個人相信使用特定系統，不必太費氣力的程度」；而「認知有用性」則

圖 4-4　反映性指標與形成性指標

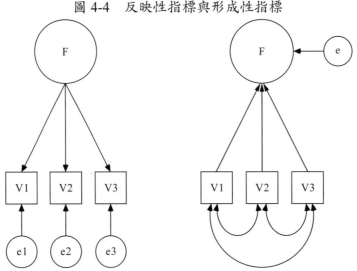

定義為「個人相信使用特定系統，可以增加其工作績效的程度」（p. 320）。根據上述的定義，筆者設計了 6 道題目，它們分別在測量使用者對智慧型手機的「認知易用性」（前 3 題）與「認知有用性」（後 3 題）：

1. 智慧型手機的操作方法簡單易學。
2. 我不需要別人協助，就可以學會使用智慧型手機。
3. 智慧型手機所提供的加值功能，對我而言是容易操作的。
4. 使用智慧型手機，能讓生活更便利。
5. 使用智慧型手機中的應用程式，可以解決許多問題。
6. 使用智慧型手機讓我更方便與朋友聯繫。

　　如果研究者使用 IBM SPSS Amos 進行 CFA，通常會從繪製理論模型開始，圖 4-5 是根據圖 4-3 所繪的理論模型。在繪製理論模型時有幾點需要特別留意：

1. 圓形或橢圓形代表**潛在變數**（latent variable），是**不可觀測的變數**（unobserved variable）；正方形或長方形代表**外顯變數**（manifest variable）或**可觀察的變數**（observed variable），是因素的指標（index）。

2. 因素與指標間使用單向箭頭連接，方向是由因素指向指標。因素的名稱（在此為 *F*1 及 *F*2）自行設定，但是不可以與要分析的資料檔中變數名稱相同，而指標的名稱（*V*1 ~ *V*6）則一定要在資料檔中。也就是觀察變數名稱必須包含在資料檔中，潛在變數名稱則不可以與資料檔的變數名稱相同。如果使用 STATA 分析，則**觀察變數**名稱必須為**小寫**，**潛在變數**名稱預設為**大寫**。

3.　由於因素是潛在變數，沒有測量單位，因此每個因素須設定 1 個參照指標以獲得量尺，其加權係數通常設定為 1。圖 4-5 中，*F*1 及 *F*2 是潛在變數，它們的參照指標分別為 *V*1 及 *V*4。如果未特別設定，統計軟體通常以第 1 個觀察變數當參照指標。另一種方法是不設定參照指標，而把因素的變異數設定為 1。多數研究者會選擇第一種方法，因為它可以進行較多的後續分析。

4.　因素間一定要有雙向箭頭連接，如果是直交，則可以再設定參數值為 0。

5.　每個觀察變數須有 1 個測量誤差（分別為 *e*1 ~ *e*6），使用單向箭頭連接，加權係數設定為 1。測量誤差同樣是潛在變數，名稱由研究者自行設定。

6.　模型中凡是被單向箭頭所指的變數稱為**內因變數**（endogenous variables），未被單向箭頭指到的變數稱為**外因變數**（exogenous variables）。CFA 中所有指標（題目）都是內因變數，因素與測量誤差都是外因變數。

圖 4-5　Amos 所繪之理論模型

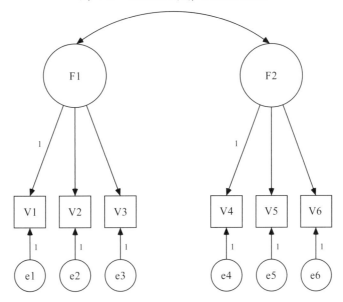

4.1.2　評估模型的辨認（identification）

這個步驟是使用不同方法辨認參數是否有解，首先說明自由度的計算方法，因為自由度應大於或等於 0（*df* ≥ 0），模型才可辨認，此一原則稱為 *t* rule。假如自由度 0 為模型**恰好辨認**（just identified），稱為**飽和模型**（saturated model），有唯一解；若自由度大於 0 稱為**過度辨認**（over identified），代表模型可被估計，參數估計有最佳解；假如自由度小於 0 稱為模型**無法辨認**（under identified），代表模型參數沒有可被

估計的空間，亦即無法求解（陳正昌等人，2011）。

圖 4-5 中，有 6 個觀察變數，因此提供的共變數矩陣中，不重複的元素（資料點、訊息量）共有：

$$6 \times (6 + 1) \div 2 = 21$$

要估計的參數有 13 個，其中因素負荷量有 4 個（2 個參照指標不需要估計參數），所有潛在變數的變異數有 8 個（2 + 6），因素間的共變數（標準化之後為相關係數）有 1 個，因此：

$$t = 4 + 8 + 1 = 13$$

以訊息量減去要估計的參數就是自由度：

$$21 - 13 = 8$$

自由度大於 0，稱為過度辨識，因此可以估計參數，求得最佳解。

4.1.3 進行參數估計（estimation）

進行參數估計前，須先使用研究工具，針對特定研究對象蒐集所需資料。資料經過登錄、整理後，即可使用統計軟體分析。分析資料類型的選擇，優先順序如下：

1. 最好使用原始資料進行參數估計。
2. 如果是彙整後的資料，則使用觀察變數的共變數矩陣較理想，且小數位最好在 3 位以上，以便獲得比較精確的結果。
3. 假使只有相關矩陣，最好能一併附上觀察變數的標準差，如此就可以計算共變數矩陣（兩變數的共變數等於相關係數乘以兩變數的標準差）。
4. 只使用相關矩陣進行分析，是最後的選擇。

SEM 分析的目標是讓研究者提出的理論模型所複製的共變數矩陣 $\hat{\Sigma}$（隱含矩陣，implied variance-covariance matrix）與研究者蒐集到的資料共變數矩陣 **S** 之差異達到最小，以求得各參數的最佳估計值。如果理論與資料吻合（適配），則 $S = \hat{\Sigma}$，換言之，殘差矩陣 $S - \hat{\Sigma} = 0$。

Amos 軟體提供最大概似法（maximum likelihood, ML）、廣義最小平方法（generalized least squares, GLS）、未加權最小平方法（unweighted least squares, ULS）、尺度自由最小平方法（scale-free least squares, SFLS）、漸進分布自由法（asymptotically distribution-free, ADF）等五種估計參數的方法。如果資料符合多變量常態分配且樣本量夠大（至少 200），使用 ML 法會得到較佳的解，它的適配函數是：

$$F_{ML} = \ln |\hat{\boldsymbol{\Sigma}}| - \ln |\mathbf{S}| + tr\left(\mathbf{S}\hat{\boldsymbol{\Sigma}}^{-1}\right) - p \qquad (4\text{-}1)$$

其中，$|\mathbf{S}|$ 是資料共變數矩陣的行列式值，$|\hat{\boldsymbol{\Sigma}}|$ 是隱含共變數矩陣的行列式值，p 是觀察變數個數。ML 法的目標是讓 $\mathbf{S}$ 及 $\hat{\boldsymbol{\Sigma}}$ 的差異達到最小，把疊代後求得的 F_{ML}（最小函數值）乘以 $N-1$（LISREL 與 Mplus 軟體是乘以 N）就得到模型的 χ^2 值。如果是飽和模型（自由度為 0），則 $\ln |\hat{\boldsymbol{\Sigma}}| = \ln |\mathbf{S}|$，且 $tr\left(\mathbf{S}\hat{\boldsymbol{\Sigma}}^{-1}\right) = p$，$\chi^2$ 就會等於 0。

假使樣本數較小，可以改用 GLS 法，它的適配函數是：

$$F_{GLS} = \frac{1}{2} tr\left[\left(\mathbf{S} - \hat{\boldsymbol{\Sigma}}\right)\hat{\boldsymbol{\Sigma}}^{-1}\right]^2 \qquad (4\text{-}2)$$

如果要進行多變量常態檢定，在 Amos 中可在 Analysis Properties 的 Output 選單中勾選「Tests for normality and outliers」選項。經檢定後，得到 Mardia 的多變量峰度值為−1.652，小於 48〔由 6 × (6 + 2) 計算而得〕，CR = −0.533（Kline, 2011），小於 5，符合多變量常態性。依 Hallow 的研究，Mardia 的多變量峰度值小於 49.1，ML 法估計的結果仍是不偏的（引自 Gao et al., 2008, p. 4）。圖 4-6 是以 Amos 軟體，使用 ML 法估計所得結果。

如果違反多變量常態假定，而且樣本數至少是估計參數的 10 倍，可以改用 ADF 法（Raykov & Marcoulides, 2006）。不過，如果樣本數太少，ADF 估計結果會不理想，並會得到失真的估計值及標準誤（Byrne, 2016）

圖 4-6　Amos 估計結果

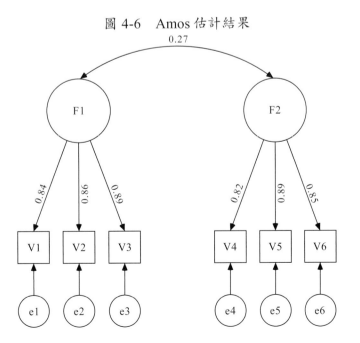

　　圖 4-6 中標準化因素負荷量的平方代表指標被因素解釋的變異量，就是指標的共同性，也稱為**指標信度**（indicator reliability）。一般認為指標由因素解釋的變異最少要大於 0.5，$\sqrt{0.5} = 0.707$，因此標準化的負荷量最好大於 0.707（Hair et al., 2017）。圖中各負荷量都符合此標準。

4.1.4　評鑑模型的適配度（evaluation）

　　估計參數後，接著要對模型加以評鑑，一般分為整體模型及模型內在品質兩部分，以下簡要說明之。

4.1.4.1　整體模型的評鑑

　　結構方程模型分析的過程，在縮小 $\mathbf{S}$ 與 $\hat{\Sigma}$ 的差異，使得 $\mathbf{S} = \hat{\Sigma}$。其中 $\mathbf{S}$ 是樣本的變異數—共變數矩陣，也就是調查或觀察到的資料，$\hat{\Sigma}$ 是由理論模型估計所得的隱含變異數—共變數矩陣，也就是由理論模型所複製的資料，兩者的差異稱為殘差的變異數—共變數矩陣。結構方程模型的統計假設為：

$$\begin{cases} H_0 : \mathbf{S} = \hat{\mathbf{\Sigma}} \\ H_1 : \mathbf{S} \neq \hat{\mathbf{\Sigma}} \end{cases} \text{或} \begin{cases} H_0 : \mathbf{S} - \hat{\mathbf{\Sigma}} = 0 \\ H_1 : \mathbf{S} - \hat{\mathbf{\Sigma}} \neq 0 \end{cases}$$

　　參數估計完成後，可以得到各種參數估計值及模型適配度。由於結構方程模型（包含驗證性因素分析）並沒有唯一的指標（標準），因此需要參考各種適配度（goodness of fit, GOF）指標來判斷理論模型是否適配觀察到的資料。這些適配度指標可以分為四類：

一、絕對適配指標（absolute fit indices）

　　絕對適配指標是直接比較 $\mathbf{S}$ 與 $\hat{\Sigma}$ 的差異，也是將理論模型與**飽和模型**（saturated model，是適配度最佳的模型）加以比較，常用的指標有：

1. 理論模型的 χ^2 值：χ^2 值愈大表示 $\mathbf{S}$ 與 $\hat{\Sigma}$ 的差異愈大，因此為缺適度指標（badness of fit index）。研究者會期望 χ^2 檢定的 p 值大於 0.05，也就是不能拒絕虛無假設，此時才表示 $\mathbf{S} = \hat{\Sigma}$。$\chi^2$ 值公式如下：

$$\chi_T^2 = F_{ML} \times (N-1) \quad \text{或} \quad \chi_T^2 = F_{ML} \times N \tag{4-3}$$

2. 標準 χ^2：也就是 χ^2 與自由度的比值（卡方／自由度）。由於 χ^2 值會受到樣本數的影響，經常會拒絕虛無假設，再者，χ^2 的期望值等於它的自由度，因此可以把 χ^2 除以自由度，如果比值小於 2 或 3，或較寬鬆的標準 5，表示理論

模型的適配度良好。

3.　適配度指標（goodness of fit index, GFI）：代表理論模型能解釋觀察資料的變異量，與迴歸分析的 R^2 概念類似，介於 0～1 之間，大於 0.90 或較嚴格的標準 0.95，表示理論模型的適配度良好。以 ML 法分析所得的 GFI 值公式如下：

$$GFI_{ML} = 1 - \frac{tr\left[\hat{\Sigma}^{-1}(S-\hat{\Sigma})\right]^2}{tr(\hat{\Sigma}^{-1}S)^2} = 1 - \frac{tr(\hat{\Sigma}^{-1}S - I)^2}{tr(\hat{\Sigma}^{-1}S)^2} \tag{4-4}$$

4.　調整適配度指標（adjusted goodness of fit index, AGFI）：將自由度納入考量之後的 GFI，與迴歸分析的調整 $\hat{R}^2$ 類似，大於 0.90 或 0.95 表示理論模型的適配度良好。公式如下：

$$AGFI = 1 - \left(1 - GFI_{ML}\right)\frac{p(p+1)}{2df_T} \tag{4-5}$$

5.　殘差均方根（root mean square residual, RMR）：殘差矩陣是由樣本共變數矩陣減去再製後的共變數矩陣而得，將殘差的平均平方和取平方根，就是 RMR 值。RMR 值最小為 0，最大則沒有上限。RMR 公式如下：

$$RMR = \sqrt{\frac{\sum\sum\left(S_{ij} - \hat{\Sigma}_{ij}\right)^2}{p(p+1)/2}} \tag{4-6}$$

6.　標準化殘差均方根（standardized root mean square residual, SRMR）：由於 RMR 會受到指標測量單位的影響，一般會加以標準化得到 SRMR，它是由殘差相關矩陣平均平方和取平方根而得，小於 0.08 則模型為可接受的適配度，小於 0.05 則是適配良好。公式如下：

$$SRMR = \sqrt{\frac{\sum\sum\left[\left(S_{ij} - \hat{\Sigma}_{ij}\right)\big/\left(S_{ii}S_{jj}\right)\right]^2}{p(p+1)/2}} \tag{4-7}$$

7.　近似誤差均方根（root mean square error approximation, RMSEA）：也是缺適度指標，如果小於 0.05 代表有良好的適配度，0.05～0.08 之間代表有不錯的適配度，如果大於 0.10 則無法接受。公式如下：

$$RMSEA = \sqrt{\frac{\max\left[\left(\chi_T^2 - df_T\right)/(N-1),\ 0\right]}{df_T}} \text{ 或 } \sqrt{\frac{\max\left[\left(\chi_T^2 - df_T\right)/N,\ 0\right]}{df_T}} \tag{4-8}$$

8. Hoelter 的臨界 N 值（Hoelter's critical N, CN）：是在某個顯著水準下，應達到的樣本數量，如果大於 200，表示樣本規模適當；此外，研究的樣本數也應大於 CN，模型才具合理性。公式如下：

$$CN = \frac{\left(z_{cv} + \sqrt{2df_T - 1}\right)^2}{2\chi_T^2/(N-1)} + 1 \tag{4-9}$$

二、相對適配指標（relative fit indices）

相對適配指標是比較理論模型與**基準線模型**（baseline model，也稱為**獨立模型**，就是適配度最差的模型），計算理論模型比基準線模型改善的比例，數值最好能大於 0.90，如果大於 0.95 會更佳，常用的指標有：

1. 標準適配度指標（normed fit index, NFI）：分子為「基準線模型與理論模型的卡方差值」，分母為「基準線模型的卡方值」，介於 0 ~ 1 之間，大於 0.95 表示理論模型比基準線模型有更佳的適配度。公式如下：

$$NFI = \frac{\chi_B^2 - \chi_T^2}{\chi_B^2} \tag{4-10}$$

2. 相對適配度指標（relative fit index, RFI）：分子是「理論模型與基準線模型卡方／自由度比值的差值」，分母是「基準線模型的卡方／自由度比值」，公式如下：

$$RFI = \frac{\chi_B^2/df_B - \chi_T^2/df_T}{\chi_B^2/df_B} \tag{4-11}$$

3. 增值適配度指標（incremental fit index, IFI）：分子與 NFI 相同，分母再減去理論模型的自由度，公式如下：

$$IFI = \frac{\chi_B^2 - \chi_T^2}{\chi_B^2 - df_T} \tag{4-12}$$

4. 非標準適配度指標（nonnormed fit index, NNFI），或 Tucker-Lewis 指標（Tucker-Lewis index, TLI）：分子與 RFI 的分子相同，分母則是 RFI 的分母再減 1，公式如下：

$$NNFI = \frac{\chi_B^2/df_B - \chi_T^2/df_T}{\chi_B^2/df_B - 1} \tag{4-13}$$

5. 相對非中心指標（relative noncentrality index, RNI），公式如下：

$$RNI = \frac{\left(\chi_B^2 - df_B\right) - \left(\chi_T^2 - df_T\right)}{\chi_B^2 - df_B}$$

(4-14)

6. 比較適配度指標（comparative fit index, CFI），公式如下：

$$CFI = 1 - \frac{\max\left[\left(\chi_T^2 - df_T\right), 0\right]}{\max\left[\left(\chi_T^2 - df_T\right), \left(\chi_B^2 - df_T\right), 0\right]}$$

(4-15)

三、精簡適配指標（parsimony fit indices）

如果兩個模型都可以適配觀察資料，則愈精簡的模型愈好。精簡適配指標主要用來代表模型精簡的程度，數值最好能大於 0.5，常用的指標有：

1. 精簡調整 GFI（parsimony-adjusted GFI, PGFI），公式如下：

$$PGFI = \frac{df_T}{p(p+1)/2} GFI$$

(4-16)

2. 精簡調整 NFI（parsimony-adjusted NFI, PNFI），公式如下：

$$PNFI = \frac{df_T}{df_B} NFI$$

(4-17)

3. 精簡調整 CFI（parsimony-adjusted CFI, PCFI），公式如下：

$$PCFI = \frac{df_T}{df_B} CFI$$

(4-18)

四、訊息標準指標（information criterion indices）

此類的指標用在不同模型之間的比較，數值愈小，表示模型的適配度愈好，常用的指標有：

1. Akaike 訊息標準（Akaike information criterion, AIC）。Amos 的 AIC 公式為 $\chi^2 + 2t$（q 為自由參數），LISREL 的 AIC 則是由 $-2LL + 2t$ 計算而得。
2. 一致 Akaike 訊息標準（consistent Akaike information criterion, CAIC）。Amos 的 CAIC 公式為 $\chi^2 + t(\ln(N) + 1)$。
3. Bayesian 訊息標準（Bayesian information criterion, BIC）。Amos 的 BIC 公式是 $\chi^2 + t \times \ln(N)$，LISREL 的 BIC 則由 $-2LL + t \times \ln(N)$ 計算而得。

4.　期望交互效化指標（expected cross-validation index, ECVI）。ECVI 是評估理論模型與觀察資料的差異可應用於另一次觀察資料的程度，數值愈小，表示模型愈能適配不同的樣本。Amos 中，其公式為：

$$ECVI = \frac{1}{N-1}(AIC) = F_{ML} + \frac{2t}{N-1} \tag{4-19}$$

Amos 提供比其他軟體更多的適配度指標，雖然可供選擇的指標非常多，一般建議只須列出 χ^2 值（含自由度及 p 值）、SRMR、NNFI（TLI）、RMSEA、CFI（Hooper et al., 2008）。Hu 及 Bentler（1995）則建議以 SRMR 分別搭配 TLI、CFI（或 RNI）、RMSEA，同時列出雙指標，其中 SRMR 應在 0.09 以下，TLI 或 CFI 在 0.96 以上，RMSEA 在 0.06 以下（Hooper et al., 2008, p. 59）。

4.1.4.2　模型內在品質的評鑑

除了整體模型的適配度外，一般會建議再檢視模型內的品質，通常由以下三部分著手。

4.1.4.2.1　組成信度（composite reliability）

傳統上分析量表的內部一致性信度會使用Cronbach的 α 係數；不過，在CFA中，它通常會低估量表的信度，此時可改用組成信度（CR），公式是：

$$\rho_c = \frac{\left(標準化因素負荷量總和\right)^2}{\left(標準化因素負荷量總和\right)^2 + \left(測量誤差變異量總和\right)}$$
$$= \frac{\left(\sum_{i=1}^{M} l_i\right)^2}{\left(\sum_{i=1}^{M} l_i\right)^2 + \sum_{i=1}^{M} var(e_i)} = \frac{\left(\sum_{i=1}^{M} l_i\right)^2}{\left(\sum_{i=1}^{M} l_i\right)^2 + \sum_{i=1}^{M}\left(1 - l_i^2\right)} \tag{4-20}$$

組成信度值介於 0 至 1 之間，數據愈大代表信度愈高。如果是試探性的研究，組成信度在 0.60～0.70 之間就可以接受；如果是後續階段的研究，最好在 0.70～0.90 之間；如果高於 0.90 甚至 0.95，表示所有指標測量到的都是同樣的現象，反而不是該構念的有效測量指標（Hair et al., 2017）。

此外，也可以使用 Raykov 的 rho（ρ）或 McDonald 的 omega（ω）係數，它與 ρ_c 相差無幾。

4.1.4.2.2　聚斂效度（程度）

聚斂效度（或稱聚斂程度較合適）是指同一構念間測量指標間正相關的程度，可以使用因素負荷量及平均萃取變量（average variance extracted, AVE）來檢驗。

因素負荷量是單一測量指標被因素解釋的變異量，由於一般認為指標被因素解釋的變異量最少要在 50% 以上，$\sqrt{0.50} = 0.708$，因此因素負荷量應在 0.708 以上。

平均萃取變量則是同一構念中所有指標被因素解釋變異量的平均數，公式為：

$$\rho_v = \frac{標準化因素負荷量平方之總和}{測量指標數目}$$
$$= \frac{\sum_{i=1}^{M} i_i^2}{M} \tag{4-21}$$

依據同樣的標準，AVE 應在 0.50 以上。

4.1.4.2.3　區別效度（程度）

區別效度（或區別程度）是指某個構念與其他構念的差異程度，不同構念間的相關程度要愈低愈好。檢驗方法是，把某個構念的 AVE 取平方根後，要比這個構念和其他構念的相關係數來得大。

Amos 及其他常見的 SEM 軟體（如 EQS、LISREL、Mplus）都未提供內在品質指標，需要研究者自行計算。如果使用 STATA 軟體，其外部程式 condisc，可以提供聚斂及區別效度指標，免去計算的步驟。

4.1.5　進行模型修正（modification）

如果理論模型與觀察資料的適配度不佳，有些研究者會重新設定或修正模型，不過，從嚴格驗證取向的觀點，此步驟仍有爭議；且修正後的模型應對不同樣本重新蒐集資料再分析，而不應使用原資料反覆修正模型。假使可能，研究者最好先提出幾個競爭模型，參考適配指標選出一個適配度較好的模型，此稱為**競爭取向**的分析。

4.1.6　二階驗證性因素分析

如果不同向度的測量誤差之間有相關存在，或因素間有高相關又可歸屬同一個較高階的因素，可以考慮進行二階驗證性因素分析（second-order CFA）。在 Amos 中設定方法如圖 4-7。

圖 4-7　二階驗證性因素分析

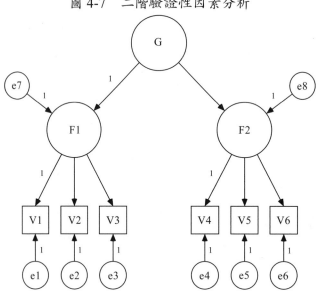

4.2　假設性資料

假設研究者提出圖 4-5 之理論模型，並蒐集 40 個觀察體在 6 個變數的數據如表 4-1（由 R 產生之模擬資料），分別以 Amos 及 STATA 進行驗證性因素分析。

表 4-1　40 個觀察體之 6 個變數資料

觀察體	V1	V2	V3	V4	V5	V6	觀察體	V1	V2	V3	V4	V5	V6
1	6.39	5.92	5.32	5.91	6.96	5.67	21	6.67	5.47	5.37	5.96	5.37	5.69
2	5.14	3.90	4.65	5.94	5.46	6.37	22	5.54	6.18	6.48	6.30	6.41	6.85
3	4.77	3.51	4.66	3.45	4.17	3.70	23	5.65	4.79	6.06	4.55	4.92	4.42
4	5.25	4.25	5.19	3.41	3.92	2.73	24	4.10	3.62	3.51	5.38	4.35	4.51
5	7.72	6.50	6.91	6.82	6.50	6.09	25	5.33	5.57	5.98	4.08	3.86	4.85
6	4.90	7.55	6.77	4.74	5.97	5.94	26	4.46	4.58	4.02	3.84	2.71	2.44
7	6.28	6.06	6.41	5.68	5.41	5.01	27	3.77	4.03	4.76	5.45	4.78	5.35
8	4.09	4.96	3.81	5.31	5.21	5.06	28	3.91	3.81	2.95	6.38	6.04	5.37
9	5.95	5.17	5.99	6.02	5.74	4.87	29	4.48	4.88	3.34	4.31	3.89	5.28
10	4.97	5.87	5.24	7.07	6.05	4.84	30	4.05	4.69	4.10	5.95	6.27	6.14
11	3.84	3.73	4.46	6.79	5.35	6.48	31	3.69	4.93	5.29	3.94	3.44	3.03
12	2.30	3.27	3.38	4.54	5.35	3.88	32	5.09	5.00	5.72	5.34	6.10	6.70
13	4.92	5.10	4.03	3.74	5.25	5.41	33	4.20	3.62	4.09	3.52	4.14	4.43
14	5.77	5.24	5.83	3.91	3.71	4.20	34	5.05	5.35	5.01	5.30	5.98	4.91

表 4-1　40 個觀察體之 6 個變數資料（續）

觀察體	V1	V2	V3	V4	V5	V6	觀察體	V1	V2	V3	V4	V5	V6
15	5.42	4.20	3.92	4.95	4.68	5.71	35	5.67	5.95	5.66	3.91	3.76	4.34
16	6.20	7.23	6.79	5.86	3.78	4.49	36	5.09	5.40	4.61	3.19	3.48	4.31
17	4.89	5.48	4.62	3.64	4.17	3.72	37	4.91	5.52	4.84	6.18	7.18	6.63
18	4.93	5.27	5.95	6.17	5.13	6.74	38	3.00	2.81	3.57	4.16	5.10	5.01
19	4.90	4.15	5.56	4.35	5.12	4.85	39	5.40	5.66	4.77	3.62	3.21	3.49
20	7.53	6.96	6.86	5.09	6.28	5.72	40	3.78	3.82	3.51	5.25	4.79	4.80

4.2.1　簡要語法

在 Amos 中，理論模型如圖 4-5，26 版之後的語法如下。

```
V1 = (1) F1 + (1) e1
V2 = F1 + (1) e2
V3 = F1 + (1) e3
V4 = (1) e4 + (1) F2
V5 = F2 + (1) e5
V6 = F2 + (1) e6
F1 <> F2
```

在 STATA 中，建議語法如下。第 1 個指令以 sem 程式進行驗證性因素分析，逗號前為 2 個測量模型，也可以寫成「(v1 v2 v3 <- F1)(v4 v5 v6 <- F2)」，逗號後在求 $F1$ 與 $F2$ 的共變數（標準化後為相關係數），nolog 表示不列出迭代過程。第 2 個指令另加 stand，表示列出標準化係數。第 3 個指令在列出各種適配度指標。第 4 個指令在進行聚斂效度及區別效度，須先安裝 condisc.ado。

```
sem (F1 -> v1 v2 v3)(F2 -> v4 v5 v6), cov(F1 F2) nolog
sem (F1 -> v1 v2 v3)(F2 -> v4 v5 v6), cov(F1 F2) stand nolog
estat gof, stat(all)
condisc
```

4.2.2　簡要報表

以下以 Amos 的報表為主，配合 STATA 的各項適配度指標、聚斂與區別效度，簡要說明如後。呈現順序為先報表後解說，部分報表為配合排版，會反向呈現。Amos

的各項適配度指標，將在 4.3 節說明。

報表 4-1

```
Notes for Group (Group number 1)
The model is recursive.
Sample size = 40
```

報表 4-1 說明模型是遞迴模型（單向因果），只有一組樣本，樣本數量為 40 人。

報表 4-2

```
Variable Summary (Group number 1)
Your model contains the following variables (Group number 1)
Observed, endogenous variables
V1 V2 V3 V4 V5 V6
Unobserved, exogenous variables
F1 F2 e1 e2 e3 e4 e5 e6
```

報表 4-2 說明外顯的內因變數有 $V1 \sim V6$ 等 6 個變數，潛在內因變數有 $F1$、$F2$ 2 個構念及 $e1 \sim e6$ 等 6 個測量誤差。

報表 4-3

Variable counts (Group number 1)	
Number of variables in your model:	14
Number of observed variables:	6
Number of unobserved variables:	8
Number of exogenous variables:	8
Number of endogenous variables:	6

報表 4-3 說明模式中有 14 個變數，外顯（觀測）變數有 6 個，潛在變數有 8 個，外因變數有 8 個（都是潛在變數），內因變數有 6 個（都是外顯變數）。

報表 4-4

報表 4-4 說明參數的摘要，固定的加權係數有 8 個（2 個參照指標及 6 個測量誤差對觀察變數的加權係數），要估計的未命名參數有 13 個，其中 4 個是因素負荷量，1 個是潛在因素間的共變數，8 個是潛在變數的變異數。

Parameter Summary (Group number 1)

	Weights	Covariances	Variances	Means	Intercepts	Total
Fixed	8	0	0	0	0	8
Labeled	0	0	0	0	0	0
Unlabeled	4	1	8	0	0	13
Total	12	1	8	0	0	21

報表 4-5

Assessment of normality (Group number 1)

Variable	min	max	skew	c.r.	kurtosis	c.r.
V1	2.300	7.720	.197	.509	.524	.677
V6	2.440	6.850	-.299	-.773	-.349	-.450
V5	2.710	7.180	-.052	-.135	-.835	-1.078
V4	3.190	7.070	.053	.137	-1.206	-1.556
V3	2.950	6.910	.051	.132	-.982	-1.267
V2	2.810	7.550	.218	.562	-.358	-.462
Multivariate					-1.652	-.533

　　報表 4-5 是各觀察變數及多變量常態檢定。偏度的絕對值都小於 0.3，峰度的絕對值都小於 2，c.r.的絕對值都未大於 2，未違反單變量常態假設。而 Mardia 的峰度為 −1.652，c.r.值未大於 5，符合多變量常態假設，因此可以使用 ML 法估計參數。

報表 4-6

Computation of degrees of freedom (Default model)	
Number of distinct sample moments:	21
Number of distinct parameters to be estimated:	13
Degrees of freedom (21 - 13):	8

　　報表 4-6 說明樣本動差數量為 21〔由 6 × (6 + 1) ÷ 2 而得〕，要估計的參數有 13 個，因此模型的自由度為 8。

報表 4-7

```
Result (Default model)
Minimum was achieved
Chi-square = .046
Degrees of freedom = 8
Probability level = 1.000
```

報表 4-7 說明模型的 χ^2 為 0.046，$p = 1.000$，不拒絕虛無假設，因此理論模型未被拒絕。

報表 4-8

Regression Weights: (Group number 1 - Default model)

			Estimate	S.E.	C.R.	P	Label
V1	<---	F1	1.000				
V2	<---	F1	1.025	.161	6.355	***	
V3	<---	F1	1.066	.162	6.569	***	
V4	<---	F2	1.000				
V5	<---	F2	1.083	.175	6.178	***	
V6	<---	F2	1.041	.173	6.011	***	

報表 4-8 是原始迴歸加權係數，2 個參照指標都是 1，無法估計標準誤，其他 4 個係數的 C.R. 值（由係數除以標準誤而得）都大於 1.96，因此 p 都小 .05。*** 表示 $p < .001$，所以，4 個迴歸加權（也就是因素負荷量）都顯著不等於 0。

報表 4-9

Standardized Regression Weights: (Group number 1 - Default model)

			Estimate
V1	<---	F1	.838
V2	<---	F1	.860
V3	<---	F1	.894
V4	<---	F2	.821
V5	<---	F2	.889
V6	<---	F2	.854

　　報表 4-9 是標準化負荷量，都大於 .8，超過 .708 的標準，且未超過 .95，因此，各題目的信度都可以接受。

報表 4-10

Covariances: (Group number 1 - Default model)

	Estimate	S.E.	C.R.	P	Label
F1　<--> 　F2	.217	.152	1.425	.154	

　　報表 4-10 是 2 個因素間的共變數，為 .217，除以報表 4-12 中 $F1$ 及 $F2$ 的變異數乘積之平方根（ $\sqrt{.829 \times .794}$ ），即是相關係數。

報表 4-11

Correlations: (Group number 1 - Default model)

	Estimate
F1　<--> 　F2	.267

　　報表 4-11 是 2 個因素間的相關係數，也是標準化的共變數。如果 2 個構念不相似，則相關係數要較低，才具有區別效度。相關係數的平方，代表 2 個構念互相解釋的變異量。

報表 4-12

Variances: (Group number 1 - Default model)

	Estimate	S.E.	C.R.	P	Label
F1	.829	.267	3.112	.002	
F2	.794	.265	2.997	.003	
e1	.350	.111	3.167	.002	
e2	.307	.107	2.881	.004	
e3	.236	.102	2.307	.021	
e4	.385	.119	3.246	.001	
e5	.248	.109	2.267	.023	
e6	.319	.113	2.824	.005	

　　報表 4-12 是各潛在變數的變異數，p 值都小於 .05，因此，變異數都顯著不等於 0。

報表 4-13（STATA）

Fit statistic	Value	Description
Likelihood ratio		
chi2_ms(8)	0.047	model vs. saturated
p > chi2	1.000	
chi2_bs(15)	145.557	baseline vs. saturated
p > chi2	0.000	
Population error		
RMSEA	0.000	Root mean squared error of approximation
90% CI, lower bound	0.000	
upper bound	.	
pclose	1.000	Probability RMSEA <= 0.05
Information criteria		
AIC	613.140	Akaike's information criterion
BIC	645.228	Bayesian information criterion
Baseline comparison		
CFI	1.000	Comparative fit index
TLI	1.114	Tucker–Lewis index
Size of residuals		
SRMR	0.006	Standardized root mean squared residual
CD	0.989	Coefficient of determination

　　報表 4-14 是 STATA 的各種適配度指標，$\chi^2(8, N = 40) = 0.047$，$p = 1.000$，SRMR = 0.006，RMSEA = 0，CFI = 1.000，TLI = 1.114，都符合標準，因此模式的外在品質都不錯。

報表 4-14（STATA）

Convergent and Discriminant Validity Assessment

Squared correlations (SC) among latent variables

	F1	F2
F1	1.000	
F2	0.071	1.000

Average variance extracted (AVE) by latent variables		
AVE_F1	0.747	No problem with discriminant validity
		No problem with convergent validity
AVE_F2	0.731	No problem with discriminant validity
		No problem with convergent validity

Note: when AVE values >= SC values there is no problem with discriminant validity
　　when AVE values >= 0.5 there is no problem with convergent validity

　　報表 4-14 是 STATA 的聚斂及區別效度評估，2 個因素的 AVE 分別為 0.747 及 0.731，都大於 0.5，具有聚斂效度。兩因素的相關係數平方為 0.071，小於 2 因素各自的 AVE，因此，具有區別效度。報表中說明，2 個因素的聚斂效度及區別效度都沒有問題。

4.3　應用部分

4.3.1　範例說明

　　以下將使用筆者所編「智慧型手機使用量表」之分析，說明如何運用因素分析以了解研究工具之構念效度。

　　本量表為 6 點量表，在編製時，即依照科技接受模式（TAM）的相關理論與實徵研究結果設 4 個分量表，分別是**知覺易用性**（題目為 $a1 \sim a3$）、**知覺有用性**（題目為 $b1 \sim b3$）、**使用態度**（題目為 $c1 \sim c3$）、**行為意圖**（題目為 $d1 \sim d3$）。

　　為適合更多使用者，另附 LISREL 及 Mplus 語法，不解釋報表。

4.3.2　Amos 分析步驟圖

1.　在 Amos 中，先繪製圖 4-8 之理論模型。

2.　分析前，先在 View 中 Analysis Properties 之 Output 選單再勾選 Standardized estimates（標準化估計值）及 Test of normality and outliers（常態及離異值檢定）（圖 4-9）。

3.　如果要進行二階驗證性因素分析，理論模型如圖 4-10。此時，一階的因素都要設定殘差項，且須設定 1 個參照指標。

圖 4-8　TAM 理論模型

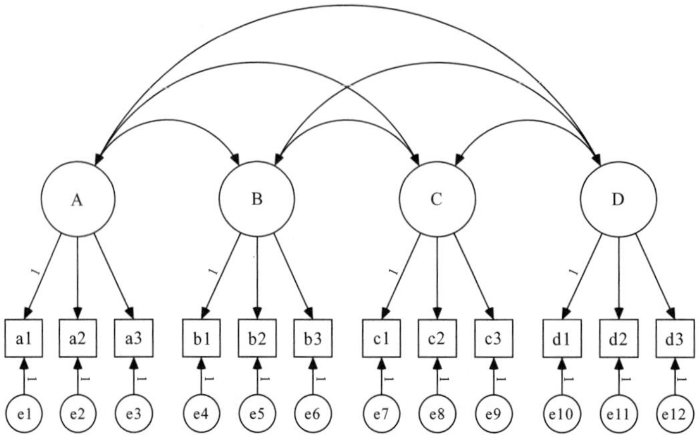

圖 4-9　Output 選單

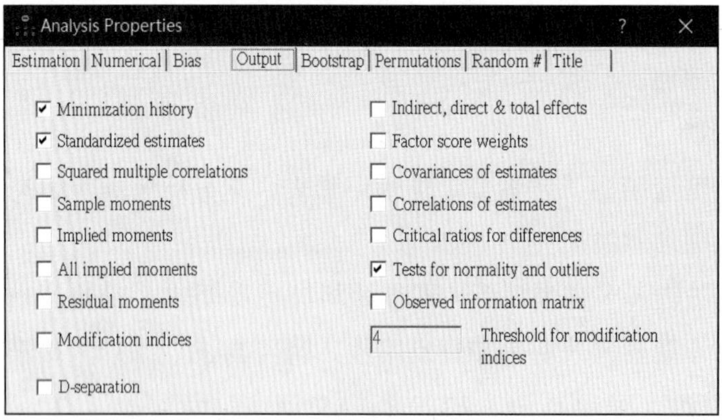

圖 4-10　TAM 理論模型

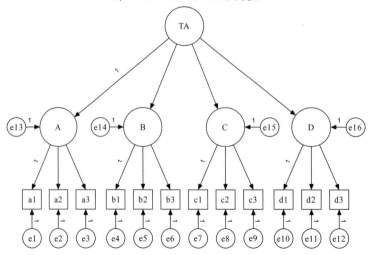

4.3.3　Amos 語法

```
[1]    a1 = (1) A + (1) e1
       a2 = A + (1) e2
       a3 = A + (1) e3
       b1 = (1) B + (1) e4
       b2 = B + (1) e5
       b3 = B + (1) e6
       c1 = (1) C + (1) e7
       c2 = C + (1) e8
       c3 = C + (1) e9
       d1 = (1) D + (1) e10
       d2 = D + (1) e11
       d3 = D + (1) e12
[2]    A <> B
       A <> C
       A <> D
       B <> C
       B <> D
       C <> D
```

4.3.4　Amos 語法說明

[1]　分別以 $a1 \sim d3$ 等 12 個觀測變數為依變數，自變數為潛在變數（構念）及測量誤差。其中，測量誤差的加權係數設定為 1，參照指標的加權係數也設定為 1。

[2]　設定各潛在因素間都有相關。

4.3.5　STATA 程式

```
[1]    use "C:\multi\stata\cfa.dta", clear
[2]    sem (A -> a?)(B -> b?)(C -> c?)(D -> d?)
[3]    sem (A -> a?)(B -> b?)(C -> c?)(D -> d?), method(ml) stand nolog
[4]    estat gof, stat(all)
[5]    avecr
```

```
[6]  condisc
[7]  omegacoef a?
[8]  sem (A -> a?)(B -> b?)(C -> c?)(D -> d?)(TA->A B C D), stand
```

4.3.6　STATA 程式說明

[1]　讀入 STATA 之系統檔，檔名為 cfa.dta，儲存於 C 磁碟 multi 之 stata 資料夾中。如果原先已有資料，加上 clear 選項表示清除舊資料。

[2]　執行 sem 程序，潛在變數為 A ~ D（須大寫），觀察變數為 *a*1 ~ *d*3（須小寫）。由於 *a*1 ~ *a*3 屬於 *A* 因素，可簡寫為 a?，其他亦同。

[3]　模型與 [2] 相同，逗號後選項 method(ml) 表示使用 ML 法估計參數，stand 表示列出標準化係數。

[4]　列出所有適配指標。

[5]　計算各分量表的組成信度，須先在 github.com 找到 avecr.do，並改名為 avecr.ado，存入使用者 ado 資料夾中。

[6]　進行聚斂效度與區別效度分析。

[7]　分次計算各分量表的 ω 信度，依次輸入 a?、b?、c?、d?。

[8]　進行二階 CFA，另加 (TA->A B C D)。注：使用本範例檔進行二階 CFA，並無法聚斂，因此不能求得參數估計值。

4.3.7　LISREL 程式

```
[1]  Raw Data from File 'c:\multi\lisrel\cfa.lsf '
[2]  Latent Variables: A B C D
[3]  Relationships:
     a1 a2 a3 = A
     b1 b2 b3 = B
     c1 c2 c3 = C
     d1 d2 d3 = D
[4]  Path Diagram
[5]  LISREL Output RS SE SC TV MI PC ND=3 AD=OFF IT=300 ME=ML
```

4.3.8　LISREL 程式說明

[1] 讀入原始資料，檔名為 cfa.lsf，可匯入 SAS、SPSS、STATA、Excel、或 csv 檔，方法請見陳正昌等人（2011）。

[2] 潛在變數名稱為 A、B、C、D。

[3] 設定關係模式，等號前為觀察變數，等號後為潛在變數。

[4] 繪製徑路圖。

[5] 設定輸出為 LISREL 較詳細報表。要求列出殘差、標準化殘差、Q-plot、適配的共變數矩陣（RS）、標準誤（SE）、完全標準化的解值（SC）、模式的修正指標（MI）、t 值（TV）、參數估計值的相關（PC）。同時要求關閉估計可行性的檢查（AD=OFF），並設定為 3 位小數（ND=3）。如果資料違反多變量常態分布，可改用 WLS 法估計參數，其結果與 Amos 的 ADF 法相近。

4.3.9　Mplus 程式

[1]	data:	file is c:\multi\mplus\cfa.csv;
[2]	variable:	names are a1-a3 b1-b3 c1-c3 d1-d3;
[3]	model:	A by a1-a3;
		B by b1-b3;
		C by c1-c3;
		D by d1-d3;
[4]	analysis:	estimator=wls;
[5]	output:	stdyx;

4.3.10　Mplus 程式說明

[1] 讀入 csv 格式檔，第 1 列不含變數名稱。

[2] 變數名稱設定為 $a1-a3$、$b1-b3$、$c1-c3$、$d1-d3$。

[3] 設定模型，by 之前為潛在變數，by 之後為觀察變數。

[4] 如果資料違反多變量常態性，可改用 WLS 法估計參數，所得結果與 ADF 法相近。

[5] 輸出設定，要求列出完全標準化解（X 及 Y 都標準化）。

4.3.11 報表及解說

以下報表以 Amos 為主，STATA 為輔，詳細解說如後。LISREL 及 Mplus 結果與 Amos 及 STATA 差異不大，不另外解說。

報表 4-15

> Notes for Group (Group number 1)
> The model is recursive.
> Sample size = 231

報表 4-15 說明模型是遞迴模型（單向因果），只有一群樣本，樣本數量為 231 人。

報表 4-16

> Variable Summary (Group number 1)
> Your model contains the following variables (Group number 1)
> Observed, endogenous variables
> a1 a2 a3 b1 b2 b3 c1 c2 c3 d1 d2 d3
> Unobserved, exogenous variables
> A B C D e1 e2 e3 e4 e5 e6 e7 e8 e9 e10 e11 e12

報表 4-16 說明外顯的內因變數有 $a1 \sim d3$ 等 12 個變數，潛在內因變數有 A、B、C、D 等 4 個構念及 $e1 \sim e12$ 等 12 個測量誤差。

報表 4-17

Variable counts (Group number 1)

Number of variables in your model:	28
Number of observed variables:	12
Number of unobserved variables:	16
Number of exogenous variables:	16
Number of endogenous variables:	12

報表 4-17 說明模式中有 28 個變數，觀察變數有 12 個，潛在變數有 16 個，外因變數 16 個（都是潛在變數），內因變數有 12 個（都是外顯變數）。

報表 4-18

Parameter Summary (Group number 1)

	Weights	Covariances	Variances	Means	Intercepts	Total
Fixed	16	0	0	0	0	16
Labeled	0	0	0	0	0	0
Unlabeled	8	6	16	0	0	30
Total	24	6	16	0	0	46

　　報表 4-18 說明參數的摘要，固定的加權係數有 16 個（4 個參照指標及 12 個測量誤差對觀察變數的加權係數），要估計的未命名參數有 30 個，其中 8 個是因素負荷量，6 個是潛在因素間的共變數，16 個是潛在變數的變異數。

報表 4-19

Assessment of normality (Group number 1)

Variable	min	max	skew	c.r.	kurtosis	c.r.
a1	1.000	6.000	-.627	-3.893	.448	1.390
a2	2.000	6.000	-.274	-1.703	-.715	-2.218
a3	1.000	6.000	-.310	-1.926	-.385	-1.196
b1	2.000	6.000	-.794	-4.926	.579	1.796
b2	1.000	6.000	-.608	-3.772	.203	.629
b3	1.000	6.000	-.998	-6.193	1.006	3.121
c1	1.000	6.000	-.496	-3.080	.995	3.086
c2	3.000	6.000	-.341	-2.118	-.465	-1.441
c3	3.000	6.000	-.248	-1.536	-.428	-1.327
d1	1.000	6.000	-1.250	-7.754	1.639	5.085
d2	1.000	6.000	-.710	-4.408	-.041	-.126
d3	2.000	6.000	-1.197	-7.425	1.001	3.105
Multivariate					51.991	21.554

　　報表 4-19 是各觀察變數及多變量常態檢定。偏度及峰度 c.r.的絕對值如果大於 2 或 3，代表違反單變量常態假設。多變量峰度的 c.r.值為 21.554，已經大於 3，或是較寬鬆的 5，已違反多變量常態假設。不過，由於統計檢定較容易拒絕多變量常態的假

設，許多論文會採用 Bollen（1989）的建議，以 p(p+2) 為標準。本範例所用觀察變數是 8 個，12×(12+2) = 168，因此資料可視為符合多變量常態分配。為求謹慎，本資料另外使用 ADF 法估計參數，附於最後。應留意，要使用 ADF 法，樣本數最好是估計的 10 倍，所得結果才較可信（Byrne, 2016）。本理論模型要估計的參數為 30，所以，樣本數最少要為 300，但是，本次有效樣本僅有 231 人，因此，ADF 估計結果也應謹慎以對。

報表 4-20

Computation of degrees of freedom (Default model)	
Number of distinct sample moments:	78
Number of distinct parameters to be estimated:	30
Degrees of freedom (78 - 30):	48

報表 4-20 說明樣本動差數量為 78〔由 12 × (12 + 1) ÷ 2 而得〕，要估計的參數有 30 個，因此模型的自由度為 48。

報表 4-21

Result (Default model)
Minimum was achieved
Chi-square = 53.700
Degrees of freedom = 48
Probability level = .265

報表 4-21 說明模型的 χ^2 為 53.700，p = .265，不拒絕虛無假設，因此理論模型未被拒絕。

報表 4-22

Regression Weights: (Group number 1 - Default model)

			Estimate	S.E.	C.R.	P	Label
a1	<---	A	1.000				
a2	<---	A	1.097	.096	11.408	***	
a3	<---	A	1.144	.100	11.437	***	
b1	<---	B	1.000				

Regression Weights: (Group number 1 - Default model)

			Estimate	S.E.	C.R.	P	Label
b2	<---	B	1.137	.101	11.251	***	
b3	<---	B	.992	.091	10.894	***	
c1	<---	C	1.000				
c2	<---	C	.992	.062	16.009	***	
c3	<---	C	.921	.056	16.392	***	
d1	<---	D	1.000				
d2	<---	D	1.001	.058	17.375	***	
d3	<---	D	.974	.047	20.554	***	

報表 4-22 是原始迴歸加權係數，4 個參照指標都是 1，無法估計標準誤，其他 8 個係數的 CR 值都大於 1.96，p 都小 .001（以 *** 表示），所以，8 個迴歸加權都顯著不等於 0。

報表 4-23
- - - - - - - -

Standardized Regression Weights: (Group number 1 - Default model)

			Estimate
a1	<---	A	.820
a2	<---	A	.772
a3	<---	A	.774
b1	<---	B	.849
b2	<---	B	.723
b3	<---	B	.702
c1	<---	C	.872
c2	<---	C	.839
c3	<---	C	.851
d1	<---	D	.912
d2	<---	D	.828
d3	<---	D	.899

報表 4-23 是標準化負荷量，只有 b3←B 未超過 .708 的標準，但也大於 .70，多數題目的信度都可以接受。

報表 4-24

Covariances: (Group number 1 - Default model)

			Estimate	S.E.	C.R.	P	Label
A	<-->	B	.243	.045	5.456	***	
A	<-->	C	.301	.049	6.088	***	
A	<-->	D	.315	.055	5.737	***	
B	<-->	C	.332	.044	7.480	***	
B	<-->	D	.406	.051	7.897	***	
C	<-->	D	.485	.057	8.436	***	

報表 4-24 是各因素間的共變數，標準後即是相關係數。

報表 4-25

Correlations: (Group number 1 - Default model)

			Estimate
A	<-->	B	.492
A	<-->	C	.546
A	<-->	D	.492
B	<-->	C	.721
B	<-->	D	.759
C	<-->	D	.812

報表 4-25 是 4 個因素間的相關係數，幾乎都在 .50 以上，表示因素間有較高的相關，宜留意是否有共同方法變異或區別效度較低的問題。另一方面，也可以試著進行二階驗證性因素分析。

報表 4-26

Variances: (Group number 1 - Default model)

	Estimate	S.E.	C.R.	P	Label
A	.591	.085	6.913	***	
B	.413	.056	7.358	***	
C	.514	.063	8.096	***	

Variances: (Group number 1 - Default model)

	Estimate	S.E.	C.R.	P	Label
D	.693	.079	8.821	***	
e1	.287	.045	6.363	***	
e2	.483	.064	7.594	***	
e3	.516	.069	7.537	***	
e4	.160	.027	5.881	***	
e5	.488	.056	8.665	***	
e6	.418	.047	8.905	***	
e7	.163	.023	7.199	***	
e8	.214	.026	8.095	***	
e9	.166	.021	7.792	***	
e10	.141	.022	6.448	***	
e11	.318	.036	8.889	***	
e12	.156	.022	7.022	***	

報表 4-26 是各潛在變數的變異數，p 值都小於 .001，因此，變異數都顯著不等於 0。

報表 4-27

CMIN

Model	NPAR	CMIN	DF	P	CMIN/DF
Default model	30	53.700	48	.265	1.119
Saturated model	78	.000	0		
Independence model	12	1802.762	66	.000	27.315

報表 4-27 在顯示 χ^2 值及相關的統計量。其中預設模型（Default model，即理論模型）的 CMIN 即為 χ^2 值，等於 53.700。估計參數有 30 個，自由度為 48，p = .265，大於 .05。χ^2 / df = 1.119，小於 3，表示理論模型適配度良好。

報表 4-28

RMR, GFI

Model	RMR	GFI	AGFI	PGFI
Default model	.027	.963	.940	.593
Saturated model	.000	1.000		
Independence model	.382	.269	.136	.227

　　報表 4-28 是絕對適配指標。如果使用相關係數矩陣進行分析，則 RMR 最好應小於 .05（至少要小於 .08），但是如果使用共變數矩陣進行分析，由於會受到測量單位的影響，因此應取標準化 RMR 值（SRMR）。在 Amos 的【Plugins】中選擇【Standardized RMR】，並重新進行估計，即可得到 SRMR 值，為 .0299，已經小於 .05。

　　GFI 及 AGFI 應大於 0.90（最好大於 0.95）；PGFI 是精簡適配指標，應大於 0.50。由本報表來看，本範例的適配性相當理想。

報表 4-29

Baseline Comparisons

Model	NFI Delta1	RFI rho1	IFI Delta2	TLI rho2	CFI
Default model	.970	.959	.997	.995	.997
Saturated model	1.000		1.000		1.000
Independence model	.000	.000	.000	.000	.000

　　報表 4-29 為相對適配指標，是將理論模型與基準線模型比較之後得到的指標，依標準應大於 .90（最好大於 .95）。由此觀之，本範例的相對適配指標都符合此項標準。

報表 4-30

Parsimony-Adjusted Measures

Model	PRATIO	PNFI	PCFI
Default model	.727	.706	.725
Saturated model	.000	.000	.000
Independence model	1.000	.000	.000

報表 4-30 為精簡適配指標，PRATIO 的公式是：

　　理論模型自由度 / 獨立模型自由度

代入報表 4-27 的自由度，得到：

　　48 / 66 = 0.727

用 0.727 分別乘上 NFI、CFI（在報表 4-29，分別為 0.970 及 0.997），就得到 PNFI、PCFI。

精簡適配指標依標準應大於 0.50。由此觀之，本範例的精簡適配指標都符合此項標準。

報表 4-31

NCP

Model	NCP	LO 90	HI 90
Default model	5.700	.000	27.862
Saturated model	.000	.000	.000
Independence model	1736.762	1602.006	1878.887

報表 4-31 的 NCP 值是由報表 4-32 中的 F0 乘上 $N-1$（樣本數減 1）而得，愈接近 0 表示模型適配度愈佳。本範例的 NCP = 5.700，90%信賴區間為 (0.000, 27.862)，包含 0，代表模型適配度頗佳。

報表 4-32

FMIN

Model	FMIN	F0	LO 90	HI 90
Default model	.233	.025	.000	.121
Saturated model	.000	.000	.000	.000
Independence model	7.838	7.551	6.965	8.169

報表 4-32 為疊代之後的結果，其中，

　　$\chi^2 = \text{FMIN} * (N-1)$

代入數值可得到：

　　$\chi^2 = 0.233 * (231 - 1) = 53.700$ （有捨入誤差）

報表 4-31 中的 NCP 則由以下公式計算：

$$\text{NCP} = \text{F0} * (N - 1) = 0.025 * (231 - 1) = 5.700$$

報表 4-33

RMSEA

Model	RMSEA	LO 90	HI 90	PCLOSE
Default model	.023	.000	.050	.948
Independence model	.338	.325	.352	.000

　　報表 4-33 的 RMSEA 為非集中性的指標，為重要的適配指標，應小於 0.05，RMSEA 為 .023，90%信賴區間為 [.000, .050]。PCLOSE 用來檢定 H_0: RMSEA ≤ .05，因為 p = .948，所以不能拒絕虛無假設，表示模型適配度良好。

報表 4-34

AIC

Model	AIC	BCC	BIC	CAIC
Default model	113.700	117.294	216.973	246.973
Saturated model	156.000	165.346	424.509	502.509
Independence model	1826.762	1828.200	1868.071	1880.071

　　報表 4-34 中各項指標主要提供不同模型間的比較用，數值愈小表示模型適配度愈好。由於本範例不進行模型間比較，因此可忽略此項報表。

報表 4-35

ECVI

Model	ECVI	LO 90	HI 90	MECVI
Default model	.494	.470	.591	.510
Saturated model	.678	.678	.678	.719
Independence model	7.942	7.357	8.560	7.949

　　報表 4-35 的指標同樣在提供不同模型間的比較用，數值愈小表示模型適配度愈好。由於本範例不進行模型間比較，因此可忽略此項報表。

報表 4-36

HOELTER

Model	HOELTER .05	HOELTER .01
Default model	280	316
Independence model	11	13

　　報表 4-36 是 Hoelter 的臨界 N 值，最好大於 200，本範例符合此項標準。

報表 4-37

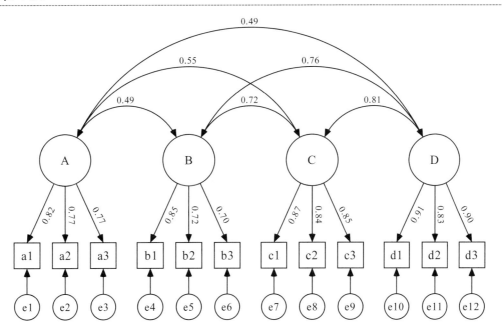

　　報表 4-37 是以 ML 法估計所得的標準化係數。由因素負荷量來看，$B \rightarrow b3$ 為 0.70，平方後為 0.49，稍低於 0.50，應再留意 b3 這一題是否與有用性的定義相符。由因素間的相關係數來看，B、C、D 之間的相關都在 0.72 以上，相互重疊的變異量都在 0.50 以上，宜留意此 3 個概念的定義是否明確，不會有混淆的情形。另外，也應留意共同方法變量（common method variance, CMV）問題。CMV 最常用的分析方式是相關係數不等於 1，經使用 bootstrap 法分析，各因素間相關係數的 95%信賴區間均不含 1，因此，可以寬鬆認定沒有 CMV 問題。

報表 4-38

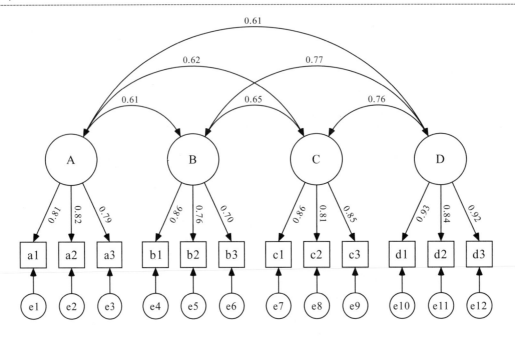

報表 4-38 是另外使用 ADF 法估計所得的結果。與 ML 法相比，因素負荷量相差不多，但因素間的相關係數較平均，差異較小。

報表 4-39（STATA）

Average-Variance-Extracted & Composite-factor-Reliability:

AVE_A: 0.6227	CR_A: 0.8319
AVE_B: 0.5789	CR_B: 0.8037
AVE_C: 0.7292	CR_C: 0.8898
AVE_D: 0.7754	CR_D: 0.9118

報表 4-39 是 4 個因素的 AVE 及組成信度，CR 分別是 0.8319、0.8037、0.8898、0.9118，均大於 0.8，具有高的一致性信度。

報表 4-40（STATA）

Calculating McDonald's omega/Raykov's rho...

Scale reliability coefficient:	0.8322
Scale reliability coefficient:	0.8033
Scale reliability coefficient:	0.8900
Scale reliability coefficient:	0.9120

報表 4-40 是 4 個因素的 ω 信度，與組成信度差異不大。

報表 4-41（STATA）

Convergent and Discriminant Validity Assessment

Squared correlations (SC) among latent variables

	A	B	C	D
A	1.000			
B	0.242	1.000		
C	0.298	0.520	1.000	
D	0.242	0.576	0.659	1.000

Average variance extracted (AVE) by latent variables

AVE_A	0.623	Problem with discriminant validity
		No problem with convergent validity
AVE_B	0.579	Problem with discriminant validity
		No problem with convergent validity
AVE_C	0.729	No problem with discriminant validity
		No problem with convergent validity
AVE_D	0.775	No problem with discriminant validity
		No problem with convergent validity

Note: when AVE values >= SC values there is no problem with discriminant validity
　　　when AVE values >= 0.5 there is no problem with convergent validity

　　報表 4-41 是 STATA 的 condisc 所得結果。如果因素的 AVE 大於或等於 0.5，則沒有聚斂效度問題；如果因素的 AVE 大於或等於相關的平方（在本例中最大為 0.659），則沒有區別效度問題。以此標準，4 個因素都沒有聚斂效度問題，但是，A 與 B 這 2 個因素，則有區別效度問題。

　　不過，如果將報表整理成表 4-2，表中對角線上為因素的 AVE，對角線外為因素間相關係數的平方，則對角線上的 AVE 都是同一行及同一列中最大者。換言之，兩兩因素間的相關係數平方，並未大於各自因素的 AVE，所以，各因素並無區別效度問題。

表 4-2　Fornell-Larker 準則

	A	B	C	D
A	0.623			
B	0.242	0.579		
C	0.298	0.520	0.729	
D	0.242	0.576	0.659	0.775

報表 4-42

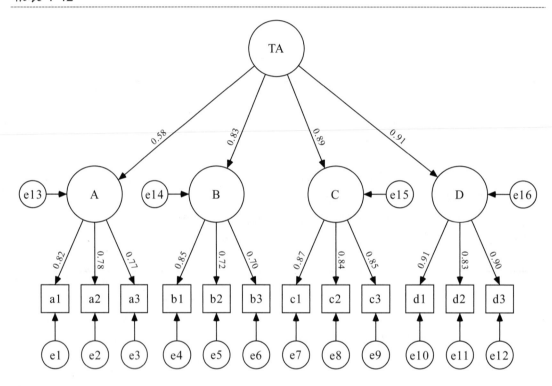

　　報表 4-42 是二階 CFA 結果，一階因素負荷量與報表 4-37 相近。由於因素 *B*、*C*、*D* 的相關係數較高，因此一階因素負荷量中 *TA→B*、*TA→C*、*TA→D* 都高於 0.80。二階 CFA 的進一步分析，可以參見陳正昌與林曉芳（2020）的說明。

4.4　分析結論

　　研究者自編 12 題 Likert 六點量表，以測量使用者對智慧型手機的接受度。本量表共有 4 個分量表，各有 3 題，分別在測量認知有用性、認知易用性、使用態度，及行為意圖。經使用 Amos 29 版及 STATA 17 版統計軟體，以 ML 法進行驗證性因素分

析，得到 $\chi^2(48, N = 231) = 53.700$，$p = .265$。$\chi^2 / df = 1.119$，RMSEA = 0.023，SRMR = 0.030，NNFI (TLI) = 0.995，CFI = 0.997，表示理論模型適配度良好。4 個因素的 AVE 分別為 0.623、0.579、0.729、0.775，都大於 0.50；組成信度 CR 分別為 0.832、0.804、0.890、0.912，均大於 0.70。整體而言，本量表具有聚斂效度。4 個因素間的相關係數都小於 AVE 的平方根，因此本量表具有良好的區別效度。標準化估計值如報表 4-37，因素負荷量都在 0.70 以上。

4.5　使用 JASP 及 jamovi 分析

JASP 及 jamovi 是基於 R 統計軟體開發的互動式軟體，它們不僅免費，可以透過類似 SPSS 的選單操作，而且輸出結果也與 SPSS 相似，值得向讀者推薦。

JASP 及 jamovi 均可以進行驗證性因素分析及結構方程模型分析，也都可以進行二階驗證性因素分析。在 jamovi 的 Confirmatory Factor Analysis 中雖然可以畫出徑路圖，但是，並未能顯示係數，此時，可改用 SEM (interactive) 進行 CFA。分析時，依次「Add New Factor」，並將觀察變數點選到相對應的潛在因素即可。設定完成後，jamovi 會立即進行分析，得到結果。圖 4-11 是 jamovi 的一階 CFA 結果，係數與報表 4-37 一致。圖 4-12 是二階 CFA 結果，與報表 4-42 一致。

圖 4-11　驗證性因素分析結果（jamovi）

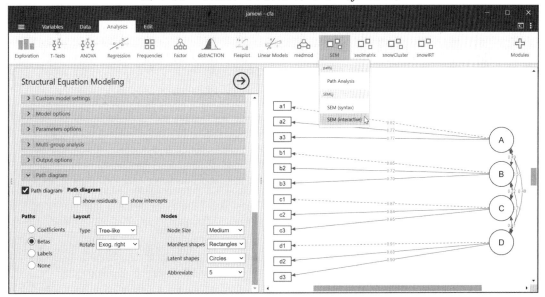

圖 4-12　二階驗證性因素分析結果（jamovi）

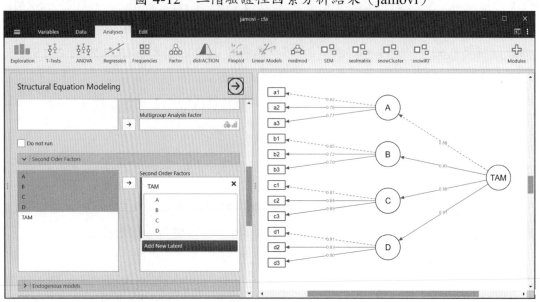

JASP 的 Confirmatory Factor Analysis 可進行一階及二階 CFA，並繪出徑路圖。設定時，在模型中點擊 ✚ 號新增潛在因素，並將觀察變數點選到相對應的潛在因素即可。設定完成後，JASP 同樣會立即進行分析，得到結果。圖 4-13 是 JASP 的二階 CFA 結果，與報表 4-42 及 jamovi 結果一致。

圖 4-13　二階驗證性因素分析結果（JASP）

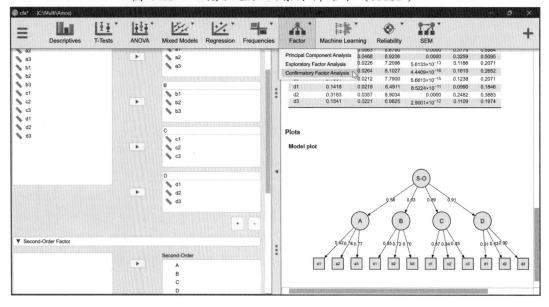

5　集群分析

人們常說：「物以類聚，人以群分」（源自《周易・繫辭》的「方以類聚，物以群分」），對事物的「分類」是形成知識的重要方法，而集群分析（cluster analysis）就是一種分類的技術，它也是機器學習中的「非監督學習」（unsupervised learning）。

5.1　理論部分

對於宇宙中萬事萬物的分類，是人類普遍的興趣。天文學家將星球分成恆星、行星、及衛星；動物學家將肉食動物分成貓科、犬科、鼬鼠科、熊科……；經濟學家將國家分成已開發、開發中、及未開發國家；「星象家」將人分成雙魚座、巨蟹座、水瓶座……；服務業者則可能將人分成忠實顧客、游離顧客、及潛在顧客。可見人無時無刻不在進行分類的工作。

即使對於同一對象，不同的人也有不同的分類。如果以大象、鴕鳥、老虎、鱷魚、金魚、海獺這六種動物為例（此處不列出精確之名稱），讓學生進行分類。可能會有人將牠們分為陸上動物或水中動物、大型動物或小型動物、溫血動物或冷血動物、胎生動物或卵生動物、溫和的動物或凶猛的動物……。這些分類的結果都可以接受，差別的只是分類的依據而已。

又如：要將貓熊（或稱熊貓）、無尾熊、竹子、尤加利樹分成兩類。有些人可能會將貓熊及無尾熊分成一類，而將竹子及尤加利樹分為另一類，因為前一類都是動物，後一類都是植物。但是，有些人可能會將貓熊及竹子分成一類，而將無尾熊及尤加利樹分為另一類，因為貓熊吃竹子，而無尾熊吃尤加利葉。可見分類的標準不同，分類的結果也會有所差異。

所以，如何選定一些分類的標準，然後將不同的觀察體（可能是星球、國家、動物等）加以分類，使得同一類（集群）之內觀察體彼此的相似度愈高愈好，而不同類之間觀察體彼此的相異度愈高愈好，是集群分析最主要的任務。

5.1.1　集群分析的意義及目的

在因素分析的描述中（參見第 3、4 章）我們可知，其目的是在於將**變數**加以分類。但是有時候研究者可能會有興趣將**觀察體**加以分類，此時就需要使用集群分析（cluster analysis）。

集群分析以往大多使用在醫學上以將各種疾病加以分類，及行銷學上將各種客戶

加以分群。其主要的方法是使用一組的資料，加以計算各觀察體的相似性（similarity）或相異性（dissimilarity），然後使用各種分析的方法，將這些觀察體加以分類，進而能更有效地掌握各集群的性質。集群分析與區別分析都是在進行分類，但是區別分析是分類前就已經知道分類的組別了，而集群分析在分類前通常是不確定可以分成多少組別的。

集群分析所關心的重點有三（林邦傑，1981，p. 31）：

1. 如何以數量來表示觀察體與觀察體間的相似性（或相異性）？
2. 如何根據這些相似性將類似的觀察體分為一個集群？
3. 所有觀察體分類完畢後，對每一集群的性質應如何描述？

5.1.2　相似性及相異性的計算

在進行集群分析之前，我們會根據一些變數加以計算觀察體間的**相異性**（一般用**距離量數**表示）或**相似性**。以下以計量性資料，說明統計軟體（特別是指 SPSS）使用的量數。其他測量方法，請見陳正昌等人（2011）專書。

5.1.2.1　相異性的計算

假設有 2 個觀察體（個案 A 與 B），在 3 個**量的變數**（$X1$、$X2$、$X3$）上的數值如表 5-1：

表 5-1　2 個觀察體之 3 個變數

	X1	X2	X3
A	2	4	6
B	4	1	5

要表示他們的**相異性**，一般常用的方法有七種，如果距離值愈大，則表示 2 個觀察體距離愈遠，因此相異性也愈大。

1. **街道距離**或**曼哈頓距離**（city-block or Manhattan distance）

$$d(x_a, x_b) = \sum_{i=1}^{p} |x_{ai} - x_{bi}|$$
$$= |2-4| + |4-1| + |6-5| = 2 + 3 + 1 = 6$$

2. 柴比雪夫距離（Chebychev distance）

$$d(x_a, x_b) = \max |x_{ai} - x_{bi}|$$
$$= \max(|2-4|, \; |4-1|, \; |6-5|) = \max(2, \; 3, \; 1) = 3$$

3. 歐基里德距離（Euclidean distance）

$$d(x_a, x_b) = \sqrt{\sum_{i=1}^{p}(x_{ai} - x_{bi})^2}$$
$$= \sqrt{(2-4)^2 + (4-1)^2 + (6-5)^2} = \sqrt{4+9+1} = \sqrt{14} = 3.742$$

4. 歐基里德距離平方（squared Euclidean distance）

$$d(x_a, x_b) = \sum_{i=1}^{p}(x_{ai} - x_{bi})^2$$
$$= (2-4)^2 + (4-1)^2 + (6-5)^2 = 4+9+1 = 14$$

5. 敏可斯基距離（Minkowski distance），它是距離測量的通式，如果 m=2，則它就等於歐基里德距離。如果 m=3，則計算方法如下：

$$d(x_a, x_b) = \sqrt[m]{\sum_{i=1}^{p}|x_{ai} - x_{bi}|^m}$$
$$= \sqrt[3]{|2-4|^3 + |4-1|^3 + |6-5|^3} = \sqrt[3]{36} = 3.302$$

6. 冪距離（power or customized distance）：它比敏可斯基距離更彈性，可分別設定 m 及 n，如果 m=3，n=2，則計算方法如下：

$$d(x_a, x_b) = \sqrt[n]{\sum_{i=1}^{p}|x_{ai} - x_{bi}|^m}$$
$$= \sqrt[2]{|2-4|^3 + |4-1|^3 + |6-5|^3} = \sqrt[2]{36} = 6$$

7. 馬哈蘭諾距離（Mahalanobis distance）：它是歐氏距離再乘以變異－共變異矩陣之反矩陣，目的在避免因測量單位不同而造成的差異。

$$d(x_a, x_b) = \sqrt{(x_a - x_b)' S^{-1}(x_a - x_b)}$$

5.1.2.2　相似性的計算

常用的相似性係數有二：

1.　餘弦係數（cosine）

$$s(x_a, x_b) = \frac{\sum_{i=1}^{p}(x_{ai}x_{bi})}{\sqrt{(\sum_{i=1}^{p}x_{ai}^2)(\sum_{i=1}^{p}x_{bi}^2)}}$$

$$= \frac{2 \times 4 + 4 \times 1 + 6 \times 5}{\sqrt{(2^2+4^2+6^2)(4^2+1^2+5^2)}} = \frac{42}{\sqrt{2352}} = 0.866$$

2.　**皮爾遜積差相關係數**（Pearson correlation），其計算方法與變數間的皮爾遜積差相關係數相同，以觀察體所求的相關係數矩陣，一般稱為 Q 型相關矩陣。

$$s(x_a, x_b) = \frac{\sum_{i=1}^{p}Zx_{ai}Zx_{bi}}{p-1} = 0.24$$

5.1.3　集群分析之方法

集群分析的方法，一般可分成**階層式**（hierarchical method）及**非階層式**（nonhierarchical method）兩大類。而階層式又分成**集結法**（agglomerative method）及**分裂法**（divisive method）兩種。

5.1.3.1　階層式的分析方法

集結的方式，係先計算出各觀察體間的距離或組內誤差矩陣，然後將最接近的兩個觀察體加以合併成一集群，接著再算出合併後的觀察體間距離或組內誤差，並重複以上的程序，直到所有觀察體合併成同一集群。其方法較常使用者有**單一連結法**（single linkage method）、**完全連結法**（complete linkage method）、**平均連結法**（average linkage method）、**形心法**（centroid method）、**中位數法**（median method）、**華德法**（Ward's method）。

以下使用表 5-2 的 5 個觀察體在 2 個變數上的假設性資料為例，說明各種連結的方法。表中右側是 5 個觀察體間的距離（此處以歐氏距離平方為例），此時觀察體 A 與觀察體 B 的距離最小（為 2）。

表 5-2　原始資料及計算所得之歐氏距離平方

	X	Y
A	6	5
B	7	6
C	2	4
D	4	2
E	2	1

	A	B	C	D	E
A					
B	2				
C	17	29			
D	13	25	8		
E	32	50	9	5	

單一連結法，又稱近鄰法（nearest neighbor method），其連結的步驟為：

1. 找出距離最相近的 2 個集群（或觀察體），例如：C_A 及 C_B，將集群 C_A 及 C_B 合併為 C_{AB}。

2. 計 算 新 集 群 C_{AB} 與 其 他 集 群 的 距 離： $d(C_{AB}, C_D) = \min\{d(C_A, C_D), d(C_B, C_D)\}$，意即取 C_A 與 C_D，及 C_B 與 C_D 兩者當中距離**最近者**（所以稱為**近鄰法**），代表 C_{AB} 和 C_D 的新距離。

3. 如 果 要 計 算 C_{AB} 與 C_{DE} 的 距 離， 則 $d(C_{AB}, C_{DE}) = \min\{d(C_A, C_D), d(C_B, C_D), d(C_A, C_E), d(C_B, C_E)\}$。

4. 重複上述步驟，直到所有觀察體合併成 1 個集群為止。

以表 5-2 的資料，使用單一連結法，其步驟可以整理成表 5-3。

表 5-3　單一連結法連結過程

	AB	C	D	E
AB				
C	17			
D	13	8		
E	32	9	5	

➡

	AB	C	DE
AB			
C	17		
DE	13	8	

➡

	AB	CDE
AB		
CDE	13	

由表 5-2 右側可以看出，觀察體 A 與觀察體 B 的距離為 2，是所有觀察體間最小者，所以兩者先合併成 1 個集群，合併後重新計算集群 AB 與其他 3 個觀察體的距離（取 A 或 B 與其他觀察體最近者），此時 D、E 的距離最小（為 5）。

由表 5-3 可以看出，將 DE 合併後，再重新計算集群 DE 與其他 2 個集群（或觀察體）的距離，此時觀察體 C 與集群 DE 的距離最小（為 8）。

將 CDE 合併後，再重新計算集群 CDE 與集群 AB 的距離（為 13）。

由上述的過程可以得到各階段連結的距離分別為 2、5、8、13，而連結的順序分別是 A 與 B、D 與 E、C 與 DE、AB 與 CDE，據此可以畫成樹狀圖如圖 5-1。

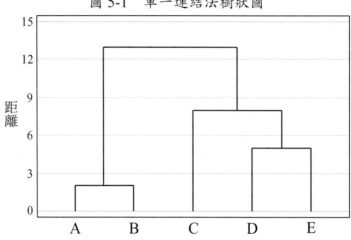

圖 5-1　單一連結法樹狀圖

完全連結法，又稱**遠鄰法**（farthest neighbor method），其連結的步驟為：

1. 找出距離最相近的 2 個集群（或觀察體），例如：C_A 及 C_B，將集群 C_A 及 C_B 合併為 C_{AB}。
2. 計算新集群 C_{AB} 與其他集群的距離：$d(C_{AB}, C_D) = \max\{d(C_A, C_D), d(C_B, C_D)\}$，意即取 C_A 與 C_D，及 C_B 與 C_D 兩者當中距離**最遠者**（所以稱為**遠鄰法**），代表 C_{AB} 和 C_D 的新距離。
3. 如果要計算 C_{AB} 與 C_{DE} 的距離，則 $d(C_{AB}, C_{DE}) = \max\{d(C_A, C_D), d(C_B, C_D), d(C_A, C_E), d(C_B, C_E)\}$。
4. 重複上述步驟，直到所有觀察體合併成 1 個集群為止。

以表 5-2 的資料，使用完全連結法，其步驟可以整理成表 5-4。

表 5-4　完全連結法連結過程

	AB	C	D	E
AB				
C	29			
D	25	8		
E	50	9	5	

→

	AB	C	DE
AB			
C	29		
DE	50	9	

→

	AB	CDE
AB		
CDE	50	

由表 5-2 右側可以看出，觀察體 A 與觀察體 B 的距離為 2，是所有觀察體間最小者，所以兩者先合併成 1 個集群，合併後重新計算集群 AB 與其他 3 個觀察體的距離（取 A 或 B 與其他觀察體最遠者），此時 D、E 的距離最小（為 5）。

由表 5-4 可以看出，將 DE 合併後，再重新計算集群 DE 與其他 2 個集群（或觀

察體）的距離，此時觀察體 *C* 與集群 *DE* 的距離最小（為 9）。

　　將 *CDE* 合併後，再重新計算集群 *CDE* 與集群 *AB* 的距離（為 50）。

　　由上述的過程可以得到各階段連結的距離分別為 2、5、9、50，而連結的順序分別是 *A* 與 *B*、*D* 與 *E*、*C* 與 *DE*、*AB* 與 *CDE*，據此可以畫成樹狀圖如圖 5-2。

圖 5-2　完全連結法樹狀圖

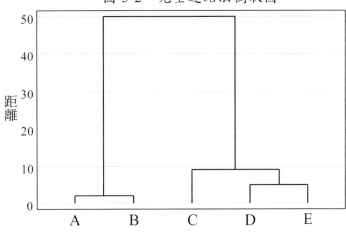

平均連結法，其連結的步驟為：

1. 找出距離最相近的 2 個集群（或觀察體），例如：C_A 及 C_B，將集群 C_A 及 C_B 合併為 C_{AB}。

2. 計算新集群 C_{AB} 與其他集群的距離：$d(C_{AB}, C_D) = \dfrac{\sum\sum d_{ij}}{n_{(AB)}n_D}$，意即取 C_A 與 C_D，及 C_B 與 C_D 的平均距離，代表 C_{AB} 和 C_D 的新距離。

3. 如果要計算 C_{AB} 與 C_{DE} 的距離，則 $d(C_{AB}, C_{DE}) = \dfrac{d(C_A, C_D) + d(C_B, C_D) + d(C_A, C_E) + d(C_B, C_E)}{2 \times 2}$。

4. 重複上述步驟，直到所有觀察體合併成 1 個集群為止。

以表 5-2 的資料，使用平均連結法，其步驟可以整理成表 5-5：

表 5-5　平均連結法連結過程

	AB	C	D	E
AB				
C	23			
D	19	8		
E	41	9	5	

➜

	AB	C	DE
AB			
C	29		
DE	30	8.5	

➜

	AB	CDE
AB		
CDE	27.67	

　　由表 5-2 右側可以看出，觀察體 *A* 與觀察體 *B* 的距離為 2，是所有觀察體間最小者，所以兩者先合併成 1 個集群，合併後重新計算集群 *AB* 與其他 3 個觀察體的距離（取 *A*、*B* 與其他觀察體的平均距離），此時 *D*、*E* 的距離最小（為 5）。

　　由表 5-5 可以看出，將 *DE* 合併後，再重新計算集群 *DE* 與其他 2 個集群（或觀察體）的距離，此時觀察體 *C* 與集群 *DE* 的距離最小（為 8.5）。

　　將 *CDE* 合併後，再重新計算集群 *CDE* 與集群 *AB* 的距離（為 27.67）。

　　由上述的過程可以得到各階段連結的距離分別為 2、5、8.5、27.67，而連結的順序分別是 *A* 與 *B*、*D* 與 *E*、*C* 與 *DE*、*AB* 與 *CDE*，據此可以畫成樹狀圖如圖 5-3。

圖 5-3　平均連結法樹狀圖

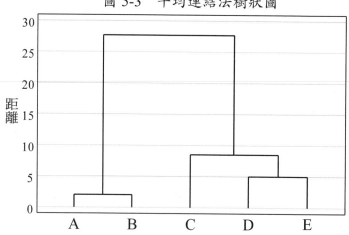

形心法，其連結的步驟為：

1.　找出距離最相近的 2 個集群（或觀察體），例如：C_A 及 C_B，將集群 C_A 及 C_B 合併為 C_{AB}。

2　將 *A*、*B* 兩群之原始數值求平均數，以此平均數代表 2 個觀察體的原始數值，然後再計算新集群 C_{AB} 與其他集群的距離。

3.　重複上述步驟，直到所有觀察體合併成 1 個集群止。

　　由表 5-2 右側可以看出，觀察體 *A* 與觀察體 *B* 的距離為 2，是所有觀察體間最小者，所以兩者先合併成 1 個集群，合併後重新計算集群 *AB* 的原始數值（以 *A* 與 *B* 的原始數值求平均），得到表 5-6 左側的數據。接著再以此數值計算 4 個集群（或觀察體）的距離，得到表 5-6 右側的數值，此時 *D*、*E* 的距離最小（為 5）。

表 5-6　形心連結法連結過程-1

	X	Y
AB	6.5	5.5
C	2	4
D	4	2
E	2	1

	AB	C	D	E
AB				
C	22.5			
D	18.5	8		
E	40.5	9	5	

將 *DE* 合併後，先計算集群 *DE* 的原始數值（表 5-7 左側），然後重新計算 3 個集群（或觀察體）的距離，此時觀察體 *C* 與集群 *DE* 的距離最小（為 7.25）。

表 5-7　形心連結法連結過程-2

	X	Y
AB	6.5	5.5
C	2	4
DE	3	1.5

	AB	C	DE
AB			
C	22.5		
DE	28.25	7.25	

將 *CDE* 合併後，先計算集群 *CDE* 的原始數值（表 5-8 左側），然後重新計算最後 2 個集群的距離（為 24.72）。

表 5-8　形心連結法連結過程-3

	X	Y
AB	6.5	5.5
CDE	2.67	2.33

	AB	CDE
AB		
CDE	24.72	

由上述的過程可以得到各階段連結的距離分別為 2、5、7.25、24.72，而連結的順序分別是 *A* 與 *B*、*D* 與 *E*、*C* 與 *DE*、*AB* 與 *CDE*，據此可以畫成樹狀圖如圖 5-4。

SPSS 及 STATA 也提供**中數法**，以中位數取代平均數，其他連結過程相同。

總結上面所述四種連結方法，可用圖 5-5 表示之。簡言之，單一連結法在計算集群間的距離是取兩集群間任意 2 個觀察體之間的最近距離；完全連結法是取最遠的距離；平均連結法是取兩集群間任意 2 個觀察體距離的平均數；形心法則是取 2 集群間形心的距離。

華德最小變異法（Ward's minimum variance method）：其目的是希望合併後集群內的聯合組內變異量（用離均差平方和代表，$SS = \sum_{i=1}^{p} \sum_{j=1}^{m} (x_{ij} - \bar{x}_i)^2$，其中 i 代表變數，j 代表觀察體）達到最小，集結的步驟為：

圖 5-4 形心連結法樹狀圖

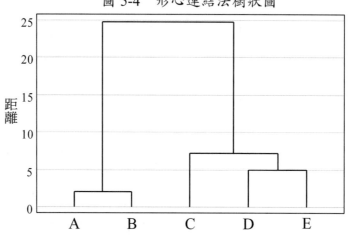

圖 5-5 四種連結方法示意圖

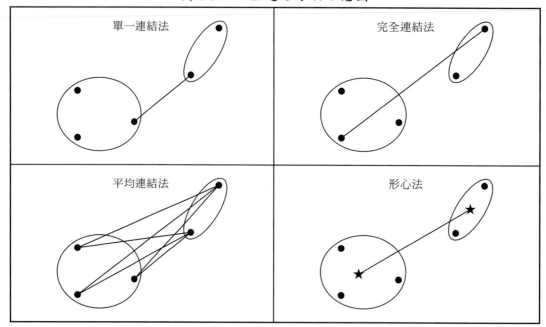

1. 將每個觀察體視為單獨 1 個集群，計算其組內變異量，此時為 0。

2. 分別計算 N 個觀察體與其他某一個觀察體合併時的組內變異量，取其變異量最小者的 2 個觀察體合併為集群，並視為 1 個觀察體，此時觀察體數為 $N - 1$。

3. 分別計算 $N - 1$ 個觀察體與其他某一個觀察體合併時的組內變異量，取其變異量最小者的 2 個觀察體合併為一集群，並視為 1 個觀察體，此時觀察體數

為 $N-2$。

4. 重複上述的步驟，直到所有觀察體合併成 1 個集群。

以前述的資料為例，一開始如果將 AB 合併成一集群，則此時 $SS = (6-\dfrac{6+7}{2})^2+(7-\dfrac{6+7}{2})^2+(5-\dfrac{5+6}{2})^2+(6-\dfrac{5+6}{2})^2=1$，如果將 CD 合併成一集群，則 SS $=(2-\dfrac{2+4}{2})^2+(4-\dfrac{2+4}{2})^2+(4-\dfrac{4+2}{2})^2+(2-\dfrac{4+2}{2})^2=4$。

當合併成 3 個集群時，如果是 AB、CD，及 D 的組合，則聯合組內 SS 就等於 1+4+0=5。

下表是各集結階段及其可能組合的聯合組內 SS。

	集群				聯合組內 SS
	1	2	3	4	
4 個集群之可能組合					
1	AB	C	D	E	1.00
2	AC	B	D	E	8.50
3	AD	B	C	E	6.50
4	AE	B	C	D	16.00
5	BC	A	D	E	14.50
6	BD	A	C	E	12.50
7	BE	A	C	D	25.00
8	CD	A	B	E	4.00
9	CE	A	B	D	4.50
10	DE	A	B	C	2.50
3 個集群之可能組合					
1	ABC	D	E		16.00
2	ABD	C	E		13.33
3	ABE	C	D		28.00
4	AB	CD	E		5.00
5	AB	CE	D		5.50
6	AB	DE	C		3.50
2 個集群之可能組合					
1	ABC	DE			18.50
2	AB	CDE			8.33
3	ABDE	C			23.50
1 個集群之可能組合					
1	ABCDE				38.00

　　當 5 個觀察體要集結成 4 個集群時，有 10 種組合。此時 *AB* 合併成一集群的 *SS* 最小（1.00），因此第一階段這 2 個觀察體會先集結。

　　第二階段要合併成 3 個集群，因為 *AB* 已經成為 1 個集群，因此剩下的可能組合有 6 種。此時如果 *DE* 另外再合併成一集群（組內 *SS* 為 2.50），再加上 *C* 為單獨一集群（組內 *SS* 為 0），則聯合組內 *SS* 為 3.50，是所有組合中最小的。

　　第三階段要合併成 2 個集群，因為 *AB*、*DE* 都已經分別合併為 1 個集群，因此剩下的可能組合只有 3 種。此時如果 *CDE* 另外再合併成 1 個集群，則聯合組內 *SS* 為 8.33。

　　第四階段是 5 個觀察體合併成 1 個集群，此時 *SS* 為 38.00。

　　由上述的過程可以得到各階段連結的距離（聯合組內 *SS*）分別為 1.00、3.50、8.33、38.00，而連結的順序分別是 *A* 與 *B*、*D* 與 *E*、*C* 與 *DE*、*AB* 與 *CDE*，據此可以畫成樹狀圖如圖 5-6。

圖 5-6　華德法連結樹狀圖

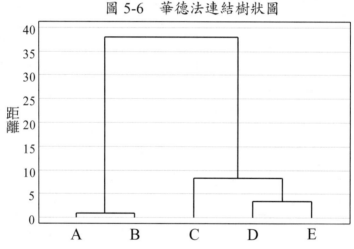

　　分裂法：分裂法的概念與集結法相反，它是依序將相異性最大的觀察體分裂成另一集群，步驟如下：

1. 首先將所有觀察體當成 1 個集群。
2. 接著計算哪一個觀察體與集群的相異性最大或相似性最小（通常取這個觀察體與集群內其他觀察體的平均距離），然後將其分裂成另一集群。
3. 分別計算大集群中每個觀察體與集群內及集群外的平均距離，如果比較接近另一個集群，則將此觀察體分到另一集群，否則，就留在集群內。此過程一直到 2 個集群內的觀察體都不能再分裂時為止。

4. 重複第 2、3 兩個步驟，將所有觀察體一直分裂到單獨 1 個集群為止。

　　根據表 5-2 的資料，計算每個觀察體與其他觀察體的平均距離，由下表可知：B 與其他 4 個觀察體（暫時稱為第一集群）的平均距離最遠，因此應該先分裂成另一集群（暫時稱為第二集群）。計算第一集群中每一個觀察體與集群內（其他 3 個觀察體）和集群外（觀察體 C，第二集群）的平均距離及兩者的差異，如果差異為正數，則將此觀察體（此處為 A）分裂到另一集群。

　　接著，再計算第一集群中每一個觀察體與集群內（其他 2 個觀察體）和集群外（觀察體 A、C）的平均距離及兩者的差異。由於此處的差異都是負數，因此第一階段的分裂是將 5 個觀察體分成 A、B 一集群，及 C、D、E 一集群。如果兩集群間距離的計算方法是採近鄰法，則此時的分裂距離是 13；採遠鄰法是 50；採平均法則是 26.67。總計，5 個觀察體要分裂成 2 個集群的可能組合有 15 種（$2^{5-1}-1$）。

　　再接下來分別針對 AB 集群及 CDE 集群加以分裂。AB 集群只有 1 種分法，就是分成 A 集群及 B 集群，其距離為 2。CDE 集群要再分成兩集群有 3 種分法（$2^{3-1}-1$），分別是{C、DE}、{D、CE}，及{E、CD}，其分裂方法同上所述。

觀察體	與集群內平均距離	與集群外平均距離	差異
由一集群分裂為二集群			
A	12.8		
B	21.2		
C	12.6		
D	10.2		
E	19.2		
計算第一集群觀察體與第二集群距離-1			
A	20.67	2.00	18.67
C	11.33	29.00	−16.67
D	8.67	25.00	−16.35
E	15.33	50.00	−34.67
計算第一集群觀察體與第二集群距離-2			
C	8.50	23.00	−14.50
D	6.50	19.00	−12.50
E	7.00	41.00	−34.00

5.1.3.2　非階層式的分析方法

非階層式（分割式）的集群分析最常用的是 k 平均法（k-means method），其步驟如下：

1. 依預先假定的集群個數 k，設定 k 個種子點（seed）。
2. 計算每個觀察體到各種子點的距離，並將其分派到最近的一群。
3. 分群後，重新計算每集群的形心（平均數）。
4. 計算每個觀察體到各集群形心的距離總和（the errors sum of squares of partition, ESS）。
5. 重新分派每個觀察體到與集群形心距離最近的集群，並計算 ESS 值。
6. 比較兩次的 ESS 值，如果差異達到事前訂定的標準，則停止；如果未達標準，則重複 4、5 兩個步驟，直到達到標準為止（Lattin et al., 2003; Sharma, 1996）。

種子點的選取關係著分類的結果。如果種子點選擇不當，分類的結果就可能不甚理想。常用的方法有以下六種（Sharma, 1996, p. 202）：

1. 選擇前 k 個沒有缺失值的觀察體。
2. 先選擇第 1 個觀察體當第 1 集群的種子；其次選擇與第 1 個種子的距離超過既定標準的下一個觀察體當第 2 個集群的種子；接著選擇與第 1、2 個種子的距離超過既定標準的下一個觀察體當第 3 個集群的種子。依此類推，直到選出 k 個集群的種子為止。
3. 隨機選出 k 個觀察體當種子。
4. 先選擇 k 個種子，然後依照某種既定的標準（如彼此距離是否夠遠），加以置換種子。
5. 依照某種既定的標準（如彼此距離是否夠遠）選取 k 個種子。
6. 由研究者自訂 k 個種子。

各集群初始的種子點選取後，接著就要將 $n - k$ 個觀察體分派到距離最近的種子點。常用的分派方法有三種（Sharma, 1996, p. 203）：

1. 計算每個集群的形心，將每一個觀察體分派到距離最近的集群中。在分派每一個觀察體的過程中，形心並不更新，而是直到所有觀察體都分派後，才重新計算集群的形心。如果後一次與前一次形心距離的改變超過某種聚斂的標準，就重新計算每個觀察體與各集群形心的距離，然後再分派到距離最近的集群，一直到形心的改變沒有超過既定的標準為止。

2.　計算每個集群的形心，將每一個觀察體分派到距離最近的集群中。在分派每一個觀察體的過程中，都會計算觀察體要加入及退出之集群的形心，直到達到某種聚斂標準為止。

3.　重新分派觀察體，直到使某種統計量達到最小為止，這種方法稱為**爬山法**（hill-climbing method），一般常用的統計規準有：

　(1)　組內 SSCP 矩陣的跡（trace）為最小。

　(2)　組內 SSCP 矩陣的行列式值（determinant）為最小。

　(3)　$\mathbf{W}^{-1}\mathbf{B}$ 矩陣的跡為最小。其中 $\mathbf{W}$ 及 $\mathbf{B}$ 分別代表組內及組間 SSCP 矩陣。

　(4)　$\mathbf{W}^{-1}\mathbf{B}$ 矩陣的特徵值為最大。

STATA 軟體另外提供 K-medians 法，它以中位數取代形心（平均數），其餘步驟則相同。

5.1.4　集群數的判斷

如果使用階層式集群分析法，在集結完成後，接下來就要判斷應該分成幾個集群才算恰當。

如果使用 SPSS 軟體，一般可以用連結距離的陡坡圖來判斷。以前述的例子，使用華德法進行集群分析，所得之各階段連結係數分別為 1.00、3.50、8.33、38.00，利用 Excel 軟體可以繪得下面的陡坡圖（圖 5-7）。

圖 5-7　陡坡圖

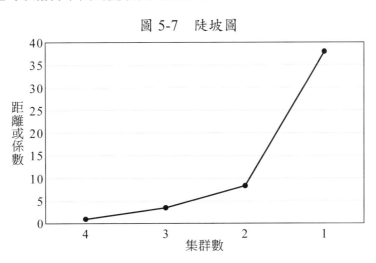

此處的陡坡圖與因素分析的特徵值陡坡圖類似。橫軸是集群數，縱軸則是連結距離或係數。

由此圖可以看出：當集群數從 4 減少至 2 時，連結的距離為緩慢增加的趨勢；但是當合併成 1 個集群時，連結的距離則大幅增加。因此，5 個觀察體合併為 2 個集群比較恰當。

5.1.5　如何描述各集群的特性

分類後，接著應將集群的性質加以描述。統計軟體通常會輸出每個集群的算術平均數及標準差，此時如果能配合平均數的剖繪圖（參見本章分析摘要表部分），會更加清晰。如果可能，則應對集群加以命名，例如：以國家所做的集群分析，可能會將其命名為已開發國家、開發中國家，及未開發國家。

5.1.6　其他注意事項

5.1.6.1　變數的選擇

前已述及，採用不同的分類標準，就會產生不同的分類結果，因此在進行集群分析之前，應先考慮該使用什麼變數當分類的依據。

假設以體重、身高、體脂肪比例等變數對學生進行分類，結果可能會分成男生與女生兩類。但是如果用成就動機、學習策略、學業成就、及成就歸因來對學生加以分類，就會得到不同的結果。因此，如何慎選分類的標準（也就是使用的變數），是進行集群分析時應特別留意之處。

集群分析與迴歸分析及區別分析一樣，也會受多元共線性的影響，因此應避免變數間有太高相關，而產生分類偏誤。

5.1.6.2　變數的標準化

因為集群分析是根據變數來計算觀察體間的相似或相異性，如果變數間的單位不一致，則可能造成偏差的結果，因此在分析過程中，可以先將變數分別加以標準化，使其具有共同的單位，以避免不相等的加權。

不過，標準化的方法仍應留意。一般統計軟體標準化的方法是將所有觀察體視為一組，然後轉換為標準分數。不過，多數統計學者的建議卻是以分類之後的組別為單位以進行標準化。由於集群分析之初，觀察體所屬的組別並不確定，因此，事實上一開始並不能以組為單位加以標準化。因此，也有學者建議先以原始資料分類，確定各組別後，再以組別為單位加以標準化（林邦傑，1981）。然而，也有學者反對將變數標準化，因為標準化會使得所有變數的變異量變成一樣，反而可能使本來非常重要的變

數喪失其重要性（林邦傑，1981）。因此，要不要標準化，仍須視實際分析狀況而定。

5.1.6.3　方法的選擇

　　不同的分析方法，會導致分類的結果有所差異。集群分析的方法這麼多，究竟哪一種最適合呢？學者（Milligan）指出，在大部分的研究中，以使用平均連結法及華德法較佳，而以單一連結法較差（常會形成某一個觀察體單獨一集群），不過在很多模擬研究中，其結果並不一致（引自 SAS, 1990, p. 85）。所以在使用集群分析時，最好多用幾種分析方法，再選擇一種比較理想的結果（林邦傑，1981）。

　　此外，也有學者建議：可以先用階層法決定集群數，再用非階層法進行分群（Hair et al., 1995），此稱為**兩階段式的集群分析**（two-stage cluster analysis）。

5.1.6.4　交叉驗證

　　集群分析的目的通常著重在樣本的分類，比較少做統計上的推論。不過如果為了確定分析的效度，一般可以採用交叉證驗的方法，將觀察體隨機分成兩部分，取其中一部分先進行集群分析，確定集群的數目，然後再取另一半檢驗集群分析結果是否一致，如此才比較有把握可以說集群分析的結果是可信的。

5.1.7　小結

　　由於集群分析的方法不一，每種方法分析的結果便有所不同，加上集群數目的決定也常是仁智互見，因此它比較是屬於試探性的分析方法。學者（Hair et al., 1995）認為，集群分析與因素分析一樣，比較是屬於一種藝術而不是科學。

　　不過，在合併的過程中，組內的距離或誤差會愈來愈大，如果某個步驟增加的幅度突然變大，研究者就可以據以判斷該分成幾個集群。且根據每一步驟的距離或誤差，統計軟體也可以畫出樹狀圖或冰柱圖，以幫助研究者決定集群的數目。而 SAS 軟體也提供許多判斷的標準（如：CCC、PSF、PST2），以協助研究者找到適當的集群數。因此，適度使用這些判斷的準則，可以使得分析的結果較具可信度。

5.2　**應用部分**

5.2.1　範例說明

　　以下將利用實際調查所得之智慧型手機接受模型資料，隨機抽取其中 16 個個案，用 5 個變數對其進行分類工作，以了解各個案之異同。過程中先使用階層式集群分

析，再使用非階層式集群分析，並比較兩者的異同。

　　為了避免因為測量單位相差懸殊，而產生某個變數權重較大的影響，因此所有變數均先標準化為 Z 分數。

5.2.2　SPSS 分析步驟圖

1.　如果要同時進行非階層式的集群分析，可以先用【Descriptives】（敘述統計）將變數轉變為標準分數（圖 5-8）。

圖 5-8　Descriptives 選單

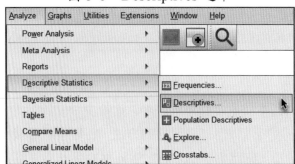

2.　將所要轉換的變數點選至對話框的右側，並勾選【Save standardized values as variables】（將標準化的數值存成變數），此時系統自動設定新變數為原變數前加 Z（圖 5-9）。如：A 變數轉換為 Z 分數後，就稱為 ZA。

圖 5-9　Descriptives 對話框

3.　接著，進行【Hierarchical Cluster】（階層集群分析法）（圖 5-10）。

圖 5-10　Hierarchical Cluster 選單

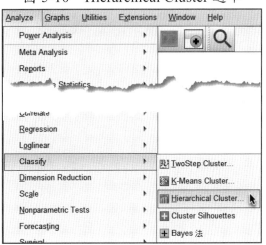

4. 首先，分析時應點選要分析的變數（可以是原始變數或是標準化變數）。此時，
   如果能夠以一個可以辨識觀察體的變數當注解（label），會有利於報表的閱讀。
   緊接著將分別點選【Statistics】（統計量）、【Plots】（圖形）、【Method】（方法），
   及【Save】（儲存）等 4 個按鈕（圖 5-11）。

圖 5-11　Hierarchical Cluster Analysis 對話框

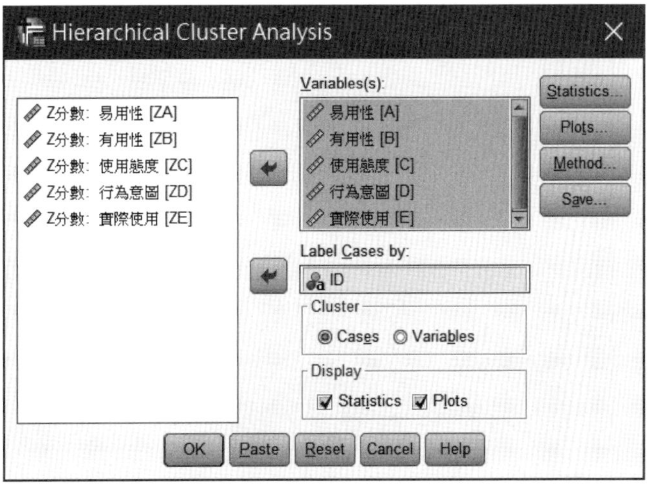

5. 其次，點選上圖【Statistics】（統計量）按鈕，並在其對話框中選擇【Agglomeration
   schedule】（群數凝聚過程）及【Proximity matrix】（近似性矩陣）。如果要列出分
   集後結果，可在【Single solution】（單一解）中輸入【Number of clusters】（集群
   數目），此例中為 3（圖 5-12）。

圖 5-12   Hierarchical Cluster Analysis: Statistics 對話框

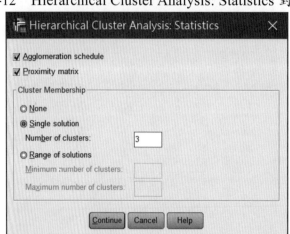

6.   在圖形的對話框中有【Dendrogram】（樹狀圖）及【Icicle】（冰柱圖）兩種圖形可供選擇。其中冰柱圖內定為【Vertical】（垂直）方向的所有集群，如果觀察體較多，最好改為【Horizontal】（水平）方向（圖 5-13）。

圖 5-13   Hierarchical Cluster Analysis: Plots 對話框

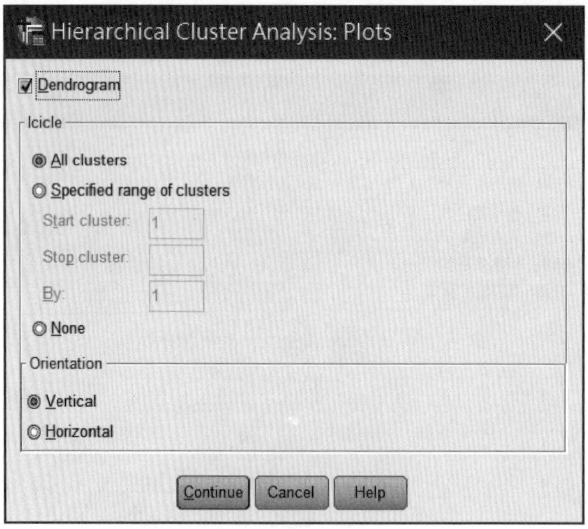

7.   在方法的對話框中，有 3 個項目要加以選擇。首先是【Cluster Method】（集群方法），SPSS 共提供 7 種連結方法，系統內定為【Between-groups linkage】（群間連結），此即平均連結法（圖 5-14）。一般而言，使用平均連結法及華德法適用的情境比較廣。

圖 5-14　Hierarchical Cluster Analysis: Method 對話框（一）

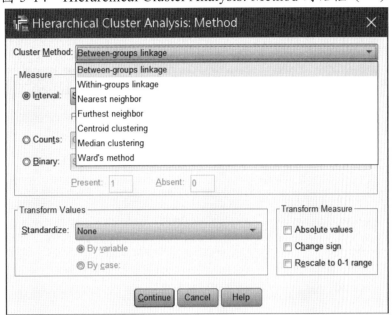

8.　再來，則是指定測量相異性的方法（如果要使用相似性，則應使用 Proximities 指令），此時應視變數性質選擇適當的方法。一般而言，研究者大多使用【Interval】（區間，或譯為等距）變數，而 SPSS 的內定方法是【Squared Euclidean distance】（歐基里德直線距離平方）（圖 5-15）。

圖 5-15　Hierarchical Cluster Analysis: Method 對話框（二）

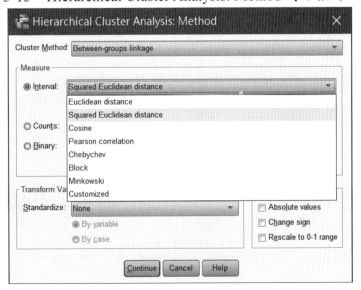

9. 如果不使用第 1、2 個步驟轉換為 Z 分數，也可以在【Transform Values】（轉換值）中選擇各種標準化方法（此處選擇 Z scores，Z 分數）（圖 5-16）。

圖 5-16　Hierarchical Cluster Analysis: Method 對話框（三）

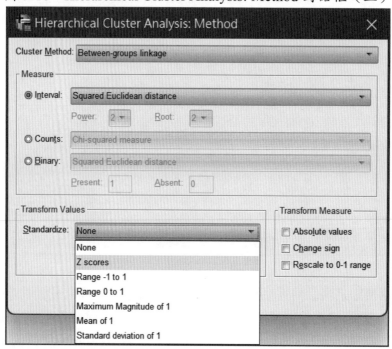

10. 如果想要將分類之集群成員加以儲存，可以點選【Save】（儲存）按鈕，在其對話框中選擇【Single solution】（單一解），並設定【Number of clusters】（集群數目）。因為在此處界定為 3 個集群（圖 5-17），所以第 1 次分析產生的集群變數為 clu3_1。

圖 5-17　Hierarchical Cluster Analysis: Save 對話框

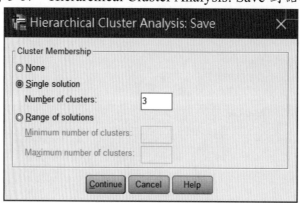

11. 當上述的選項都設定後，即可點選【OK】（確定）進行分析。如果點選【Paste】（貼上語法），則可以自動產生程式（如圖 5-11）。

12. 要進行非階層式分析，SPSS 提供【K-Means Cluster】（K 平均數集群）（圖 5-18）。

圖 5-18　K-Means Cluster 選單

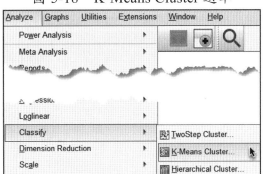

13. 分析時仍應先指定分析的變數，而且最好界定一個注解變數。同時，在此處應先界定【Number of Clusters】（集群個數）。接著將針對【Iterate】（疊代）、【Save】（儲存），及【Options】（選項）等按鈕加以說明（圖 5-19）。

圖 5-19　K-Means Cluster Analysis 對話框

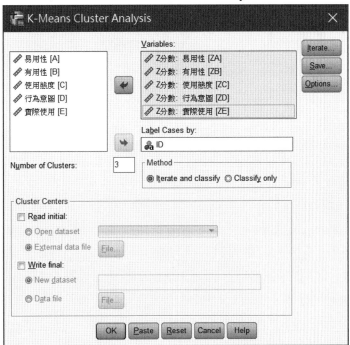

14. 在【Iterate】的對話框中，系統自訂的【Maximum Iterations】（最大疊代）次數為 10，【Convergence Criterion】（收斂條件）為 0，如果想要在每一個觀察體分群後就重新計算集群形心，就應勾選【Use running means】（使用可動平均數）；如不勾選，系統內定在所有觀察體分類後才計算集群形心（圖 5-20）。

圖 5-20　K-Means Cluster Analysis: Iterate 對話框

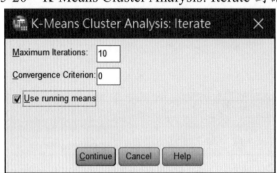

15. 在【Save】的對話框中，可以選擇儲存【Cluster membership】（各集群組員）及【Distance from cluster center】（與集群中心點的距離）（圖 5-21）。第 1 次分析產生的新變數名稱分別為 qc1_1 及 qc1_2。

圖 5-21　K-Means Cluster: Save New Variable 對話框

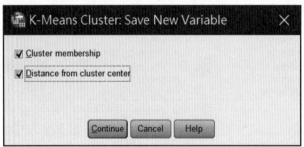

16. 在【Options】的對話框中，可供勾選的【Statistics】（統計量）有 3 種，如果有【Missing Values】（遺漏值），最好採用系統內定的【Exclude cases listwise】（完全排除觀察值，只要有 1 個變數有遺漏值即不列入分析）（圖 5-22）。當上述的選項都設定後，即可點選【OK】（確定）進行分析。如果點選【Paste】（貼上語法），則可以自動產生程式。

圖 5-22　K-Means Cluster Analysis: Options 對話框

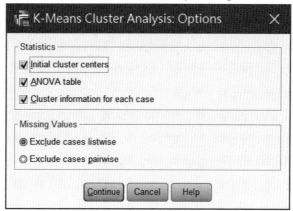

5.2.3　SPSS 程式

[1]	descriptives	variables= A B C D E
		/save .
[2]	cluster	ZA ZB ZC ZD ZE
[3]		/measure= seuclid
[4]		/method baverage ward
[5]		/id=ID
[6]		/print=schedule distance cluster(3)
[7]		/plot=dendrogram vicicle
[8]		/save=cluster(3) .
[9]	quick cluster	ZA AB ZC ZD ZE
[10]		/method=kmeans(update)
[11]		/criteria=cluster(3)
[12]		/print=clusters anova id(ID)
[13]		/save=cluster distance .

5.2.4　SPSS 程式說明

[1]　執行描述統計分析，將原始變數化為標準分數存在現行分析檔中，新名稱為原變
　　　數名稱前加 Z（系統自訂）。

[2]　以標準化之 5 個變數進行階層式集群分析。

[3]　以歐氏距離的平方表示觀察體間之相異性。

[4] 同時以組間平均連結法及華德法進行集結分析。

[5] 用 *ID* 變數當辨識變數，以辨別不同的觀察體。

[6] 列印出集群合併的每一步驟及各觀察體間的歐氏距離平方。此外，也列印出每個觀察體所屬的集群（平常可不設定，此處設定分為 3 個集群）。

[7] 印出樹狀圖及垂直冰柱圖。

[8] 將分為 3 個集群後的代號存在現行檔中，名稱為 *CLUS3_?*（系統自行設定，問號會因為分析的次數而由 1 自行增加）。

[9] 以標準化之 5 個變數進行非階層式集群分析。

[10] 指定 Kmeans 法，分析過程中會置換集群的中心。

[11] 設定為 3 個集群。

[12] 列出各集群所含觀察體、集群間變異數分析，並以 *ID* 為辨識變數。

[13] 將分為 3 個集群後的代號及與集群中心之距離存在現行檔中，系統自訂名稱為 qc?_1 及 qc?_2（問號會因為分析的次數而由 1 自行增加）。

5.2.5　STATA 程式

```
[1]    egen ZA=std(A)
       egen ZB=std(B)
       egen ZC=std(C)
       egen ZD=std(D)
       egen ZE=std(E)
[2]    cluster Wardslinkage ZA-ZE, name(WardsLinkage) L2squared
[3]    cluster gen Ward3=groups(3)
[4]    cluster tree WardsLinkage, label(ID)
[5]    tabstat A-E, by(Ward3)
[6]    cluster kmeans ZA-ZE, k(3) name(Kmean3)
[7]    cluster kmedians ZA-ZE, k(3) name(Kmedian3)
```

5.2.6　STATA 程式說明

[1] STATA 的集群分析並未提供將變數標準化的選項，如果有需要，可以先使用 std 函數，將變數標準化，存成另一變數。

[2] 使用 Ward 法進行階層化集群分析，變數為標準化後的 *ZA ~ ZE*，集群分析後存成 WardsLinkage。Ward 法預設以歐氏距離平方表示各觀察體之相異性，其他方

法，預設為歐氏距離，如果要平方，可加上 L2squared。STATA 提供 7 種階層分析方法，如果要使用平均連結法，可設定為 AverageLinkage。

[3]　分析後，將 3 個集群的代號存在 Ward3 變數。

[4]　將 WardsLinkage 結果畫成樹狀圖，個案代號為 *ID*。

[5]　列出 3 個集群之 *A* ~ *E* 的平均數。

[6]　以 Kmeans 法進行分割式集群分析，設定為 3 個集群，分群結果存在 Kmean3 變數。

[7]　以 Kmedians 法進行分割式集群分析，設定為 3 個集群，分群結果存在 Kmedian3 變數。

5.2.7　報表及解說

以下報表分為階層及非階層分析結果，以 SPSS 為主，STATA 僅列出樹狀圖。呈現順序以報表在前，說明在後，部分報表為配合排版，會前後調換。

報表 5-1

Proximity Matrix

Case	\multicolumn{8}{c}{Squared Euclidean Distance}
	1: C1	2: C2	3: C3	4: C4	5: C5	6: C6	7: C7	8: C8
1: C1	.000	21.591	9.302	3.826	4.013	9.882	9.795	20.942
2: C2	21.591	.000	5.052	15.489	16.803	27.004	6.047	6.704
3: C3	9.302	5.052	.000	8.638	6.137	17.295	1.626	5.648
4: C4	3.826	15.489	8.638	.000	2.911	3.519	5.498	13.970
5: C5	4.013	16.803	6.137	2.911	.000	4.996	4.489	10.035
6: C6	9.882	27.004	17.295	3.519	4.996	.000	12.325	20.781
7: C7	9.795	6.047	1.626	5.498	4.489	12.325	.000	3.215
8: C8	20.942	6.704	5.648	13.970	10.035	20.781	3.215	.000
9: C9	22.844	1.508	4.418	19.066	16.304	30.204	6.842	5.214
10: C10	10.386	4.534	1.034	6.177	5.520	13.400	.241	3.852
11: C11	4.708	22.381	10.769	1.627	2.007	2.393	6.858	15.594
12: C12	13.663	6.354	4.275	6.957	4.956	11.554	1.749	1.624
13: C13	27.959	6.060	7.176	20.029	14.915	26.215	6.254	1.528
14: C14	19.699	15.784	6.554	15.128	8.496	17.683	4.711	5.457
15: C15	28.869	12.335	9.117	20.402	13.718	22.583	7.143	3.613
16: C16	25.484	10.249	8.603	17.992	12.176	23.694	5.708	.498

Proximity Matrix

| Case | \multicolumn{8}{c}{Squared Euclidean Distance} |
	9: C9	10: C10	11: C11	12: C12	13: C13	14: C14	15: C15	16: C16
1: C1	22.844	10.386	4.708	13.663	27.959	19.699	28.869	25.484
2: C2	1.508	4.534	22.381	6.354	6.060	15.784	12.335	10.249
3: C3	4.418	1.034	10.769	4.275	7.176	6.554	9.117	8.603
4: C4	19.066	6.177	1.627	6.957	20.029	15.128	20.402	17.992
5: C5	16.304	5.520	2.007	4.956	14.915	8.496	13.718	12.176
6: C6	30.204	13.400	2.393	11.554	26.215	17.683	22.583	23.694
7: C7	6.842	.241	6.858	1.749	6.254	4.711	7.143	5.708
8: C8	5.214	3.852	15.594	1.624	1.528	5.457	3.613	.498
9: C9	.000	5.504	24.722	6.249	3.686	13.410	9.610	7.524
10: C10	5.504	.000	8.196	2.210	5.970	5.347	7.209	6.695
11: C11	24.722	8.196	.000	8.872	22.279	11.906	19.349	18.619
12: C12	6.249	2.210	8.872	.000	3.742	6.154	5.311	3.063
13: C13	3.686	5.970	22.279	3.742	.000	6.690	2.085	1.732
14: C14	13.410	5.347	11.906	6.154	6.690	.000	2.707	5.660
15: C15	9.610	7.209	19.349	5.311	2.085	2.707	.000	3.115
16: C16	7.524	6.695	18.619	3.063	1.732	5.660	3.115	.000

報表 5-1 是 16 個觀察體由 5 個變數所計算出的歐氏距離平方，數字愈大，距離愈遠，相異性也愈大。由此處可知，個案 7 與個案 10 的距離為 0.241，是所有個案間距離最短的，也最相似，因此這 2 個個案將最先合併。距離最遠的個案 6 與 9，為 30.204，也是差異度最大的 2 個個案。

報表 5-2

報表 5-2 是組間平均連結的程序表。

第一大欄指明分析的步驟，因為有 16 個個案，所以有 15 個集結步驟。

第二大欄表示合併的個案代號，第 1 步驟為個案 7 與 10 兩個案合併。代號少的在前，多的在後。合併後以代號較小的為集群的新代號，因此，稱為集群 7。

第三大欄為合併時的距離，如果在某一步驟時係數突然快速增加，則應在下步驟停止，這是因為此時 2 個集群間的差異已經大到無法容忍的程度，而不宜將之合併為 1 個集群。由本處可知，步驟 14 至 15 間係數增加許多，因此由步驟 15 處可知，16 個個案分為 2 個集群會比較恰當。

第四大欄指出：2 個個案前一次出現的步驟，以步驟 11 為例，第二欄標示為個案 8 與 14 合併，而由第四欄可知，個案 8 前一次在步驟 6 出現（與個案 13 合併），個案 14 前一次則在步驟 8 出現（與個案 15 合併）。

第五大欄指出：合併後集群下次出現的步驟，以步驟 3 為例，個案 3 與 7 合併後為集群 3，下次將在步驟 9 處出現（與個案 12 合併）。

Agglomeration Schedule

| Stage | Cluster Combined | | Coefficients | Stage Cluster First Appears | | Next Stage |
	Cluster 1	Cluster 2		Cluster 1	Cluster 2	
1	7	10	0.241	0	0	3
2	8	16	0.498	0	0	6
3	3	7	1.330	0	1	9
4	2	9	1.508	0	0	13
5	4	11	1.627	0	0	7
6	8	13	1.630	2	0	11
7	4	5	2.459	5	0	10
8	14	15	2.707	0	0	11
9	3	12	2.745	3	0	13
10	4	6	3.636	7	0	12
11	8	14	4.437	6	8	14
12	1	4	5.607	0	10	15
13	2	3	5.625	4	9	14
14	2	8	6.789	13	11	15
15	1	2	15.740	12	14	0

報表 5-3

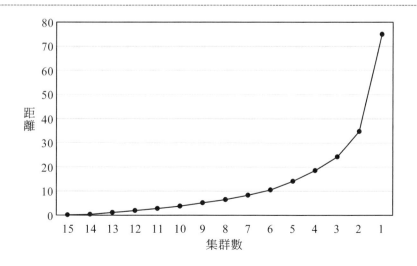

　　報表 5-3 是使用 Excel 繪製的陡坡圖，從 15 個集群到 2 個集群的距離都緩慢增加，到了合併 1 集群時，距離大幅增加，因此，合併成 2 個集群較適當。

報表 5-4

Cluster Membership	
Case	3 Clusters
1:C1	1
2:C2	2
3:C3	2
4:C4	1
5:C5	1
6:C6	1
7:C7	2
8:C8	3
9:C9	2
10:C10	2
11:C11	1
12:C12	3
13:C13	3
14:C14	3
15:C15	3
16:C16	3

　　報表 5-4 是設定分成 3 個集群時，每個個案所屬的集群，3 個集群的個案數分別為 5、5、6。*

報表 5-5

　　報表 5-5 是 SPSS 之垂直冰柱圖。如果要分為 3 個集群，可以由縱軸之 3 處上方往右看（筆者自行加上白色虛線），凡是有 ■ 符號相連者表示為同一集群，至到中斷處才分為另一集群。由本處可知，個案 15 至個案 8 為第 3 集群，個案 12 至個案 2 為第 2 集群，個案 6 至個案 1 為第 1 集群。

　　此圖從下往上看，也可以發現觀察體合併的過程。在集群數為 15 時，個案 7 和個案 10 有 ■ 符號連結在一起，表示 2 個觀察體最先合併；集群數 14 時，個案 16 與個案 8 合併；集群數 13 時，集群 7 再與個案 3 合併。

---

* 由陡坡圖判斷，本範例應分成 2 個集群較恰當，為了後續統計說明，本處分成 3 個集群。

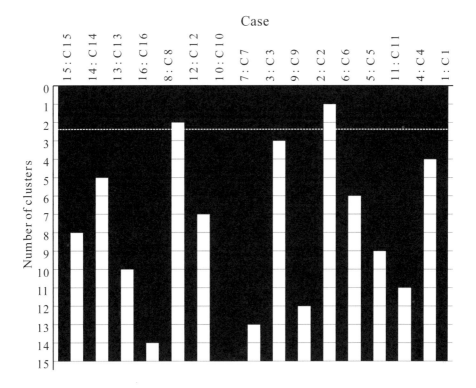

報表 5-6

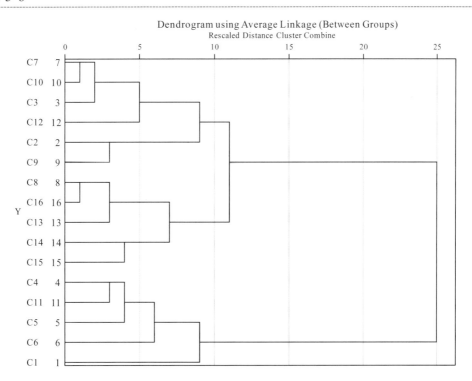

　　報表 5-6 是連結過程，SPSS 的距離都轉換為 25，所以不是報表 5-2 中真正的連結距離。

報表 5-7（STATA）

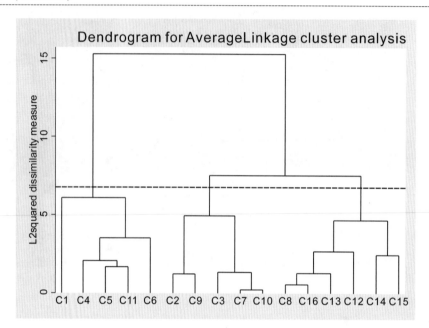

　　報表 5-7 是根據報表 5-2 所繪的樹狀圖（以 STATA 繪製），圖的高度是集群間距離。由圖中可看出，個案 7 與 10 最相似，因此在第 1 步驟中先合併為 1 個集群，其次是個案 8 與 16。

　　如果分成 3 個集群，筆者加了一條橫虛線，則虛線下沒有實線相連的個案就是不同集群。因此，個案 1 到 6 是第一集群，個案 2 到 10 是第二集群，個案 8 到 15 是第三集群。如果分成 2 個集群，則第二、三集群併為一集群。

報表 5-8

Initial Cluster Centers			
	Cluster		
	1	2	3
ZA	-1.79589	.87017	.57394
ZB	-.52794	1.00788	-2.06375
ZC	-1.81175	1.32209	-.63656
ZD	-1.60248	.83939	-1.90771
ZE	-.72006	.92579	-1.37839

非階層式集群分析初始的分割種子點。經檢查原始資料，發現 3 個種子點分別為個案 1、8、12（此部分未在報表顯示）。

報表 5-9

Cluster Membership			
Case Number	ID	Cluster	Distance
1	C1	1	1.002
2	C2	2	2.086
3	C3	2	1.559
4	C4	3	.937
5	C5	1	1.002
6	C6	3	1.064
7	C7	2	1.235
8	C8	2	.981
9	C9	2	1.839
10	C10	2	1.200
11	C11	3	.709
12	C12	2	1.127
13	C13	2	1.285
14	C14	2	2.038
15	C15	2	1.796
16	C16	2	1.540

每個個案最後所屬集群代號，及其與該集群中心的距離。個案 1 為第 1 集群，與集群形心的距離為 1.002。分群後，3 個集群的個案數分別為 2、11、3，多數被分為第 2 集群，並不平均。

報表 5-10

Final Cluster Centers			
	Cluster		
	1	2	3
ZA	-.90720	.16999	-.01851
ZB	-.33596	.51921	-1.67980
ZC	-1.42002	.53863	-1.02829
ZD	-1.44986	.61740	-1.29724
ZE	-.72006	.41707	-1.04923

　　三個集群的中心點（形心）性質。第 1、3 集群的 5 個變數都是負數，因此是對智慧型手機接受度較低的群眾；第 2 集群的 5 個變數都是正數，因此是對智慧型手機接受度較高的群眾。

報表 5-11

Distances between Final Cluster Centers			
Cluster	1	2	3
1		3.361	1.697
2	3.361		3.625
3	1.697	3.625	

　　各集群間之距離。1、3 集群比較相近，都是科技接受度較低的個案。

報表 5-12

ANOVA

	Cluster		Error			
	Mean Square	df	Mean Square	df	F	Sig.
ZA	.982	2	1.003	13	.980	.401
ZB	5.828	2	.257	13	22.659	<.001
ZC	5.198	2	.354	13	14.679	<.001
ZD	6.723	2	.120	13	56.233	<.001
ZE	3.127	2	.673	13	4.647	.030

The F tests should be used only for descriptive purposes because the clusters have been chosen to maximize the differences among cases in different clusters. The observed significance levels are not corrected for this and thus cannot be interpreted as tests of the hypothesis that the cluster means are equal.

　　以集群別為自變數，5 個指標的 Z 分數為依變數，進行變異數分析，結果 3 個集群間除了 ZA（知覺易用性）之外，均有顯著差異。這顯示集群分析的結果還算恰當。不過，報表中的附注特別強調：F 檢定僅能用於描述性的目的，因為集群已經被選來將不同集群中各觀察值之間的差異最大化。基於這個原因，觀察值的顯著水準尚未校正，因此不能用來解釋集群平均數為相同的假設檢定。

5.3　分析摘要表

　　集群分析後除非再進行其他分析，否則可以直接把樹狀圖（如報表 5-7）或冰柱圖（如報表 5-5）附於研究報告中，然後再說明研究者決定之集群數及其所含觀察體即可。同時亦可使用描述統計及變異數分析說明各集群的性質。表 5-9 列出使用 SPSS 之 8 種分群的結果。在此統整表中，集群代號並沒有順序關係，且各方法間，相同代號不代表相同屬性。

表 5-9　使用集群分析方法對 16 個個案之分群結果

Case	單一連結	完全連結	形心法	中數法	組間平均	組內平均	華德法	K 平均
C1	1	1	1	1	1	1	1	1
C2	2	2	2	2	2	2	2	2
C3	2	2	3	3	2	2	2	2
C4	3	1	1	1	1	1	1	3
C5	3	1	1	1	1	1	1	1
C6	3	1	1	1	1	1	1	3
C7	2	2	3	3	2	2	2	2
C8	2	3	3	3	3	3	3	2
C9	2	2	2	2	2	2	2	2
C10	2	2	3	3	2	2	2	2
C11	3	1	1	1	1	1	1	3
C12	2	3	3	3	2	2	3	2
C13	2	3	3	3	3	3	3	2
C14	2	3	3	3	3	3	3	2
C15	2	3	3	3	3	3	3	2
C16	2	3	3	3	3	3	3	2

　　從表 5-9 可看出：單一連結法的第 1 集群只有個案 1，第 3 集群有 4 個個案，第 2 集群有 11 個個案。完全連結法的 3 個集群人數分別為 5、5、6。形心法及中數法，3 個集群人數分別為 5、2、9。組間或組內平均連結法的 3 個集群人數都分別是 5、6、5。華德法的 3 個集群人數分別為 5、5、6。K 平均法則分別是 2、11、3。如果要將 16 個個案分成比較平均的 3 個集群，建議使用平均連結法或華德法，最好不要使用單一連結法。

如果以華德法分析所得之結果加以描繪，可以得到如圖 5-23 之集群算術平均數剖繪圖。由圖中可以看出：

1.　第 1 集群與第 2、3 集群有較大不同，5 個變數的平均數都較低。
2.　第 2、3 集群，除了變數 A（知覺易用性）有較大差別外，其他 4 個變數的平均數都很接近。
3.　由於集群 2、3 比較相近，所以可以考慮合併為 1 個集群。
4.　對照前面的連結距離及陡坡圖，16 個個案分成 2 個集群比較合理。

圖 5-23　華德集群分析法所得三集群之平均數剖繪圖

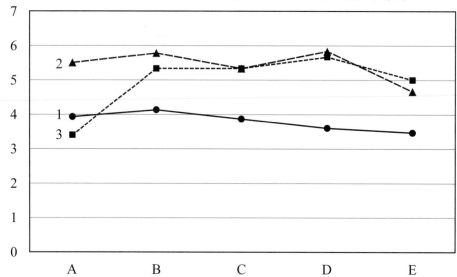

6 典型相關分析

典型相關分析可以使用下列的形式表示其關係：

$$Y_1 + Y_2 + Y_3 + \cdots + Y_n = X_1 + X_2 + X_3 + \cdots + X_n$$
$$（計量）\qquad\qquad（計量）$$

6.1 理論部分

典型相關（canonical correlation）與多變量多元迴歸分析類似，都適用於兩組均為多個**量的變數**的分析，不過典型相關的兩組變數不一定有自變數或依變數的區別，而多變量多元迴歸分析則須區別自變數與依變數。不過，近年來由於結構方程模型的盛行，典型相關屬於其特例，因此也可以使用結構方程模型加以分析（詳見傅粹馨，2002），典型相關的使用因而日趨減少。本章最後也使用變異數取向的結構方程模型分析相同的資料，並比較其結果。

6.1.1 典型相關的意義

典型相關又翻譯為**規則相關**或**正準相關**，是由統計學家 Harold Hotelling 所發展出來的統計技術，主要用來處理兩組**計量性資料**之間的直線相關。

當研究的變數只有 X、Y 兩個量的變數時，這兩個變數的線性相關為**簡單相關**（如 Pearson 積差相關）；當研究變數只有一個 Y 變數、但有 p 個 X 變數時，這 p 個 X 變數與一個 Y 變數之間的線性相關為**多元相關**（multiple correlation）；當研究變數同時有 p 個 X 變數、q 個 Y 變數時，這 p 個 X 變數與 q 個 Y 變數之間的線性相關稱為**典型相關**。事實上，典型相關是最普遍化的相關，簡單相關與多元相關都只是它的一個特例而已（Johnson & Wichern, 2007）。迴歸分析的情形也是類似，表 6-1 是相關及迴歸分析的對照表。

表 6-1　相關及迴歸

變數個數	相　關	迴　歸
一對一	簡單相關	簡單迴歸
多對一	多元相關	多元迴歸
多對多	典型相關	多變量多元迴歸

典型相關分析的目的，在找出 p 個 X 變數的加權值（類似迴歸分析中的加權係數）與 q 個 Y 變數的加權值，使 p 個 X 變數的線性組合分數〔稱為**典型因素**（canonical factor）、**典型分數**（canonical score）、或**典型變量**（canonical variate）〕與 q 個 Y 變數的線性組合分數間的簡單相關（此即為典型相關 ρ_{wv}）達到最大值（林清山，1988）。

　　在找出第一對相關程度最大的線性組合後，還可以找出與第一對線性組合沒有相關的第二對相關程度次高的線性組合。假定 $p > q$，則線性組合的對數為 q；假定 $p < q$，則線性組合的對數為 p。換言之，線性組合的對數 $t = min(p, q)$。

　　典型相關的概念可以用圖 6-1 表示。此時，箭頭是由兩側的變數指向中央的典型因素，此為**形成性指標**（formative indicators），概念與主成分分析相近。主成分分析的目的在於將觀察變數加以線性重組，使組合所得主成分的變異量達到最大，不過，典型相關分析的目的是要使兩側的觀察變數組合後之典型因素的相關達到最大，典型因素本身的變異量並不一定最大，因此典型相關雖然可以達到數學上精簡的目的，但常常並不利於解釋（Tabachnick & Fidell, 2019）。

　　在圖 6-1 中，W_1 與 W_2 是 3 個 X 變數的線性組合，b 則是 X 變數對典型因素 W 的加權係數。係數下的下標（subscript）通常先寫箭頭所指變數的代號，所以 b_{21} 代表 X_1 對 W_2 的加權係數。V_1 與 V_2 代表 2 個 Y 變數的線性組合，c 則是其加權係數。W_1、W_2、V_1、V_2 即是前述的典型因素，而 $\rho_{W_1V_1}$、$\rho_{W_2V_2}$ 就是典型相關係數。

圖 6-1　典型相關分析示意圖

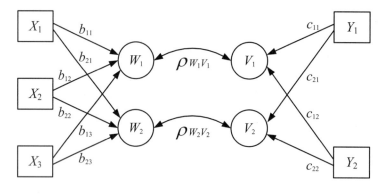

6.1.2　典型相關的基本假定

典型相關分析的基本假定如下：
1. X 與 Y 變數必須都為計量性資料（等距變數或比率變數）。
2. p 與 q 必須都大於 1。
3. 典型因素之數目等於 p 或 q 中較小者，即 $t = min(p, q)$，t 為典型因素數目。
4. X 與 Y 變數間線性組合（W 與 V）的簡單相關必須最大。

5. 非相對應的典型因素間必須相互獨立，即相關為 0。以圖 6-1 為例，即 $\rho_{W_1V_2}$、$\rho_{W_2V_1}$、$\rho_{W_1W_2}$、$\rho_{V_1V_2}$ 均為 0。

6.1.3 典型加權、典型因素與典型相關係數

假定前述 X 與 Y 變數皆轉換為標準分數，其平均數為 0、標準差為 1，W 為 p 個 X 變數的線性組合、V 為 q 個 Y 變數的線性組合，以公式表示則為：

$$W_t = b_{t1}X_1 + b_{t2}X_2 + \cdots\cdots + b_{tp}X_p \tag{6-1}$$

$$V_t = c_{t1}Y_1 + c_{t2}Y_2 + \cdots\cdots + c_{tp}Y_p \tag{6-2}$$

如果以矩陣表示，則：

$$\mathbf{W} = \mathbf{bX} \tag{6-3}$$

$$\mathbf{V} = \mathbf{cY} \tag{6-4}$$

此處 $\mathbf{X} = [X_1, X_2, \cdots\cdots, X_p]$，$\mathbf{Y} = [Y_1, Y_2, \cdots\cdots, Y_q]$，

$\mathbf{b} = [b_{t1}, b_{t2}, \cdots\cdots, b_{tp}]$，$\mathbf{c} = [c_{t1}, c_{t2}, \cdots\cdots, c_{tq}]$，

其中 p 是 X 變數的個數，q 是 Y 變數的個數，t 是典型相關的個數。

而根據積差相關的定義公式，N 個觀察體的 W 與 V 的相關係數為：

$$\rho_{WV} = \frac{\Sigma WV}{N-1} \tag{6-5}$$

典型相關分析的目的即在找出適當的 b 與 c 值，使 W 與 V 的簡單相關係數 ρ_{WV} 達到最大。前述的 ρ_{WV} 即為**典型相關係數**，W、V 稱為**典型因素、典型變量或典型變數**（canonical variable），b、c 稱為**典型加權係數**（canonical weight coefficient）。

在多元迴歸中，我們可以用 $\hat{Y} = b_1X_1 + b_2X_2 + b_3X_3 + \cdots\cdots + b_pX_p$ 的公式來預測 Y（此處之變數及係數均已標準化）。在典型相關中，此時的 $\hat{Y}$ 就如同 W。同樣地，我們也可以用 $\hat{X} = c_1Y_1 + c_2Y_2 + c_3Y_3 + \cdots\cdots + c_qY_q$ 的公式來預測 X，而此時的 $\hat{X}$ 就如同 V。典型相關實際上就是 W 與 V 的簡單相關。而在簡單相關中，X 變數與 Y 變數的相互解釋量就是 r^2（決定係數），而 W 與 V 的互相解釋量就是 ρ_{WV}^2。

使用標準化之典型加權係數，可以比較變數的相對重要性，所求得的典型因素平均數為 0，標準差為 1。SPSS 及 STATA 另外會列出原始之典型加權係數，其公式為：

原始加權係數 ＝ 標準化加權係數 ÷ 該變數之標準差

換言之，

標準化加權係數 ＝ 原始加權係數 × 標準差

不過，兩種軟體的原始加權係數均未附截距，因此計算所得的典型因素標準差雖為 0，但是平均數卻不等於 1。

求得第一組典型加權 $\mathbf{b}_1$、$\mathbf{c}_1$，以計算第一組典型因素 W_1、V_1，並使其簡單相關 $\rho_{W_1V_1}$ 達到最大後，接著還可以找出第二組典型加權 $\mathbf{b}_2$、$\mathbf{c}_2$，以求得第二組典型因素 W_2、V_2 及第二對典型相關 $\rho_{W_2V_2}$。此時 $\mathbf{b}_2$、$\mathbf{c}_2$ 不只需要使得 W_2 及 V_2 的簡單相關達到最大，同時必須使第一組典型因素與第二組典型因素間的相關為 0。即 $\rho_{W_1V_1}$ 為最大、$\rho_{W_2V_2}$ 次之，且 $\rho_{W_1V_2} = 0$、$\rho_{W_2V_1} = 0$、$\rho_{W_1W_2} = 0$、$\rho_{V_1V_2} = 0$。

同理還可以找出 $\mathbf{b}_3$、$\mathbf{c}_3$、……所能找到的最大對數是 p 與 q 中較小者。假定 $p = 3$、$q = 4$，則所能找到的最大典型加權對數為 3。然而，在典型相關分析中，並非每一組典型因素都能達到統計上的顯著水準，因此典型相關分析通常只保留較重要的幾組典型因素。

6.1.4　典型因素結構係數

在解釋典型因素的性質或對典型因素命名時，還必須了解各 X 變數與其典型因素 W 之間的相關、及各 Y 變數與其典型因素 V 之間的相關。這些相關係數稱為**典型因素結構係數**（canonical factor structure coefficient）。典型因素結構係數在性質上與因素分析中的**因素結構係數**相近，它代表 X 變數與 W，或 Y 變數與 V 之間的簡單相關。以 X 變數為例，典型因素結構係數是：

$$\begin{aligned}
r_{X_iW_t} &= \frac{\Sigma X_i W_t}{N-1} = \frac{\Sigma X_i (b_{t1}X_1 + b_{t2}X_2 + \cdots\cdots + b_{tp}X_p)}{N-1} \\
&= b_{t1}\frac{\Sigma X_i X_1}{N-1} + b_{t2}\frac{\Sigma X_i X_2}{N-1} + \cdots\cdots + b_{tp}\frac{\Sigma X_i X_p}{N-1} \\
&= b_{t1}r_{X_iX_1} + b_{t2}r_{X_iX_2} + \cdots\cdots + b_{tp}r_{X_iX_p}
\end{aligned} \tag{6-6}$$

同理可得 Y 變數的典型因素結構係數是：

$$r_{Y_iV_t} = c_{t1}r_{Y_iY_1} + c_{t2}r_{Y_iY_2} + \cdots\cdots + c_{tp}r_{Y_iY_q} \tag{6-7}$$

由此可知，某一變數與某一典型因素之相關等於該變數與同一組其他變數之相關係數乘以該典型因素之典型加權後的累加和。由於典型因素通常不只一對，故若以矩陣表示，則典型因素結構係數為：

$$\mathbf{S}_X = \mathbf{R}_{XX}\mathbf{b} \tag{6-8}$$

$$\mathbf{S}_Y = \mathbf{R}_{YY}\mathbf{c} \tag{6-9}$$

此處 $\mathbf{S}_X$ 為 X 變數的典型因素結構係數，$\mathbf{R}_{XX}$ 為 X 變數的相關係數矩陣，$\mathbf{b}$ 為 X 變數的典型加權係數；$\mathbf{S}_Y$ 為 Y 變數的典型因素結構係數，$\mathbf{R}_{YY}$ 為 Y 變數的相關係數矩陣，$\mathbf{c}$ 為 Y 變數的典型加權係數。

典型因素結構係數的概念可以用圖 6-2 表示。此時，箭頭是由中央的典型因素指向兩側的變數，概念與因素分析相近。

圖 6-2　典型因素結構係數示意圖

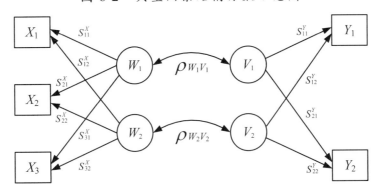

由於典型因素結構係數等於典型加權係數再乘上相關係數矩陣的累加和，所以除非變數間完全無關，否則兩種係數常會不一致。如果變數間有高度相關，則有可能會使典型因素結構係數與典型加權係數有極大的差異，甚至出現正負號相反的情形，在解釋時應多加留意。依據經驗法則，結構係數如果≥.30 則可視為有意義（Pedhazur, 1997）。另外，由於典型因素結構係數是觀察變數與典型因素之間的相關，根據 Cohen（1988）對相關值大小的界定，若相關值 ≥.50 就屬於高相關，故讀者亦可採此標準來判定有意義的結構係數。

6.1.5　交叉結構係數（index 係數）

上述的典型因素結構係數是指各 X 變數與其典型因素 W 之間的相關，或各 Y 變數與其典型因素 V 之間的相關。而此處的**交叉結構係數**（cross-structure coefficient）則是指各 X 變數與另一側典型因素 V 之間的相關，或各 Y 變數與另一側典型因素 W 之間的相關。

由圖 6-3 可以看出：如果要求 X_1 與 V_1 的相關係數，因為中間跨越（cross）了 W_1 與 V_1 的相關，所以要用**相乘**的方式。亦即，$r_{X_1V_1} = r_{X_1W_1} \times \rho_{W_1V_1}$。另一方面，要求 Y_1 與 W_1 的相關係數，中間也跨越了 W_1 與 V_1 的相關，所以 $r_{Y_1W_1} = r_{Y_1V_1} \times \rho_{V_1W_1}$。

擴而大之，可以得到以下的公式：

$$r_{X_iV_j} = r_{X_iW_j} \times \rho_{W_jV_j} \qquad\qquad (6\text{-}10)$$

$$r_{Y_kW_j} = r_{Y_kV_j} \times \rho_{V_jW_j} \qquad\qquad (6\text{-}11)$$

圖 6-3　交叉結構示意圖

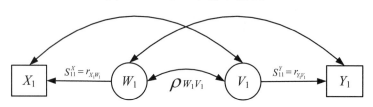

6.1.6　平均解釋量（適切性係數）

前面說明過，在簡單相關中，X 變數與 Y 變數的相互解釋量就是決定係數 r^2。同理，W_j 對每一個 X 變數的解釋量也是典型因素結構係數的平方。$\mathbf{S}'_{XW_j}\mathbf{S}_{XW_j}$ 就是 W_j 對 p 個 X 變數的總解釋量，$\mathbf{S}'_{XW_j}\mathbf{S}_{XW_j}$ 如果除以 X 變數的數目 p，就是其平均解釋量〔**適切性係數**（adequacy coefficient）〕，又稱為**抽出變異百分比**。因此適切性係數是某一個典型因素與各觀察變數之典型因素結構係數的平方和，再除以觀察變數的個數。

綜言之，$\mathbf{S}'_{XW_j}\mathbf{S}_{XW_j}/p$ 是第 j 個 W 對 p 個 X 變數的平均解釋量，$\mathbf{S}'_{YV_j}\mathbf{S}_{YV_j}/q$ 是第 j 個 V 對 q 個 Y 變數的平均解釋量。

由於 W_1、W_2…、W_t 兩兩之間的相關都是 0，所以典型因素對 X 變數的平均解釋量可以相加成為累積解釋量；V_1、V_2…、V_t 這一側也是如此。如果 X、Y 變數的數目不同，則典型因素對各自觀察變數的累積解釋量也會不同。假設 Y 變數的數目比較少（亦即 $q < p$，所以典型因素的個數 t 就等於 q），則 q 個 V 變數對 q 個 Y 變數的累積解釋量會等於 100%，但是 q 個 W 變數對 p 個 X 變數的累積解釋量就會小於 100%。

6.1.7　重疊量數

重疊量數（redundancy measure）又稱為**重疊指數**（redundancy index），在典型相關分析中是一個重要的概念，由 Stewart 及 Love 在 1968 年提出（Pituch & Stevens, 2016）。某一個典型相關係數 ρ_{WV} 是典型因素 W 與 V 之間的相關，而 ρ_{WV}^2 代表這 2 個典型因素的重疊程度，亦即 W 與 V 所共有的變異數。但是此一重疊程度卻無法反映出 X 與 Y 變數之間的重疊程度。

所謂重疊量數 $\mathrm{Rd}w_j \cdot v_j$ 是指 q 個 Y 變數透過第 j 組典型因素，所能解釋 p 個 X 變數之變異量的百分比。公式如下：

$$\text{Rd} w_j \cdot v_j = \frac{\mathbf{S}'_{XW_j} \mathbf{S}_{XW_j}}{p} \times \rho^2_{W_j V_j} \tag{6-12}$$

公式中，$\rho^2_{w_j v_j}$ 代表第 j 組典型因素的重疊程度，而 $\mathbf{S}'_{XW_j} \mathbf{S}_{XW_j} / p$ 是第 j 個 W 對 p 個 X 變數的平均解釋量，因此兩者的乘積就可以代表 q 個 Y 變數透過第 j 組典型因素，對 p 個 X 變數的平均解釋量。

同理，重疊量數 $\text{Rd} v_j \cdot w_j$ 是指 p 個 X 變數透過第 j 組典型因素，所能解釋 q 個 Y 變數之變異量的百分比。其公式如下：

$$\text{Rd} v_j \cdot w_j = \frac{\mathbf{S}'_{YV_j} \mathbf{S}_{YV_j}}{q} \times \rho^2_{W_j V_j} \tag{6-13}$$

一言以蔽之，重疊量數就是「平均解釋量」乘上「典型相關的平方」。

事實上，典型相關的重疊量數與多元迴歸的多元相關平方（R^2）有密切的關係。p 個 X 變數透過 t 組典型因素，所能解釋 q 個 Y 變數之變異量的累積百分比，會等於 p 個 X 變數分別對每一個 Y 變數所做多元迴歸所得到的 q 個 R^2 的平均數。同樣地，q 個 Y 變數透過 t 組典型因素，所能解釋 p 個 X 變數之變異量的累積百分比，也會等於 q 個 Y 變數分別對每一個 X 變數所做多元迴歸所得到的 p 個 R^2 的平均數（Sharma, 1996）。

前面提及交叉結構係數，重疊量數也等於各自的交叉結構係數之平方和，再除以 X 或 Y 的個數。

由於兩邊的適切性係數（平均解釋量）不同，所以 X 變數透過 j 組典型因素對 Y 變數的解釋量，與 Y 變數透過 j 組典型因素對 X 變數的解釋量會有所不同。換言之，兩組變數的互相解釋量不是對稱的。

然而，上述的計算並未考量到變數間交互的相關，嚴格來說並不是「多變量」的概念，Cramer 及 Nicewander 建議，只要以典型相關平方和的平均數來代表即可（引自 Pituch & Stevens, 2016），此方法也最簡單。

6.1.8　典型相關的顯著性檢定

典型相關的顯著性檢定有三類，一是檢定 p 個 X 變數與 q 個 Y 變數之間是否有典型相關存在，或是檢定 p 個 X 變數與 q 個 Y 變數之間的典型相關是否皆為 0（Sharma, 1996）；二是檢定個別的典型相關係數是否達顯著，此種檢定又稱向度減縮分析（dimension reduction analysis）。三是個別加權係數的顯著性檢定。

6.1.8.1 *p* 個 *X* 變數與 *q* 個 *Y* 變數之間是否有典型相關之整體檢定

整體檢定的目的，在於檢定 *p* 個 *X* 變數與 *q* 個 *Y* 變數之間是否有典型相關。STATA 及 SPSS 的 MANOVA 會計算四種多變數統計量，分別是 Wilks Λ、Pillai-Bartlett trace *V*、Hotelling-Lawley trace *T* 及 Roy Greatest Root。這四種統計量的計算公式如下所示：

$$\text{Wilks} \quad \Lambda = \prod_{j=1}^{t}(1-\rho_j^2) \text{ 或是 } \Lambda = 1 \bigg/ \prod_{j=1}^{t}(1-\lambda_j) \tag{6-14}$$

$$\text{Pillai-Bartlett trace} \quad V = \sum_{i=1}^{t}[\lambda_i/(1+\lambda_i)] = \sum_{i=1}^{t}\rho_j^2 \tag{6-15}$$

$$\text{Hotelling-Lawley trace} \quad T = \sum_{i=1}^{t}\lambda_i \tag{6-16}$$

$$\text{Roy Greatest Root} = [\lambda_1/(1+\lambda_1)] = \rho_1^2 \text{ 或是 } \lambda_1 \tag{6-17}$$

前述四個公式中，ρ_j^2 是典型相關係數的平方，λ_i 是特徵值〔等於 $\rho_j^2/(1-\rho_j^2)$〕，λ_1 是最大特徵值〔等於 $\rho_1^2/(1-\rho_1^2)$〕。在顯著性檢定上，統計軟體會將這四種多變數統計量轉換成 *F* 近似值後再進行顯著性檢定（其轉換公式參見本書第 12 章多變量變異數分析）。

前述四種多變數統計量如果達顯著水準，就表示 *p* 個 *X* 變數與 *q* 個 *Y* 變數之間有典型相關存在，適合進行典型相關分析。讀者在呈現此項結果時，只需從這四種統計量中擇一報導即可，不必四種都呈現。一般而言，在這四種多變數統計量中，Wilks Λ 是較常被使用的。

6.1.8.2 個別典型相關係數的顯著性檢定

個別典型相關的檢定，一般使用向度縮減的方式。假設有 3 個典型相關係數，首先檢定第 1 到第 3 個相關係數是否不為 0；其次刪去第 1 個相關係數，再檢定第 2 到第 3 個相關係數是否不為 0；最後刪去前 2 個相關係數，再檢定第 3 個相關係數是否不為 0。然而，這樣的檢定方式卻有其限制。在這樣的檢定中，只有最後 1 個檢定是個別的（第 3 個典型相關係數）檢定，前 2 個則包含了 2 個以上典型相關係數的檢定。或許有可能第 2、3 個典型相關係數合併檢定時達顯著，但是單獨檢定第 2 個典型相關係數卻未必顯著（傅粹馨，2002）。不過，Mendoza 等人（1978）進行 Monte Carlo 研究，反駁上述的說法（引自 Pituch & Stevens, 2016）。

　　檢定時，首先計算逐步之 Wilks 的 Λ 值。第一次檢定時，$\Lambda = \prod\limits_{j=1}^{t}(1-\rho_j^2)$；第二次檢定時，$\Lambda = \prod\limits_{j=2}^{t}(1-\rho_j^2)$；第三次則為 $\Lambda = \prod\limits_{j=3}^{t}(1-\rho_j^2)$；其後依此類推。求得 Λ 值後，可以使用 Rao 提出的方法，轉成近似的 F 值，或是 Bartlett 的方法轉成 χ^2 值。

　　在 SPSS 及 STATA 中，都是以 Rao F 近似值來檢定個別典型相關係數是否達顯著水準，其公式是：

$$R_F = \frac{1-\Lambda^{1/s}}{\Lambda^{1/s}} \times \frac{ms - \frac{pq}{2}+1}{pq} \tag{6-18}$$

　　此處，R_F 是 Rao 之 F 近似值（如果 pq 等於 1 或 2 時，為精確的 F 值），p 是第一組變數個數，q 是第二組變數個數，Λ 同公式 6-14，R_F 的自由度為 $(pq, ms - pq/2 + 1)$；而 s、m 分別是：

$$s = \sqrt{\frac{p^2 q^2 - 4}{p^2 + q^2 - 5}}，若 p^2 + q^2 \le 5，則 s = 1 \tag{6-19}$$

$$m = N - \frac{3}{2} - \frac{(p+q)}{2} \tag{6-20}$$

　　當檢定第 2 個典型相關係數是否達顯著時，公式 6-18 ～ 6-20 依然適用，但是公式 6-18 及 6-19 中的 p、q 要各自減 1（6-20 則不減 1）；$\Lambda = \prod\limits_{j=2}^{t}(1-\rho_j^2)$，即 Λ 值要由 1 減第 2 個典型相關係數的平方往後連乘。當檢定第 3 個典型相關係數是否達顯著時，公式 6-18 ～ 6-20 同樣適用，但是公式 6-18 及 6-19 中的 p、q 要各自減 2；$\Lambda = \prod\limits_{j=3}^{t}(1-\rho_j^2)$，即 Λ 值要由 1 減第 3 個典型相關係數的平方往後連乘。檢定第 4 個以後的典型相關係數是否達顯著之方式依此類推。

　　除前述的 Rao F 近似值外，SPSS 的 INCLUDE 指令是採 Bartlett 的 χ^2 近似值來檢定個別典型相關係數的顯著性，其公式是：

$$\Lambda = \prod\limits_{j=1}^{t}(1-\rho_j^2) \tag{6-21}$$

　　在典型因素 W、V 的相關為 0 的虛無假設下，Λ 值成公式 6-22 的 χ^2 分配，而自由度為 pq：

$$\chi^2 = -[(N-1) - \frac{1}{2}(p+q+1)]ln\Lambda \tag{6-22}$$

如果前述虛無假設被拒絕，表示第 1 個典型相關係數達顯著水準，則繼續檢定去掉第 1 個典型相關係數 ρ_1 的影響之後，所剩下的典型相關係數是否達顯著水準，此時計算公式為：

$$\Lambda' = \prod_{j=2}^{t}(1-\rho_j^2) \tag{6-23}$$

$$\chi^2 = -[(N-1) - \frac{1}{2}(p+q+1)]ln\Lambda' \tag{6-24}$$

$$df = (p-1)(q-1) \tag{6-25}$$

所以檢定去掉 r 個典型相關係數的影響後，所剩下的典型相關係數是否達顯著水準，其一般公式是：

$$\Lambda'' = \prod_{j=r+1}^{t}(1-\rho_j^2) \tag{6-26}$$

$$\chi^2 = -[(N-1) - \frac{1}{2}(p+q+1)]ln\Lambda'' \tag{6-27}$$

$$df = (p-r)(q-r) \tag{6-28}$$

因為是採逐步縮減的檢定方式，而典型相關係數又是依次減少，所以公式 6-22 也可以當成整體檢定的方法。如果第 1 對典型相關的檢定結果顯著，則表示所有的典型相關聯合起來是顯著的，也就是兩組變數間有顯著的關聯；反之，如果第 1 對典型相關的檢定不顯著，則表示其後所有的檢定也不顯著。

6.1.8.3　原始典型加權係數的顯著性檢定

原始典型加權係數如果僅以係數大小來判斷相對重要性，而未考量到係數之標準誤，容易造成誤判。SAS 及 SPSS 均未提供原始典型加權係數之顯著檢定，如有需要，可使用 STATA 軟體來進行分析。

6.1.9　以相關矩陣計算典型相關

以相關矩陣計算典型相關時，首先必須解公式 6-29 的特徵值與特徵向量：

$$(\mathbf{R}_{XX}^{-1}\mathbf{R}_{XY}\mathbf{R}_{YY}^{-1}\mathbf{R}_{YX} - \lambda\mathbf{I})\mathbf{b} = 0$$
$$(\mathbf{R}_{YY}^{-1}\mathbf{R}_{YX}\mathbf{R}_{XX}^{-1}\mathbf{R}_{XY} - \lambda\mathbf{I})\mathbf{c} = 0 \tag{6-29}$$

同時必須滿足 $\mathbf{b}'\mathbf{R}_{xx}\mathbf{b}=1$ 和 $\mathbf{c}'\mathbf{R}_{yy}\mathbf{c}=1$ 條件，此一條件的目的在使 W_j 與 V_j 之平均數為 0、標準差為 1。由公式 6-29 所求得的特徵值 λ_j 即為 ρ_j^2，其平方根就是典型相

關係數 ρ_j（此係數都是正數），而特徵向量 **b** 為 X 變數的典型加權係數；**c** 為 Y 變數的典型加權係數。根據公式 6-30 可以互求 Y 與 X 變數的典型加權係數：

$$\mathbf{c} = \frac{\mathbf{R}_{YY}^{-1}\mathbf{R}_{YX}\mathbf{b}}{\rho}$$
$$\mathbf{b} = \frac{\mathbf{R}_{XX}^{-1}\mathbf{R}_{XY}\mathbf{c}}{\rho} \tag{6-30}$$

由於公式 6-29 中的 $\mathbf{R}_{XX}^{-1}\mathbf{R}_{XY}\mathbf{R}_{YY}^{-1}\mathbf{R}_{YX}$ 與 $\mathbf{R}_{YY}^{-1}\mathbf{R}_{YX}\mathbf{R}_{XX}^{-1}\mathbf{R}_{XY}$ 並非對稱矩陣，無法直接解特徵值和特徵向量，所以只適用於變數個數較少的情況。如果變數個數比較大時，則使用公式 6-31 解特徵值及特徵向量：

$$(\mathbf{R}_{XX}^{-1/2}\mathbf{R}_{XY}\mathbf{R}_{YY}^{-1}\mathbf{R}_{YX}\mathbf{R}_{XX}^{-1/2} - \lambda\mathbf{I})\mathbf{b}^* = 0$$
$$(\mathbf{R}_{YY}^{-1/2}\mathbf{R}_{YX}\mathbf{R}_{XX}^{-1}\mathbf{R}_{XY}\mathbf{R}_{YY}^{-1/2} - \lambda\mathbf{I})\mathbf{c}^* = 0 \tag{6-31}$$

但是在 SPSS 及 STATA 統計軟體中所指的特徵值並不等於此處所解出的特徵值 λ，而是由 $\dfrac{\lambda_j}{1+\lambda_j}$ 轉換而得。且由公式 6-31 解出來的特徵向量 $\mathbf{b}^*$、$\mathbf{c}^*$ 必須以公式 6-32 轉換才能得到典型加權係數 **b**、**c**：

$$\mathbf{b} = \mathbf{R}_{XX}^{-1/2}\mathbf{b}^*$$
$$\mathbf{c} = \mathbf{R}_{YY}^{-1/2}\mathbf{c}^* \tag{6-32}$$

X 變數與典型因素 W、及 Y 變數與典型因素 V 之相關矩陣又稱為**典型因素結構係數**，其算法如公式 6-33：

$$\mathbf{S}_X = \mathbf{R}_{xw} = \mathbf{R}_{xx}\,\mathbf{b}$$
$$\mathbf{S}_Y = \mathbf{R}_{yv} = \mathbf{R}_{yy}\,\mathbf{c} \tag{6-33}$$

此外亦可求 X 變數與典型因素 V、Y 變數與典型因素 W 之相關矩陣，此為**交叉結構係數**，公式如下：

$$\mathbf{R}_{xw} = \mathbf{S}_X \cdot \rho = \mathbf{R}_{xx}\mathbf{b} \cdot \rho = \mathbf{R}_{xx}\frac{\mathbf{R}_{xx}^{-1}\mathbf{R}_{xy}\mathbf{c}}{\rho} \cdot \rho = \mathbf{R}_{xy}\mathbf{c}$$
$$\mathbf{R}_{yv} = \mathbf{S}_Y \cdot \rho = \mathbf{R}_{yy}\mathbf{c} \cdot \rho = \mathbf{R}_{yy}\frac{\mathbf{R}_{yy}^{-1}\mathbf{R}_{yx}\mathbf{b}}{\rho} \cdot \rho = \mathbf{R}_{yx}\mathbf{b} \tag{6-34}$$

至於第 j 個典型因素 W_j 自 p 個 X 變數中抽出的變異百分比，及第 j 個典型因素 V_j 自 q 個 Y 變數中抽出的變異百分比，分別如下：

$$\frac{\mathbf{S}'_{XW_j}\mathbf{S}_{XW_j}}{p}$$

$$\frac{\mathbf{S}'_{YV_j}\mathbf{S}_{YV_j}}{q} \tag{6-35}$$

重疊量數的計算同公式 6-12 及公式 6-13 所述。

$$\mathrm{Rd}w_j \cdot v_j = \frac{\mathbf{S}'_{XW_j}\mathbf{S}_{XW_j}}{p} \times \rho^2_{w_j v_j} \tag{6-12}$$

$$\mathrm{Rd}v_j \cdot w_j = \frac{\mathbf{S}'_{YV_j}\mathbf{S}_{YV_j}}{q} \times \rho^2_{w_j v_j} \tag{6-13}$$

6.1.10　各種係數或量數

典型相關分析會得到各種係數或量數，在此摘要整理它們的意義，期望有助於讀者掌握典型相關。由於典型相關有兩組變數，因此除了典型相關係數外，其他係數或量數都有 2 個。

加權係數：X 變數對線性組合分數（典型因素）W（STATA 稱為 U）的加權，又有標準化及未標準化兩種。Y 變數對 V 典型因素也有標準化及未標準化加權係數。

典型相關係數：典型因素 W 與 V 之間的簡單相關。

結構係數：X 變數與 W 典型因素的相關係數，或是 Y 變數與 V 典型因素的相關係數。結構係數的平方，代表典型因素對個別變數的解釋量。

交叉結構係數：X 變數與 V 典型因素的相關係數，或是 Y 變數與 W 典型因素的相關係數，中間跨越了典型相關係數，因此交叉結構係數 ＝ 結構係數 × 典型相關係數。

適切性係數：某個典型因素 W 對 p 個 X 變數的平均解釋量，或某個典型因素 V 對 q 個 Y 變數的平均解釋量，等於結構係數的平均平方和。

重疊量數：某個典型因素 V 對 p 個 X 變數的平均解釋量，或某個典型因素 W 對 q 個 Y 變數的平均解釋量，等於交叉結構係數的平均平方和。

6.2　假設性資料

假設有 30 個觀察體，填寫 2 個量表（其中 X 量表為 $X1 \sim X3$，Y 量表為 $Y1 \sim Y2$），以此資料進行典型相關分析。

表 6-2 30 個觀察體之 5 個變數資料

觀察體	X1	X2	X3	Y1	Y2	觀察體	X1	X2	X3	Y1	Y2
1	3	3	3	4	4	16	4	4	3	2	3
2	4	4	3	3	3	17	2	2	2	2	3
3	3	2	2	3	3	18	4	4	4	4	4
4	2	2	3	3	2	19	2	2	1	2	2
5	3	4	3	3	3	20	5	5	4	3	4
6	4	3	4	3	3	21	1	1	1	1	1
7	4	5	4	5	5	22	3	2	2	3	3
8	3	4	3	4	5	23	3	3	3	3	2
9	4	4	3	4	4	24	2	3	3	2	2
10	5	5	5	4	4	25	4	4	3	5	5
11	2	3	2	3	3	26	5	5	5	4	4
12	1	2	2	3	3	27	4	4	5	4	5
13	4	4	4	3	3	28	3	3	2	2	3
14	2	3	2	1	2	29	2	2	2	3	3
15	3	3	4	4	5	30	2	2	3	3	3

6.2.1 簡要語法

在 SPSS 29 版中有三種方式可以進行典型相關分析，以下以兩種比較新的指令為例。

```
get file =           'C:\MULTI\SPSS\cancorr_ex.sav'.
stats cancorr        set1=X1 X2 X3 set2=Y1 Y2.
include ' C:\Program Files\IBM\SPSS Statistics\Samples\English\canonical correlation.sps'.
cancorr              set1=X1 X2 X3 /
                     set2=Y1 Y2 / .
```

在 STATA 中，建議語法如下，其中 canred 需要安裝 canred 外部指令。

```
use "C:\MULTI\STATA\cancorr_ex.dta", clear
correlate X? Y?
canon (X1 X2 X3) (Y1 Y2), stdcoef test(1 2)
canon (X1 X2 X3) (Y1 Y2), stderr
estat loadings
canred 1
```

6.2.2　簡要報表

以下以 SPSS 報表為主，簡要說明分析結果。報表依理論順序呈現，而非統計軟體輸出順序。

報表 6-1（STATA）

	X1	X2	X3	Y1	Y2
X1	1.0000				
X2	0.8688	1.0000			
X3	0.7927	0.7786	1.0000		
Y1	0.5762	0.5744	0.6403	1.0000	
Y2	0.6128	0.6480	0.6337	0.8572	1.0000

報表 6-1 是 5 個變數的相關矩陣，可分成三部分。左上角是第一組變數（X 量表）間的相關 $\mathbf{R}_{XX}$，3 個變數的相關係數都在 .77 以上。右下角是第二組變數（Y 量表）間的相關 $\mathbf{R}_{YY}$，2 個變數的相關係數為 .86。左下角是 X 量表與 Y 量表間的相關 $\mathbf{R}_{XY}$，相關在 .57～.65 之間（另加灰色網底）。

報表 6-2

Canonical Correlations

	Correlation	Eigenvalue	Wilks Statistic	F	Num D.F	Denom D.F.	Sig.
1	.6910	.9139	.4946	3.5160	6.0000	50.0000	.0056
2	.2311	.0564	.9466	.	.	.	.

H0 for Wilks test is that the correlations in the current and following rows are zero

報表 6-2 中兩個典型相關係數分別為 .6910 及 .2311，是兩對典型因素間（W_1 與 V_1、及 W_2 與 V_2）的相關係數。取平方後分別為 .4775 及 .0534，為兩對典型因素間相互解釋量。圖示如圖 6-4。

圖 6-4　典型相關係數

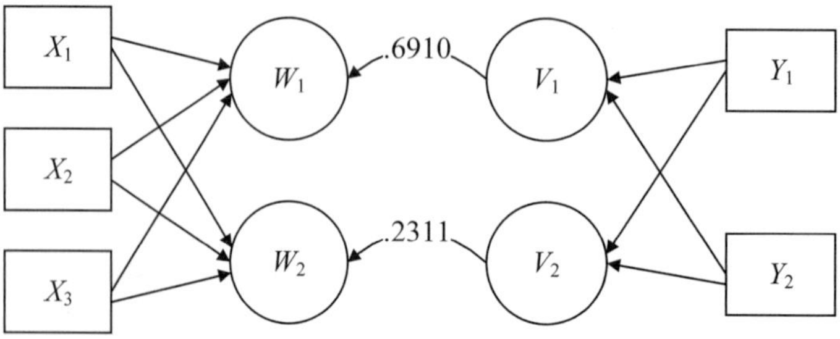

報表 6-3（STATA）

Canonical correlations:						
0.6910　0.2311						

Tests of significance of all canonical correlations

	Statistic	df1	df2	F	Prob>F	
Wilks' lambda	.494598	6	50	3.516	0.0056	e
Pillai's trace	.530901	6	52	3.1319	0.0107	a
Lawley-Hotelling trace	.970291	6	48	3.8812	0.0031	a
Roy's largest root	.913879	3	26	7.9203	0.0006	u

Test of significance of canonical correlations 1-2

	Statistic	df1	df2	F	Prob>F	
Wilks' lambda	.494598	6	50	3.5160	0.0056	e

Test of significance of canonical correlation 2

	Statistic	df1	df2	F	Prob>F	
Wilks' lambda	.9466	2	26	0.7334	0.4900	e

e = exact, a = approximate, u = upper bound on F

報表 6-3 分成三大部分。第一部分是 2 個典型相關係數，分別是 .6910 及 .2311。

第二部分是整體檢定，Wilks' Λ 值為.494598，轉換為 $F(6, 50) = 3.516$，$p = .0056$，達 .05 顯著水準，因此 3 個 X 與 2 個 Y 之間具有相關。

第三部分是個別檢定。第 1 對典型相關為 .6910，Wilks Λ = .494598，$p = .0056$，達 .05 顯著水準；第 2 對典型相關為 .2311，Wilks' Λ = .9466，$p = .4900$，不顯著。因此，後續只要針對第 1 對典型相關進行解釋即可。即使檢定顯著，許多研究者也不解釋低於 .30 的相關係數，因為 .30 的平方已小於 10%，較不具實質意義（Tabachnick & Fidell, 2019）。

報表 6-4

Set 1 Standardized Canonical Correlation Coefficients

Variable	1	2
X1	.1044	-.3507
X2	.4164	1.7264
X3	.5447	-1.3585

　　報表 6-4 為第一組 X 變數分別對 2 個典型因素 W 的標準化加權係數。原報表的第一組係數都為負數，由於與 Y 變數有關的第一組係數也都為負數，因此，同時將正負號轉換，也不影響結果。後續報表，第一組係數均已調換正負號了。STATA 報表的第一組係數則都為正數。

報表 6-5
***

Set 1 Canonical Loadings		
Variable	1	2
X1	.8980	.0724
X2	.9313	.3640
X3	.9517	-.2922

　　把報表 6-4 中第一組標準化加權係數矩陣左乘報表 6-1 的 $\mathbf{R}_{XX}$ 即可得到報表 6-5 第一組變數之負荷量矩陣，是典型因素 W 與 X 變數的相關係數，也是典型結構係數。

報表 6-6
***

Set 2 Standardized Canonical Correlation Coefficients		
Variable	1	2
Y1	.3605	-1.9083
Y2	.6736	1.8215

　　報表 6-6 為第二組 Y 變數分別對 2 個典型因素 V 的標準化加權係數。

報表 6-7
***

Set 2 Canonical Loadings		
Variable	1	2
Y1	.9379	-.3468
Y2	.9826	.1856

　　把報表 6-6 第二組變數之標準化加權係數矩陣左乘報表 6-1 的 $\mathbf{R}_{YY}$ 即可得到報表 6-7 的結構矩陣，是典型因素 V 與 Y 變數的典型結構係數（相關係數）。

　　根據第一對標準化加權係數，可繪得圖 6-5。

　　而根據第一對結構係數，可繪得圖 6-6（箭頭方向改變）。

圖 6-5　標準化加權係數

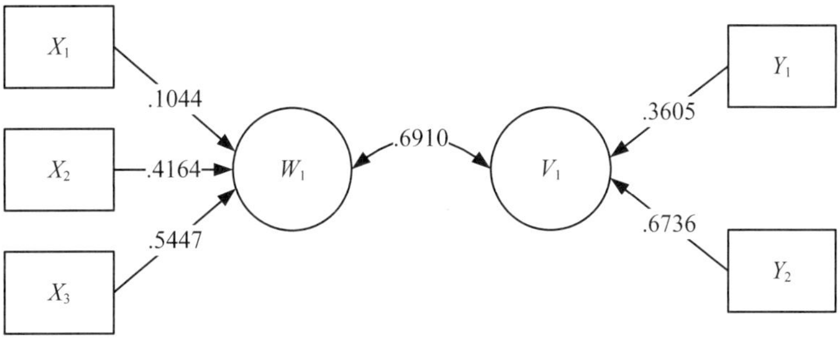

圖 6-6　典型結構係數

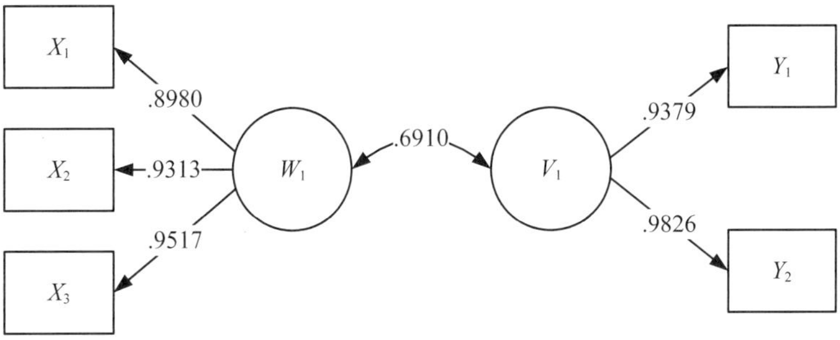

報表 6-8

Set 1 Cross Loadings		
Variable	1	2
X1	.6205	.0167
X2	.6435	.0841
X3	.6577	-.0675

　　報表 6-8 是第一組變數之交叉結構係數。交叉結構係數是指 X 與 V，或 Y 與 W 之間的相關。將報表 6-5 第一組變數的結構係數（X 與 W 的相關），乘上典型相關係數（W 與 V 的相關），就可以得到 X 與 V 的相關，此即為第一組變數的交叉結構係數。

　　利用本報表，可繪出 V_1 與 3 個 X 變數間的交叉結構係數圖（圖 6-7）。圖中的 .6205 可以由 .8980 與 .6910 相乘而得。

圖 6-7　第一組變數之交叉結構係數

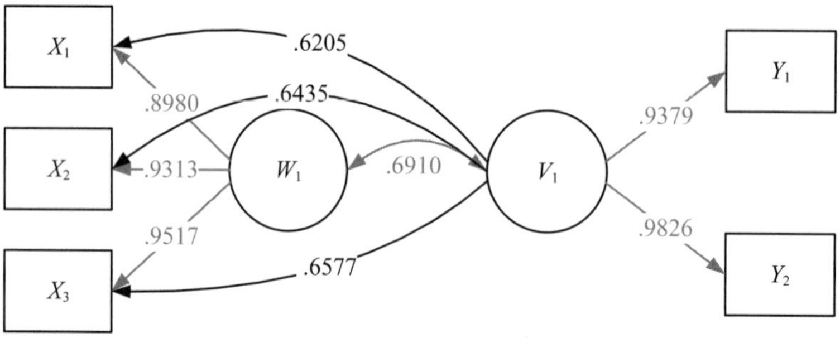

報表 6-9

Set 2 Cross Loadings		
Variable	1	2
Y1	.6481	-.0802
Y2	.6790	.0429

　　要計算 Y 與 W 的相關（第二組變數之交叉結構係數），則是將報表 6-7 中 Y 與 V 的相關（第二組結構係數）乘上 V 與 W 的相關（典型相關）。

　　利用本報表，可繪出 W_1 與 2 個 Y 變數間的交叉結構係數圖（圖 6-8）。.6481 等於 .9379 乘上 .6910。

圖 6-8　第二組變數之交叉結構係數

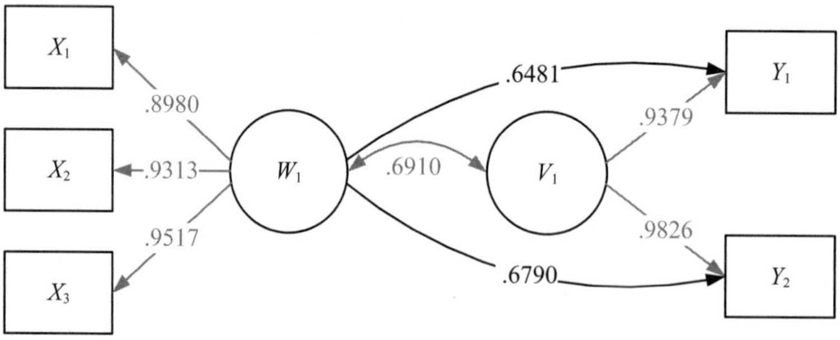

報表 6-10

Proportion of Variance Explained				
Canonical Variable	Set 1 by Self	Set 1 by Set 2	Set 2 by Self	Set 2 by Set 1
1	.8598	.4106	.9226	.4406
2	.0744	.0040	.0774	.0041

報表 6-10 是典型因素對變數的平均解釋量，共分成四部分。

第一部分，是第一組變數之平均解釋量（被本身的典型變數解釋），是報表 6-5 的典型負荷之平均平方和。例如：第一組變數的第一組負荷量之平均平方和等於：

$$(.8980^2 + .9313^2 + .9517^2)/3 = .8598 = 85.98\%$$

代表 3 個 X 變數被本身的第 1 個典型因素 W_1 解釋 85.98%的變異量。

第二部分，是第一組變數被第二組變數之典型因素的平均解釋量（重疊量數），是報表 6-8 的交叉負荷之平均平方和。例如：第一組變數的第一組交叉負荷量之平均平方和等於：。

$$(.6205^2 + .6435^2 + .6577^2)/3 = .4106 = 41.06\%$$

代表 3 個 X 變數被對方的第 1 個典型因素 V_1 解釋 41.06%的變異量。通常研究者會說：2 個 Y 變數，透過第一對典型因素，可以解釋 3 個 X 變數 41.06%的變異量。

另外以 2 個 Y 分別對 X_1、X_2、及 X_3 進行多元迴歸分析，可得到 R^2 分別為 .3853、.4212、及 .4371，其平均數為 .4146，等於此處的.4106 + .0040。換言之，第一組變數被第二組變數的總解釋比例，等於以第二組變數分別對第一組變數進行多次多元迴歸所得的平均 R^2。

第三部分，是第二組變數之平均解釋量（被本身的典型變數解釋），是報表 6-7 的典型負荷之平均平方和。例如：第二組變數的第一組負荷量之平均平方和等於：

$$(.9379^2 + .9826^2)/2 = .9226 = 92.26\%$$

代表 2 個 Y 變數被本身的第 1 個典型因素 V_1 解釋 92.26%的變異量。

第四部分，是第二組變數被第一組變數之典型因素的平均解釋量（重疊量數），是報表 6-9 的交叉負荷之平均平方和。例如：第二組變數的第一組交叉負荷量之平均平方和等於：。

$$(.6481^2 + .6790^2)/2 = .4406 = 44.06\%$$

代表 2 個 X 變數被對方的第 1 個典型因素 W_1 解釋 44.06%的變異量。通常研究者會說：3 個 X 變數，透過第一對典型因素，可以解釋 2 個 Y 變數 44.06%的變異量。另外以 3 個 X 分別對 Y_1 及 Y_2 進行多元迴歸分析，得到 R^2 分別為 .4265 及 .4629，其平均數為 .4447，等於此處的.4406 + .0041。換言之，第二組變數被第一組變數的總解釋比例，等於以第一組變數分別對第二組變數進行多次多元迴歸所得的平均 R^2。

此外，讀者應留意：X 對 Y 的解釋量與 Y 對 X 的解釋量不相等，兩者並不對稱。

6.3 應用部分

6.3.1 範例說明

以下以筆者實際實施的「智慧型手機使用情形調查」中之 $B1$、$B2$、$B3$ 三個「有用性」及 $C1$、$C2$、$C3$ 三個「行為意圖」，進行典型相關分析。讀者應留意，這些題目應是形成性指標才適宜進行典型相關分析。本範例是反映性指標，應使用結構方程模型為宜。

6.3.2 SPSS 分析步驟圖

較新版的 SPSS 在安裝時如果選擇一併安裝 Essential for Python，就可以在選單中直接進行典型相關分析，分析步驟如下。

1. 點選【Analyze】（分析）中之【Correlate】（相關），進行【Canonical Correlation】（正準相關性、典型相關）（圖 6-9）。

圖 6-9　Canonical Correlation 選單

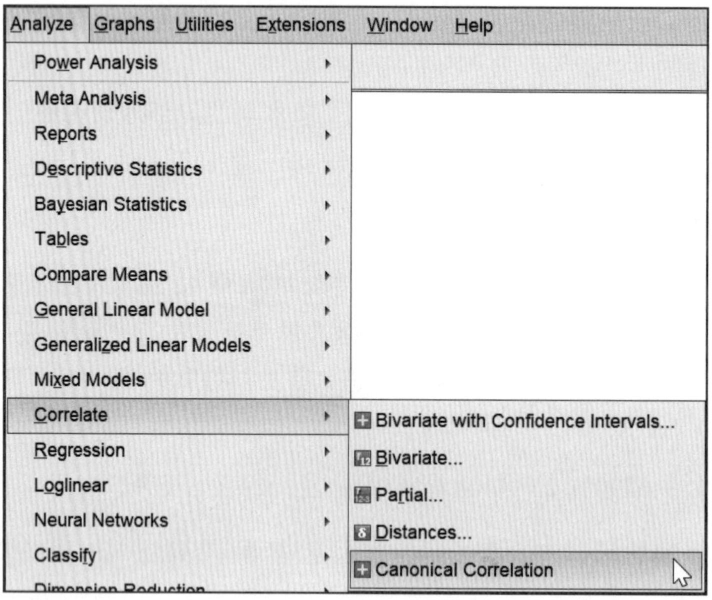

2. 分析時應點選要分析的變數。此時，將 X 變數選擇到【Set 1】（第 1 組），Y 變數選擇到【Set 2】（第 2 組），再點選【OK】（確定）即可。如果要列出變數間的相關係數，可以在【Options】（選項）下再勾選【Pairwise Correlations】（成對相關性）（圖 6-10）。

圖 6-10　Canonical Correlation 對話框

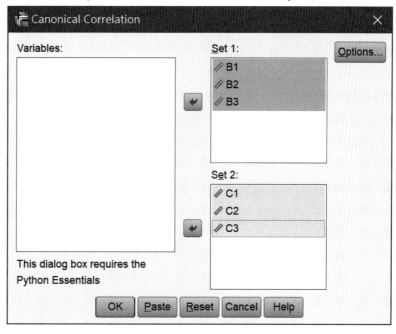

6.3.3　SPSS 程式

[1]	get	file='C:\MULTI\SPSS\cancorr.sav'.
[2]	manova	C1 C2 C3 with B1 B2 B3
[3]		/print=signif(eigen dimenr)
[4]		/discrim=raw stan cor alpha(1.0)
[5]		/design.
[6]	include	'C:\Program Files\IBM\SPSS Statistics\Samples\English\
		canonical correlation.sps'.
[7]	cancorr	set1= B1 B2 B3 /
[8]		set2= C1 C2 C3 / .
[9]	stats cancorr	set1=B1 B2 B3
		set2=C1 C2 C3.

6.3.4　SPSS 程式說明

　　SPSS 的指令及變數均無大小寫區別，為了方便閱讀及區分，固定輸入的指令以小寫呈現，變數名稱以大寫呈現。

[1] 界定資料檔存放於 C 磁碟的 MULTI 下之 SPSS 資料夾中，檔名是「cancorr.sav」，這是 SPSS 的系統檔，因此不用界定變數名稱。SPSS 的系統檔可以在進入 SPSS 系統後，直接點選【檔案】（File）選單，選擇【開啟舊檔】（Open），再指出檔名即可。

[2] 以 manova 指令界定進行典型相關分析，將兩組變數置於「with」關鍵字之前後。with 之後是 B 變數，在 SPSS 的報表中稱為 covariates（共變數），with 之前是 C 變數，在 SPSS 的報表中稱為 dependent（依變數）。兩組變數可以前後互換，不影響分析結果。

[3] Print 副指令界定輸出的選擇項，此處要求對特徵值（eigen）進行顯著性檢定（signif），同時也要求向度減縮分析（dimenr）。向度減縮分析可以獲得各個典型相關係數的顯著性檢定結果。

[4] Discrim 副指令界定原始的典型加權係數（raw）、標準化的典型加權係數（stan）及變數與典型因素的相關（cor）。因為 SPSS 預設不列出不顯著的典型因素及其各種係數，所以界定 alpha（1.0）的選項，以獲得所有典型因素的訊息。

[5] Design 副指令界定分析設計的模式，此次指令不寫也無妨。若以 manova 指令進行典型相關分析，其程式至此已經結束，以下[6] ~ [9]介紹的是另外兩種指令語法。

[6] 視窗版 SPSS 增加了分析典型相關的巨集檔 Canonical correlation.sps，29 版放在 C:\Program Files\IBM\SPSS Statistics\Samples\English 或其他各國語言之資料夾中（中文版在 Traditional Chinese 資料夾中），可以用 include 指令叫出，它是用矩陣語法寫成，分析的結果與 SAS 相似。其顯著性檢定改用 Bartlett 的 χ^2 近似值。

[7] 進行 cancorr 分析，其後界定第 1 組變數（X 變數），最後面要記得加上斜線 /。

[8] 界定第 2 組變數（Y 變數），後面要加上斜線 /，且最後要加上英文句點。

[9] 新版 SPSS 可以配合 Python 進行典型相關分析，指令是 stats cancorr，後面界定 2 組變數即可。留意：SPSS 本身的分析程序，變數名稱沒有大小寫之分，但是，Python 的典型相關分析，變數名稱則有大小寫區別，B1 與 b1 代表不同變數。不過，在同一個資料中，則不允許同時有 B1 與 b1 兩變數。

6.3.5　STATA 程式

```
[1]    use "C:\MULTI\STATA\cancorr.dta", clear
[2]    canon (B1 B2 B3) (C1 C2 C3), test(1 2 3) stdcoef
[3]    canon (B1 B2 B3) (C1 C2 C3), stderr
```

[4]　estat loadings

[5]　canred 1

[6]　canred 2

6.3.6　STATA 程式說明

STATA 的指令應為小寫，變數名稱則有大小寫之別，B1 與 b1 不同，輸入時要留意。

[1]　讀入 STATA 系統資料檔，名稱為 cancorr.dta，置放於 C 磁碟的 MULTI 之 STATA 資料夾中。Clear 表示清除已讀入的其他資料檔。

[2]　以 canon 進行典型相關分析，括號中為兩組變數。Test(1 2 3) 設定要進行維度縮減檢定，stdcoef 選項表示要列出標準化加權係數，如果不加，則列出未標準化加權係數。

[3]　如果要對加權係數進行顯著性檢定，可以加上 stderr 選項。

[4]　分析後，列出負荷量（loadings），分別是結構係數及交叉結構係數。

[5]　以 canred 1 列出第 1 個典型相關係數、平均解釋量、及重疊量數。Canred 不是 STATA 的內部指令，須先用 search canred 或 findit canred 尋找並安裝 canred.ado。

[6]　以 canred 2 列出第 2 個典型相關係數、平均解釋量、及重疊量數。

6.3.7　報表及解說

以下報表以 SPSS 為主，STATA 為輔，詳細說明如後。

報表 6-11

Canonical Correlations Settings	
	Values
Set 1 Variables	B1 B2 B3
Set 2 Variables	C1 C2 C3
Centered Dataset	None
Scoring Syntax	None
Correlations Used for Scoring	3

第一組變數為 B_1、B_2、B_3，第二組變數為 C_1、C_2、C_3，min(3, 3)=3，因此共有 3 個典型相關。

報表 6-12（STATA）

Canonical correlations:
   0.6211   0.0800   0.0233

Tests of significance of all canonical correlations

	Statistic	df1	df2	F	Prob>F	
Wilks' lambda	.609965	9	547.741	13.7073	0.0000	a
Pillai's trace	.392715	9	681	11.3971	0.0000	a
Lawley-Hotelling trace	.635049	9	671	15.7821	0.0000	a
Roy's largest root	.628067	3	227	47.5237	0.0000	u

e = exact, a = approximate, u = upper bound on F

　　報表 6-12 為整體之多變數檢定，這是在檢定 3 個 B 變數與 3 個 C 變數之間是否有典型相關存在。報表中四種多變數統計量的計算公式參見 6.1.8.1 節。

　　第 1 欄的 Wilks Λ 值 .610 與報表 6-13 第 1 個 Λ 值相同，而 Roy 的最大根 .628 與報表 6-13 的特徵值相同。由此處可知四種多變數統計量的 F 近似值之 p 值均小於 .0001，表示 3 個 B 變數與 3 個 C 變數之間沒有典型相關存在的虛無假設應予拒絕，兩組變數之間應有典型相關存在。

　　讀者在呈現此項結果時，只需從這四種統計量中擇一報導即可。一般而言，在這四種多變數統計量中，Wilks' Λ 是較常被使用的。

報表 6-13

Canonical Correlations

	Correlation	Eigenvalue	Wilks Statistic	F	Num D.F	Denom D.F.	Sig.
1	.621	.628	.610	13.707	9.000	547.741	.000
2	.080	.006	.993	.394	4.000	452.000	.813
3	.023	.001	.999	.123	1.000	227.000	.726

H0 for Wilks test is that the correlations in the current and following rows are zero

　　報表 6-13 在檢定個別典型相關係數的顯著性。表格中列出每個典型相關（第 2 欄）、特徵值（第 3 欄）、Wilks 的 Λ 值（第 4 欄），並用 Rao 的 F 近似值及其分子與分母自由度（第 5～7 欄），檢定各個典型相關係數的顯著性（第 8 欄），其計算方式參見 6.1.8.2 節。

　　第 1 個 Λ 值為 .610，轉換後的 F 近似值為 13.707，在自由度為 9，547.741 的 F 分配中，大於此數的機率值 p 已經小於 .001 了，因此達 .05 的顯著水準（研究者設定 α 為 .05），表示第 1 個典型相關係數 .621 不等於 0。而第 2、3 個典型相關 .080 及 .023，不能拒絕相關為 0 的虛無假設。讀者在呈現典型相關分析之結果時，只需呈現達顯著者，未達顯著者可以不呈現。

報表 6-14

Set 1 Unstandardized Canonical Correlation Coefficients			
Variable	1	2	3
B1	.736	-.640	-1.582
B2	.244	-.626	1.113
B3	.396	1.283	.317

　　報表 6-14 是 3 個 B 變數分別對其 3 個典型因素的原始典型加權係數。SPSS 的分析結果，通常將與第一對典型因素有關的係數取負數，筆者已將它們全部對調正負號，此不影響後續分析，也與 STATA 的報表一致。

　　根據這些係數可以求出原始的典型因素分數。原始加權係數適合於利用原始變數計算典型因素分數；不過，由於變數的單位常會不一致，所以一般比較少用。原始係數乘以該變數的標準差，就等於報表 6-16 之標準化加權係數。例如：B_1 對 V_1 的原始加權係數為 0.736，其標準差為 0.759（未在報表中，讀者可自行分析），0.736*0.759 即等於 0.558。

報表 6-15

Set 2 Unstandardized Canonical Correlation Coefficients			
Variable	1	2	3
C1	.523	-1.529	1.139
C2	.272	1.668	.791
C3	.562	-.078	-2.011

　　報表 6-15 是 3 個 C 變數分別對其 3 個典型因素的原始典型加權係數。

報表 6-16

Set 1 Standardized Canonical Correlation Coefficients			
Variable	1	2	3
B1	.558	-.485	-1.201
B2	.248	-.634	1.128
B3	.360	1.168	.288

報表 6-16 是 3 個 B 變數分別對其 3 個典型因素的標準化典型加權係數。根據這些係數可以求出 $W_1 \sim W_3$ 的典型因素分數：

$$W_1 = 0.558 \times Z_{B_1} + 0.248 \times Z_{B_2} + 0.360 \times Z_{B_3} \text{，}$$
$$W_2 = -0.485 \times Z_{B_1} - 0.634 \times Z_{B_2} + 1.168 \times Z_{B_3} \text{，}$$
$$W_3 = -1.201 \times Z_{B_1} + 1.128 \times Z_{B_2} + 0.288 \times Z_{B_3} \text{。}$$

從這些係數可知 3 個 B 變數對 V_1 的加權都是正數，B_1（使用智慧型手機，能讓生活更便利）的係數較大。由於 B 變數都與智慧型手機有用性有關，因此 W_1 可名之為「有用性」。W_2 及 W_3 則不易命名，這也是典型相關常見的問題。

報表 6-17

Set 2 Standardized Canonical Correlation Coefficients			
Variable	1	2	3
C1	.431	-1.261	.939
C2	.231	1.418	.672
C3	.437	-.061	-1.564

報表 6-17 是 3 個 C 變數分別對其 3 個典型因素的標準化典型加權係數。根據這些係數亦可以求出 $V_1 \sim V_3$ 的典型因素分數，其過程及解釋參見報表 6-16。由於 C 變數都是對智慧型手機態度，因此 V_1 可名之為「行為意圖」。V_2 及 V_3 同樣不易命名。

報表 6-18

Set 1 Canonical Loadings			
Variable	1	2	3
B1	.925	-.206	-.319
B2	.778	-.366	.510
B3	.808	.572	.144

報表 6-18 是 3 個 *B* 變數分別與其 3 個典型因素 *W* 的相關係數（典型因素結構係數），是由 *B* 變數間的相關矩陣乘以報表 6-16 的標準化加權矩陣而得。此處顯示 3 個 *B* 與第 1 個典型因素 W_1 的相關都很高，而 W_2 與 B_3、W_3 與 B_2 的相關較高。

每一直行係數的平均平方和，就是適切性量數，是典型因素 *W* 對 3 個 *B* 變數的平均解釋量，也等於報表 6-22 第 2 欄（Set 1 by Self）的數值。

報表 6-19

Set 2 Canonical Loadings			
Variable	1	2	3
C1	.922	-.278	.269
C2	.860	.460	.222
C3	.923	.031	-.383

報表 6-19 是 3 個 *C* 變數分別與其 3 個典型因素 *V* 的相關係數，是由 *C* 變數間的相關矩陣乘以報表 6-17 的標準化加權矩陣而得。此處顯示 3 個 *C* 與第 1 個典型因素 V_1 的相關都很高，而 V_2、V_3 與 *C* 變數的相關都不高。

每一直行係數的平均平方和，就是典型因素 *V* 對 3 個 *C* 變數的平均解釋量，也等於報表 6-22 第 4 欄（Set 2 by Self）的數值。

報表 6-20

Set 1 Cross Loadings			
Variable	1	2	3
B1	.574	-.017	-.007
B2	.484	-.029	.012
B3	.502	.046	.003

報表 6-20 是 3 個 *B* 變數與 3 個 *C* 變數之典型因素（$V_1 \sim V_3$）的相關係數（稱為交叉結構係數）。由報表 6-18 的 3 行負荷量分別乘以報表 6-13 的 3 個典型相關而得。而此報表中每一直行係數的平均平方和，就是典型因素 *V* 對 3 個 *B* 變數的平均解釋量，也等於報表 6-22 第 3 欄（Set 1 by Set 2）的數值。

報表 6-21

Set 2 Cross Loadings			
Variable	1	2	3
C1	.573	-.022	.006
C2	.534	.037	.005
C3	.574	.002	-.009

報表 6-21 是 3 個 C 變數與 3 個 B 變數之典型因素（$W_1 \sim W_3$）的交叉結構係數。由報表 6-19 的 3 行負荷量分別乘以報表 6-13 的 3 個典型相關而得。而此報表中每一直行係數的平均平方和，就是典型因素 W 對 3 個 C 變數的平均解釋量，也等於報表 6-22 第 5 欄（Set 2 by Set 1）的數值。

報表 6-22

Proportion of Variance Explained				
Canonical Variable	Set 1 by Self	Set 1 by Set 2	Set 2 by Self	Set 2 by Set 1
1	.705	.272	.814	.314
2	.168	.001	.096	.001
3	.128	.000	.089	.000

報表 6-22 是全部分析的總結。由於報表 6-13 中只有 1 個典型相關係數顯著不為 0，因此只要著重本報表中 1 這一列的數值即可。從本報表可以得到四個結果：

1. 三個 B 變數被第一個典型因素（有用性）解釋 70.5%的變異量。
2. 三個 C 變數被第一個典型因素（行為意圖）解釋 81.4%的變異量。
3. 三個 B 變數透過第一對典型因素可以解釋三個 C 變數 31.4%的變異量。
4. 三個 C 變數透過第一對典型因素可以解釋三個 B 變數 27.2%的變異量。

6.4 統計摘要表

根據前述分析結果，可將典型相關分析結果做成表 6-3 的摘要表。綜言之，三個 B 變數透過第一對典型因素（可分別命名為「有用性」及「行為意圖」）對三個 C 變數的解釋量為 31.4%。

表中各項數值都是取自 SPSS 報表，讀者可以試著從 STATA 報表中去找出前述各項數值。不過，SPSS 報表中，與第一、二對典型因素有關的典型係數（加權係數、

典型結構係數、及交叉結構係數），其正負號會與 STATA 相反（數值則相同），分析時應留意。當然，這種差異並不影響結果的解釋。另外，尚有幾點說明：一是表中所列為標準化加權係數與典型結構係數；二是表中只呈現達顯著水準之一組典型因素及各項係數；三是在結果的解釋上，宜先呈現 6.1.8 介紹的兩類統計檢定結果，之後再解釋兩組變數之間的關係。

表 6-3　典型相關分析統計摘要表

B 變數	典型因素（有用性）		C 變數	典型因素（行為意圖）	
	加權係數	負荷量		加權係數	負荷量
B1	0.558	0.925	C1	0.922	0.431
B2	0.248	0.778	C2	0.860	0.231
B3	0.360	0.808	C3	0.923	0.437
抽出變異%	70.5		抽出變異%	81.4	
重疊量數	27.2		重疊量數	31.4	
典型相關 = .621					
$p < .001$					

6.5　CB-SEM 及 PLS-SEM 分析結果

共變數本位的結構方程模型（covariance-based structural equation modeling, CB-SEM）與變異數本位的偏最小平方結構方程模型（variance-based partial least squares structural equation modeling, PLS-SEM）同為第二代統計技術（Fornell & Larcker, 1981; Hair et al, 2017）。CB-SEM 使用已久，也廣泛應用在各學術領域研究中，PLS-SEM 則日益受到重視，而兩種分析方法都可以取代典型相關分析。傅粹馨（2002）使用 CB-SEM 進行典型相關分析，說明兩者結果是一致的。本書再以 PLS-SEM 說明它與典型相關的一致性。

以下是以 STATA 之 plssem（須另行安裝）語法，第一列先設定 B_1、B_2、B_3 為 B 的形成性指標，再設定 C_1、C_2、C_3 為 C 的形成性指標，結構模式則設定以 B 預測 C（交換也可以）。第二列則列出外部加權矩陣。

```
plssem (B < B1 B2 B3)(C < C1 C2 C3), structural(C B)
matrix list e(outerweights)
```

　　圖 6-11 是外部加權係數，與報表 6-16 及報表 6-17 的第一行相同。圖 6-12 是外部負荷量係數，與報表 6-18 及報表 6-19 第一行相同。

　　因此，如果兩組變數只想取一個典型相關加以解釋，可以改用第二代統計技術的 PLS-SEM，外部模式則使用**形成性指標**。附帶說明：當使用形成性指標時，一般只呈現加權係數；如果使用**反映性指標**，則改呈現負荷量。

圖 6-11　PLS-SEM 分析結果——形成性指標之外部模式加權係數

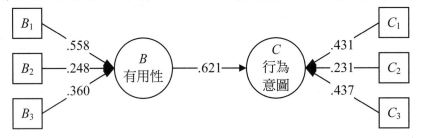

圖 6-12　PLS-SEM 分析結果——形成性指標之外部模式負荷量

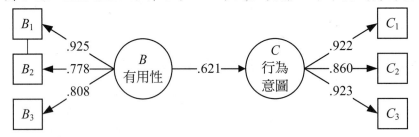

7　多元迴歸分析

多元迴歸分析可以使用下列的形式表示其關係：

$$Y_1 \quad = X_1 + X_2 + X_3 + \cdots + X_n$$
（計量）　　　（計量、非計量）

7.1　理論部分

迴歸分析（regression analysis）適用於自變數〔又稱為預測變數（predictor）〕及依變數〔又稱為效標變數（criterion）〕，均為**量的變數**（含等距變數及比率變數）的分析。如果自變數及依變數各為一個，稱為**簡單迴歸**；如果有多個自變數，一個依變數，稱為**多元迴歸**或**複迴歸**（multiple regression）；如果自變數及依變數均為多個，則是**多變量多元迴歸**（multivariate multiple regression）。

假使自變數不是量的變數（如為名義變數或次序變數），應將該變數轉換為**虛擬變數**（dummy variable）；如果依變數是次序變數，則應進行**次序性迴歸分析**；如果依變數是二類的名義變數，通常會進行二分的**邏輯斯迴歸分析**（binary logistic regression analysis）或 probit 迴歸分析；假使依變數是多類別的名義變數，通常會進行**區別分析**（discriminant analysis）或**多項式邏輯斯迴歸分析**（multinomial logistic regression analysis）。

本章旨在說明依變數（以一個為主）為量的變數，而自變數為質或量的變數之多元迴歸分析，其他方法，則參見本書其他各章。

為了替後續的多層次模型（multilevel modeling, MLM）奠定基礎，本章也針對調節變數（moderator variable）加以說明。

7.1.1　迴歸的意義

迴歸分析與**變異數分析**（analysis of variance）是以往研究者經常使用的統計方法。而迴歸分析主要的用途有二：一為**解釋**，二為**預測**。解釋的功能主要在於說明預測變數與效果變數間的**關聯強度**及**關聯方向**；預測的功能則是使用迴歸方程式，利用已知的自變數來預測未知的依變數。例如：研究者可以利用以往的高中生各科畢業成績當預測變數，而以其大學入學成績當效標變數，來建立迴歸方程式，以解釋哪些科

目對大學入學成績最有預測作用，及其總預測效果如何。如果其他條件相同，則可利用今年度尚未參加大學入學考試的高中應屆畢業生的各科畢業成績，以預測他們參加入學考試的成績。

7.1.2　簡單迴歸

在迴歸分析中，我們會使用下列公式表示 Y 的實際值：

實際值＝迴歸模型＋殘差值

簡單迴歸模型圖示如下，在 X 與 Y 的散布圖中，我們希望找到一條適配線，使其具有最佳不偏估計式（best linear unbiased estimator, BLUE）的特性。

圖 7-1　簡單迴歸

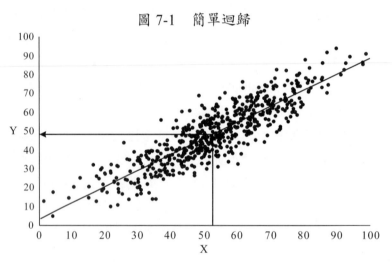

簡單迴歸模型（方程式）以 $\hat{Y} = b_1 X_1 + b_0$ 表示，其中 b_1 是迴歸的**原始加權係數**，又稱為**斜率**（slope），b_0 是**常數項**（constant），又稱為**截距**（intercept），$\hat{Y}$ 是由 X 所預測的數值（模型），與真正的 Y 變數（實際值）有差距，差距〔**殘差**（residual）〕$e = Y - \hat{Y}$。迴歸分析最常使用**最小平方法**（least squares method, OLS）以求解，OLS 法須符合兩個條件：一是：$\Sigma(Y - \hat{Y}) = \Sigma e = 0$，一是 $\Sigma(Y - \hat{Y})^2 = \Sigma e^2 \Rightarrow min$。

簡單迴歸分析的虛無假設是 $H_0: \beta_1 = 0$，對立假設則為 $H_1: \beta_1 \neq 0$（使用參數符號 β）。除非有特別的理由，不然截距 b_0 是不設定為 0 的（即使 t 檢定的結果不顯著）。而且，除非在所有預測變數都為 0 時截距仍有意義，否則一般研究者通常比較關心斜率，而比較不留意常數項。

求解後 $b_1 = \dfrac{CP_{XY}}{SS_X} = \dfrac{\Sigma XY - \dfrac{\Sigma X \Sigma Y}{N}}{\Sigma X^2 - \dfrac{(\Sigma X)^2}{N}} = r_{XY} \dfrac{S_Y}{S_X}$ ，且迴歸方程式一定通過座標上

（$\overline{X}, \overline{Y}$）這一點（也就是 $\overline{Y} = b_1 \overline{X} + b_0$），所以 $b_0 = \overline{Y} - b_1 \overline{X}$。

如果分別將 X、Y 變數化為 Z 分數，求得的迴歸方程式為 $\hat{z}_Y = B z_X$，B 為迴歸之

標準化加權係數。$B_1 = b_1 \dfrac{S_X}{S_Y}$，在簡單迴歸中，$B = r$。一般而言，原始的迴歸方程式

比較適合直接使用，而標準化迴歸方程式常用在比較預測變數的重要性。美國心理學會（Wilkinson, 1999）建議：一般情形下原始及標準化迴歸係數都要呈現在研究結果中。不過，如果是純粹應用性的研究，只要列出原始係數；而純粹理論性的研究，則只要列出標準化係數。

當研究者不知道 X 而想預測 Y，最好的方法就是使用 $\overline{Y}$，因為 $\Sigma(Y - \overline{Y}) = 0$，而 $\Sigma(Y - \overline{Y})^2 \Rightarrow min$，$\Sigma(Y - \overline{Y})^2$ 就是 Y 變數的離均差平方和（SS_Y），一般稱為 SS_{total}。

如果知道 X 而想預測 Y，最好的方法就是使用 $\hat{Y}$，$\Sigma(\hat{Y} - \overline{Y})^2$ 表示使用 $\hat{Y}$ 而不用 $\overline{Y}$ 預測 Y 而減少的錯誤，$SS_{reg} = \Sigma(\hat{Y} - \overline{Y})^2$。

前面說過：$\Sigma e^2 = \Sigma(Y - \hat{Y})^2$，這是使用迴歸方程式不能預測到 Y 的部分，也就是知道 X 而預測 Y，但仍不能減少的錯誤，$SS_{res} = \Sigma(Y - \hat{Y})^2$。

$SS_{total} = SS_{reg} + SS_{res}$，所以 $SS_{reg} = SS_{total} - SS_{res}$。

在計算迴歸的**效果量**（effect size）時，一般會使用**消減錯誤比例**（proportional reduction in error, PRE）。$PRE = \dfrac{E_1 - E_2}{E_1}$，$E_1$ 是不知道 X 變數而直接預測 Y 變數時的錯誤，也就是 SS_{total}；E_2 是知道 X 而預測 Y 的錯誤，也就是 SS_{res}，因此迴歸分析的

$PRE = \dfrac{SS_{total} - SS_{res}}{SS_{total}} = \dfrac{SS_{reg}}{SS_{total}} = R^2$，$R^2$ 稱為**決定係數**（coefficient of determination）。

依 Cohen（1988）的經驗法則，效果量 f^2 的小、中、大標準分別為 0.02、0.15、0.35，經使用 $f^2 = R^2 / (1 - R^2)$ 轉換為 R^2 後分別為 0.02、0.13、0.26。

7.1.3　淨相關及部分相關

在介紹多元迴歸分析之前，有必要對**淨相關**（partial correlation）及**部分相關**（part correlation）的概念加以說明。

簡單相關、淨相關及部分相關可以分別用圖 7-2 表示：

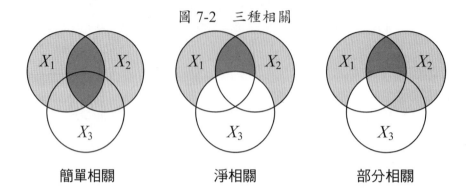

圖 7-2　三種相關

簡單相關　　　　　　　淨相關　　　　　　　部分相關

　　在圖 7-2 中，假使研究者完全不考慮 X_3 的情形下，想要了解 X_1 及 X_2 的關聯，此時會求兩者的**簡單相關**〔也稱**零階相關**（zero-order correlation），通常就是 Pearson 積差相關〕。假使研究者認為：X_3 會同時影響 X_1 及 X_2（也就說前者是後兩者共同的因），因此想要將 X_3 的效果**同時**自 X_1 與 X_2 中排除，再分析後兩者之間是否有關聯。一般會使用**淨相關**（或稱**偏相關**）來分析這個問題。在本問題中因為排除 1 個變數的影響之後，再求另 2 個變數間的單純相關，所以又可稱為**一階淨相關**（first-order partial correlation）。依此類推，如果排除 2 個變數的影響，則稱為**二階淨相關**（second-order partial correlation），不過一般較少使用。

　　假使研究者認為：X_3 只會直接影響 X_1，對 X_2 只有間接影響，因此只想要將 X_3 的效果自 X_1 中排除，但是並不將 X_3 的效果自 X_2 中排除，最後再看 X_1 與 X_2 是否仍有關聯。一般使用**部分相關**來分析這個問題。部分相關又稱為**半淨相關**（semi-partial correlation），因為它只排除對其中 1 個變數的效果。

　　在此例中，淨相關是先以 X_3 為預測變數，分別以 X_1 及 X_2 為依變數，進行簡單迴歸分析，然後求其各自的殘差，最後再求 2 個殘差的簡單相關。部分相關則是以 X_3 為預測變數，X_1 為依變數，進行簡單迴歸分析，然後求其殘差，最後再求殘差與 X_2 的簡單相關。

　　排除 X_3 影響後，X_1 與 X_2 的淨相關為 $r_{12\cdot3} = \dfrac{r_{12} - r_{13}r_{23}}{\sqrt{1-r_{13}^2}\sqrt{1-r_{23}^2}}$ ；而排除 X_3 影響後的 X_1，與 X_2 的部分相關為 $r_{2(1\cdot3)} = \dfrac{r_{12} - r_{13}r_{23}}{\sqrt{1-r_{13}^2}}$ 。

7.1.4　兩個預測變數的多元迴歸

　　多元迴歸的概念可以用圖 7-3 說明之。

圖 7-3　多元相關及多元迴歸

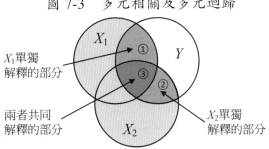

　　在圖 7-3 中，如果只有 X_1 與 Y，那麼 X_1 對 Y 的預測力就是簡單相關的平方。但是如果加入 X_2 後，因為 X_2 與 X_1 有關係，所以它們對 Y 的聯合預測力（圖形①+②+③部分）就會分成三個部分：第一部分是 X_1 對 Y 單獨的預測力（圖形①部分），第二部分是 X_2 對 Y 單獨的預測力（圖形②部分），第三部分則是 X_1 及 X_2 共同對 Y 的預測力（圖形③部分）。所以為了增加迴歸分析的預測力，所有的預測變數之間的相關要愈低愈好，而每個預測變數與依變數的相關則要愈高愈好。如果每個預測變數之間的相關都是 0，則所有預測變數與依變數的多元相關就等於個別相關係數的總和，此時自變數對依變數的整體預測力最大，同時也沒有**多元共線性**（multicollinearity）的問題。

　　多元迴歸之決定係數的平方根為**多元相關係數**（multiple correlation coefficient），它是一組變數與一個變數之間的相關係數。多元相關係數都是正數。

　　如果只有 2 個預測變數，則未標準化迴歸係數 $b_1 = \dfrac{r_{1Y} - r_{12}r_{2Y}}{1 - r_{12}^2} \times \dfrac{s_Y}{s_1}$，

$b_2 = \dfrac{r_{2Y} - r_{12}r_{1Y}}{1 - r_{12}^2} \times \dfrac{s_Y}{s_2}$，截距 $b_0 = \bar{Y} - b_1\bar{X}_1 - b_2\bar{X}_2$；而標準化迴歸係數 $B_1 = \dfrac{r_{1Y} - r_{12}r_{2Y}}{1 - r_{12}^2}$，

$B_2 = \dfrac{r_{2Y} - r_{12}r_{1Y}}{1 - r_{12}^2}$。所以 $b_1 = B_1 \times \dfrac{s_Y}{s_1}$，$b_2 = B_2 \times \dfrac{s_Y}{s_2}$。

　　在此也要說明抑制變數（suppressor variable）的影響。在圖 7-4 左邊，X_1 與 Y 有關聯（可為正或負），而 X_2 與 Y 則無關聯或關聯程度極小（因此 R^2 應為 0 或非常接近 0），但是因為 X_1 與 X_2 有關聯（可能是正或負），因而將 X_1 與 Y 無關聯的變異排除或抑制了，因而當使用 X_1 與 X_2 聯合對 Y 進行迴歸時的 R^2 會比單獨使用 X_1 對 Y 的 R^2 增加許多，此時 X_2 的加權係數不為 0，X_1 加權係數的絕對值會大於 X_1 與 Y 相關係數的絕對值。在此處，X_1 是受抑制變數，X_2 是古典（或傳統）抑制變數（classical suppressor variable），也是最早對抑制變數的定義。

　　圖 7-4 中間，X_2 與 Y 有低度的關聯（可正可負），當 X_1 與 X_2 對 Y 進行多元迴歸時，兩者的加權係數都達顯著，X_2 對 Y 的加權係數會和 X_2 與 Y 的簡單相關正負相反，

此時 X_2 稱為負向抑制變數（negative suppressor variable）。當加入以上兩種抑制變數時，都會使得 X_1 對 Y 的加權係數變大。

　　圖 7-4 的右邊，X_1 及 X_2 分別與 Y 的關聯程度都不高，單獨進行簡單迴歸時，可能加權係數都不顯著。但是因為 X_1 與 X_2 有高相關，互相排除分別與 Y 無關聯的變異後，會使得 X_1 與 X_2 聯合對 Y 進行多元迴歸時，X_1 與 X_2 的加權係數都變大，此時稱為交互抑制變數（reciprocal suppressor variable）。

圖 7-4　三種抑制變數

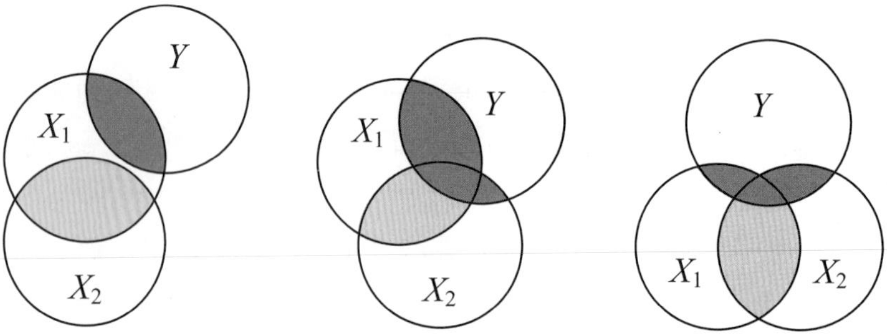

7.1.5　三個以上預測變數的多元迴歸

　　多元迴歸分析的主要步驟有：1.獲得迴歸係數；2.估計誤差的標準誤；3.估計迴歸係數的標準誤；4.檢定係數的顯著性；5.以所獲係數進行預測；6.診斷模型的適配度。

7.1.5.1　原始迴歸係數與標準化係數

　　多元迴歸的一般公式為：實際值 ＝ 模型預測值 ＋ 殘差。

$$\mathbf{Y} = \mathbf{Xb} + \mathbf{e} \tag{7-1}$$

$\mathbf{Y}$：效標變數行向量
$\mathbf{X}$：預測變數矩陣
$\mathbf{b}$：迴歸參數行向量
$\mathbf{e}$：殘差行向量

由上式移項後可得：

$$\mathbf{Y} - \mathbf{e} = \mathbf{Xb} \tag{7-2}$$

公式中 $\mathbf{Y} - \mathbf{e}$，通常以 $\hat{\mathbf{Y}}$ 代表，亦即由公式估計所得之效標變數，因此如果將一般公式展開後可得到：

$$\hat{Y} = Y - e = b_0 + b_1 X_1 + b_2 X_2 + b_3 X_3 + \cdots\cdots + b_i X_i \tag{7-3}$$

公式中 b_1、b_2……、b_i，分別是 X_1、X_2……X_i 變數的**原始迴歸係數**，又稱之為**斜率**，b_0 稱為**截距**。進行預測時，只要直接將各預測變數的原始數值代入迴歸模型中，用原始迴歸係數當加權即可預測效標變數。

然而，由於：1.在研究中變數的單位經常是不一致的，因此無法由係數的大小看出相對的重要性。如以父母的教育年數、職業聲望分數、及家庭收入來預測子女的學業成績，此時四個變數的單位都不一致，如果三個預測變數的原始加權係數都為 0.5，也不代表同等重要。2.預測變數的單位本身並無意義，如使用 Likert 式的量表，將等級化為 1 ~ 5 分，此時單位並無太大意義。3.同一變數使用不同單位，就會影響原始係數，如身高可以用公分、公尺、吋、呎，甚至臺尺為單位，所得的原始加權係數就會不同。此時化為標準分數（Z 分數），以計算**標準化迴歸係數**會比較恰當。

標準化迴歸係數的計算方法有三種：1.只將預測變數 X 加以標準化，X 標準化係數為 $b \times S_X$；2.只將效標變數 Y 加以標準化，Y 標準化係數為 $\dfrac{b}{S_Y}$；3.同時將 X 及 Y 標準化，XY 標準化係數 $B = b \times \dfrac{S_X}{S_Y}$。在 XY 標準化係數中，截距項 B_0 為 0。

XY 標準化或 X 標準化迴歸係數主要用來比較個別預測變數的相對重要性，如果沒有多元共線問題，則係數愈大者對效標變數變異量的解釋量愈大。然而，有時研究者會使用名義或是次序變數當預測變數，此時應將變數轉成虛擬變數（見 7.1.7 節之說明），然而將虛擬變數標準化並無意義，因此只將效標變數標準化，預測變數則為原始數據，此時所算的係數即為 Y 標準化係數。

在多數統計軟體中，都只有原始係數及 XY 標準化係數，並未提供 X 標準化或 Y 標準化係數。如果要求後兩種標準化係數，可以透過自行將 X 變數或 Y 變數標準化後，再投入迴歸模型即可，此時報表中的原始係數即為 X 標準化或 Y 標準化係數；而報表中之標準化係數，仍為 XY 標準化係數。

此外，在進行預測時應注意：預測變數的數值不可超過原先建立迴歸方程式時的上下限，因為此時已難確保預測變數與效標變數仍然維持原來的線性關係。

7.1.5.2　迴歸係數之矩陣解法

一般統計軟體在進行迴歸分析時，是以矩陣形式運算，其解為：

$$\mathbf{b} = (\mathbf{X'X})^{-1}\mathbf{X'y} \tag{7-4}$$

在上式中，$\mathbf{X}$ 矩陣通常會在第一行加上元素都為 1 的向量，以求得常數項。如果將 $\mathbf{X}$ 矩陣、$\mathbf{y}$ 向量化為 Z 分數，稱之為 $\mathbf{X}_Z$ 矩陣、$\mathbf{y}_Z$ 行向量，則其解為：

$$\mathbf{B} = (\mathbf{X}'_Z\mathbf{X}_Z)^{-1}\mathbf{X}'_Z\mathbf{y}_Z = \mathbf{R}^{-1}\mathbf{r}$$ (7-5)

其中 $\mathbf{R}^{-1}$ 是所有自變數之間相關矩陣的反矩陣，而 $\mathbf{r}$ 是自變數與依變數間相關行向量。

上式中，因為 $\mathbf{X}'\mathbf{X}$ 矩陣要計算反矩陣，所以矩陣 $\mathbf{X}$ 必須是**非特異矩陣**（nonsingular matrix），也就是說各行的向量必須**線性獨立**（linearly independent），某一行向量不可以是其他行向量的線性組合，也就是某一個變數不可以等於其他自變數經由某種加權（係數可以為正負之整數、小數，或 0）後的總和。如果一個量表有三個分量表，千萬不要將三個分量表的分數及總分當成預測變數，因為三個分量表的加總會等於總分，此時就會線性相依，就無法求解。

7.1.5.3 整體檢定

在檢定**整體迴歸分析**是否顯著方面，一般使用 F 檢定。它的統計假設為：

$$\begin{cases} H_0 : R^2 = 0 \\ H_1 : R^2 > 0 \end{cases}$$

F 檢定可以整體檢定所有預測變數是否可以聯合預測效標變數，其公式為：

$$F = \frac{R^2/k}{(1-R^2)/(N-k-1)} = \frac{SS_{reg}/k}{SS_{res}/(N-k-1)} = \frac{MS_{reg}}{MS_{res}}$$

$$df = k, N-k-1$$ (7-6)

N 為總人數、k 為預測變數之數目

如果計算所得的 F 值大於查表 F 值，或是電腦報表中 F 的機率值 p 小於研究所訂的第一類型錯誤機率值 α（通常訂為 .05），即達到顯著水準，表示預測變數與效標變數的多元相關不為 0，而迴歸係數中**至少有一個不等於 0**。

7.1.5.4 個別係數檢定

要檢定**個別迴歸係數**是否顯著，可以使用 t 檢定或是估計信賴區間。t 檢定是將 $\mathbf{b}$ 矩陣除以 $\mathbf{b}$ 之估計標準誤得到 t 值，並查 t 分配表（大略而言，t 的絕對值大於 1.96 或 2.58 就分別達到 .05 及 .01 顯著水準），其自由度為 $N - k - 1$。估計信賴區間的公式是：

$$b_i - t_{\alpha/2,(N-k-1)}s_{b_i} \le b_i \le b_i + t_{\alpha/2,(N-k-1)}s_{b_i}$$ (7-7)

s_{b_i} 是第 i 個 b 值的估計標準誤，為 $(\mathbf{y}'\mathbf{y} - \mathbf{b}'\mathbf{X}'\mathbf{y})/(N-k-1) \times diag\sqrt{(\mathbf{X}'\mathbf{X})^{-1}}$。如果

$b_i \pm t_{\alpha/2,(N-k-1)}s_{b_i}$ 中間包含 0，表示 b_i 不顯著，應視為與 0 無差異。

7.1.5.5　決定係數（效果量）

決定係數 R^2，代表預測變數可以聯合預測效標變數變異的百分比，研究者在建立迴歸模型時，總希望 R^2 值愈高愈好。其公式為：

$$R^2 = \frac{SS_{reg}}{SS_{total}} = \frac{\mathbf{b'X'y} - (\Sigma Y)^2/N}{\mathbf{y'y} - (\Sigma Y)^2/N} = \frac{\mathbf{b'X'y} - N\overline{y}^2}{\mathbf{y'y} - N\overline{y}^2} \qquad (7\text{-}8)$$

不過因為 R^2 的期望值並不為 0，且如果將迴歸方程式應用新的樣本時，一般會有縮水的現象，因此一般常使用公式 7-9（McNemar 公式）加以校正：

$$\hat{R}^2 = 1 - (1 - R^2)\frac{N-1}{N-k-1} \qquad (7\text{-}9)$$

另一方面，不管預測變數與效標變數是否有關，當預測變數愈來愈多，則 R^2 一定會愈來愈大；但是如果加入無關的預測變數，則 $\hat{R}^2$ 反而會愈來愈小，甚至小於 0，因此 $\hat{R}^2$ 有判別預測變數是否重要的功能（馬信行，1988），同時也帶有懲罰研究者過度加入不重要之預測變數的意味。

調整的 R^2 不只有公式 7-9 而已，此外，Wherry、Lord、Stein 等人也分別提出不同的調整公式，只是統計軟體較少採用此類調整的 R^2。

7.1.5.6　迴歸分析之假設

迴歸分析的假設有：1.變數間為**線性關係**；2.殘差的標準誤在各觀察體上保持恆定，此即為殘差之**等分散性**（homoscedasticity）；3.**殘差獨立性**，即殘差間相關為 0；4.殘差為**常態分配**，即殘差的期望值為 0（Hair et al., 2019）。

此外，為了能有較正確的估計，預測變數最好不要有太高的相關，以避免多元共**線性**的問題。當發現有共線問題時，一般採取的方法有三：1.將彼此相關係數較高的預測變數只取一個重要的變數投入分析；2.使用**脊迴歸**（ridge regression）分析；3.使用**主成分迴歸**（principal component regression）。不過後兩者都是**偏差的估計**（biased estimation），其中脊迴歸之決定係數會變小，主成分迴歸則無影響。

7.1.5.7　預測變數之選取方法

進行多元迴歸分析時，如果將所有預測變數一次進入迴歸方程式，而不考慮個別變數是否顯著，稱為**全部進入法**。但是，有時基於模型精簡的目的，研究者可能只選

取部分的預測變數，此時就會使用各種方法來篩選，其方法大約有：1.**前向選取法**〔向前法（forward method）〕；2.**後向選取法**〔向後法（backward method）〕；3.**逐步迴歸分析法**〔逐步法（stepwise method）〕；4.**所有可能組合法**（all possible subsets method）；及 5.**階層迴歸**（hierarchical regression）。前三種方法主要是計算預測變數的淨進入 F 值（F-to-enter）與淨退出 F 值（F-to-remove），如果前者大於設定的標準就進入迴歸方程，後者如果小於設定就退出迴歸方程，直到沒有任何變數達到標準時才停止。

　　前向選取法第一次會選擇與效標變數簡單相關最高的預測變數進入模型。其次會選擇排除已進入模型之預測變數後，與效標變數之一階淨相關（也就是淨進入 F 值最大）最高的預測變數進入，而不是與效標變數之簡單相關次高的預測變數進入。第三步則是選擇排除已進入模型之二個預測變數後，與效標變數之二階淨相關最高預測變數進入，一直到沒有符合條件的變數為止。

　　後向選取法與前向選取法相反，是先將所有變數（假設為 k 個）放入迴歸模型，然後將排除其他 $k-1$ 個預測變數後，與效標變數之 $k-1$ 階淨相關最低的預測變數（也就是淨排除 F 值最大的變數）剔除，此時模型中保留 $k-1$ 個預測變數。接著，再將排除其他 $k-2$ 個預測變數後，與效標變數之 $k-2$ 階淨相關最低的預測變數剔除，一直到沒有符合條件的變數為止。

　　逐步法是以前向選取法為主，當變數進入後，則改採後向選取法，將不重要的變數剔除，如果沒有可剔除的變數，就繼續採用前向選取法，如此反覆進行，一直到沒有變數被選取或剔除為止。

　　所有可能組合法是將所有變數加以組合（所有可能組合數目為 2^k-1），然後根據 $\hat{R}^2$、AIC、BIC、Mallows Cp，或殘差均方值（MS_{res}）等準則，選擇最佳的組合當成預測變數。

　　學者（Edirisooriya, 1995; Thompson, 1995b）指出逐步迴歸分析法的許多問題：1.更換研究樣本後，選取的預測變數就可能不同；2.進入迴歸模型中的預測變數不見得是最重要的變數；3.變數進入的順序不代表重要性的順序，因此在應用時宜更加留意。所以在正式研究中，最好使用強迫進入法，將研究者在文獻探討後所選取的預測變數全部投入迴歸分析；其他四種方法比較屬於試探性質，最好只在前導研究（pilot study）或試探性研究（exploratory study）中才使用，儘量不要在驗證性研究（confirmatory study）中使用（林清山，1988）。

　　階層迴歸則是依據理論，依序投入預測變數。例如：研究者想要以家庭社經指數、智力、學習動機、努力程度來預測學生的學業成就。由於學生一出生即受到家庭

背景的影響，因此首先將家庭社經指數投入迴歸模型。其中智力為較固定不可變之因素，所以在第二步驟中投入；第三、四步驟則分別投入學習動機及努力程度，如此即可分析在其他變數進入後，後續進入的變數可以增加多少預測力。由於前一階段迴歸模型中的預測變數，均包含於後一階段中，因此它也具有窩巢（nested）的特性。

7.1.5.8　樣本數之決定

進行多元迴歸分析時，每個自變數最少要有 5 個樣本，且最好有 15～20 個樣本；如果使用逐步法，則更要增加到 50 個樣本，如此迴歸分析的結果才具有類推性，也才可以適用到不同的樣本上（Hair et al., 2019）。

7.1.6　多元共線性檢定

預測變數間的多元共線性如果達嚴重程度，會發生迴歸係數的估計值變不精確，整體模型檢定達顯著，但個別迴歸係數之檢定不顯著，或迴歸係數的正負號與零階相關衝突等現象。檢定共線性的常用方法有：

1. **預測變數間之積差相關**：大於 .8 表示可能有共線性。
2. 決定係數極大，而個別迴歸係數多數或均不顯著。
3. **容忍度**（tolerance）及**變異數波動因素**（variance inflation factor, VIF）：容忍度為 $1-R_i^2$，其中 R_i^2 表示以其他預測變數預測第 i 個預測變數所得的決定係數，其值愈大表示共線問題愈嚴重。因此容忍度 R_i^2 愈小，愈有共線問題，$\text{VIF} = \dfrac{1}{1-R_i^2}$，它是容忍度的倒數，如果大於 10，表示該變數與其他預測變數有共線問題。
4. （**X'X**）之行列式值，接近 0，此時表示 **X** 矩陣可能是特異矩陣（singular matrix），也就是有線性相依的情形。
5. **條件指數**（conditional index, CI）：$\sqrt{\lambda_{\max}/\lambda_i}$，其中 λ 是由（**X'X**）所求之特徵值，CI 在 30～100 間，表示有中度共線性；在 100 以上，表示有高度共線性（Rawlings et al., 1998）。
6. **變異數比例**：由（**X'X**）所求之特徵向量（eigen vector），如果在任一列中有任兩變數以上之係數之絕對值非常接近 1 者，表示這些變數間有共線性。

7.1.7　個別預測變數重要性

標準化迴歸係數雖然大致可以判斷預測變數的相對重要性，但是由於共線性關

係，係數大小並不能完全反映其重要性。如果要計算個別預測變數的解釋量及相對重
要性，有以下幾種常用方法。

7.1.7.1　共同性分析

透過共同性分析（commonality analysis），可以計算每個預測變數對效標變數的
解釋力。以圖 7-5 三個預測變數為例，一共可以拆解成 $2^3 - 1 = 7$ 個部分，它們包含
X_1、X_2、X_3 單獨對效標變數（假設為 Y，圖中未畫出）解釋的部分，及 X_1 與 X_2、X_1 與
X_3、X_2 與 X_3 共同解釋的部分，再加上 X_1 與 X_2 與 X_3 共同解釋的部分，其關係可以表示
用 $R^2_{y.123} = U_1 + U_2 + U_3 + C_{12} + C_{13} + C_{23} + C_{123}$ 表示，其中，

$$U_1 = R^2_{y.123} - R^2_{y.23}，$$
$$U_2 = R^2_{y.123} - R^2_{y.13}，$$
$$U_3 = R^2_{y.123} - R^2_{y.12}，$$
$$C_{12} = R^2_{y.13} + R^2_{y.23} - R^2_{y.123} - R^2_{y.3}，$$
$$C_{13} = R^2_{y.12} + R^2_{y.23} - R^2_{y.123} - R^2_{y.2}，$$
$$C_{23} = R^2_{y.12} + R^2_{y.13} - R^2_{y.123} - R^2_{y.1}，$$
$$C_{123} = R^2_{y.1} + R^2_{y.2} + R^2_{y.3} - R^2_{y.12} - R^2_{y.13} - R^2_{y.23} + R^2_{y.123}。$$ 此部分的計算過程可以
參見 Nimon（2010）或 Pedhazur（1997）的著作。

圖 7-5　共同性分析

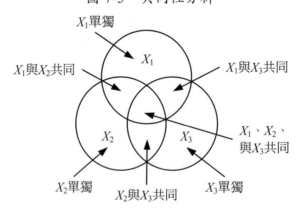

如果預測變數有 k 個，則可拆解成 $2^k - 1$ 個部分，此時就要使用統計軟體來計
算。Nimon（2010）提供了 SPSS 的程式檔，可以快速算出每個部分的解釋力，可說
相當方便。

　　然而，共同性分析也有其他問題（詳見 Pedhazur, 1997）。它沒有顯著性檢定；當預測變數改變時，唯一性就會改變，因此解釋力並不是固定的；而如果有抑制變數出現，或某些預測變數的相關為正，某些為負時，共同性可能會出現負數的情形（此時可將其視為 0；唯一性則都 ≥ 0）。又如，要分析 6 個預測變數的解釋力，就有 $2^6 - 1 = 63$ 個部分，其中唯一性只有 6 個，其他 57 個都是共同性，所以並不容易解釋。不過，如果能謹慎使用，它仍不失是一個有效的工具（Kroff, 2002）。

7.1.7.2　夏普利值分解法

　　夏普利值分解法（Shapley value decomposition）的基本運算法則是經由計算組合模型中，各個自變數對於依變數產生變異的相對貢獻比例進行分解。首先，在組合模型中計算各個解釋變數對依變數總變異的解釋量（R^2），然後逐步剔除解釋變數，以觀測模型總體 R^2 的變化（ΔR^2）。ΔR^2 變化程度反映了該解釋變數的相對貢獻比例，ΔR^2 變化程度愈大，說明該自變數對依變數產生變異的貢獻比例就愈大（陳純槿，2020）。

　　在 STATA 統計軟體中，可以使用 shapley 及 shapley2（均須另外安裝）對 R^2 加以分解，語法見後面之說明。

7.1.7.3　優勢分析

　　優勢分析（dominance analysis）是利用模型效果增量（ΔR^2），進行所有預測變數的可能組合所進行的迴歸分析的解釋力變化，藉以判定預測變數的相對重要性。對於特定 2 個預測變數所進行的優勢分析可能會出現三種狀況：完全優勢（complete dominance）、條件優勢（conditional dominance）與一般優勢（general dominance）。其中一般優勢則是以單一係數值（D_g）來反映各預測變數的平均解釋力，其數值高低可用來排列各變數影響力的優劣順序（邱皓政，2017a）。夏普利值分解法所得的值即是 D_g 值。

　　在 STATA 中，可使用 domin 指令（須另外安裝 domin.ado）進行優勢分析，語法見後面之說明。

7.1.7.4　相對權數分析

　　相對權數分析（relative weight analysis）或稱相對重要性分析（relative importance analysis），主要使用 Gibson 的正交代理變數轉換法，來處理自變數間具有相關時的 R^2 拆解與比較。代理變數的轉換原理，是將一組自變數 X 透過線性轉換創

造出一組完全正交獨立的代理變數 Z，藉以去除自變數間的相關，進而估計各個變數的獨特貢獻（邱皓政，2017a）。

7.1.8　結構係數

Thompson（1990）曾為文呼籲：「不要忘了結構係數。」因為只看加權係數是不夠的（Courville & Thompson, 2001）。Whitaker（1997a）也主張，當有共線性時，結構係數（structure coefficient）可以避免對多元迴歸分析結果做出錯誤的結論。

有時，某個變數與效標變數有高度相關，也是很好的預測變數，但是因為加入了其他高度相關的預測變數，而使得加權係數接近 0；或是加入了抑制變數；或是迴歸模型界定不正確。這些都會使得加權係數變得不可信。因此，直接計算預測變數與預測值 $\hat{Y}$ 的簡單相關，有其必要性（Heidgerken, 1999; Henard, 1998）。

然而，多數研究者在進行迴歸分析時，會忽略**結構係數**（傅粹馨，1996），即使常見的統計軟體也沒有直接提供這樣的輸出結果。結構係數是預測變數與合成或潛在變數的相關，在多元迴歸分析中，它就是每一個預測變數與預測值（即 $\hat{Y}$）之間的簡單相關，計算的方法為每個預測變數與效標變數的相關係數除以多元相關係數（Thompson, 1990）。亦即：

$$r_{X_i\hat{Y}} = \frac{r_{X_iY}}{R_{Y \cdot X_1, X_2 \dots X_k}} \tag{7-10}$$

結構係數不受共線性的影響，所以正負與簡單相關相同，但有時會產生一個現象，即加權係數 B 因受多元共線性或抑制變數影響，而與結構係數的正負符號不同，導致研究者不知該選擇哪一個係數才好。對此，Thorndike 提出：當研究者想了解每個預測變數所貢獻的變異量時，則採加權係數 B；當研究者之興趣在了解預測變數與合成變數間的關係，則採結構係數（詳見傅粹馨，1996，p. 19）。

由於常見的統計軟體在進行迴歸分析時，都沒有提供結構係數，研究者可以透過 2 個步驟得到此係數：1.將預測值 $\hat{Y}$ 儲存成新的變數；2.求所有預測變數與 $\hat{Y}$ 的簡單相關。

然而，Pedhazur（1997）認為結構係數對於解釋多元迴歸並沒有太大的助益，因為由公式 7-10 中可以看出，結構係數是每個預測變數與效標變數的簡單相關除以多元相關係數，簡單相關與結構係數維持同樣的比值關係（簡單相關除以結構係數等於多元相關），因此，簡單相關係數已經提供同樣的訊息了，不須另外計算結構係數。

再者，即使迴歸分析結果沒有意義，也有可能得到極大的結構係數。假如 R^2

= .0016（表示所有預測變數對效標變數的解釋力僅為 0.16%），此時多元相關 R =.04。又如 r_{X_2Y} =.036（表示兩者的簡單相關極小），但是結構係數則為 $\frac{.036}{.04}$ = .90，此時反而會得到不適當的解釋，認為預測變數與效標變數的關聯強度極大。因此，結構係數最好在多元相關達到顯著時才使用，而且要同時呈現兩種係數。因為，只看結構係數不看加權係數，也是同樣錯誤的（Courville & Thompson, 2001）。

7.1.9　虛擬變數的多元迴歸

在多元迴歸分析中，預測變數的性質通常是**等距變數**或**比率變數**（兩者合稱**計量性資料**）。當預測變數為**名義變數**或**次序變數**之非計量性資料時，不可以直接投入分析，必須轉換成**虛擬變數**，以 0、1 代表。茲舉例說明之：假設研究者欲以性別、年齡層、知覺易用性、知覺有用性 4 個變數為預測變數，以預測對智慧型手機的使用態度。此時知覺易用性及知覺有用性一般視為「等距變數」（但是仍有爭議），可直接投入迴歸分析，不必轉換。性別為「名義變數」，在登錄資料時最好直接以 0、1 代表，例如：以 0 代表女生、1 代表男生，即可直接投入迴歸分析；但是如果以 1、2 代表男、女，就須經過轉換。年齡層為「次序變數」，假使分別以 1、2、3 代表高、中、低年齡層，則必須轉換成虛擬變數，方可投入迴歸分析。

轉換成虛擬變數時，虛擬變數的數目必須是**水準**（level）數減 1，以避免**線性相依**（linearly dependent）的情形。由於年齡層有低（20 歲以下）、中（21～34 歲）、高（35 歲以上）3 個水準，因此只要以 2 個虛擬變數（低、中）代表即可，茲以表 7-1 表示之：

表 7-1　虛擬變數之編碼

虛擬變數

原變項	1：低	2：中
1：低	1	0
2：中	0	1
3：高	0	0

由上表可看出：原來以 1 代表低年齡層，經轉換後以 10（讀為壹零）代表之。其中 1 可視為「是」，0 為「不是」，因此 10 即表示「『是』低年齡層，『不是』中年齡層」；01 表示「『不是』低年齡層，『是』中年齡層」；00 表示「『不是』低年齡層，也『不是』中年齡層」，因此是高年齡層。經過這樣的轉換後，即可將年齡層當成預測變數。實務上，最好在設計問卷時，直接請受訪者填答實際年齡，而不是自行將其分

組。

　　進行一般迴歸分析時，效標變數必須是計量性資料。如果效標變數是非計量性資料，而且是二分變數（如痊癒與未痊癒、及格與不及格），則可進行邏輯斯迴歸分析（請見第 9 章）；如果是多分變數（如高中低、文法商工農醫），而欲進行分析，就必須進行區別分析（請見第 10 章）、多項式邏輯斯迴歸分析，或次序邏輯斯迴歸分析。

7.1.10　調節變數

　　迴歸分析可以探討 2 個變數的交互作用，此時就需借助調節變數的概念；而認識調節變數，也有助於對本書第 13 章多層次分析的學習遷移。

7.1.10.1　主要概念

　　調節變數是一種質或量的變數，會改變自變數（或預測變數）對依變數（或效標變數）之間作用的方向及／或強度。在圖 7-6 中，X_1 對 Y 有影響，但是 X_2 的作用會改變 X_1 對 Y 的影響，此時 X_2 就是調節變數。

　　在迴歸分析中 X_1 通常是量的變數，X_2 如果也是量的變數，一般的處理方式是將 X_1 與 X_2 相乘，得到乘積（假設名為 X1X2），再將此交互作用當預測變數，連同 X_1 及 X_2 一起投入進行迴歸。如果交互作用顯著，表示 X_2 會對 X_1 對 Y 的影響產生調節作用（或是 X_1 會對 X_2 對 Y 的影響產生調節作用）。假使係數是正，表示 X_2 增強了 X_1 對 Y 的影響；反之，假使係數是負，表示 X_2 減弱了 X_1 對 Y 的影響。

圖 7-6　X_2 為 X_1 之調節變數

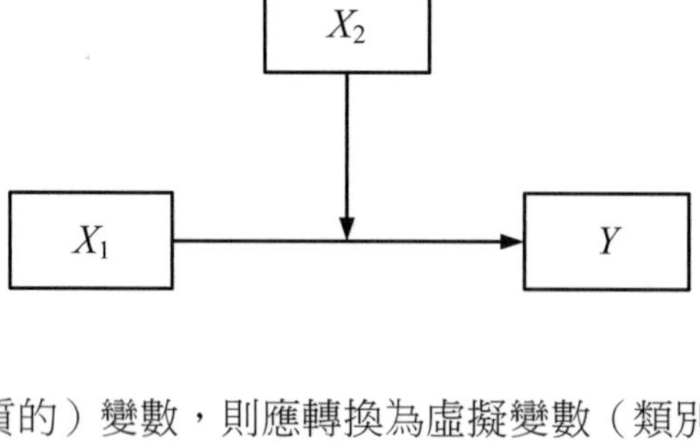

　　如果 X_2 是類別（質的）變數，則應轉換為虛擬變數（類別數減 1），再分別與 X_1 相乘得到交互作用項。後續的分析，如果某個虛擬變數的主要效果顯著，表示某一組與參照組之間的平均數（截距）有顯著差異；如果某個虛擬變數與 X_1 的交互作用效果顯著，表示某一組與參照組之間，X_1 對 Y 的影響（斜率）有顯著不同。在繪圖時，可以使用 X_2 為分組變數，畫出 X_1 對 Y 的散布圖，以得到不同的迴歸線。

　　假使 X_2 是量的變數，與 X_1 有交互作用，也可以透過將 X_2 分組（一般多分為高低兩組，或者是低中高三組），再針對各組分別進行 2～3 次迴歸分析（X_1 對 Y），如此即可得到更進一步的訊息。

7.1.10.2　實例分析

　　以智慧型手機使用情形的資料為例，報表 7-1 中，變數 B（知覺有用性）對 C（使用態度）有正向且顯著的影響，迴歸模型為 $\hat{C} = 1.795 + 0.597B$，知覺有用性每增加 1 分，使用態度就增加 0.597 分，如果知覺有用性為 0 分（本範例最低分為 1 分，因此不適用），則使用態度是 1.795 分。

報表 7-1

Coefficients[a]

Model		Unstandardized Coefficients		Standardized Coefficients	t	Sig.
		B	Std. Error	Beta		
1	(Constant)	1.795	.264		6.802	.000
	B	.597	.051	.608	11.597	.000

a. Dependent Variable: C

　　報表 7-2 中，當加入 S 變數（性別，轉為虛擬變數，0 為女性，1 為男性）及 S 與 B 的交互作用後，模型為 $\hat{C} = 1.304 + 1.483S + 0.676B - 0.243SB$，其中 S 的原始係數為 1.483，表示男性比女性（參照組）的使用態度平均分數多 1.483 分。而交互作用項的原始係數為 -0.243，表示 S 會負向影響（減弱）B 對 C 的正向影響。換言之，在女性組中，B 對 C 的影響較大，男性組中，B 對 C 的影響較小。

報表 7-2

　　上述整體迴歸模型為 $\hat{C} = 1.304 + 1.483S + 0.676B - 0.243SB$，接著將 S 的數值分別代入。

　　當 $X_2 = 0$ 時（女性組），迴歸模型是 $\hat{C} = 1.304 + 1.483 \times 0 + 0.676B - 0.243 \times 0 \times B$，也就是 $\hat{C} = 1.304 + 0.676B$。

　　當 $X_2 = 1$ 時（男性組），迴歸模型是 $\hat{C} = 1.304 + 1.483 \times 1 + 0.676B - 0.243 \times 1 \times B$，也就是 $\hat{C} = (1.304 + 1.483) + (0.676 - 0.243)B = 2.787 + 0.433B$。

Coefficients[a]

Model		Unstandardized Coefficients		Standardized Coefficients	t	Sig.
		B	Std. Error	Beta		
1	(Constant)	1.304	.312		4.185	.000
	S	1.483	.549	.959	2.700	.007
	B	.676	.061	.689	11.146	.000
	SB	-.243	.107	-.808	-2.266	.024

a. Dependent Variable: C

報表 7-3 是以 S 為分組變數，使用 B 對 C 進行迴歸分析，其結果與上面的說明相同。

報表 7-3

Coefficients[a]

Gender	Model		Unstandardized Coefficients		Standardized Coefficients	t	Sig.
			B	Std. Error	Beta		
female	1	(Constant)	1.304	.315		4.144	.000
		B	.676	.061	.672	11.036	.000
male	1	(Constant)	2.787	.444		6.278	.000
		B	.433	.087	.489	4.987	.000

a. Dependent Variable: C

由於報表 7-2 中 S 的係數（1.483）達顯著，表示男女 2 個迴歸模型中的常數項（截距，分別為 2.787 及 1.304，相差 1.483）不相等；SB 的係數（−0.243）也達顯著，表示男女 2 個迴歸模型中的 B 對 S 的影響（斜率，分別為 0.433 及 0.676）不相等。

由圖 7-7 可看出，女性組（虛線）的截距較小而斜率較大，男性組（實線）則是截距較大而斜率較小，性別（男性組）減弱了 B 對 C 的正向影響，也就是男性的 C 受 B 的影響較小。

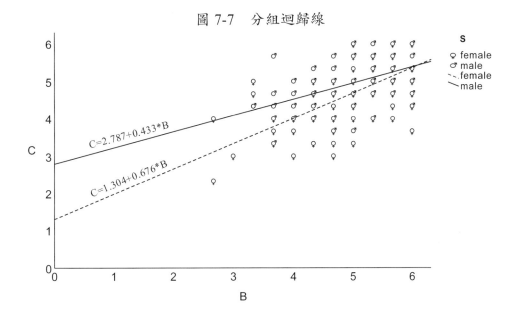

圖 7-7　分組迴歸線

7.1.11　多變量多元迴歸分析

　　前面所說都是只有一個效標變數的多元迴歸分析，如果有多個效標變數，就應改用**多變量多元迴歸分析**〔multivariate multiple regression analysis, MMRA 或稱**多變量迴歸分析**（multivariate regression analysis, MRA）〕。簡單迴歸分析及多元迴歸分析，都只是多變量多元迴歸分析的特例。MMRA 可用下列式子表示：

$$\mathbf{Y} = \mathbf{XB} + \mathbf{E}$$

　　其中，$\mathbf{Y}$ 是 $n \times p$ 階矩陣，$\mathbf{X}$ 是 $n \times q$ 階矩陣（q 等於預測變數的數目 k 加 1），$\mathbf{B}$ 是 $q \times p$ 階矩陣，$\mathbf{E}$ 是 $n \times p$ 階矩陣，迴歸係數 $\mathbf{B}$ 矩陣同樣可以使用 $(\mathbf{X'X})^{-1}\mathbf{X'Y}$ 求得。

　　多變量多元迴歸分析是同時考量多個依變數的關係。1.它進行一次的迴歸分析，而不是重複進行多次的多元迴歸分析，因此可以避免第一類型錯誤機率膨脹的問題。2.可分析效標變數被預測變數預測的層面數（與典型相關相同）。3.且可以檢定某一預測變數對所有效標變數的預測效果是否不為 0。4.對不同的效標變數，同一個預測變數的效果是否相等。5.或是在模型中，某些預測變數的效果是否相等。不過，如果效標變數間的相關為 0（極為少見），則不須進行 MMRA。

　　多變量多元迴歸分析與典型相關有許多相近之處（Lutz & Eckert, 1994），因此在面臨多個預測變數與多個效標變數的分析時，多數研究者會採用典型相關分析，而較少採用多變量多元迴歸分析。

　　在 STATA 中，如果要進行 MMRA，可以先進行 MANOVA，再加上 mvreg，其語

法舉例如下（假設有 3 個 Y，4 個 X）：

```
manova Y1 Y2 Y3 =C.X1 C.X2 C.X3 C.X4
mvreg
```

近來，許多軟體（含 SPSS 及 SAS）也逐漸提供**偏最小平方**（partial least squares, PLS）**迴歸法**的分析功能。PLS 迴歸是結合主成分分析、典型相關與迴歸分析的技術，在於使用一組變數以預測另一組變數，並描述它們的共同結構，未來應會更加普及，是值得讀者加以留意的分析方法。

在 SPSS 中，如果要進行 PLS，其語法舉例如下：

```
PLS Y1 Y2 Y3 WITH X1 X2 X3 X4.
```

7.1.12 交叉驗證

以目前觀察體所建立的模型，常會過度適配，是否真的可以應用到不同的群體？一般會使用交叉驗證（cross validation）方法。常用的交叉驗證方法有以下三種（陳正昌、林曉芳，2020）。

7.1.12.1 Holdout 法

Holdout 法是把原始資料分為兩組，它的步驟有：

1. 把資料隨機分成兩組，一組為訓練資料集（training set），另一組為測試資料集（testing set）。
2. 以訓練資料建立迴歸模型，求得迴歸方程式。
3. 將測試資料集當中預測變數的數值代入迴歸方程式，求得效標變數的預測值及殘差。
4. 以測試資料集當中效標變數實際值的變異數（或離均差平方和）及殘差平均平方和（或殘差平方和）計算 R^2：

$$R^2 = 1 - \frac{\frac{1}{n}\Sigma(Y-\hat{Y})^2}{\frac{1}{n}\Sigma(Y-\overline{Y})^2} = 1 - \frac{\Sigma(Y-\hat{Y})^2}{\Sigma(Y-\overline{Y})^2} = 1 - \frac{\Sigma e^2}{\Sigma(Y-\overline{Y})^2} \tag{7-11}$$

7.1.12.2　K-fold 法

K-fold 法改進 Holdout 只分成兩組的不足，建立模型及預測的方法相同，只是反覆進行 k 次，步驟如下：

1.　先把所有資料平分成 k 組（通常設定 $k = 10$）。
2.　依序取其中一組當測試資料，其餘 $k - 1$ 組合併為訓練資料。
3.　接著使用 Holdout 的方法以訓練組建立模型，再對測試組進行預測，得到預測值及殘差，如此進行 k 次後，得到所有觀察體的預測值及殘差值。
4.　再以公式 7-11 計算 R^2。

7.1.12.3　留一交叉驗證法

第三種方法與第二種類似，只是把所有樣本分成 n 組，也就是一組只有 1 個觀察體，用其他 $n - 1$ 個觀察體建立迴歸模型，逐次對每一個觀察體進行預測，得到預測值及殘差值，反覆進行 n 次後，得到所有觀察體的預測值及殘差值，再計算 R^2。此方法一般稱為留一交叉驗證（leave-one-out cross validation, LOOCV）。

7.2　假設性資料

假設有 20 個觀察體在 4 個變數的數據，以 Y 為依變數，$X1 \sim X3$ 為自變數進行多元迴歸分析。

表 7-2　20 個觀察體之 4 個變數資料

觀察體	Y	X1	X2	X3	觀察體	Y	X1	X2	X3
1	13.2	11.9	12.5	7.0	11	10.4	10.4	6.0	6.9
2	4.5	5.8	7.5	12.3	12	12.5	11.8	9.3	8.1
3	6.2	2.4	8.3	12.1	13	10.3	8.4	9.2	7.7
4	13.4	12.5	5.2	4.3	14	14.0	12.1	10.6	8.0
5	6.1	8.7	7.6	11.2	15	9.6	7.5	7.4	9.8
6	10.0	12.2	10.6	10.9	16	13.2	10.3	12.7	7.8
7	11.9	12.3	9.8	10.0	17	10.3	12.7	6.9	7.4
8	5.8	4.7	7.7	14.4	18	5.8	7.6	8.0	13.4
9	14.4	10.5	8.0	4.2	19	16.7	13.3	16.6	2.6
10	11.9	10.3	12.3	8.1	20	11.4	7.2	9.9	4.1

7.2.1 簡要語法

在 SPSS 中可以使用以下語法進行分析，得到較詳細的報表：

```
regression
        /descriptives all
        /statistics all
        /dependent Y
        /method=enter X1 X2 X3.
```

在 STATA，建議語法如下。第一列指令在進行迴歸分析。第二列則列出標準化迴歸係數。第三列以 shapley2 指令進行 Shapley 值分解，依變數為 Y，自變數為 X_1、X_2、X_3，如果要分組計算，可以另外加上 group(X1, X2 X3)，分別計算 X_1、X_2 與 X_3 合併的 R^2。shapley2 一定要接在 regress 指令後立即執行。第四列以 shapley 指令進行 Shapley 值分解。第五列以 domin 指令進行優勢分析。分析後結果見報表 7-10 至 7-12。

```
regress Y X1 X2 X3
regress Y X1 X2 X3, beta
shapley2, stat(r2) depvar(Y) indepvar(X1 X2 X3)
shapley X1 X2 X3, result(e(r2)):regress Y @
domin Y X1 X2 X3
```

7.2.2 簡要報表

以下報表以 SPSS 為主，說明如後。原則上，先呈現報表，再於下方解說。部分報表基於排版需要，會以相反順序呈現。

報表 7-4

Correlations

		Y	X1	X2	X3
Pearson Correlation	Y	1.000	.773	.544	-.858
	X1	.773	1.000	.340	-.600
	X2	.544	.340	1.000	-.320
	X3	-.858	-.600	-.320	1.000

Sig. (1-tailed)	Y	.	<.001	.007	<.001
	X1	.000	.	.071	.003
	X2	.007	.071	.	.084
	X3	.000	.003	.084	.

　　報表 7-4 是所有變數間的相關矩陣及單側顯著性。由矩陣的第一列可以看出，3 個自變數與 Y 變數的相關分別為 .773、.544，及 -.858，p 值均小於 .01。$X_1 \sim X_3$ 之間的相關最高為 X_1 及 X_3 之 -.600，並未大於 .80，因此沒有嚴重的共線問題。

報表 7-5

ANOVA[a]

Model		Sum of Squares	df	Mean Square	F	Sig.
1	Regression	193.250	3	64.417	44.004	<.001[b]
	Residual	23.422	16	1.464		
	Total	216.672	19			

a. Dependent Variable: Y
b. Predictors: (Constant), X3, X2, X1

　　報表 7-5 是整體檢定部分。當 3 個 X 同時投入作為預測變數時，由變異數分析（ANOVA）摘要表可以看出，$F(3, 16) = 44.004$，$p < .001$，拒絕 $H_0 : R^2 = 0$，表示 3 個 X 變數可以聯合預測 Y 變數。

報表 7-6

Model Summary

Model	R	R Square	Adjusted R Square	Std. Error of the Estimate
1	.944[a]	.892	.872	1.2099

a. Predictors: (Constant), X3, X2, X1

　　由報表 7-5 中的 SS 可計算報表 7-6 之整體預測力，$R^2 = \dfrac{193.250}{216.672} = .892$，校正後之 $\hat{R}^2 = 1 - (1 - .892^2)\dfrac{20-1}{20-3-1} = .872$。3 個自變數可以聯合解釋 Y 變數 87.2% 的變異量。

報表 7-7

Coefficients[a]

Model		Unstandardized Coefficients		Standardized Coefficients	t	Sig.	95.0% Confidence Interval for B	
		B	Std. Error	Beta			Lower Bound	Upper Bound
1	(Constant)	9.044	2.061		4.387	<.001	4.674	13.414
	X1	.391	.118	.347	3.315	.004	.141	.640
	X2	.304	.111	.243	2.747	.014	.069	.539
	X3	-.594	.108	-.572	-5.504	<.001	-.822	-.365

a. Dependent Variable: Y

　　報表 7-7 為個別檢定部分，常數項及 3 個 X 變數加權係數的 p 值均小於 .05，而其 95% 信賴區間均不包含 0，因此與 0 有顯著差異，所以每個 X 變數都可以顯著預測 Y 變數，係數之正負均與前面簡單相關相同。

　　原始迴歸方程式為：$\hat{Y} = 9.044 + 0.391X_1 + 0.304X_2 - 0.594X_3$；

　　標準化迴歸方程式為：$Z_{\hat{Y}} = 0.347Z_{X_1} + 0.243Z_{X_2} - 0.572Z_{X_3}$。

報表 7-8

Variables	Coefficient	Percent
Unique to X1	.0742	8.3239
Unique to X2	.0510	5.7157
Unique to X3	.2047	22.9473
Common to X1 X2	.0300	3.3678
Common to X1 X3	.3167	35.5088
Common to X2 X3	.0384	4.3094
Common to X1 X2 X3	.1768	19.8272
Total	.8919	100.0000

Variable	Unique	Common	Total
X1	.0742	.5236	.5978
X2	.0510	.2453	.2963
X3	.2047	.5320	.7366

使用 Nimon（2010）設計的 SPSS 程式檔進行分析得到報表 7-8，當使用 $X_1 \sim X_3$ 對 Y 進行迴歸分析時，全部的 R^2 為 .8919。以 X_1 為例，X_1 單獨解釋的部分為 .0742（占全部解釋量的 8.3239%），X_1 與 X_2、X_1 與 X_3 共同解釋的部分分別為 .0300 及 .3167，X_1 與 X_2 及 X_3 共同解釋的部分為 .1768。因此，X_1 對 Y 的單獨釋解部分為 .0742，而與 X_2 及 X_3 共同解釋的部分（含 C12、C13、C123）則為 .0300 + .3167 +.1738 = .5236（有捨入誤差），全部總和為 .5978，這也等於單獨使用 X_1 對 Y 進行簡單迴歸的 R^2。單獨解釋量（unique）可由部分相關的平方計算而得。

在拆解的七部分中，X_1 與 X_3 共同對 Y 解釋的變量 .3167 為最大（占 35.5088%）。

報表 7-9

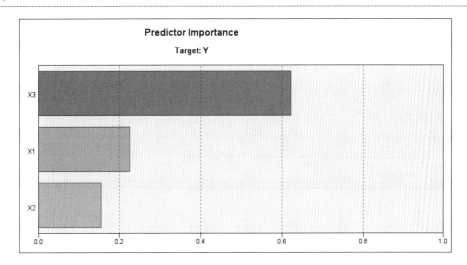

使用 SPSS 自動線性建模（automatic linear modelling）計算各變數的相對重要性（relative importance），得到報表 7-9，圖中 X_3、X_1、X_2 的預測重要性（單獨解釋量）分別占 62.0%、22.5%、15.5%，它們是由報表 7-8 的 Unique 部分計算而得。也可以由部分相關的平方（代表排除其他變數後，個別變數的單獨解釋量）計算而得。

報表 7-10（STATA）

Factor	Shapley value (estimate)	Per cent (estimate)
X1	0.30656	34.37 %
X2	0.14416	16.16 %
X3	0.44118	49.47 %
TOTAL	0.89190	100.00 %

　　報表 7-10 是使用 STATA 之 shapley2 指令分析所得的分解結果。當 X_1、X_2、X_3 聯合預測 Y 時，R^2 為 0.89190，分解後，3 個自變數的 R^2 分別為 0.30656、0.14416、0.44118，將它們除以 0.89190 後，百分比分別為 34.37 %、16.16 %、49.47 %。

報表 7-11（STATA）

Shapley decomposition		
Factors	1st round Effects	Shapley value
X1	.59782	.30656
X2	.29629	.14416
X3	.73664	.44118
Residual	-.73885	
Total	.8919	.8919

　　報表 7-11 是使用 STATA 之 shapley 指令分析所得的分解結果。當 X_1、X_2、X_3 聯合預測 Y 時，R^2 為 0.8919，單獨使用 X_1、X_2、或 X_3 預測 Y 時，R^2 分別為 .59782、.29629、.73664，分解後，3 個自變數的 R^2 分別為 0.30656、0.14416、0.44118。

報表 7-12（STATA）

Y	Dominance Stat.	Standardized Domin. Stat.	Ranking
X1	0.3066	0.3437	2
X2	0.1442	0.1616	3
X3	0.4412	0.4947	1

　　報表 7-12 是由 STATA 的 domin 指令獲得的優勢分析結果。三個 X 變數的 R^2 分別為 0.3066、0.1442、0.4412（總和為 0.8919），各占 34.37%、16.16%、49.47%。

報表 7-13（R）

	RLW	Order
X1	0.3036	2
X2	0.1490	3
X3	0.4393	1
Total	0.8919	

	Commonality	% Total	R^2
X1	0.0742	0.0832	0.5978
X2	0.0510	0.0572	0.2963
X3	0.2047	0.2295	0.7366
X1,X2	0.0300	0.0337	0.6872
X1,X3	0.3167	0.3551	0.8409
X2,X3	0.0384	0.0431	0.8177
X1,X2,X3	0.1768	0.1983	0.8919
Total	0.8919	1.0000	NA

報表 7-13 使用 R 之 yhat 程式套件之「calc.yhat(lm(Y~X1+X2+X3, data=reg), 4)」命令計算而得的結果（僅摘錄重要的數據）。第一部分的 RLW 是相對重要性，3 個自變數的解釋量分別是 30.36%、14.90%、43.93%，與報表 7-12 優勢分析的結果有些許差異，但是變數的順序相同，依序是 X_3、X_1、X_2。第二部分是共同性分析，結果與報表 7-8 相同。

7.3　應用部分

7.3.1　範例說明

以下以筆者實際實施的「智慧型手機使用情形調查」中之 Sex（性別）、Age（年齡層）、A（知覺易用性）、B（知覺有用性）為預測變數，C（使用態度）為效標變數，進行多元迴歸分析。

原調查資料中 Sex 分別以 1、2 代表男性、女性。Age 的 1 代表低年齡層（20 歲以下），2 代表中年齡層（21-34 歲），3 代表高年齡層（35 歲以上）。變數 A、B、C 皆為等距變數。

因為在本分析中，Sex 為二分變數，所以直接將女性代碼轉換為 0。年齡層有 3類，因此須轉換成 2 個虛擬變數，設定以 35 歲以上組為參照組。

7.3.2　SPSS 分析步驟圖

1. 在進行分析之前，先將類別變數轉換成虛擬變數。第 1 步驟是將「性別」轉成 0、1 的二分變數。因為只有 2 個類別，所以可以【Recode into Same Variables】（重新編碼成同一變數）即可（圖 7-8）。

圖 7-8　Recode into Same Variables 選單

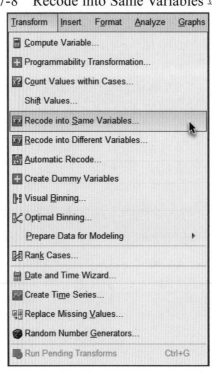

2.　點選性別[Sex] 之後，再點選【Old and New Values】（舊值與新值）（圖 7-9）。

圖 7-9　Recode into Same Variables 對話框

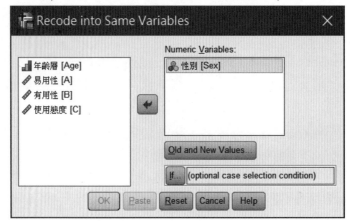

3.　在【Old Value】（舊值）中輸入 2，【New Value】（新值）中輸入 0，然後點選
　　【Add】（新增），再點選【Continue】（繼續）回上一畫面，最後再點選【OK】
　　（確定）即可。

圖 7-10　Recode into Same Variables: Old and New Values 對話框

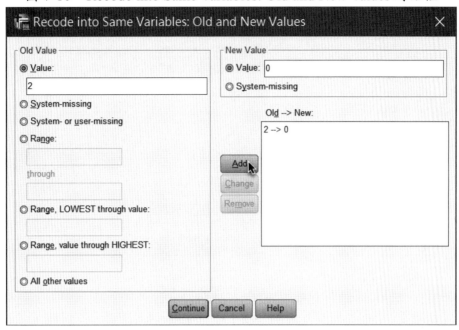

4.　接著，將年齡層[Age] 轉成虛擬變數。因為此變數有 3 個類別，要化成 2 個虛擬變數，所以要【Recode into Different Variables】（重新編碼成不同變數）（圖 7-11）。

圖 7-11　Recode into Different Variables 選單

Transform	Insert	Format	Analyze	Graphs
Compute Variable...				
Programmability Transformation...				
Count Values within Cases...				
Shift Values...				
Recode into Same Variables...				
Recode into Different Variables...				
Automatic Recode...				
Create Dummy Variables				

5.　點選年齡層[Age] 之後，在【Output Variable】（輸出之新變數）中輸入第 1 個虛擬變數 *Age*.1，然後在【Label】（注解）中輸入「20 歲以下」（不輸入注解亦可），接著點選【Change】（變更），最後再點選【Old and New Values】（舊值與新值），進入下一畫面（圖 7-12）。

圖 7-12　Recode into Different Variables 對話框

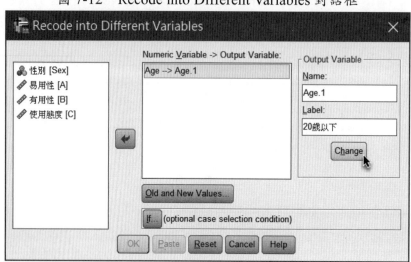

6. 首先在【舊值】（Old Value）中輸入 1，【新值】（New Value）中輸入 1，然後點選【新增】（Add）；其次分別輸入 2、0，並按新增，接著分別再輸入 3、0，並按新增（圖 7-13）。緊接著再點選【繼續】（Continue）回上一畫面，最後再點選【確定】（OK）即可。

圖 7-13　Recode into Different Variables: Old and New Values 對話框

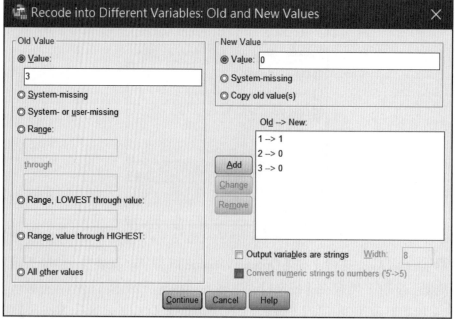

7.　在點選完圖 7-11 之畫面後，在圖 7-12 中先點選【Reset】（重設），讓所有空格清空。重新點選年齡層[Age] 之後，在【Output Variable】（輸出之新變數）中輸入第 2 個虛擬變數 *Age*.2，然後在【Label】（注解）中輸入「21-34 歲」，接著點選【變更】（Change），最後再點選【舊值與新值】（Old and New Values），進入下一畫面（圖 7-14）。

圖 7-14　Recode into Different Variables 對話框

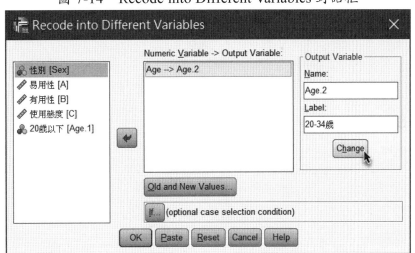

8.　首先在【Old Value】（舊值）中輸入 1，【New Value】（新值）中輸入 0，然後點選【Add】（新增）。其次分別輸入 2、1，並按新增，接著再輸入 3、0，並按新增（圖 7-15）。緊接著再點選【Continue】（繼續）回上一畫面，最後再點選【OK】（確定）即可。

9.　現在開始進行多元迴歸分析，選項順序分別為【Analyze】（分析）、【Regression】（迴歸）、【Linear】（線性）（圖 7-16）。

圖 7-15 Recode into Different Variables: Old and New Values 對話框

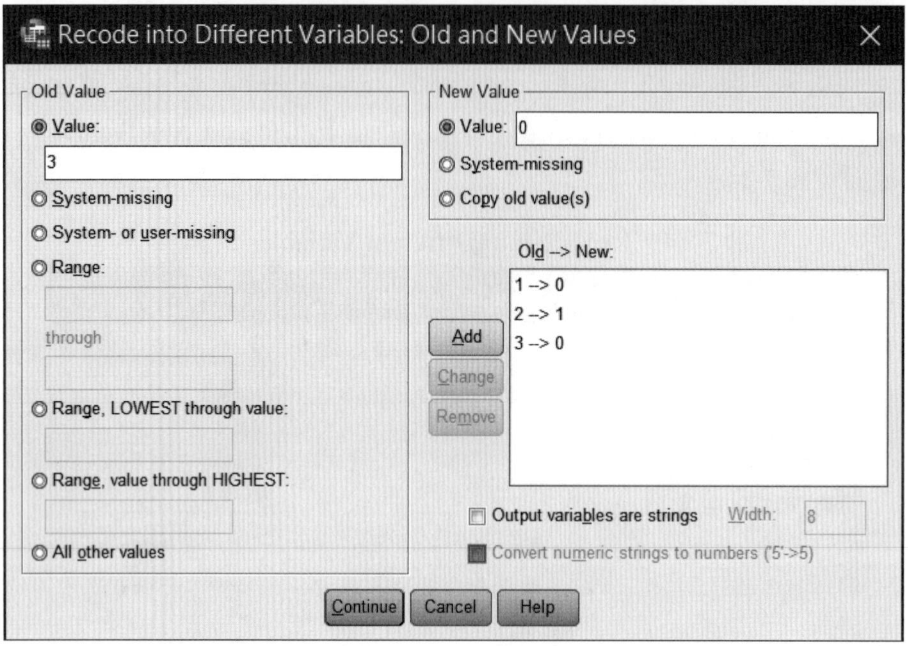

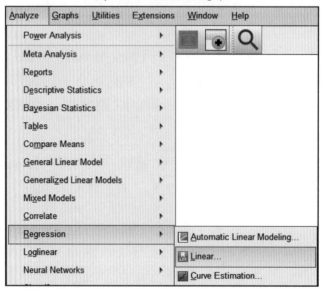

圖 7-16 Linear 選單

10. 將 C 點選至【Dependent】（依變數），A、B，及 3 個虛擬變數（*Sex*、*Age*.1、
    Age.2）點選至【Independent(s)】（自變數）。切記，不可以再把 *Age* 點選至自變
    數。此時分析方法為【Enter】（強迫進入變數法）（圖 7-17）。

圖 7-17　Linear Regression 對話框

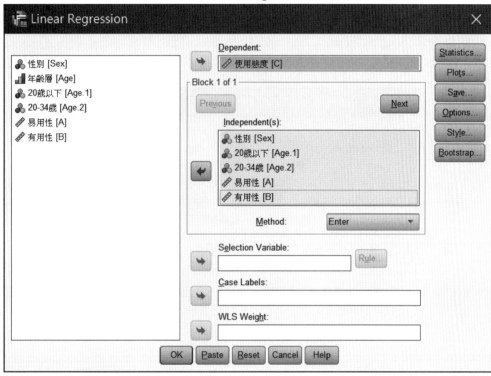

11. 在【Statistics】（統計量）選單下，可視需要勾選以下項目。如果想要列出所有
觀察值的各項殘差診斷值，可以勾選【All cases】（全部觀察值）（圖 7-18）。

圖 7-18　Linear Regression: Statistics 對話框

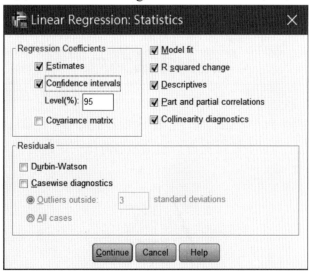

12. 在【Save】（儲存）選單下，可以選擇將未標準化預測值及殘差儲存至現行的分析資料檔中，其他變數可依個人需要勾選（圖 7-19）。在選單中，儲存後之變數名稱是由系統自動加以命名，如果要自行命名，需使用撰寫語法的方式。

圖 7-19　Linear Regression: Save 對話框

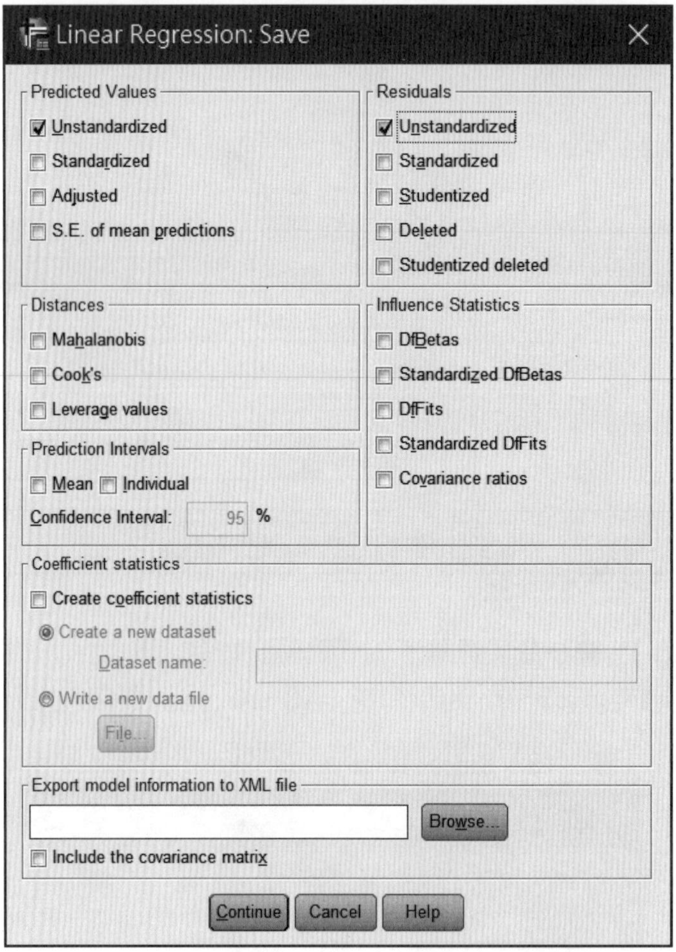

13. 重新進行另一次分析，變數同前，但是分析方法改為【逐步】（Stepwise）（圖 7-20）。注：此處僅為說明統計概念，建議讀者謹慎使用此方法。

圖 7-20　Linear Regression 對話框

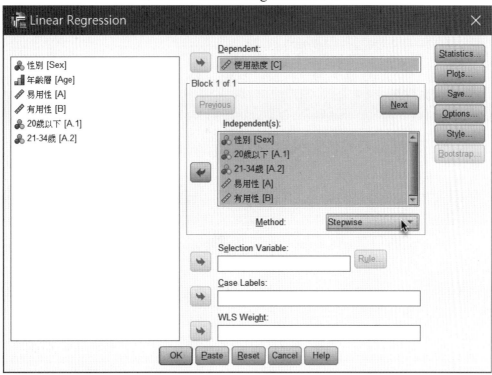

14. 在【統計量】（Statistics）選單下，可視需要勾選以下項目（圖 7-21）。

圖 7-21　Linear Regression: Statistics 對話框

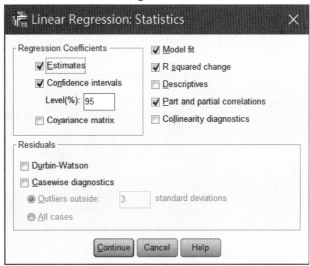

15. 要進行階層迴歸，使用方法為 Enter 法，選擇【Dependent】（依變數）後，首先選擇第 1 步驟進入之【Independent(s)】（自變數）（在此為 2 個外部變數），接著點選【下一個】（Next）（圖 7-22）。

圖 7-22　Linear Regression 對話框

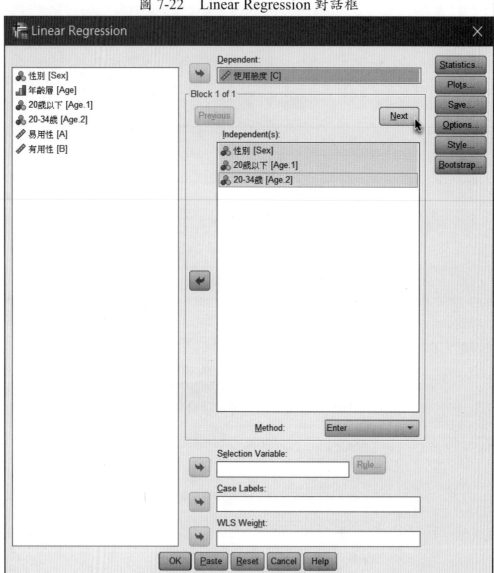

16. 第 2 步驟進入之自變數為 A 與 B，最後點選【OK】（確定）（圖 7-23）。

圖 7-23　Linear Regression 對話框

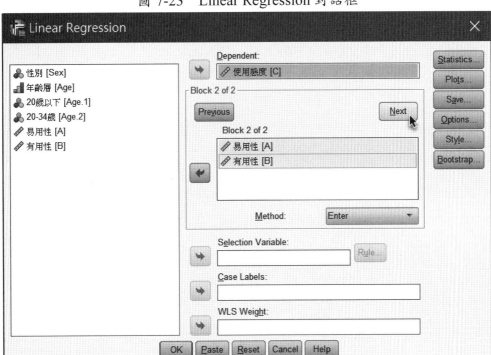

17. 在【統計量】下，應勾選【R 平方改變量】（R squared change）（圖 7-24）。

圖 7-24　Linear Regression: Statistics 對話框

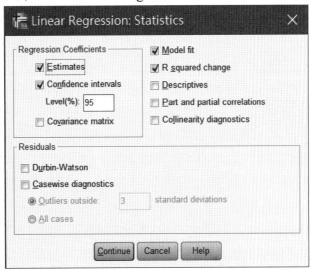

7.3.3　SPSS 程式

```
[1]    get              file='C:\MULTI\SPSS\REG.SAV' .
[2]    recode           Sex (2=0).
[3]    recode           Age (1=1)(2=0)(3=0) into Age.1 .
       recode           Age (1=0)(2=1)(3=0) into Age.2 .
[4]    regression
[5]                     /descriptive=mean variance stddev corr sig
[6]                     /statistics= coeff outs ci(95) r anova collin tol zpp
[7]                     /dependent=C
[8]                     /method=enter Sex Age.1 Age.2 A B
[9]                     /save=pred(P) resid(R).
[10]   correlations
                        /variables=P with Sex Age.1 Age.2 A B
                        /missing=listwise .
[11]   regression
                        /statistics=coeff outs ci(95) r anova change zpp
                        /dependent=C
                        /method=stepwise Sex Age.1 Age.2 A B.
[12]   regression
                        /statistics= defaults change
                        /dependent=C
                        /method=enter Sex Age.1 Age.2
                        /method=enter A B.
```

7.3.4　SPSS 程式說明

[1] 界定資料檔存放於 C 磁碟的 MULTI 下之 SPSS 資料夾中，檔名是「REG.SAV」，這是 SPSS 的系統檔，因此不用界定變數名稱。SPSS 的系統檔可以在進入 SPSS 系統後，直接點選【File】（檔案）選單，選擇【Open】（開啟舊檔）之【Data】（資料），再指出檔名即可。

[2] RECODE 表示要轉碼。因為欲將「性別」投入迴歸分析，所以將原來代表女生的 2 轉碼成 0，男生本來就登錄為 1，因此不須轉碼。此時以女生當參照組。

[3] 進行另一次轉碼，但是轉碼後會產生 2 個新的變數（*Age*.1、*Age*.2）。原本 *Age* 變數為 1 者，轉碼後在 2 個新的變數的代碼分別為 1、0；*Age* 變數為 2 者，新的代碼分別為 0、1；*Age* 變數為 3 者，新的代碼分別為 0、0。如果確定所有觀察體都沒有缺失值，本部分指令也可以用以下的指令代替：

```
count Age.1= Age(1).
count Age.2= Age(2).
```

[4] 進行迴歸分析。
[5] 列出平均數、變異數、標準差、相關矩陣、顯著水準等描述統計資料。
[6] 列出預設統計量、迴歸係數之信賴區間、共線性統計、容忍度、零階相關、淨相關及部分相關等統計量。
[7] 依（效標）變數為 C。
[8] 以強迫進入法將 *Sex*、*Age*.1、*Age*.2、*A*、*B* 等預測（自）變數投入分析。
[9] 將迴歸分析產生之有關統計量存在現行分析檔中，括號中為新名稱（括號中的變數名稱不寫亦可，此時由系統自動命名）。變數於程式執行完後會出現在資料檔中，如果有需要，可以在資料視窗中加以存檔，以進行後續之分析。
[10] 計算原始預測值（系統命名為 P）與所有預測變數的簡單相關，此即結構係數。
[11] 進行另一次迴歸分析，不過此次採逐步法，因此不一定每個預測變數都能進入迴歸方程。
[12] 階層迴歸分析，依變數為 *C*，步驟 1 之自變數為 *Sex*、*Age*.1、*Age*.2 等外部變數，步驟 2 為變數 *A*、*B*。統計量中列出各步驟之 R^2。

7.3.5　STATA 程式

```
[1]    use "C:\MULTI\STATA\REG.DTA"
[2]    recode Sex (2=0)
[3]    label define Sex 0 "女", add
[4]    regress C Sex ib3.Age A B
[5]    regress C Sex ib3.Age A B, beta
[6]    predict P, xb
[7]    predict R, r
[8]    estat vif
```

[9]　loocv regress C Sex ib3.Age A B
[10]　crossfold regress C Sex ib3.Age A B, r2 k(10)
[11]　stepwise, pe (.05) pr(.10): regress C Sex ib3.Age A B
[12]　nestreg: regress C (Sex ib3.Age) (A B)

7.3.6　STATA 程式說明

[1]　使用存放於 C 磁碟的 MULTI 下 STATA 資料夾中之「REG.STA」資料檔。

[2]　將 Sex 變數中的 2 轉碼為 0。

[3]　將 Sex 變數中 0 的數值命名為「女」（或 female 亦可）。

[4]　進行迴歸分析，依變數為變數 *C*，其他變數為自變數。由於變數 *Age* 是次序變數，因此設定類別 3 為虛擬變數，寫法為 ib3.Age。

[5]　進行迴歸分析，列出標準化迴歸係數。

[6]　將預後的值（xb）存為 P 變數。

[7]　將原始殘差存為變數 R。

[8]　列出 VIF 值。

[9]　進行 LOOCV 交叉驗證。

[10]　進行 K-fold 交叉驗證，設定 k=10，列出 R^2。

[11]　進行逐步迴歸，設定進入 *p* 值為 .05，移出 *p* 值為 .10，與 SPSS 預設值相同。

[12]　進行階層迴歸分析，依變數為 *C*，首先進入的自變數為 *Sex* 及 *Age* 的 2 個虛擬變數，其次進入的為變數 *A* 與 *B*。

7.3.7　報表及解說

　　分析後報表以 SPSS 為主，如果是 STATA 或 R 則另外註記。報表共分三部分，報表 7-14 至報表 7-22 為全部投入法分析結果，報表 7-23 至報表 7-27 為逐步迴歸分析結果，報表 7-28 至報表 7-32 為階層迴歸分析結果。

報表 7-14

Descriptive Statistics

	Mean	Std. Deviation	N
C	4.82251	.739992	231
Sex	.35	.478	231
Age.1	.28	.451	231
Age.2	.45	.499	231
A	4.49784	.914653	231
B	5.07215	.754112	231

　　報表 7-14 是 6 個變數的簡單描述統計，含平均數、標準差、變異數及有效觀察體數。SPSS 迴歸分析預設只要某一觀察體在這 6 個變數有任一個缺失值就不列入分析（listwise 方式）。

　　受訪者在智慧型手機使用態度的平均分數為 4.82 分（6 點量表），換算為百分制約為 80 分。Sex 平均數為 0.35，表示代碼為 1 者（在此為男性）占 35%。Age.1 的平均數為 0.28，表示在有效的觀察體中，20 歲以下者占 28%。同理可知，21 ~ 34 歲者占 45%。100 − 28 − 45 = 27，35 歲以上者占 27%。

報表 7-15

Correlations

		C	Sex	Age.1	Age.2	A	B
Pearson Correlation	C	1.000	.156	-.093	.082	.467	.608
	Sex	.156	1.000	.105	-.088	.235	-.010
	Age.1	-.093	.105	1.000	-.571	.168	-.039
	Age.2	.082	-.088	-.571	1.000	-.082	.020
	A	.467	.235	.168	-.082	1.000	.399
	B	.608	-.010	-.039	.020	.399	1.000
Sig. (1-tailed)	C	.	.009	.080	.107	<.001	<.001
	Sex	.009	.	.056	.092	.000	.439
	Age.1	.080	.056	.	.000	.005	.279
	Age.2	.107	.092	.000	.	.107	.379
	A	.000	.000	.005	.107	.	.000
	B	.000	.439	.279	.379	.000	.

　　報表 7-15 是各變數之相關矩陣及顯著水準。由此可大略看出預測變數間是否有共線性，因此處預測變數間的相關係數不是非常高，最高為變數 *A* 與 *B* 的 .399，未大於 .8 以上，所以共線問題並不嚴重。效標變數 *C* 與預測變數 *B* 的相關最高，為 .608。迴歸分析時，研究者通常希望預測變數間相關愈低愈好，而個別預測變數與效標變數的相關則要愈高愈好。

　　Sex 與 *C* 的簡單相關（正確應為**點二系列相關**）為 .156，表示代碼為 1 者（男性）*C* 的平均分數較高。*Age*.2 與 *C* 的相關為正數，表示 21～34 歲組 *C* 的平均得分比 35 歲高。*Age*.1 與 *C* 的相關為負數，表示 20 歲以下組 *C* 的平均得分比 35 歲低。不過，2 個相關均未達 .05 之顯著，所以，整體而言，各年齡層之 *C* 變數平均得分無差異，也就是年齡層無法顯著預測 *C* 變數。

報表 7-16

Model Summary[b]

Model	R	R Square	Adjusted R Square	Std. Error of the Estimate
1	.676[a]	.457	.445	.551086

a. Predictors: (Constant), B, Sex, Age.2, A, Age.1
b. Dependent Variable: C

　　報表 7-16 為模型摘要，結果顯示：5 個（正確而言應是 4 個）預測變數與效標變數的 R^2 為 .457（$\sqrt{.457} = .676$，即為多元相關），表示 5 個變數可聯合預測效標變數 45.7% 的變異量。這是由報表 7-17 中迴歸的 *SS* 除以迴歸之 *SS* 加殘差之 *SS*，亦即 $R^2 = SS_{reg} / (SS_{reg}+SS_{res})$。即使調整後之 R^2 仍有 .304，此在社會科學中也算是滿高的。估計標準誤等於報表 7-17 中之 MS_{res} 之平方根，可用來求預測值的信賴區間，也表示，以 5 個變數預測效標變數，平均有 0.55 分的誤差。

報表 7-17

ANOVA[a]

Model		Sum of Squares	df	Mean Square	F	Sig.
1	Regression	57.614	5	11.523	37.942	<.001[b]
	Residual	68.332	225	.304		
	Total	125.945	230			

a. Dependent Variable: C
b. Predictors: (Constant), B, Sex, Age.2, A, Age.1

報表 7-17 為迴歸分析摘要表，其 F 值為 37.942，是由 MS_{reg}（11.523）除以 MS_{res}（0.304）而得，達 .001 顯著水準，表示報表 7-16 中之 R 及 R^2 不是因為機率造成的，也表示整體之迴歸係數不為 0，至少有 1 個預測變數與效標變數的相關達顯著水準。本部分統計資料可化為**迴歸分析摘要表**，放入研究論文中。

在自由度（df）中，全體之自由度等於有效觀察體數減 1（即 $N-1$），迴歸部分之自由度等於預測變數的數目（k），殘差部分就等於 $N-k-1$。

報表 7-18

Coefficients[a]

Model		Unstandardized Coefficients		Standardized Coefficients	t	Sig.
		B	Std. Error	Beta		
1	(Constant)	1.338	0.269		4.981	0.000
	Sex	0.177	0.079	0.115	2.247	0.026
	Age.1	-0.172	0.100	-0.105	-1.723	0.086
	Age.2	0.065	0.089	0.044	0.726	0.468
	A	0.211	0.046	0.261	4.632	0.000
	B	0.491	0.053	0.500	9.221	0.000

a. Dependent Variable: C

Coefficients[a]

Model		95.0% Confidence Interval for B		Correlations			Collinearity Statistics	
		Lower Bound	Upper Bound	Zero-order	Partial	Part	Tolerance	VIF
1	(Constant)	0.809	1.868					
	Sex	0.022	0.333	0.156	0.148	0.110	0.927	1.078
	Age.1	-0.369	0.025	-0.093	-0.114	-0.085	0.652	1.535
	Age.2	-0.110	0.240	0.082	0.048	0.036	0.672	1.487
	A	0.122	0.301	0.467	0.295	0.227	0.757	1.320
	B	0.386	0.596	0.608	0.524	0.453	0.819	1.221

a. Dependent Variable: C

報表 7-18 是個別係數檢定結果。原報表因較寬，故筆者加以截成兩部分。第一部分為未標準化係數、標準化係數、t 值及 p 值（Sig.部分）。第二部分為未標準化係

數之信賴區間、各種相關，及共線性統計量。

　　未標準化（原始）迴歸係數是由公式 7-4 所得的結果，是由預測變數求效標變數時的加權係數。由本處可知，在其他預測變數相同的條件下，知覺易用性每增加 1 分，受訪者對智慧型手機的使用態度就增加 0.211 分，而知覺有用性每增加 1 分，使用態度就增加 0.491 分，可見民眾對智慧型手機的知覺易用性及有用性愈高，使用態度就愈正向。男性平均使用態度比女性高 0.177 分（由 *Sex* 之係數得知）。20 歲以下民眾比 35 歲以上民眾平均少 0.172 分（由 *Age*.1 之係數得知），21～34 歲民眾比 35 歲以上民眾平均高 0.065 分（由 *Age*.2 之係數得知）。原始之迴歸方程式為：

$$C = 1.338 + 0.177*Sex - 0.172*Age.1 + 0.065*Age.2 + 0.211*A + 0.491*B$$

　　標準化迴歸係數是由公式 7-5 求得，亦可使用 $B = b \times \dfrac{S_X}{S_Y}$ 計算。以知覺易用性（變數 *A*）為例，其未標準化迴歸係數為 0.211，標準差為 0.915，而依變數之標準差為 0.740（見報表 7-14），因此 $0.211 \times \dfrac{0.915}{0.740} = 0.261$。

　　t 值是由迴歸係數除以其標準誤而得，其值愈大愈容易達到顯著水準。在此例中，*t* 之絕對值應大於 1.970563 才達到 .05 顯著水準（因為 $t_{(.05/2, 225)} = 1.970563$）。由報表可看出 2 個年齡虛擬變數之 *b* 值未達 .05 顯著水準，*p* 值分別為 .086 及 .469。

　　在第二部分中，第一欄為未標準化迴歸係數之信賴區間。計算方法為 $b_i \pm t_{(\alpha/2, df)} \times S_{bi}$。以知覺有用性（變數 *B*）為例，*b* = 0.491，標準誤為 0.053，*t* 之臨界值為 1.970563，因此 95%信賴區間為 0.491±1.970563×0.053，下限為 0.386，上限為 0.596。如果信賴區間不包含 0，表示該係數顯著不同於 0。

　　第二欄分別為各預測變數與效標變數之簡單相關（零階相關）、淨相關及部分相關。由此可知，變數 *B* 與依變數 *C* 的三種相關係數都最高。

　　第三欄是與多元共線性有關的統計量。其中容忍度為 $1 - R_i^2$，R_i^2 表示由其他預測變數預測第 *i* 個預測變數所得的 R^2，因為 R_i^2 愈高表示其他預測變數對第 *i* 個預測變數的解釋量愈高，因此 $1 - R_i^2$ 愈小（通常為 0.1），表示此預測變數與其他的預測變數共線問題愈嚴重。變異數波動因素（ $VIF = \dfrac{1}{1 - R_i^2} = \dfrac{1}{容忍度}$ ），其值愈大（通常為 10），表示該預測變數與其他預測變數共線性問題愈嚴重。報表中 VIF 均未超過 2，表示自變數間的共線性並不嚴重。

報表 7-19

Factor	Shapley value (estimate)	Per cent (estimate)
Group 1	0.01752	3.83 %
Group 2	0.01584	3.46 %
Group 3	0.13579	29.69 %
Group 4	0.28829	63.02 %
TOTAL	0.45745	100.00 %

　　報表 7-19 使用 STATA 之 shapley2 分析所得的 R^2 分解值。4 個自變數對依變數的總解釋量為 0.45745（45.74%），其中 Group 2（*Age* 的 2 個虛擬變數）的 R^2 為 0.01584，占所有解釋量的 3.46%，為最低，最高者為 Group 4（變數 *B*），R^2 為 0.28829，占所有解釋量的 63.02%。

報表 7-20

Correlations[a]

		Sex	Age.1	Age.2	A	B	C
P	Pearson Correlation	.231	-.137	.121	.690	.899	.676
	Sig. (2-tailed)	.000	.037	.066	.000	.000	.000

a. Listwise N=231

　　報表 7-20 是迴歸分析之結構係數。其求法是以預測變數及效標變數的相關係數除以多元相關。以 *B* 變數為例，它與 *C* 變數的簡單相關是 .608（見報表 7-15），而整體迴歸分析的多元相關是 .676（見報表 7-16，也等於本報表中依變數 *C* 與預測值 *P* 的相關），因此兩者的結構係數就是 $\frac{.608}{.676} = .899$。

報表 7-21（STATA）

Leave-One-Out Cross-Validation Results	
Method	Value
Root Mean Squared Errors	.55933506
Mean Absolute Errors	.44232409
Pseudo-R2	.42673235

　　報表 7-21 是使用 STATA 進行的留一交叉驗證結果，如果將迴歸模型應用到不同樣本，R^2 約為 .43。

報表 7-22（STATA）

	Pseudo-R2
est1	.525927
est2	.5851962
est3	.2792729
est4	.4484969
est5	.4269707
est6	.4925492
est7	.3642668
est8	.3092554
est9	.3818263
est10	.6296335

　　報表 7-22 是使用 STATA 進行的 K-fold 交叉驗證，設定 $k = 10$。由於未固定種子（seed）數值，因此每次分析所得的 R^2 會不同。STATA 並未計算整體的 R^2，在此報表中，10 個 R^2 的平均值為 .44。

報表 7-23

Variables Entered/Removed[a]

Model	Variables Entered	Variables Removed	Method
1	B	.	Stepwise (Criteria: Probability-of-F-to-enter <= .050, Probability-of-F-to-remove >= .100).
2	A	.	Stepwise (Criteria: Probability-of-F-to-enter <= .050, Probability-of-F-to-remove >= .100).
3	Age.1	.	Stepwise (Criteria: Probability-of-F-to-enter <= .050, Probability-of-F-to-remove >= .100).
4	Sex	.	Stepwise (Criteria: Probability-of-F-to-enter <= .050, Probability-of-F-to-remove >= .100).

a. Dependent Variable: C

　　繼續進行逐步迴歸。報表 7-23 一開始先指明 PIN 及 POUT 的標準。第一步進入者為變數 B，其後分別為變數 A、Age.1、Sex，未在模型中的為虛擬變數 Age.2。

報表 7-24

Model Summary

Model	R	R Square	Adjusted R Square	Std. Error of the Estimate	Change Statistics				
					R Square Change	F Change	df1	df2	Sig. F Change
1	.608[a]	.370	.367	.588640	.370	134.481	1	229	.000
2	.655[b]	.430	.425	.561292	.060	23.859	1	228	.000
3	.667[c]	.444	.437	.555263	.015	5.979	1	227	.015
4	.675[d]	.456	.447	.550510	.012	4.936	1	226	.027

a. Predictors: (Constant), B
b. Predictors: (Constant), B, A
c. Predictors: (Constant), B, A, Age.1
d. Predictors: (Constant), B, A, Age.1, Sex

報表 7-24 為各步驟之多元相關、R^2、調整後 R^2、估計標準誤及各種改變的統計量。

由報表 7-26 之簡單相關得知，變數 B 與依變數 C 之零階相關為 .608，所以其 R^2 為 $.608^2 = .370$。此時，不能預測的部分為 $1 - .370 = .630$。$\sqrt{1 - R^2} = \sqrt{1 - .370} = .794$，稱為**疏離係數**（coefficient of alienation）。

而由報表 7-26 未進入變數之**淨相關**可知（Model 為 2 之部分），在變數 B 進入迴歸方程後，變數 A 與變數 C 的**淨相關**最高，為 .308，因此加入變數 A 後的解釋變異量將為 $(.308)^2 \times .630 = .060$，$.370 + .060 = .430$，此即第 2 步驟中之 R^2 改變量。另一方面，$.060 = (.244)^2$，.244 即是報表 7-26 步驟 2 中變數 A 與變數 C 之**部分相關**。換言之，部分相關的平方，就是 R^2 改變量。

在此要提醒讀者，有許多研究者常會誤以為變數 A 單獨對受訪者受教年數的預測力為 .060。其實，這是因為變數 B 與變數 A 有相關（.399），而變數 B 又已經先進入迴歸方程了，所以此時變數 A 能**增加**的預測力只有 .060。事實上，由簡單相關得知，變數 A 與變數 C 的零階相關為 .467，所以只有變數 A 的預測力即有 $.467^2=.218$，絕對不會只有 .060。

報表 7-25

ANOVA[a]

Model		Sum of Squares	df	Mean Square	F	Sig.
1	Regression	46.597	1	46.597	134.481	.000[b]
	Residual	79.348	229	.346		
	Total	125.945	230			
2	Regression	54.114	2	27.057	85.882	.000[c]
	Residual	71.831	228	.315		
	Total	125.945	230			
3	Regression	55.957	3	18.652	60.498	.000[d]
	Residual	69.988	227	.308		
	Total	125.945	230			
4	Regression	57.453	4	14.363	47.394	.000[e]
	Residual	68.492	226	.303		
	Total	125.945	230			

a. Dependent Variable: C
b. Predictors: (Constant), B
c. Predictors: (Constant), B, A
d. Predictors: (Constant), B, A, Age.1
e. Predictors: (Constant), B, A, Age.1, Sex

　　報表 7-25 是各分析步驟之變異數分析摘要表。由報表可發現：1.各模型的總和 SS 都是 125.945。2.每次增加 1 個變數，迴歸的 df 即增加 1。3.隨著自變數增加，殘差 SS 隨之減小，殘差 MS 愈來愈小。

報表 7-26

Coefficients[a]

Model		Unstandardized Coefficients B	Unstandardized Coefficients Std. Error	Standardized Coefficients Beta	t	Sig.	Correlations Zero-order	Correlations Partial	Correlations Part
1	(Constant)	1.795	.264		6.802	.000			
	B	.597	.051	.608	11.597	.000	.608	.608	.608
2	(Constant)	1.354	.267		5.066	.000			
	B	.493	.054	.502	9.205	.000	.608	.521	.460
	A	.216	.044	.266	4.885	.000	.467	.308	.244

3	(Constant)	1.391	.265			5.250	.000			
	B	.477	.053	.486		8.955	.000	.608	.511	.443
	A	.237	.045	.293		5.328	.000	.467	.333	.264
	Age.1	-.203	.083	-.124		-2.445	.015	-.093	-.160	-.121
4	(Constant)	1.379	.263			5.248	.000			
	B	.490	.053	.500		9.221	.000	.608	.523	.452
	A	.212	.046	.263		4.661	.000	.467	.296	.229
	Age.1	-.213	.082	-.130		-2.585	.010	-.093	-.169	-.127
	Sex	.175	.079	.113		2.222	.027	.156	.146	.109

a. Dependent Variable: C

　　報表 7-26 是各分析步驟之迴歸係數及其顯著性檢定與相關係數。由各步驟之標準化迴歸係數（Beta）可看出，先進入方程中之變數的係數會比較大。

　　第 1 步驟中變數 *B* 之標準化迴歸係數為 .608，會等於它與變數 *C* 的簡單相關。第 2 步驟中變數 *A* 的標準化迴歸係數為 .266，*t* 值為 4.885，均與報表 7-27 步驟 1 中 Beta In 及 *t* 部分相同。第 4 步驟中 *Sex* 的標準化迴歸係數為 .113，*t* 值為 2.222，也與報表 7-27 步驟 3 中 *Sex* 的 Beta In 及 *t* 相同。

報表 7-27

Excluded Variables[a]

Model		Beta In	t	Sig.	Partial Correlation	Collinearity Statistics Tolerance
1	Sex	.162[b]	3.155	.002	.205	1.000
	Age.1	-.070[b]	-1.327	.186	-.088	.999
	Age.2	.070[b]	1.332	.184	.088	1.000
	A	.266[b]	4.885	.000	.308	.841
2	Sex	.106[c]	2.056	.041	.135	.932
	Age.1	-.124[c]	-2.445	.015	-.160	.958
	Age.2	.095[c]	1.894	.060	.125	.990
3	Sex	.113[d]	2.222	.027	.146	.929
	Age.2	.038[d]	.631	.529	.042	.673
4	Age.2	.044[e]	.726	.468	.048	.672

a. Dependent Variable: C
b. Predictors in the Model: (Constant), B
c. Predictors in the Model: (Constant), B, A
d. Predictors in the Model: (Constant), B, A, Age.1
e. Predictors in the Model: (Constant), B, A, Age.1, Sex

　　報表 7-27 應與報表 7-26 之迴歸係數一起看，因為使用逐步迴歸，所以第 1 步時只有變數 B 進入方程式中，因此被排除的變數就是 *Sex*、*Age*.1、*Age*.2、*A*。第 2 步時增加變數 A 進入方程式中，因此被排除的變數就是 *Sex*、*Age*.1、*Age*.2。後面依此類推。Tolerance（容忍度）為共線性診斷之依據，前面已說明過。

報表 7-28

Variables Entered/Removed[a]

Model	Variables Entered	Variables Removed	Method
1	Age.2, Sex, Age.1[b]	.	Enter
2	B, A[b]	.	Enter

a. Dependent Variable: C
b. All requested variables entered.

　　報表 7-28 再進行階層迴歸分析，模型 1 中先投入 *Sex*、*Age*.1、*Age*.2 等外部變數，模型 2 再加入變數 A 與 B。

報表 7-29

Model Summary

Model	R	R Square	Adjusted R Square	Std. Error of the Estimate	Change Statistics R Square Change	F Change	df1	df2	Sig. F Change
1	.195[a]	.038	.025	.730515	.038	3.002	3	227	.031
2	.676[b]	.457	.445	.551086	.419	86.941	2	225	.000

a. Predictors: (Constant), Age.2, Sex, Age.1
b. Predictors: (Constant), Age.2, Sex, Age.1, B, A

　　報表 7-29 為 2 個模型之摘要表。在模型一中，預測變數為受訪者性別及年齡層，此時 R^2 為 .038，並不高。在模型二中加入變數 A 與 B，R^2 增加為 .457，比模型一增加 .419，因此在性別及年齡層已進入迴歸模型後，加入知覺易用性與有用性，可以增加 41.9% 的解釋力。

報表 7-30

ANOVA[a]

Model		Sum of Squares	df	Mean Square	F	Sig.
1	Regression	4.806	3	1.602	3.002	.031[b]
	Residual	121.139	227	.534		
	Total	125.945	230			
2	Regression	57.614	5	11.523	37.942	.000[c]
	Residual	68.332	225	.304		
	Total	125.945	230			

a. Dependent Variable: C
b. Predictors: (Constant), Age.2, Sex, Age.1
c. Predictors: (Constant), Age.2, Sex, Age.1, B, A

　　報表 7-30 是各模型之變異分析摘要表。

報表 7-31

Coefficients[a]

Model		Unstandardized Coefficients		Standardized Coefficients	t	Sig.
		B	Std. Error	Beta		
1	(Constant)	4.735	.100		47.432	.000
	Sex	.262	.101	.169	2.583	.010
	Age.1	-.135	.131	-.082	-1.034	.302
	Age.2	.074	.118	.050	.630	.530
2	(Constant)	1.338	.269		4.981	.000
	Sex	.177	.079	.115	2.247	.026
	Age.1	-.172	.100	-.105	-1.723	.086
	Age.2	.065	.089	.044	.726	.468
	A	.211	.046	.261	4.632	.000
	B	.491	.053	.500	9.221	.000

a. Dependent Variable: C

　　報表 7-31 是各模型之迴歸係數及其顯著性檢定。

報表 7-32

Excluded Variables[a]

Model		Beta In	t	Sig.	Partial Correlation	Collinearity Statistics Tolerance
1	A	.482[b]	8.048	.000	.472	.923
	B	.607[b]	11.823	.000	.618	.998

a. Dependent Variable: C
b. Predictors in the Model: (Constant), Age.2, Sex, Age.1

　　報表 7-32 是各階段中，未進入模型變數之各項統計量。此部分請參考報表 7-27 之說明。

7.4　分析摘要表

　　經過前述的分析後，讀者可參考以下方式，將分析摘要表列入研究報告中，表 7-3 為迴歸之變異數分析摘要表：

表 7-3　迴歸之變異數分析摘要表

變異來源	SS	df	MS	F	p
模　式	57.614	5	11.523	37.942	<.001
誤　差	68.332	225	0.304		
全　體	125.945	230			

　　各變數之迴歸係數及其顯著檢定可列摘要表如表 7-4：

表 7-4　使用強迫進入法之迴歸係數估計值

變數	b	SE	B	p
常數	1.338	0.269		< .001
Sex	0.177	0.079	0.115	.026
Age.1	-0.172	0.100	-0.105	.086
Age.2	0.065	0.089	0.044	.468
A	0.211	0.046	0.261	< .001
B	0.491	0.053	0.500	< .001

$$R^2 = .457 \qquad \hat{R}^2 = .445$$

如果使用逐步迴歸，建議可使用以下的摘要表（表 7-5）：

表 7-5　使用逐步法之迴歸係數估計值

步驟	變數	b	SE	B	ΔR^2
	常數	1.379	0.263		<.001
1	B	0.490	0.053	0.500	<.001
2	A	0.212	0.046	0.263	<.001
3	Age.1	-0.213	0.082	-0.130	.010
4	Sex	0.175	0.079	0.113	.027

使用階層迴歸，建議可使用以下的摘要表（表 7-6）：

表 7-6　使用階層迴歸係數估計值

變數	模型 1				模型 2			
	b	SE	B	p	b	SE	B	p
常數	4.735	0.100		<.001	1.338	0.269		<.001
Sex	0.262	0.101	0.169	.010	0.177	0.079	0.115	.026
Age.1	-0.135	0.131	-0.082	.302	-0.172	0.100	-0.105	.086
Age.2	0.074	0.118	0.050	.530	0.065	0.089	0.044	.468
A					0.211	0.046	0.261	<.001
B					0.491	0.053	0.500	<.001
	$R^2=.038$，$\hat{R}^2=.025$				$R^2=.457$，$\hat{R}^2=.445$			

7.5　多變量迴歸分析

　　多變量迴歸分析（multivariate regression analysis）或多變量多元迴歸分析（multivariate multiple regression analysis），多數概念與多元迴歸分析相同，只是，更多了多變量分析結果。多變量迴歸分析與典型相關分析的多變量檢定結果相同，更多了多元迴歸分析所得係數。以下，以第 6 章 6.3 節範例，使用 STATA 進行分析，並簡要說明所得結果。STATA 指令如下，manova 指令以 3 個 C 變數為依變數，3 個 B 變數為自變數，c.B? 是設定 3 個 B 變數為連續變數。Mvreg 則是進行多變量迴歸分析。Test B1 在檢驗 B1 變數是否能預測 C1 ~ C3，B1 可替換為 B2 或 B3。

```
manova C?=c.B?
mvreg C?=B?
test B1
```

　　所得報表如下，簡要說明之。

報表 7-33

Number of obs = 231
W = Wilks' lambda L = Lawley-Hotelling trace
P = Pillai's trace R = Roy's largest root

Source	Statistic		df	F(df1,	df2) =	F	Prob>F
Model	W	0.6100	3	9.0	547.7	13.71	0.0000 a
	P	0.3927		9.0	681.0	11.40	0.0000 a
	L	0.6350		9.0	671.0	15.78	0.0000 a
	R	0.6281		3.0	227.0	47.52	0.0000 u
Residual			227				
Total			230				

e = exact, a = approximate, u = upper bound on F

　　報表 7-33 是以 3 個 B 變數對 3 個 C 變數的整體預測結果，Wilks' Λ 值為 0.6100，$p < .001$，因此，有顯著預測效果。此處的結果，與報表 6-12 相同。其下有三部分分別檢定 $B1 \sim B3$ 是否對 3 個 C 變數有預測效果，此處予以省略。

報表 7-34

Equation	Obs	Parms	RMSE	"R-sq"	F	P>F
C1	231	4	.6798313	0.3287	37.05823	0.0000
C2	231	4	.7228285	0.2865	30.38743	0.0000
C3	231	4	.6411697	0.3290	37.09913	0.0000

	Coefficient	Std. err.	t	P>t	[95% conf. interval]	
C1						
B1	.3511712	.083314	4.21	0.000	.1870018	.5153405
B2	.1325567	.0582686	2.27	0.024	.0177401	.2473732
B3	.1649804	.0618479	2.67	0.008	.043111	.2868498
_cons	1.444187	.3259711	4.43	0.000	.8018708	2.086503

　　報表 7-34 是 3 個 B 變數對 3 個 C 變數的迴歸 R^2 及 3 個多元迴歸係數（省略 $C2$ 及 $C3$ 的迴歸）。R^2 分別為 0.3287、0.2865、0.3290，平均數為 0.3147。整體而言，3 個 B 變數對 3 個 C 變數之多元迴歸的 R^2 為 0.3147（31.47%）。3 個 B 變數對 $C1$ 均有顯著預測效果。

8　徑路分析 *

徑路分析可以使用下列的形式表示其關係：

$$
\begin{aligned}
Y_1 &= X_{11} + X_{12} + X_{13} + \cdots + X_{1n} \\
Y_2 &= X_{21} + X_{22} + X_{23} + \cdots + X_{2n} \\
\vdots & \qquad\qquad\quad \vdots \\
Y_m &= X_{m1} + X_{m2} + X_{m3} + \cdots + X_{mn}
\end{aligned}
$$

（計量）　　　（計量、非計量）

8.1　理論部分

徑路分析（path analysis，或譯為路徑分析或因徑分析）是 Sewall Wright 在 1921 年發展，用來檢驗研究者提出之觀察變數間的因果模型（Wright, 1921）。不過，它不能推論變數間的因果關係，僅具有回溯的功能（葉啟政，1978）。

從統計運用的觀點來看，徑路分析只是迴歸分析的延伸，不同的是迴歸分析只分析一個方程式，而徑路分析則是一系列迴歸分析的組合，同時分析多個方程式（邱皓政，2006；葉啟政，1978）。過去，要使用統計軟體進行徑路分析，可以使用 SPSS 或 SAS 等軟體，進行多次迴歸分析（視模型中有幾個依變數而定），分段估計參數。現今，由於結構方程模型（structural equation modeling, SEM）盛行，徑路分析被視為 SEM 中的**結構模型**（structure model），IBM SPSS Amos（簡稱 Amos）、EQS、LISREL、Mplus 等專門的 SEM 軟體處理，除了能同時估計參數，也可以獲得模型適配指標。STATA 中有 sem 程序可以進行徑路分析，也可以使用 pathreg（須另外安裝）一次進行多個迴歸分析，差別在於前者有適配度指標，後者只能得到迴歸係數。此外，SmartPLS 也可以進行同樣的分析。

雖然單純的徑路分析已不再盛行，取而代之的是 SEM 結構方程模型；不過，徑路分析是 SEM 的結構模型，為了讓讀者能漸次掌握 SEM，本章仍簡要介紹它的重要概念及分析方法。

---

* 本章改寫自：陳正昌與林曉芳（2020）。**R 統計軟體與多變量分析**，第 11 章。五南圖書。該章由陳正昌主筆。

8.1.1 徑路分析的基本假定

傳統的徑路分析通常具有下列幾項基本假定（余民寧，2000；楊秋月、陳耀茂，2017；O'Rourke & Hatcher, 2013; Pedhazur, 1997）：

1. 所測量的變數都是等距或等比量尺（兩者合稱**計量資料**）。
2. 因果模型中變數間的關係，必須是直線的、可加的，以及具有因果的關係。
3. 因果模型中，每個殘差值與其原因變數間不具有任何關聯；結果變數的殘差值間也沒有關聯存在。
4. 因果模型中，只具有單向的因果關係（one-way causal），或是**遞迴模型**（recursive model，單向因果關係、殘差間沒有關聯）；雙向的因果關係，或是**非遞迴模型**（nonrecursive model，雙向因果關係或殘差間有關聯），一般不加以考慮。
5. 測量工具須有高的效度與信度，外因變數（endogenous variable）常假設沒有測量誤差（measurement error）存在。

結構方程模型則可以有效解決上述的限制，此部分將在本書第 14 章說明。

8.1.2 徑路分析的重要步驟

8.1.2.1 根據模型繪製徑路圖

徑路分析的第 1 個步驟就是依據變數間的因果關係模型繪製徑路圖，有些統計軟體（如 Amos、SmartPLS、或 STATA）可以使用徑路圖直接估計徑路係數。筆者截取了 Davis（1989）提出的科技接受模型（technology acceptance model, TAM）中間的 4 個變數（未包含外部變數與系統使用），分別是認知易用性（perceived ease of use，變數 A）、認知有用性（perceived usefulness，變數 B）、使用態度（attitude toward using，變數 C）、與行為意圖（behavior intention to use，變數 D），提出圖 8-1 的智慧型手機的科技接受模型。模型中包含 5 個假設（以自變數為準）：

H_1：認知易用性（A）影響認知有用性（B）。*

H_2：認知易用性（A）影響使用態度（C）。

H_3：認知有用性（B）影響使用態度（C）。

H_4：認知有用性（B）影響行為意圖（D）。

---

* 比較正確應寫成：認知易用性（A）與認知有用性（B）有關聯。一般更會假設有正相關或正向效果，此時為單尾檢定，報表的 p 值應除以 2。

H_5：使用態度（C）影響行為意圖（D）。

上面的 5 個假設，應以依變數為準，轉換為以下 3 個模型：

M_1：認知有用性（B）受認知易用性（A）影響。

M_2：使用態度（C）受認知易用性（A）與認知有用性（B）影響。

M_3：行為意圖（D）受認知有用性（B）與使用態度（C）影響。

在 STATA 中的分析指令為「sem (a -> b)(a b -> c)(b c -> d), stand」或「sem (b <- a)(c <- a b)(d <- b c), stand」，其中，外顯變數要小寫，潛在變數預設為大寫，stand 代表列出標準化係數，為 standardized 的簡寫。

數據於 2012 年由 288 名受訪者於網路填寫，為 Likert 六點量表。每個變數由「各向度的 3 個題項加總之後再減 3 分」而得（各變數介於 0 ~ 15 分之間，數值愈大表示在該向度的同意度愈高），加總分數與各向度各自進行主成分分析後的第一主成分分數相關分別為 .999、.998、.999、與 .999，因此直接加總或是主成分分數，差異不大。資料於本書第 4、14、15 章分別使用較合適的驗證性因素分析、結構方程模型、及偏最小平方結構方程模型，本章僅示範徑路分析。

圖 8-1　智慧型手機的科技接受模型-1

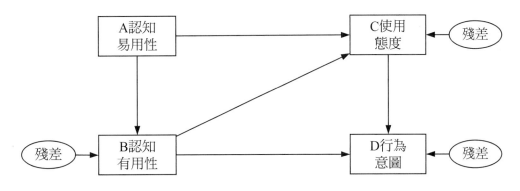

因果關係以單向箭頭（ → ）表示，箭頭的起點是因，終點是果。例如：圖 8-1 中的認知易用性 → 認知有用性，認知易用性就是因，而認知有用性就是果。其中認知有用性與使用態度既是認知易用性的果，也是行為意圖的因，因此是**中介變數**（mediator variable），認知易用性雖然對行為意圖沒有直接影響（直接效果），但是透過 2 個中介變數有間接效果。

在模型中，可以直接測量或觀測的變數稱為**外顯變數**（manifest variable），以正方形或長方形表示；不能直接測量或觀測的變數稱為**潛在變數**（latent variable），以圓形或橢圓形表示。未被箭頭指到的變數（認知易用性）稱為**外因變數**（exogenous

variable，又譯為**外衍變數**），表示影響變數的因來自模型之外；被箭頭指到的變數
（認知有用性、使用態度、行為意圖）稱為**內因變數**（endogenous variable，又譯為
內衍變數），表示影響變數的因來自模型之內。所有的內因變數都有**殘差**
（residual），殘差又稱為**干擾變數**（disturbance variable），也是外因變數。在徑路分
析中，只有殘差是潛在變數。

圖 8-2 假定認知易用性與認知有用性都是外因變數，兩變數有關聯（Amos 模型
須設定外因變數間有關聯，以雙向箭頭 ⌢ 連接）。

圖 8-2　智慧型手機的科技接受模型-2

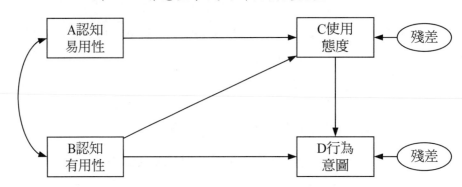

圖 8-3 假定認知有用性是外因變數，對認知易用性有直接影響，此時，估計所得
的參數會也與圖 8-1 及圖 8-2 相同，它們都是等值模型（equivalent model）。Pedhazur
（1997）提醒研究者，提出徑路模型時應有理論或相關研究支持，切忌配合資料任意
修改模型。而且，提出模型時應包含重要的變數，以免殘差值過大，也淪為玩弄數字
的統計遊戲（葉啟政，1978）。

圖 8-3　智慧型手機的科技接受模型-3

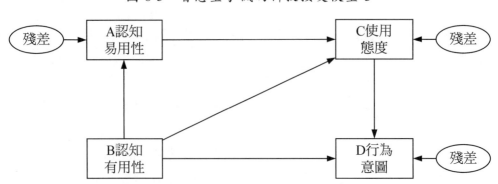

8.1.2.2　估計參數

如果使用 SEM 分析，應先確認模型是否可以**辨識**（identification，或譯為**認定**），也就是研究者提供的資料訊息，是否足以估計模型中的參數。參數估計的自由度必須大於等於 0（$df \geq 0$），模型才可辨認，此一原則稱為 t rule。自由度的計算為資料數目〔（變數數目）＊（變數數目＋1）／2〕和估計參數數目的差。假如自由度 0 為模型**恰好辨認**（just identified），稱為**飽和模型**（saturated model），有唯一解；若自由度大於 0 稱為**過度辨認**（over identified），代表模型可被估計，參數估計有最佳解；假如自由度小於 0 稱為模型**無法辨認**（under identified），代表模型參數沒有可被估計的空間，亦即無法求解（陳正昌等人，2011）。

除了前述專門的 SEM 軟體外，徑路分析也可以使用 STATA 的 regress 或 pathreg，或是 IBM SPSS Statistics（簡稱 SPSS）的 regression 程序進行多次迴歸分析，此時，是使用最小平方法估計參數，所得結果會與 SEM 一致。圖 8-4 是使用 Amos 29 版估計所得的標準化係數。

圖 8-4　Amos 估計結果

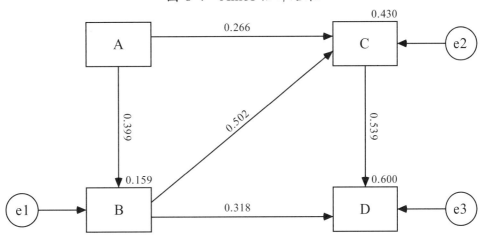

8.1.2.3　解釋結果

解釋徑路分析結果，可著重：

1. 說明模型的整體適配度，此部分請見第 4 章及第 14 章之說明，本章未列出各適配度指標。
2. 各研究假設是否獲得支持，直接效果（direct effect）各是多少。
3. 內因變數被解釋的變異量。

4. 各種間接效果（indirect effect）。

由圖 8-4 可看出：

1. 認知易用性（A）對認知有用性（B）有直接影響，徑路係數為 0.399，R^2 為 0.159，因此殘差變異數為 $1-0.159 = 0.841$，疏離係數為 $\sqrt{1-0.159} = 0.917$。

2. 認知易用性（A）及認知有用性（B）分別對使用態度（C）有直接影響，徑路係數分別為 0.266 及 0.502，R^2 為 0.430，因此殘差變異數為 0.570，疏離係數為 0.755。

3. 認知有用性（B）及使用態度（C）分別對行為意圖（D）有直接影響，徑路係數分別為 0.318 及 0.539，R^2 為 0.600，殘差變異數為 0.400，疏離係數為 0.632（較接近 0.633）。

所有徑路係數都顯著（$\alpha = .05$），因此研究者所提的 5 個假設都獲得支持。

除了上述的 5 個直接效果外，也可以計算間接效果。例如：A 除了對 C 有直接效果外，也透過 B 對 C 有間接效果。間接效果的計算方法是把 2 個直接效果相乘，$0.359 \times 0.502 = 0.200$，因此 A→B→C 的間接效果為 0.200。A 對 C 的總效果則是直接效果加間接效果，$0.266 + 0.200 = 0.466$（較接近 0.467）。

A 對 D 雖然沒有直接效果，但是有 3 個間接效果，分別是：

A→B→D：$0.399 \times 0.318 = 0.127$

A→C→D：$0.266 \times 0.539 = 0.143$

A→B→C→D：$0.399 \times 0.502 \times 0.539 = 0.108$

三個間接效果（也是總效果）的總和為：

$0.127 + 0.143 + 0.108 = 0.378$

B 對 D 的間接效果為：

B→C→D：$0.502 \times 0.539 = 0.271$

B 對 D 的總效果為：

$0.318 + 0.271 \approx 0.588$（有捨入誤差）

間接效果是否顯著，在 Amos 中應使用 Bootstrap 法（譯為拔靴法或自助法），進行重複抽樣得到標準誤，並計算信賴區間。如果信賴區間不包含 0，表示間接效果與 0 有顯著差異，也就是兩變數間有間接效果。

各效果可以彙整成表 8-1，在表中直行的變數是自變數（因），橫列為依變數（果），其中又可分為直接效果、間接效果，及總效果（等於直接效果加間接效果）。

例如：變數 *A*（易用性）對變數 *D*（行為意圖）沒有直接效果，間接效果為 0.378，總效果也為 0.378；變數 *B*（有用性）對變數 *D*（行為意圖）的直接效果為 0.318，間接效果為 0.271，總效果為 0.588，其他依此類推。

表 8-1　各標準化效果摘要表

效果	依變數	自變數		
		A（易用性）	B（有用性）	C（使用態度）
直接效果	B（有用性）	0.399		
	C（使用態度）	0.266	0.502	
	D（行為意圖）		0.318	0.539
間接效果	B（有用性）			
	C（使用態度）	0.200		
	D（行為意圖）	0.378	0.271	
總效果	B（有用性）	0.399		
	C（使用態度）	0.467	0.502	
	D（行為意圖）	0.378	0.588	0.539

8.2　假設性資料

假設研究者提出圖 8-5 之理論模型，並蒐集 40 個觀察體在 4 個變數的數據如表 8-2，分別以 SPSS、Amos 及 STATA 進行徑路分析。

圖 8-5　假設之理論模型

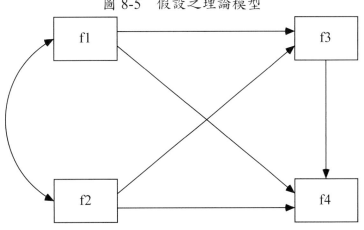

表 8-2　40 個觀察體之 4 個變數資料

觀察體	f1	f2	f3	f4	觀察體	f1	f2	f3	f4
1	3.31	4.81	4.21	4.65	21	6.06	6.57	6.07	6.24
2	3.18	4.07	3.08	3.71	22	6.85	6.66	6.73	6.27
3	5.63	3.46	3.79	4.61	23	5.93	5.76	6.24	6.98
4	5.33	6.42	6.59	7.22	24	3.95	4.67	4.12	4.09
5	2.87	3.33	2.80	3.67	25	6.57	6.03	7.08	6.16
6	4.29	5.09	5.31	5.25	26	5.69	5.74	6.45	5.23
7	4.61	6.60	4.89	5.67	27	6.32	5.01	5.93	6.23
8	5.74	6.75	6.32	5.76	28	3.91	3.26	3.12	3.31
9	4.57	5.50	4.49	4.59	29	6.30	5.84	5.75	5.61
10	4.24	3.75	4.47	3.47	30	5.03	5.07	4.77	3.94
11	6.25	6.55	6.29	5.64	31	4.43	4.61	4.11	4.41
12	5.65	4.19	6.28	5.51	32	4.41	3.78	3.79	2.95
13	5.37	4.83	5.18	5.61	33	4.97	4.36	4.72	3.81
14	5.51	4.58	4.87	5.52	34	3.94	2.83	3.25	2.83
15	5.20	3.98	5.10	4.82	35	3.84	3.75	4.16	3.17
16	5.05	5.92	4.44	5.75	36	5.12	5.78	5.47	5.81
17	4.29	3.92	4.24	4.91	37	6.59	4.22	5.71	5.55
18	5.69	4.37	4.39	4.60	38	2.81	5.11	3.89	4.39
19	3.23	5.77	5.15	4.56	39	4.99	5.59	5.48	5.62
20	5.64	6.78	5.77	5.87	40	6.61	4.71	5.48	5.99

8.2.1　簡要語法

在 SPSS 中使用以下語法進行分析。第 1 個分析在求 $f1$ 與 $f2$ 的相關係數；第 2 個分析以 $f3$ 當效標變數，$f1$ 及 $f2$ 當預測變數，進行迴歸分析；第 3 個分析以 $f3$ 當效標變數，$f1$、$f2$、$f3$ 當預測變數，進行迴歸分析。分析所得的 Pearson r 及標準化迴歸係數即是理論模型的標準化係數。

```
correlations
    /variables=f1 f2.
regression
    /dependent f3
    /method=enter f1 f2.
```

```
regression
    /dependent f4
    /method=enter f1 f2 f3.
```

在 Amos 中，理論模型繪製如圖 8-6，繪製方法可參考陳正昌（2022）專書的第 1 章。

圖 8-6　Amos 之理論模型

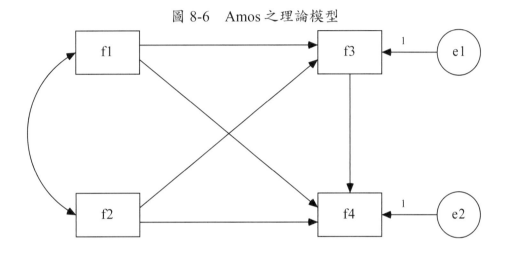

Amos 26 版之後也可以使用語法產生理論模型圖，語法如下：

```
f2 <> f1
f3 = (1) e1 + f1 + f2
f4 = (1) e2 + f1 + f2 + f3
```

在 STATA，建議語法如下。第 1 個語法以 sem 程式進行徑路分析，逗號前為 2 個迴歸模型，也可以寫成「(f3 <- f1 f2)(f4 <- f1 f2 f3)」，逗號後在求 $f1$ 與 $f2$ 的共變數（標準化後為相關係數），stand 表示列出標準化係數。同樣的分析，也可以使用後 2 個指令分析，其中第 2 個指令在求 $f1$ 與 $f2$ 的 Pearson r，第 3 個指令以 pathreg 程序進行多次迴歸分析，每個括號中為一個迴歸模型，其中的第 1 個變數為效標變數。

```
sem (f1 f2 -> f3)(f1 f2 f3 -> f4), cov(f1 f2) stand
corr f1 f2
pathreg (f3 f1 f2)(f4 f1 f2 f3)
```

8.2.2 簡要報表

以下以 STATA 的 sem 報表為主，配合 Amos 估計結果，簡要說明如後。

報表 8-1

Endogenous variables
  Observed: f3 f4
Exogenous variables
  Observed: f1 f2

Standardized	Coefficient	OIM std. err.	z	P>|z|	[95% conf. interval]	
Structural						
f3						
f1	.5606426	.0789131	7.10	0.000	.4059758	.7153094
f2	.4877642	.0813166	6.00	0.000	.3283865	.6471419
_cons	-.2197535	.376929	-0.58	0.560	-.9585208	.5190138
f4						
f3	.3570575	.1734783	2.06	0.040	.0170464	.6970687
f1	.2542053	.1320055	1.93	0.054	-.0045208	.5129314
f2	.3711504	.1219008	3.04	0.002	.1322292	.6100715
_cons	.0848251	.4393692	0.19	0.847	-.7763228	.945973
mean(f1)	4.598556	.5378977	8.55	0.000	3.544296	5.652816
mean(f2)	4.601745	.5382385	8.55	0.000	3.546817	5.656673
var(e.f3)	.201618	.0569685			.1158822	.3507856
var(e.f4)	.2474316	.0678779			.1445257	.4236089
var(f1)	1	.			.	.
var(f2)	1	.			.	.
cov(f1,f2)	.4500598	.1260873	3.57	0.000	.2029332	.6971864

LR test of model vs. saturated: chi2(0) = 0.00   Prob > chi2 = .

報表 8-1 是估計結果，開頭說明 *f*3 及 *f*4 是內因變數，*f*1 及 *f*2 是外因變數。Coefficient 一欄即是標準化迴歸係數，_cons 為常數項，可忽略。*f*4←*f*1 係數為 0.254，95%信賴區間為 [-0.005, 0.513]，包含 0，*p* = 0.054，因此，此迴歸係數並未顯著不等於 0。此報表的係數與報表 8-2 的結果一致。

報表 8-2

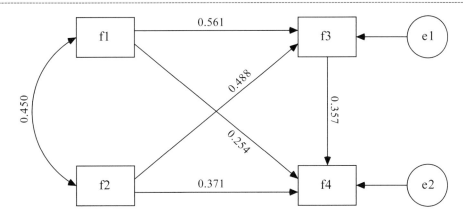

報表 8-2 是以 Amos 29 版估計所得的參數，與 STATA 結果一致。

8.3　應用部分

8.3.1　範例說明

以下以筆者實際實施的「智慧型手機使用情形調查」中之 A（知覺易用性）、B（知覺有用性）、C（使用態度）、D（行為意圖），建立理論模型如圖 8-1，並提出以下研究假設：

H_1：認知易用性（A）影響認知有用性（B）。

H_2：認知易用性（A）影響使用態度（C）。

H_3：認知有用性（B）影響使用態度（C）。

H_4：認知有用性（B）影響行為意圖（D）。

H_5：使用態度（C）影響行為意圖（D）。

8.3.2　Amos 理論模型

圖 8-7 是以 Amos 繪製的理論模型，外顯變數以長方形或正方形表示（名稱為資料中的觀測變數），被單向箭頭指到的內因變數都須設定有殘差（名稱可由 Amos 自動設定為 $e1 \sim e3$），以圓形或橢圓形表示，殘差對內因變數的加權係數預設為 1。如果有 2 個以上外因變數，則彼此間要設定有關聯（如圖 8-6）。

圖 8-7　Amos 之理論模型

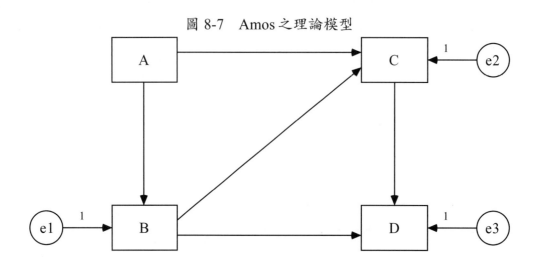

在 Amos 26 版後，理論模型可以簡化為以下語法：

B = A + (1) e1
C = A + B + (1) e2
D = B + C + (1) e3

分析前，先在 View 中 Analysis Properties 之 Output 選單勾選 Standardized estimates（標準化估計值）、Indirect, direct & total effects（間接、直接與全體效果）、及 Squared multiple correlation（R^2）。

圖 8-8　Output 選單

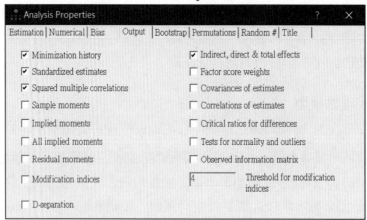

如果要檢定間接效果是否顯著，應使用 Bootstrap，樣本數設定為 2000 或更大，

信賴區間設定為 95%。

圖 8-9　Bootstrap 選項

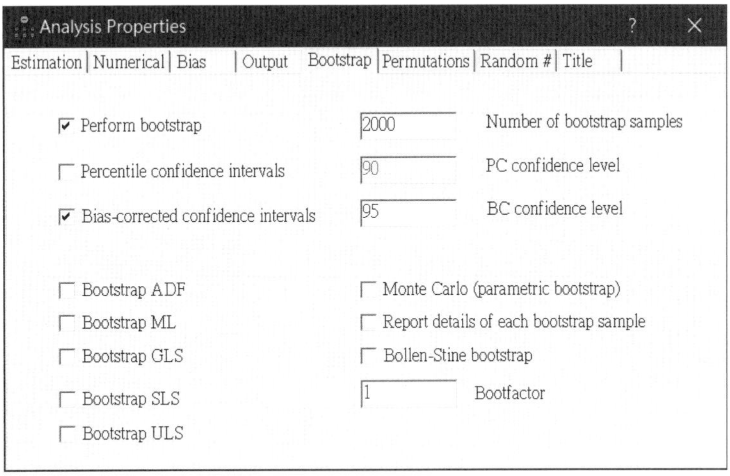

8.3.3　STATA 程式

```
[1]   use "C:\multi\STATA\pathreg.dta"
[2]   sem (a -> b)(a b -> c)(b c -> d), stand
[3]   estat teffects, stand
```

8.3.4　STATA 程式說明

[1]　使用 C 磁碟下之 pathreg.dta 資料，路徑為 C:\multi\STATA\。

[2]　執行 sem 程序，理論模型中共有 $a{\rightarrow}b$、$a{\rightarrow}c$、$b{\rightarrow}c$、$b{\rightarrow}d$、$c{\rightarrow}d$ 五個徑路，簡寫為「(a -> b)(a b -> c)(b c -> d)」或「(b <- a)(c <- a b)(d <- b c)」。stand 表示列出標準化估計值。

[3]　估計各標準化效果（含直接、間接、全體）。

8.3.5　報表及解說

　　以下報表以 STATA 為主，Amos 及 SmartPLS 為輔，詳細說明如後。部分報表，為配合排版，會將解說置於報表前。

報表 8-3

　　報表 8-3 是各直接效果的標準化迴歸係數，_cons 為常數項，可忽略不看。如果

|z| > 1.96，P>|z| 小於 .05，[95% conf. interval] 不含 0，則表示該係數達 .05 顯著水準。報表中所有係數都顯著不等於 0。標準化係數可繪製成報表 8-7 之徑路係數圖。

Standardized	Coefficient	OIM std. err.	z	P>|z|	[95% conf. interval]	
Structural						
b						
a	.3987472	.0530887	7.51	0.000	.2946952	.5027992
_cons	4.775486	.4566274	10.46	0.000	3.880513	5.670459
c						
b	.5020366	.0487517	10.30	0.000	.406485	.5975882
a	.2663942	.0522654	5.10	0.000	.1639558	.3688325
_cons	1.834259	.422924	4.34	0.000	1.005343	2.663174
d						
b	.3179525	.0545471	5.83	0.000	.2110421	.4248628
c	.5388056	.0482014	11.18	0.000	.4443326	.6332786
_cons	.2656764	.3194671	0.83	0.406	-.3604676	.8918204
var(e.b)	.8410007	.042338			.7619822	.9282134
var(e.c)	.5703368	.047819			.483909	.672201
var(e.d)	.400187	.0404353			.3282893	.4878308

LR test of model vs. saturated: chi2(0) = 0.00　　　　　　　　　　　Prob > chi2 = .

報表 8-4

Direct effects

Standardized	Coefficient	OIM std. err.	z	P>|z|	Std. coef.
Structural					
b					
a	.3287587	.0497476	6.61	0.000	.3987472
c					
b	.4926363	.0531683	9.27	0.000	.5020366
a	.2155238	.0438361	4.92	0.000	.2663942
d					
b	.3659671	.0603571	6.06	0.000	.3179525
c	.6320056	.0615088	10.28	0.000	.5388056
a	0	(no path)			0

報表 8-4 為直接效果，Std. coef.是標準化係數，與報表 8-3 相同。

報表 8-5

Indirect effects

Standardized		Coefficient	OIM std. err.	z	P>|z|	Std. coef.
Structural						
b						
	a	0	(no path)			0
c						
	b	0	(no path)			0
	a	.1619585	.0301023	5.38	0.000	.2001857
d						
	b	.3113489	.0452473	6.88	0.000	.2705001
	c	0	(no path)			0
	a	.3588858	.0464027	7.73	0.000	.3781785

報表 8-5 是間接效果，由直接效果相乘而得，分項說明之：

$a \rightarrow c$ 的間接效果路徑為 $a \rightarrow b \rightarrow c$，.3987472 × .5020366 = .2001857。

$b \rightarrow d$ 的間接效果路徑為 $b \rightarrow c \rightarrow d$，.5020366 × .5388056 = .2705001。

$a \rightarrow d$ 的間接效果路徑有三：

$a \rightarrow b \rightarrow d$，.3987472 × .3179525 = .1267827；

$a \rightarrow c \rightarrow d$，.2663942 × .5388056 = .1435347；

$a \rightarrow b \rightarrow c \rightarrow d$，.3987472 ×.5020366 × .5388056 = .1078612；

.1267827 + .1435347 + .1078612 = .3781785。

所有間接效果的 p 都小於 .05，因此，都顯著不為 0。

如果要檢定個別的間接效果，可以在 Amos 中透過撰寫 estimand 及進行 bootstrap 的方式，得到個別間接效果（未標準化）的估計值、信賴區間、及 p 值。檢定後，5 個間接效果的 p 值均小於 .05，信賴區間都不含 0（未列出報表）。

報表 8-6

報表 8-6 是全體效果，由報表 8-4 之直接效果加報表 8-5 之間接效果而得。$b \rightarrow d$ 除了有直接效果 .3179525 外，還有間接效果 .2705001，兩者相加為 .5884526。$a \rightarrow d$ 沒有直接效果，只有間接效果，所以，間接效果就等於全體效果。

Total effects

Standardized	Coefficient	OIM std. err.	z	P>|z|	Std. coef.
Structural					
b					
a	.3287587	.0497476	6.61	0.000	.3987472
c					
b	.4926363	.0531683	9.27	0.000	.5020366
a	.3774823	.0470817	8.02	0.000	.4665798
d					
b	.677316	.0588676	11.51	0.000	.5884526
c	.6320056	.0615088	10.28	0.000	.5388056
a	.3588858	.0464027	7.73	0.000	.3781785

報表 8-7

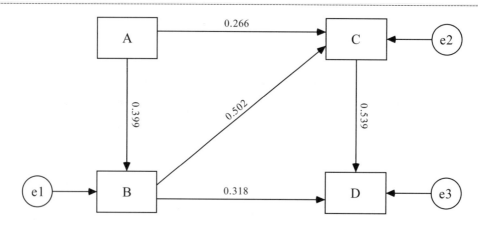

報表 8-7 是以 Amos 29 版估計所得的參數（未列出 R^2），與 STATA 結果一致。

報表 8-8

Standardized Total Effects (Group number 1 - Default model)

	A	B	C
B	.399	.000	.000
C	.467	.502	.000
D	.378	.588	.539

　　報表 8-8 為 Amos 估計所得的標準化全體效果，直欄為自變數，橫列為依變數，$A \rightarrow D$ 的全體效果為.378，與 STATA 一致。為節省篇幅，直接效果及間接效果不列

出。

報表 8-9

Standardized Total Effects - Lower Bounds (BC) (Group number 1 - Default model)

	A	B	C
B	.280	.000	.000
C	.346	.389	.000
D	.281	.484	.427

報表 8-9 為 Amos 使用 Bootstrap 估計所得的標準化全體效果之下限，全部大於 0。

報表 8-10

Standardized Total Effects - Upper Bounds (BC) (Group number 1 - Default model)

	A	B	C
B	.515	.000	.000
C	.577	.603	.000
D	.472	.680	.645

報表 8-10 為 Amos 使用 Bootstrap 估計所得的標準化全體效果之上限。與報表 8-9 對照，如果上下限之間不含 0，代表該效果與 0 有顯著不同。因此，所有全體效果都顯著不為 0。此外，所有間接效果也都顯著不為 0（報表省略）。

報表 8-11

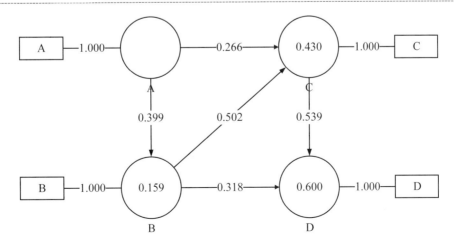

　　徑路分析也可以使用 PLS-SEM（partial least squares structural equation modeling，偏最小平方結構方程模型）進行分析，分析時設定形成性指標或反映性指標都可以。報表 8-11 是使用 SmartPLS 3.3.9 版分析所得結果，與 STATA 及 Amos 結果一致。PLS-SEM 詳細說明請見本書第 15 章。

8.4　分析摘要表

　　分析後，可將圖 8-10 及表 8-1 列出，並說明如後。

　　研究者對 288 名受訪者實施自編「智慧型手機接受度量表」，以驗證 Davis 的科技接受模型。以 Amos 及 STATA 軟體進行徑路分析後，得到圖 8-10 結果，5 個研究假設均獲得支持。總結而言：

1.　認知易用性正向影響認知有用性，徑路係數為 0.399，R^2 為 0.159。
2.　認知易用性與認知有用性均正向影響使用態度，徑路係數分別為 0.266 與 0.502，R^2 為 0.430；認知易用性對使用態度的間接效果為 0.200。
3.　認知有用性與使用態度均正向影響行為意圖，徑路係數分別為 0.318 與 0.539，R^2 為 0.600；認知有用性對行為意圖的間接效果為 0.271。
4.　認知易用性對行為意圖的間接效果為 0.378。

圖 8-10　智慧型手機之科技接受模型

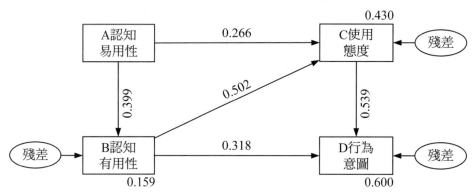

9 邏輯斯迴歸分析

邏輯斯迴歸分析可以使用下列的形式表示其關係：

$$Y_1 \qquad = X_1 + X_2 + X_3 + \cdots + X_n$$
（二元非計量）　　（計量、非計量）

9.1 理論部分

第 7 章已說明依變數為計量變數的一般迴歸分析，本章接著說明依變數為非計量變數且為二分或多分（多類別）變數的迴歸分析——邏輯斯迴歸分析（logistic regression analysis）。

邏輯斯迴歸是醫學研究經常使用的分析方法，它也屬於機器學習的分類技術，旨在利用現有數據對分類變數建立迴歸方程，並以此對新的數據進行分類。

9.1.1 邏輯斯迴歸分析適用時機

在進行線性迴歸分析之前，研究者通常會使用散布圖針對 2 個變數之間是否呈現直線關係進行了解。以模擬的資料為例，研究者想要探討「國小六年級學生之離差智商是否能預測其學業成績」。如果直接以離差智商與學業成績（均為計量性資料）繪製圖 9-1 之散布圖，可以看出兩者為直線關係。接著，將學業成績以 60 分為分界，分成不及格與及格兩組。此時，如果再用離差智商與學業成績分組繪製圖 9-2 之散布圖（成為二項分配），此時以直線關係表示並不恰當，應改為曲線關係。如果再將離差智商等分成 20 組，分別計算不同離差智商組別，學業成績及格的百分比，再畫成散布圖 9-3，則可以發現兩者有相當高的曲線相關，而此種曲線近似 logistic 累積分配函數的曲線圖（如圖 9-4）。

在第 7 章的多元迴歸分析部分曾提及，進行**線性迴歸分析**時，效標變數（或稱依變數、反應變數）必須是**計量性資料**。但是如果效標變數是**非計量性資料**，而且是二**分變數**（binary variable 或是 dichotomous variable，如男與女、有與無、購買與不買、及格與不及格，分別以 1 及 0 代表），此時使用一般線性迴歸分析所預測的依變數有可能超過 1，也就不再適用，而應進行**邏輯斯迴歸分析**（或譯為**邏輯式迴歸**）。邏輯斯迴歸除了效標變數（依變數）的性質與一般線性迴歸不同外，分析的步驟可說是大同小異。

圖 9-1 離差智商及學業成績散布圖

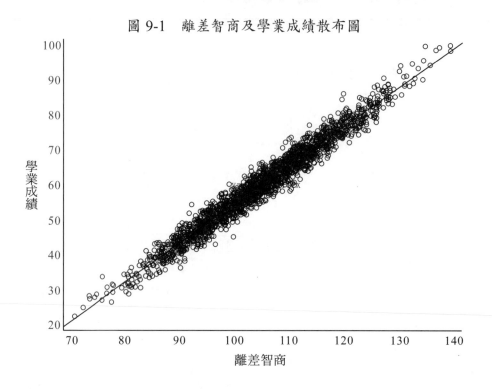

圖 9-2 離差智商及學業成績（及格與否）散布圖

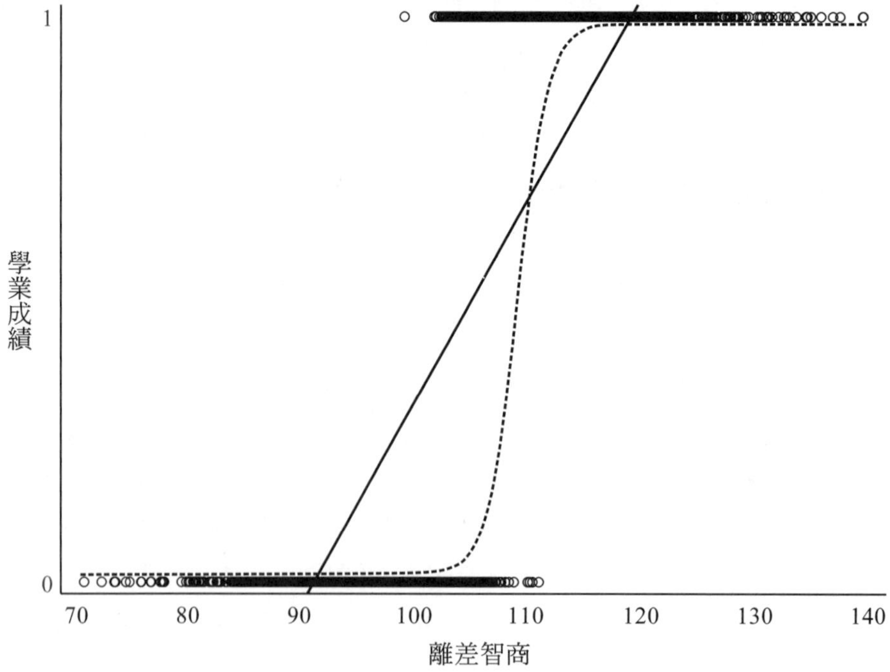

圖 9-3　離差智商（分組）及學業成績（及格與否）散布圖

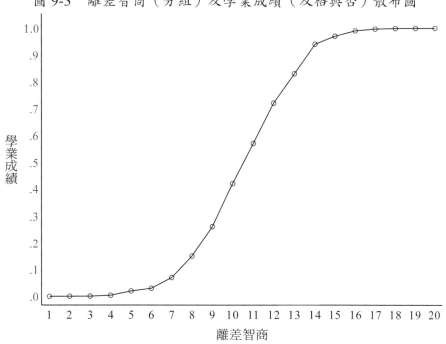

圖 9-4　logistic 及 probit 累積曲線圖

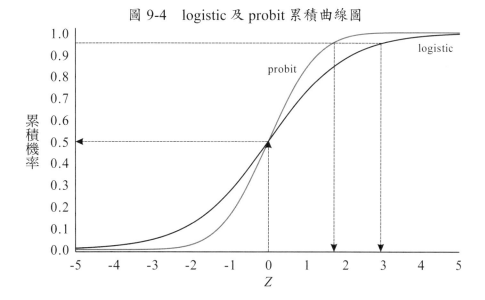

　　使用相同的資料，如果不管依變數是否為兩類，仍然採用一般迴歸分析（報表 9-1，以 SPSS 進行分析），其相對的顯著性雖然仍與邏輯斯迴歸分析（報表 9-2）相似，R^2 也都接近 .45，只是此時殘差已不符合等分散性，並有其他問題（詳見王濟川、郭

志剛，2003），因此應採較合理的邏輯斯迴歸分析。

　　多元迴歸分析的資料必須符合常態性分布假設，通常係數估計方法為最小平方法（ordinary least square, OLS）；邏輯斯迴歸分析的資料必須符合 S 型的機率分配，也稱為 Logit 分布，常用的估計方法為最大概似法（maximum likelihood estimation, MLE）。

報表 9-1

Coefficients[a]

Model		Unstandardized Coefficients		Standardized Coefficients	t	Sig.
		B	Std. Error	Beta		
1	(Constant)	1.338	.269		4.981	<.001
	性別	.177	.079	.115	2.247	.026
	20 歲以下	-.172	.100	-.105	-1.723	.086
	20-34 歲	.065	.089	.044	.726	.468
	易用性	.211	.046	.261	4.632	<.001
	有用性	.491	.053	.500	9.221	<.001

a. Dependent Variable: 使用態度

報表 9-2

Variables in the Equation

		B	S.E.	Wald	df	Sig.	Exp(B)
Step 1[a]	性別	1.372	.471	8.508	1	.004	3.945
	20 歲以下	-.122	.520	.055	1	.815	.885
	20-34 歲	.493	.460	1.145	1	.285	1.636
	易用性	.865	.253	11.639	1	<.001	2.375
	有用性	1.630	.307	28.201	1	<.001	5.104
	Constant	-11.043	1.785	38.269	1	<.001	.000

a. Variable(s) entered on step 1: 性別, 20 歲以下, 20-34 歲, 易用性, 有用性.

　　在預測變數是計量性資料，而效標變數是二分變數時，研究者也可以使用區別分析。兩種方法的整體分類精確性互有優劣，不過，區別分析要符合多變量常態分配及變異數同質性等假設，條件比較嚴格；如果不能符合這些假設時，研究者通常傾向採用邏輯斯迴歸分析（Meshbane & Morris, 1996）。而有些研究在分析效標變數是二分

變數時，也會採用機率迴歸（probit regression）分析，probit 模型是假設符合累積標準常態分配的迴歸分析方法，其累積曲線與 logistic 近似。在圖 9-4 箭頭所指位置為累積機率 0.5 的位置，兩者的 Z 值均是 0；累積機率至 .95 時，probit 的 Z 值是 1.65，logistic 的 Z 值是 2.94。

　　由於 probit 迴歸不能計算勝算比，對於機率的轉換也比 logistic 迴歸困難，因此在多數的情形下，研究者比較傾向使用邏輯斯迴歸（Pampel, 2000）。

　　在 logistic 累積曲線中，相鄰 2 個機率值的差異並不相等（非等差級數增加），在 Z 值較小或較大的兩極端值（地板或天花板），差異較小（也就是增加之機率值較小），而在中間 Z 值部分，差異則較大（Pampel, 2000），圖示如圖 9-5。

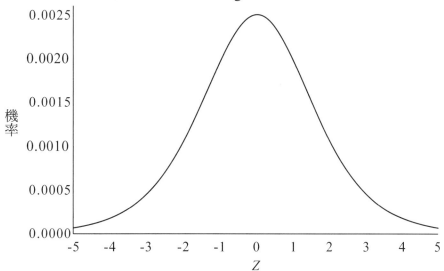

圖 9-5　相鄰累積 logistic 曲線差異值

9.1.2　列聯表的計算

　　在說明邏輯斯迴歸分析之前，我們先使用交叉表介紹相關的概念。由表 9-1 中可知，智商較高而成績及格的比例為 $\frac{118}{152} = 0.7763$，智商較低而成績及格的比例為 $\frac{43}{148} = 0.2905$，前者是後者的 2.6720 倍（$\frac{118/152}{43/148} = \frac{0.7763}{0.2905} = 2.6720$），此在統計上稱為**相對風險**（relative risk, RR）。

表 9-1 離差智商與學業成績列聯表

			離差智商		總計
			低分組 （代碼為 0）	高分組 （代碼為 1）	
學業成績	不及格 （代碼為 0）	人數	105	34	139
		百分比	70.95%	22.37%	46.33%
	及格 （代碼為 1）	人數	43	118	161
		百分比	29.05%	77.63%	53.67%
總計		人數	148	152	300
		百分比	100.00%	100.00%	100.00%

使用表 9-1 的資料進行邏輯斯迴歸分析，可以得到表 9-2 的結果。

表 9-2 表 9-1 之分析結果

		B	S.E.	Wald	df	Sig.	Exp(B)
步驟 0	常數	.147	.116	1.610	1	.204	1.158
步驟 1	離差智商	2.137	.266	64.630	1	<.001	8.475
	常數	-.893	.181	24.315	1	<.001	.410

由表 9-2 步驟 1 可看出，$\ln\left(\dfrac{學業成績及格比例}{學業成績不及格比例}\right) = 2.137 \times 離差智商 - 0.893$。當離差智商是低分組（代碼為 0）時，學業成績及格比例與不及格比例之比值〔稱為**勝算**（odds）〕的自然對數（即 logit, 譯為**邏輯**）為 $2.137 \times 0 - 0.893 = -0.893$，對 -0.893 取指數（exponent），就等於 0.410（也就是 $e^{(-0.893)} = 0.410$）；當離差智商是高分組（代碼為 1）時，logit 為 $2.137 \times 1 - 0.893 = 1.244$，$e^{(1.244)} = 3.471$。

再由表 9-1 中可以看出，先不管智商如何，學業成績及格與不及格的總人數分別為 161 及 139 人。整體而言，及格人數與不及格人數的比值為 $\dfrac{161}{139} = 1.158$，也就是及格人數（或比例）是不及格人數（或比例）的 1.158 倍（等於表 9-2 步驟 0 中常數項之 $e^{(B)}$）。此時，如果將 1.158 取自然對數，則 $\ln(1.158) = 0.147$（等於步驟 0 中常數項之 B）。換言之，學業成績邊際次數中 $\dfrac{及格人數}{不及格人數} = \dfrac{161}{139} = 1.158$，而 $\ln\left(\dfrac{161}{139}\right) = 0.147$。$\dfrac{1}{(1 + e^{-(0.147)})} = 0.5367$（見後面之說明），等於 $\dfrac{161}{300}$，是全體及格的比例。

如果考量智商的差異後，在較低智商組（離差智商不到 100）中，及格與不及格

的勝算為 $\dfrac{43}{105} = 0.410$（等於步驟 1 中常數項之 $e^{(B)}$），$\ln(0.410) = -0.893$（等於步驟 1 中常數項之 B）；在較高智商組（離差智商 100 以上）中，及格與不及格的勝算為 $\dfrac{118}{34} = 3.471$，$\ln(3.471) = 1.244$（等於 $2.137 - 0.893$）。如果將高智商組的勝算 3.471 除以低智商組的勝算 0.410，則等於 8.475（等於步驟 1 中離差智商之 $e^{(B)}$），$\ln(8.475) = 2.137$（等於步驟 1 中離差智商之 B），也就是高智商組中及格與不及格的勝算，是低智商組中及格與不及格勝算的 8.475 倍〔此稱為**勝算比**（odds ratio, OR）〕。因此，使用離差智商的高低可以預測學業成績及格與否。

綜合上述，可以得到以下的算式：

1. $\ln\left(\dfrac{43}{105}\right) = -0.893$，等於表 9-2 步驟 1 之常數項，而 $\dfrac{43}{105} = 0.410 = e^{-0.893}$。換言之，常數 B 等於自變數為 0 時（低智商組），依變數 1 與 0 比例或個數的比值（勝算）再取對數。$\dfrac{1}{1+e^{-(-0.893)}} = 0.2905$，等於表 9-1 中 $\dfrac{43}{148}$ 之比值，是自變數等於 0 且依變數等於 1 的比例；$\dfrac{1}{1+e^{(-0.893)}} = 0.7095$，等於表中 $\dfrac{105}{148}$ 之比值，是自變數等於 0 且依變數等於 0 的比例。

2. $\ln\left(\dfrac{118/34}{43/105}\right) = 2.137$，等於表 9-2 步驟 1 離差智商之係數 B。換言之，自變數之係數 B 等於自變數增加 1（高智商組對低智商組），依變數 1 與 0 比例或個數的比值（勝算）之比（勝算比）再取對數。而 $\dfrac{118/34}{43/105} = 8.475 = e^{2.137}$，因此，係數取指數，就是勝算比。

3. $\ln\left(\dfrac{118}{34}\right) = 1.244 = 2.137 \times 1 + (-0.893)$，等於表 9-2 步驟 1 中 2 個係數之和。換言之，將自變數以 1 代入係數，計算結果就是自變數為 1 時（高智商組），依變數 1 與 0 比例或個數的比值（勝算）再取對數。$\dfrac{118}{34} = e^{1.244} = e^{2.137 \times 1 + (-0.893)}$。$\dfrac{1}{1+e^{-(1.244)}} = 0.7763$，等於表 9-1 中 $\dfrac{118}{152}$ 之比值，是自變數等於 1 且依變數等於 1 的比例；$\dfrac{1}{1+e^{(1.244)}} = 0.2237$，等於表 9-1 中 $\dfrac{34}{152}$ 之比值，是自變數等於 1 且依變數等於 0 的比例。

勝算比與相對風險可以透過以下公式加以轉換：

$$勝算比 = \frac{p_1/(1-p_1)}{p_2/(1-p_2)} = 相對風險 \times \frac{(1-p_2)}{(1-p_1)}$$

$$相對風險 = 勝算比 \times \frac{(1-p_1)}{(1-p_2)} \tag{9-1}$$

在表 9-1 中，相對風險為：

$$RR = \frac{118/152}{43/148} = 2.672$$

勝算比為：

$$OR = \frac{118/34}{43/105} = 8.475$$

因此，相對風險也等於：

$$RR = \frac{118/34}{43/105} \times \frac{1-118/152}{1-43/148} = \frac{118/34}{43/105} \times \frac{34/152}{105/148} = 2.672$$

9.1.3　χ^2 與 LR 檢定

表 9-1 的交叉表，可以使用 χ^2 或 LR（likelihood ratio）檢定，公式如下：

$$\chi^2 = \sum \frac{(f_o - f_e)^2}{f_e}，f_o 為觀察次數，f_e 為期望次數$$

$$LR = 2\sum f_o \times \ln\left(\frac{f_o}{f_e}\right)$$

檢定時，須計算細格的期望次數，公式為：細格所在列總和 × 所在行總和 ÷ 全體總和。以低分組不及格細格為例，期望次數為 139 × 148 ÷ 300 = 68.57。各細格期望次數如表 9-3。計算後，χ^2 及 LR 分別為：

$$\chi^2 = \frac{(105-68.57)^2}{68.57} + \frac{(43-79.43)^2}{79.43} + \frac{(34-70.43)^2}{70.43} + \frac{(161-81.57)^2}{81.57}$$
$$= 71.163$$

$$LR = 2 \times \left[105 \times \ln\left(\frac{105}{68.57}\right) + 43 \times \ln\left(\frac{43}{79.73}\right) + 34 \times \ln\left(\frac{34}{70.43}\right) + 118 \times \ln\left(\frac{118}{81.57}\right)\right]$$
$$= 74.308$$

在自由度為 1〔（行數−1）×（列數−1）〕，α = .05 時，臨界值為 3.841（在 SPSS 或 STATA 中分別使用「compute chisq=idf.chisq(.95,1).」或「display invchi2(1,.95)」計

算）。由於計算所得的值 71.163 或 74.308 均已大於 3.841，因此拒絕虛無假設，表示 2 個變數有關聯，或是使用學生的離差智商可以預測其學業成績。

表 9-3　離差智商與學業成績列聯表

			離差智商		總計
			低分組 （代碼為 0）	高分組 （代碼為 1）	
學業成績	不及格 （代碼為 0）	人數	105	34	139
		期望次數	68.57	79.43	139
	及格 （代碼為 1）	人數	43	118	161
		期望次數	70.43	81.57	161
總計		人數	148	152	300
		期望次數	148	152	300

9.1.4　邏輯斯迴歸分析的通式

在多元線性迴歸中，以 X 預測 Y 的通式是：

$$E(Y \mid X) = \hat{Y} = b_0 + b_1 X_1 + b_2 X_2 + b_3 X_3 + \cdots\cdots + b_i X_i \tag{9-2}$$

而在多元邏輯斯迴歸中，以 X 預測 Y 的通式則是：

$$E(Y \mid X) = p(X) = \frac{e^{(b_0 + b_1 X_1 + b_2 X_2 + b_3 X_3 + \cdots\cdots + b_i X_i)}}{1 + e^{(b_0 + b_1 X_1 + b_2 X_2 + b_3 X_3 + \cdots\cdots + b_i X_i)}} \tag{9-3}$$

$\pi(X)$ 是使用 X 來預測 Y 為 1 的機率，使用最大概似法估計所得的結果可用 $p(X)$ 或 $\hat{\pi}(X)$ 代表。以上例而言，$p(X) = \dfrac{e^{(-0.893 + 2.137X_1)}}{1 + e^{(-0.893 + 2.137X_1)}}$，當 X_1 為 0 時，$p(X) = \dfrac{e^{(-0.893)}}{1 + e^{(-0.893)}} = 0.291 = \dfrac{43}{148}$，是低智商組及格的比例；當 X_1 為 1 時，$p(X) = \dfrac{e^{(-0.893 + 2.137)}}{1 + e^{(-0.893 + 2.137)}} = 0.776 = \dfrac{118}{152}$，是高智商組及格的比例。

公式 9-3 也可以寫成以下的形式：

$$p(X) = \frac{1}{1 + e^{-(b_0 + b_1 X_1 + b_2 X_2 + b_3 X_3 + \cdots\cdots + b_i X_i)}} \tag{9-4}$$

當 X_1 為 0 時，$p(X) = \dfrac{1}{1 + e^{-(-0.893)}} = 0.291$（低智商組及格比例），當 X_1 為 1 時，$p(X) = \dfrac{1}{1 + e^{-(-0.893 + 2.137)}} = 0.776$（高智商組及格比例）。

利用公式 9-4 計算 $\dfrac{p(X)}{1-p(X)}$ 的比（$1-p(X)$ 代表 Y 為 0 的機率，也可以用 $q(X)$ 來表示，$\dfrac{p(X)}{1-p(X)}$ 的比值稱為**勝算**），則：

$$\frac{p(X)}{1-p(X)} = \frac{\dfrac{1}{1+e^{-(b_0+b_1X_1+b_2X_2+b_3X_3+\cdots\cdots+b_iX_i)}}}{1-\dfrac{1}{1+e^{-(b_0+b_1X_1+b_2X_2+b_3X_3+\cdots\cdots+b_iX_i)}}}$$

$$= \frac{\dfrac{1}{1+e^{-(b_0+b_1X_1+b_2X_2+b_3X_3+\cdots\cdots+b_iX_i)}}}{\dfrac{1}{1+e^{(b_0+b_1X_1+b_2X_2+b_3X_3+\cdots\cdots+b_iX_i)}}} \tag{9-5}$$

$$= e^{(b_0+b_1X_1+b_2X_2+b_3X_3+\cdots\cdots+b_iX_i)}$$

代入數值後，$\dfrac{p(X)}{1-p(X)} = e^{(-0.893+2.137X_1)}$。當 X_1 為 0 時，$e^{(-0.893)} = 0.410 = \dfrac{43}{105}$，是低智商組及格人數與不及格人數的勝算；當 X_1 為 1 時，$e^{(-0.893+2.137)} = 3.471 = \dfrac{118}{34}$，是高智商組及格人數與不及格人數的勝算。

再對勝算取自然對數（以 $g(X)$ 表示），此稱為 logit 轉換，它代表「發生及未發生比」的自然對數，則

$$g(X) = \ln\left(\frac{p(X)}{1-p(X)}\right) = b_0 + b_1X_1 + b_2X_2 + b_3X_3 + \cdots\cdots + b_iX_i \tag{9-6}$$

代入數值，當 X_1 為 0 時，$-0.893 = \ln\left(\dfrac{43}{105}\right)$；當 X_1 為 1 時，$-0.893 + 2.137 = 1.244 = \ln\left(\dfrac{118}{34}\right)$。

所以，在邏輯斯迴歸分析中，預測變數的線性組合，代表的是勝算的自然對數。

綜合上述，2×2 交叉表中各細格的比例可整理成表 9-4。由表中可看出：

$$OR = \frac{p(Y=1|X=1)/1-p(Y=1|X=1)}{p(Y=1|X=0)/1-p(Y=1|X=0)}$$

$$= \frac{\dfrac{1}{1+e^{-(\beta_0+\beta_1)}} \Big/ \dfrac{1}{1+e^{(\beta_0+\beta_1)}}}{\dfrac{1}{1+e^{-(\beta_0)}} \Big/ \dfrac{1}{1+e^{(\beta_0)}}} = e^{\beta_1} \tag{9-7}$$

亦即，取指數後的加權係數 Exp(B) 代表 $X = 1$ 組的勝算與 $X = 0$ 組的勝算之比（勝算比）。在本例中，$e^{2.137} = \dfrac{118/34}{43/105} = 8.475$。

表 9-4　各細格比例之計算公式

效標變數（Y）	預測變數（X）	
	$X = 1$	$X = 0$
$Y = 1$	$p(Y=1\mid X=1) = \dfrac{1}{1+e^{-(b_0+b_1)}}$	$p(Y=1\mid X=0) = \dfrac{1}{1+e^{-(b_0)}}$
$Y = 0$	$1-p(Y=1\mid X=1) = \dfrac{1}{1+e^{(b_0+b_1)}}$	$1-p(Y=1\mid X=0) = \dfrac{1}{1+e^{(b_0)}}$
總和	1.0	1.0

9.1.5　量的預測變數之邏輯斯迴歸分析

如果使用 logitex_2 資料中的離差智商分數（量的變數）對學生學業成績及格與否進行邏輯斯迴歸，可以得到表 9-5：

表 9-5　量的變數對二分變數之分析結果

		B	S.E.	Wald	df	Sig.	Exp(B)
步驟 0	常數	.147	.116	1.610	1	.204	1.158
步驟 1	離差智商	.181	.022	66.531	1	<.001	1.199
	常數	-17.907	2.213	65.507	1	<.001	.000

當預測變數未進入時，常數為 0.147，取指數後 $e^{0.147} = 1.158$，代表及格人數是不及格人數的 1.158 倍（由 161 / 139 而得）。

當預測變數進入後，得到方程式：

$$\ln\left(\frac{學業成績及格}{學業成績不及格}之勝算\right) = 0.181 \times 離差智商 - 17.907。$$

如果學生的離差智商為 98，則 $p(Y\mid X) = \dfrac{e^{(0.181\times98-17.907)}}{1+e^{(0.181\times98-17.907)}} = \dfrac{1}{1+e^{-(0.181\times98-17.907)}} =$ 0.460，表示及格的機率為 0.460，因為機率值小於 0.5，要猜測的話，會猜這些學生的學業成績為「不及格」；如果學生的離差智商為 99，則 $p(Y\mid X) = \dfrac{e^{(0.181\times98-17.907)}}{1+e^{(0.181\times98-17.907)}} = \dfrac{1}{1+e^{-(0.181\times98-17.907)}} = 0.506$，因為機率值大於 0.5，要猜這些學生的學業成績為「及格」。

當智商為 98 時，及格機率與不及格機率的比為 $\frac{0.460}{1-0.460}=0.853$，勝算小於 1；當智商為 99 時，及格機率與不及格機率的比為 $\frac{0.506}{1-0.506}=1.022$，勝算大於 1。勝算比 $\frac{1.022}{0.853}=1.199$，這就是 $e^{(b)}$，因此學生的離差智商每增加 1 分，勝算比為 1.199。亦即，相鄰 1 分之間，及格與不及格機率的勝算，就會增加 0.199 倍或 19.9%（也就是 1.199 − 1）。如果學生的離差智商增加 10 分，則及格與不及格機率的勝算，就會增加 4.117 倍或 411.7%（$1.199^{10}-1=4.117$）。

換言之，邏輯斯迴歸的係數，代表個別預測變數相鄰 1 個單位間，效標變數是 1 與 0 勝算的比率（勝算比）。例如：X_2 變數的原始加權係數是 1.5，則 $e^{1.5}=4.482$，表示 $X_2=2$ 時，與 $X_2=1$ 的勝算比是 4.482；又如，X_5 變數的原始加權係數是−1.8，則 $e^{-1.8}=0.165$，表示 $X_5=2$ 時，與 $X_5=1$ 的勝算比是 0.165。因為 $e^{(正數)}>1$，所以當迴歸係數的值為正數時，表示預測變數的數值愈大，則效標變數為 1 的機率就會增加；反之，$e^{(負數)}<1$，表示預測變數個數值愈大，則效標變數為 1 的機率就會減少，換言之，效標變數為 0 的機率就會增加。

在一般迴歸當中，標準化係數有其重要性，但是在邏輯斯迴歸中，一般不列出標準化係數。SPSS 軟體早期可以計算標準化係數，但是目前已經不提供了。主要是因為原始的邏輯斯迴歸係數，多半轉換為勝算比來解釋，較少使用標準化係數來進行說明。

綜言之，邏輯斯迴歸對係數的解釋可以有三個方法（Pampel, 2000）：

一是直接就係數加以解釋。此係數具有可加性，它代表的是預測變數每一個單位量的變化，對依變數勝算比之自然對數的影響，不管自變數的值是小、中、大，每個單位量的變化對依變數的效果都是相同的。假如，大學生取得的證照數對於能否在畢業前獲得工作機會有影響，則擁有 2 張與 3 張之差異，對依變數的效果，與 8 張與 9 張之差異對依變數的效果是相同的。如果此部分的係數是 0，表示自變數對依變數沒有影響。

二是將係數轉換（取指數），針對勝算比加以解釋。留意，此時是就 2 個勝算的比值加以解釋，而不是針對機率加以說明。如果轉換後的值是 1，表示自變數對依變數沒有影響；大於 1，表示增加勝算比；而小於 1，表示減少勝算比。在 SPSS 及 STATA 報表中，都提供有 Exp(B) 的值，只要將 $(Exp(B)-1)\times100$ 即代表減少或增加勝算之百分點。不過，機率值在相當接近 0 或 1 時，使用勝算會有誤導作用。如成功的機率是 .99，失敗機率為 .01，勝算是 99；當成功的機率是 .995，失敗機率為 .005

時，勝算則變為 199。即使成功機率只增加 .005（即 0.5%），但是勝算已增加了 101%（$199/99-1=1.01$）。此時可以改採第三種方式，將上述兩種值加以轉換，以機率的方式解釋。此部分，可以使用 $\dfrac{1}{1+e^{-(b_0+b_1X_1+b_2X_2+b_3X_3+\cdots\cdots+b_iX_i)}}$ 來計算依變數為 1 的機率，依變數為 0 的機率則是 $\dfrac{1}{1+e^{(b_0+b_1X_1+b_2X_2+b_3X_3+\cdots\cdots+b_iX_i)}}$ 。

比較簡單的方式，則是使用 $b\times p\times(1-p)$，獲得簡易的改變機率值（Allison, 1999），其中 p 是依變數等於 1 的比例。表 9-3 中，學業成績及格的比例 p 為 161/300 = 0.537，表 9-5 中離差智商的係數為 0.181，0.181 × 0.537 × (1 − 0.537) = 0.045，因此，離差智商每增加 1 分，及格的機率增加 0.045。

至於標準化係數，在邏輯斯迴歸中較少使用。

9.1.6　整體模型的檢定

在檢定係數是否顯著時，邏輯斯迴歸也與一般迴歸相同，有兩種部分：一是檢定整個模型是否顯著，旨在檢定所有預測變數是否可以聯合預測效標變數，如果不顯著，則停止分析。二是在整體檢定顯著後，接著檢定個別係數是否顯著，也就是檢定哪一個預測變數對效標變數有顯著的預測效果。

整體模型檢定的方法之一是計算殘差平方和，公式是：

$$\chi^2 = \sum_{i=1}^{n} \frac{(Y_i - p_i)^2}{p_i(1-p_i)} \tag{9-8}$$

其中 p_i 是第 i 個觀察體的預測機率值，類似線性迴歸的 $\hat{Y_i}$，$(Y_i-p_i)^2$ 是第 i 個觀察體的實際值減去預測值（也就是殘差）的平方，加總之後的 χ^2 值會符合自由度為 $n-k-1$（k 為自變數個數）的 χ^2 分配，如果計算所得 χ^2 值不顯著，表示模型適配度良好。然而，如果只根據此指標做決策，卻常會犯第二類型錯誤，因此在新版的 SPSS 軟體中已經不再提供此適配指標（王濟川、郭志剛，2003）。

另一種檢定整個模型是否顯著的方法，可以用「加入預測變數後的模型是否與沒有加入預測變數更有解釋力」來思考（Hosmer & Lemeshow, 2000）。它是藉由比較 2 個模型的負 2 倍自然對數概似值（$-2LL$ 值）的差異，

$$\chi^2 = -(-2LL_m - (-2LL_0)) = -2LL_0 - (-2LL_m) \tag{9-9}$$

其中 LL_0 是沒有投入任何預測變數（除常數項外）時概似值的自然對數，而 LL_m 是投入預測變數後概似值的自然對數。此時，2 個模型的 $-2LL$ 差異會形成自由度為 k

的 χ^2 分配，如果兩者的 $-2LL$ 達到顯著差異，表示投入預測變數（不含常數項）後，的確有顯著增加的解釋力。

LL 值的概念類似線性迴歸中的殘差平方和，如果 $-2LL$ 愈大表示預測的適配度（goodness of fit）愈差。LL 的公式如下：

$$LL = \sum_{i=1}^{n} (y_i \ln(p_i) + (1 - y_i) \ln(1 - p_i)) \tag{9-10}$$

由於 χ^2 檢定會受到樣本大小的影響，因此 Hosmer 及 Lemeshow（2000）的適配度（稱不適配度較恰當）的檢定是另一種可行的選擇。Hosmer-Lemeshow 檢定，是根據預測機率值進行升冪排列，再將資料大約等分成 g 組（g 通常為 10）。因為效標變數是二分變數，因此就會形成 $2 \times g$ 的列聯表。如果分析結果適切的話，在實際值為 1 這一欄的觀察次數應該是由少到多排列，而實際值為 0 這一欄的觀察次數則應該由多到少排列。

接著再使用 $\sum \dfrac{(f_o - f_e)^2}{f_e}$ 計算 χ^2 值（近似自由度為 $g - 2$ 之卡方分配）。Hosmer-Lemeshow 檢定計算所得的 χ^2 值如果不顯著，就表示模型的適配度相當不錯（接受虛無假設 H_0：模型與觀察資料適配）；反之，如果達到顯著，就表示模型的適配度不理想。

9.1.7 個別係數的檢定

個別係數是否顯著的檢定，有四種常用的方式。

如果樣本數很多，可以採用 z 檢定，將個別的迴歸係數除以標準誤：

$$z = b_k / se_{b_k} \tag{9-11}$$

當 $\alpha = .05$ 時，$|z|$ 如果大於 1.96，就達顯著。如果要計算個別的迴歸係數的信賴區間，可以使用以下公式：

$$b_k \pm z_{(\alpha/2)} \times se_{b_k} \tag{9-12}$$

假使要計算 95% 信賴區間，則是 $b_k \pm 1.96 \times se_{b_k}$，如果信賴區間不含 0，則表示該係數達 .05 顯著水準。STATA 軟體使用 z 檢定及其信賴區間估計。

不過，多數的統計軟體採用 Wald 檢定，公式為：

$$W = \left(b_k / se_{b_k} \right)^2 \tag{9-13}$$

Wald 檢定實際上就是 z 統計量的平方，在自由度為 1 時，其值會趨近於 χ^2 分配，因此，當 $\alpha = .05$ 時，W 如果大於 3.841，就達顯著。

雖然 Wald 值很容易計算，但是在迴歸係數的絕對值很大時，這一係數的標準誤可能會被高估，導致 Wald 值變得比較小（也就不容易顯著），因此犯第二類型錯誤的機率就會增加，檢定也會比較保守（王濟川、郭志剛，2003；Tabachnick & Fidell, 2019）。所以如果發現迴歸係數的絕對值很大時，可以使用巢式迴歸（nested regression）的概似值檢定（LR test）代替。

LR 檢定首先將所有預測變數加常數項〔稱為完整模型（full model）〕投入進行分析，接著分別剔除 1 個預測變數〔此稱為縮減模型（reduced model），須進行 k 次〕，經由比較兩模型間的 $-2LL$ 值差異，即可計算 χ^2 值。如果 χ^2 值顯著，表示該變數有顯著的解釋力。SPSS 在多項式邏輯斯迴歸分析中，提供此項檢定；STATA 則建立 k 縮減模型，以 lrtest 分別與完整模型比較，計算 χ^2 及 p 值。

第四種是 Score 檢定（記分檢定）。它先以常數項進行分析，接著分別加入 1 個自變數，並比較 2 個模型的差異 χ^2 值，如果 χ^2 值顯著，表示加入的該變數有顯著解釋力。χ^2 值的公式如下，其中 X 是各個自變數，$\bar{Y}$ 是依變數的平均數，也是依變數中 1 的比例 p：

$$\chi^2 = \frac{\left(\sum X_i(Y_i - \bar{Y})\right)^2}{\bar{Y}(1-\bar{Y})\sum(X_i - \bar{X})^2} \tag{9-14}$$

Wald、LR、Score 等三種檢定方法，所得結果相當接近。

9.1.8　預測的準確性

對於邏輯斯迴歸模型的準確性，通常有三種計算方法。

9.1.8.1　分類正確率交叉表

在區別分析（請見本書第 10 章）後一般會計算分類正確率（hit ratio），同樣地，在邏輯斯迴歸後也可以計算此數據。

不過，因為邏輯斯迴歸分析所得的預測值是機率值，所以會先以 1 個機率值為分割點劃分成 0 與 1（如果沒有指定，一般是以 0.5 為分割點），接著再與實際值比較，得到以下的交叉表〔又稱為混淆矩陣（confusion matrix）〕。

表 9-6　混淆矩陣

預測值		
實際值	0（機率值≤0.5）	1（機率值＞0.5）
0	A（真陰性）	B（偽陽性）
1	C（偽陰性）	D（真陽性）

在表 9-6 中，A 與 D 是分類正確的觀察體數，B 與 C 是分類錯誤的觀察體數，整體預測的正確率是 $\frac{A+D}{A+B+C+D} \times 100\%$，數值愈高，表示迴歸分析的效度愈高。不過這是內在效度，如果要應用在其他的樣本上，需要再經過交叉驗證的步驟（主要概念請參考第 10 章區別分析）。

在表中，實際值為 1 而預測值也為 1 的人數為 D，占實際值為 1 總人數的 $\frac{D}{C+D} \times 100\%$，此稱為**敏感性**（sensitivity），它是實際為陽性（含真陽性及偽陰性）中真陽性的比例。實際值為 0 而預測值也為 0 的人數為 A，占實際值為 0 總人數的 $\frac{A}{A+B} \times 100\%$，此稱為**特異性**（specificity），它是實際為陰性（含真陰性及偽陽性）中真陰性的比例。敏感性及特異性是預測正確的比率。

另一方面，預測值及實際值均為 1 的人數是 D，占預測值為 1 總人數的 $\frac{D}{B+D} \times 100\%$，此稱為**陽性預測值**（positive predictive value），它是預測為陽性（含真陽性及偽陽性）中真陽性的比例。預測值及實際值均為 0 的人數是 A，占預測值為 0 之總人數的 $\frac{A}{A+C} \times 100\%$，此稱為**陰性預測值**（negative predictive value），它是預測為陰性（含真陰性及偽陰性）中真陰性的比例。

9.1.8.2　類 R^2 指標（或稱假 R^2 指標）

在一般線性迴歸中，我們會用決定係數 R^2 代表預測變數對效標變數變異量解釋的百分比。在邏輯斯迴歸中，則可以透過 9.1.6 節當中提到 L_0 與 L_m 兩個模型的 $-2LL$ 值的比較來計算 McFadden 的 ρ^2，

$$\rho^2 = \frac{-2LL_0 - (-2LL_m)}{-2LL_0} = 1 - \frac{-2LL_m}{-2LL_0} = 1 - \frac{LL_m}{LL_0} \tag{9-15}$$

McFadden ρ^2 值最小是 0，最大為 1，但是在實際應用的情境中，一般不使用此公式，而採用 Cox-Snell 的 R^2，

$$R_{CS}^2 = 1 - e^{\left(\frac{-2LL_m - (-2LL_0)}{n}\right)} \tag{9-16}$$

然而 Cox-Snell 的 R^2 值最大不會等於 1，所以 Nagelkerke 提出調整的 R_N^2，

$$R_N^2 = \frac{R_{CS}^2}{1 - e^{\left(\frac{-2LL_0}{n}\right)}} \tag{9-17}$$

經過調整之後，R^2 值最大就會是 1 了。

上述所有的類 R^2 指標，都只是代表預測變數與效標變數的關聯強度，不代表解釋的百分比，這是在使用時應該留意的。此類指標最好僅用在模型間的比較。

9.1.8.3 預測機率與實際值的關聯

邏輯斯迴歸所得的預測值是以機率形式表示，其值介於 0 與 1 之間，而實際值則有 0 與 1 兩種情形。如果計算預測機率及實際值這 2 個變數的關聯性，也可以當成是預測準確性的指標。

介紹關聯性量數之前，我們先以下表說明三種比較的結果。

觀察體代號	1	2	3	4	5	6
實際值	1	0	0	1	1	1
預測機率	0.40	0.50	0.30	0.50	0.60	0.45

在 6 個觀察體中，實際值是 0 的有 2 人，1 的有 4 人，因此要比較的對數是 8 對（2×4=8）。他們分別是(1,2)、(1,3)、(2,4)、(2,5)、(2,6)、(3,4)、(3,5)、(3,6)。

首先，以 (2,5) 這一對為例，2 號的實際值是 0，預測機率值為 0.50，5 號的實際值是 1，預測機率值為 0.60。此時，實際值是 1 的 5 號，其預測機率值 0.60，大於實際值是 0 的 2 號之預測機率值（0.50）。當實際值大的觀察體，其預測機率也大時，此情形稱為是**和諧的**（concordant）。在上表，和諧的對數有 (1,3)、(2,5)、(3,4)、(3,5)、(3,6) 等五對。

其次，以 (1,2) 這一對為例，1 號的實際值是 1，預測機率值為 0.40，2 號的實際值是 0，預測機率值為 0.50。實際值大的觀察體，其預測機率卻比較小時，此情形稱為是**不和諧的**（discordant）。在上表，不和諧的對數有 (1,2) 及 (2,6) 這兩對。

而 (2,4) 這一對，2 號的實際值是 0，4 號的實際值是 1，兩者的預測機率值都是 0.50，既不是和諧，也不是不和諧，此時稱為**結**（tie，或**等值結**）。在上表，只有

(2,4) 這一對為結。

接著可以計算以下四種量數，

$$\text{Gamma} = \frac{N_c - N_d}{N_c + N_d} = \frac{5-2}{5+2} = 0.429 \tag{9-18}$$

$$\text{Somers } D = \frac{N_c - N_d}{t} = \frac{5-2}{8} = 0.375 \text{，} t \text{ 為不同實際值的比較對數} \tag{9-19}$$

$$\text{Tau-a} = \frac{N_c - N_d}{0.5N(N-1)} = \frac{5-2}{0.5 \times 6 \times (6-1)} = 0.200 \text{，} N \text{ 為總人數} \tag{9-20}$$

$$c = \frac{N_c + 0.5(t - N_c - N_d)}{t} = \frac{5 + 0.5(8-5-2)}{8} = 0.688 \tag{9-21}$$

c 量數最小為 0.5，代表完全無關；最大值為 1，代表完全關聯。Somers D 與 c 可以經由以下的公式加以轉換，

$$\text{Somers } D = 2(c - 0.5) \tag{9-22}$$

$$c = \text{Somers } D / 2 + 0.5 \tag{9-23}$$

以上 4 個量數都可以用來代表預測機率值與實際值的關聯程度，不過這些指標都不是從絕對值的角度來使用，而是用來比較不同模型用（王濟川、郭志剛，2003）。

9.1.9　樣本數之決定

因為使用最大概似法進行估計，邏輯斯迴歸分析時所需要的樣本數要較一般迴歸多，Hosmer 及 Lemeshow（2000）建議全體的樣本大小最好大於 400。而在每個組中，每個要估計的參數最少要有 10 個樣本（Hair et al., 2019）。

9.1.10　其他邏輯斯迴歸分析模型

當效標變數是三類以上時（如將學生分為考取公立大學、考取私立大學、未考取三類），一般會使用第 10 章的區別分析。不過，由於區別分析須符合比較多的統計假設，因此如果資料不能符合這些假設時，使用多項式邏輯斯迴歸（multinomial logistic regression）會比較恰當。

進行多項式邏輯斯迴歸時，須選定 1 個參照組。分析時，統計軟體會針對其他各組與參照組相比，得到組別數減 1 的迴歸方程（如果效標變數是 4 組，則會得到 3 組迴歸方程），其意義與 2 個類別邏輯斯迴歸相同。最後，透過機率值的計算，將觀察體重新分類到機率最高的組別。

當效標變數是三類以上且為次序變數時（如社會經濟地位分為低、中、高），此時可以採用次序性邏輯斯迴歸（ordinal logistic regression）。

如果讀者對其他的邏輯斯迴歸模型有興趣，可以進一步閱讀王濟川及郭志剛（2003）或 Hosmer 及 Lemeshow（2000）的專書。

9.2　假設性資料

假設有 30 個觀察體在 4 個變數的數據，以 Y 為依變數，$X1 \sim X3$ 自變數進行多元邏輯斯迴歸分析。

表 9-7　30 個觀察體之 4 個變數資料

觀察體	Y	X1	X2	X3	觀察體	Y	X1	X2	X3
1	1	13.6	10.3	6.2	16	0	2.1	7.0	11.2
2	1	4.2	16.5	12.0	17	0	12.8	6.9	10.4
3	1	12.5	9.1	12.7	18	1	6.7	10.2	3.9
4	0	7.1	6.2	11.1	19	0	11.6	4.4	11.0
5	1	7.2	10.8	9.5	20	1	14.0	9.2	8.9
6	1	13.5	10.1	5.7	21	1	10.4	9.9	7.9
7	0	8.7	10.0	12.9	22	0	6.2	7.2	17.0
8	1	14.1	8.3	12.1	23	0	7.6	7.1	13.6
9	0	6.4	11.2	13.8	24	1	9.1	10.4	7.4
10	1	9.5	12.6	7.6	25	0	7.6	6.7	12.2
11	0	8.5	6.9	8.2	26	0	8.8	3.1	11.2
12	0	10.8	5.1	10.5	27	0	9.0	12.9	10.8
13	0	13.1	9.9	18.1	28	1	11.8	13.8	11.3
14	1	11.0	8.1	11.8	29	1	5.1	6.7	8.5
15	1	12.9	9.9	8.7	30	0	7.5	8.5	6.0

9.2.1　簡要語法

在 SPSS 中使用以下語法進行分析：

```
logistic regression Y
    /method=enter X1 X2 X3
    /print=goodfit iter(1) ci(95).
nomreg Y (base=0 order=ascending) with X1 X2 X3
    /print=association parameter summary lrt cps step mfi.
```

在 STATA，建議語法如下：

```
logit Y X1 X2 X3
logit Y X1 X2 X3, or
```

9.2.2 簡要報表

以下以 SPSS 報表為主，簡要說明分析結果。報表依理論順序呈現，而非統計軟體輸出順序。

報表 9-3

Iteration History[a,b,c]

Iteration		-2 Log likelihood	Coefficients
			Constant
Step 0	1	41.589	.000

a. Constant is included in the model.
b. Initial -2 Log Likelihood: 41.589
c. Estimation terminated at iteration number 1 because parameter estimates changed by less than .001.

報表 9-3 是迭代過程，當模型只有常數項時，$-2LL$ 為 41.589。

報表 9-4

Model Summary

Step	-2 Log likelihood	Cox & Snell R Square	Nagelkerke R Square
1	22.368[a]	.473	.631

a. Estimation terminated at iteration number 6 because parameter estimates changed by less than .001.

報表 9-4 是模型摘要。3 個 X 進入模型後，$-2LL$ 值為 22.368。類 R^2 見報表 9-5 之說明。

報表 9-5

Pseudo R-Square

Cox and Snell	.473
Nagelkerke	.631
McFadden	.462

　　報表 9-5 是另外使用多項式邏輯斯迴歸分析所得的整體解釋力，3 個類 R^2 分別為 .473、.631，及 .462。

報表 9-6

Omnibus Tests of Model Coefficients

		Chi-square	df	Sig.
Step 1	Step	19.221	3	<.001
	Block	19.221	3	<.001
	Model	19.221	3	<.001

　　報表 9-6 是模型係數的整體檢定。報表 9-3 的 41.589 減去報表 9-4 的 22.368，等於 19.221。整體模型 $\chi^2(3, N=30) = 19.221$，$p < .001$，因此 3 個 X 可以聯合預測 Y。

報表 9-7

Hosmer and Lemeshow Test

Step	Chi-square	df	Sig.
1	8.747	8	.364

　　報表 9-7 是 Hosmer 及 Lemeshow 的不適配檢定，$\chi^2(8, N=30) = 8.747$，$p=.364$，未達.05 顯著水準，表示整體模型是適配的。

報表 9-8

Measures of Monotone Association

Pairs	Concordant	N	206
		Percentage	91.6%
	Discordant	N	19
		Percentage	8.4%
	Tied	N	0
		Percentage	0.0%
	Total	N	225
		Percentage	100.0%
Measures	Somers' D		.831
	Goodman and Kruskal's Gamma		.831
	Kendall's Tau-a		.430
	Concordance Index C		.916

報表 9-8 是 SPSS NOMREG 分析所得的四種關聯量數。

報表 9-9

Variables in the Equation

	B	S.E.	Wald	df	Sig.	Exp(B)	95% C.I.for EXP(B) Lower	Upper
Step 1[a] X1	.359	.211	2.908	1	.088	1.432	.948	2.165
X2	.538	.225	5.721	1	.017	1.713	1.102	2.663
X3	-.449	.208	4.662	1	.031	.638	.424	.959
Constant	-3.604	3.475	1.076	1	.300	.027		

a. Variable(s) entered on step 1: X1, X2, X3.

報表 9-9 是個別變數之檢定，$X2$ 及 $X3$ 達 .05 顯著水準，$X2$ 對 Y 為正向效果，係數為 0.538，取指數後 Exp(0.538) = 1.713，代表 $X2$ 相鄰 2 個單位間 Y 變數的勝算比為 1.713，也就是，$X2$ 增加 1 個單位，則 Y 的勝算增加 0.713 （等於 71.3%）；$X3$ 對 Y 則為負向效果，係數為−0.449，Exp(−0.449) = 0.638，$X3$ 增加 1 個單位，則 Y 的勝算減少 0.362（等於 1− 0.638，也就是 36.2%）。

報表 9-10

Classification Table[a]

			Predicted Y 0	1	Percentage Correct
	Observed				
Step 1	Y	0	12	3	80.0
		1	2	13	86.7
	Overall Percentage				83.3

a. The cut value is .500

報表 9-10 為混淆矩陣，是重新分類結果。實際值為 0，預測為 0 者有 12 個觀察值；而實際值為 1，預測為 1 者有 13 個觀察值。因此，分類正確者為 25，正確率為 25 / 30 =0.833 = 83.3%。實際值為 0，預測為 1 者有 3 個觀察值；實際值為 1，預測為 0 者有 2 個觀察值，總共有 5 個（16.7%）觀察體的分類錯誤。

9.3　應用部分

9.3.1　範例說明

以下以筆者實際實施的「智慧型手機使用情形調查」中之 *Sex*（性別）、*Age*（年齡層）、*A*（知覺易用性）、*B*（知覺有用性）為預測變數，*C*（使用態度）為效標變數，進行邏輯斯迴歸分析。

原調查資料中 *Sex* 分別以 1、2 代表男性、女性。*Age* 的 1 代表低年齡層（20 歲以下），2 代表中年齡層（21-34 歲），3 代表高年齡層（35 歲以上）。變數 *A*、*B*、*C* 皆為等距變數。此處將 *C* 變數轉碼為二分變數（高分組與低分組）。

在本分析中，*Sex* 為二分變數，以女性為參照組。年齡層有 3 類，因此須轉換成 2 個虛擬變數，設定以 35 歲以上組為參照組。有關虛擬變數的設定，請參閱第 7 章的說明。

9.3.2　SPSS 分析步驟圖

1. 首先，進行全部投入法之邏輯斯迴歸分析，在【Analyze】（分析）選單中的【Regression】（迴歸）選擇【Binary Logistic】（二元 Logistic）（圖 9-6）。

圖 9-6　Binary Logistic 選單

2. 將變數 C.2 點選至【Dependent】（依變數），變數 Sex、Age、A、B 點選至【Covariates】（共變量），此時分析方法為【Enter】（輸入）（圖 9-7）。

圖 9-7 Logistic Regression 對話框

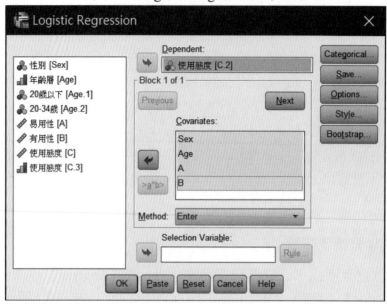

3. 在【Options】（選項）選單下，勾選【Hosmer-Lemeshow goodness-of-fit】（Hosmer-Lemeshow 適合度）、【Iteration history】（疊代過程）、及【CI for Exp(B)】（Exp(B)之信賴區間）（圖 9-8）。

4. 因為 Sex 及 Age 為類別變數，須轉換為虛擬變數，所以在【Categorical】（類別）選單下，將 Sex 及 Age 選至【Categorical Covariates】（類別共變量）中，並設定以最後一類當【Indicator】（指標）（圖 9-9）。完成後點擊【Continue】（繼續）回到圖 9-7，再點擊【OK】（確定），執行第一次分析。

圖 9-8　Logistic Regression: Options 對話框

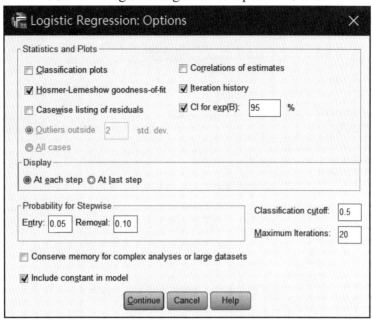

圖 9-9　Logistic Regression: Define Categorical Variables 對話框

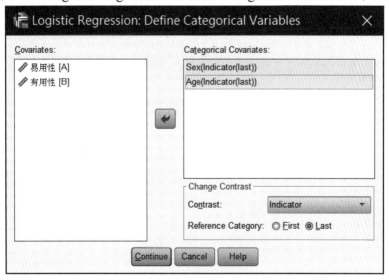

5. 其次，進行階層邏輯斯迴歸分析，將變數 C.2 點選至【Dependent】（依變數），
變數 Sex 及 Age 點選至【Covariate(s)】（共變量），再點擊【Next】（下一步）。此
時分析方法為【Enter】（輸入）（圖 9-10）。留意，Sex 及 Age 也要再設定為
【Categorical Covariates】（類別共變量）。

圖 9-10　Logistic Regression 對話框（一）

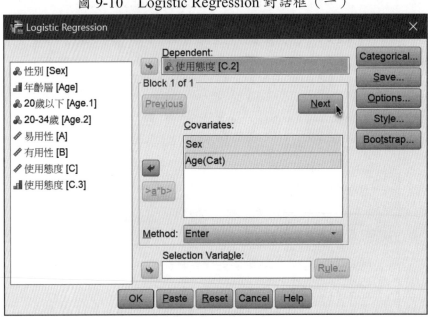

6.　接著，將變數 A 與 B 點選至【Block 2 of 2】（區塊 2/2），再點擊【OK】（確定），
　　進行分析（圖 9-11）。

圖 9-11　Logistic Regression 對話框（二）

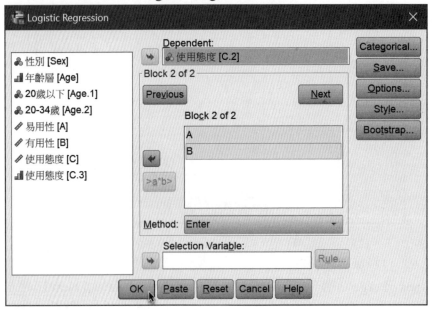

7. 如果依變數有 3 個以上類別（2 類亦可），可以使用次序邏輯斯迴歸分析或多項式邏輯斯迴歸分析（無次序）。在【Analyze】（分析）選單中的【Regression】（迴歸），選擇【Ordinal】（次序）或【Multinomial Logistic】（多項式邏輯斯）（圖 9-12）。

圖 9-12　Logistic Regression 選單

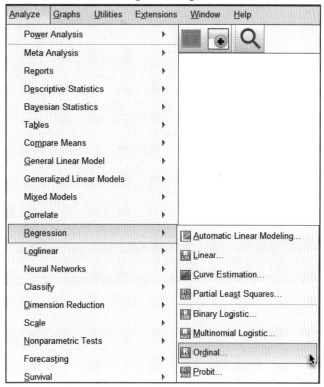

8. 將變數 C.3 點選至【Dependent】（依變數），變數 Sex、Age.1、Age.2、A、B 點選至【Covariate(s)】（共變量）（圖 9-13）。由於 Ordinal Regression 程序沒有類別共變量設定，因此須先將 Age 轉碼成 Age.1 及 Age.2 兩個虛擬變數。

9. 在【Output】（輸出）中，可視研究者需要，勾選所需項目（圖 9-14）。

圖 9-13　Ordinal Regression 對話框

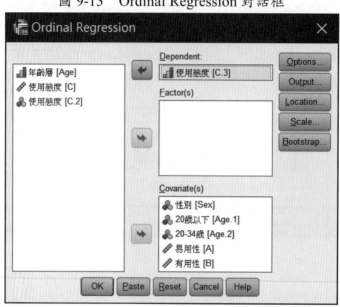

圖 9-14　Ordinal Regression: Output 對話框

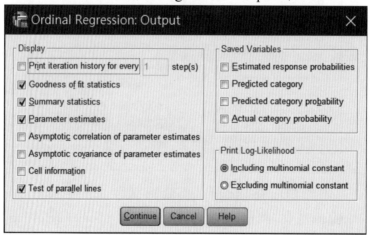

9.3.3　SPSS 程式

```
[1]    logistic regression variables C.2
[2]            /method=enter Sex Age A B
[3]            /contrast (Sex)=indicator
[4]            /contrast (Age)=indicator
[5]            /print=goodfit iter(1) ci(95).
```

```
[6]    logistic regression variables C.2
               /method=enter Sex Age
               /method=enter A B
               /contrast (Sex)=indicator
               /contrast (Age)=indicator
               /print=ci(95).
[7]    plum C.3 with Sex Age.1 Age.2 A B
               /link=logit
               /print=fit parameter summary tparallel.
```

9.3.4　SPSS 程式說明

[1]　以 C.2 為依變數，進行二元邏輯斯迴歸分析。

[2]　共變量為 Sex、Age、A、B。

[3]　將 Sex 設為類別共變量，最後 1 個類別 2（女性）為參照組。

[4]　將 Age 設為類別共變量，最後 1 個類別 3（35 歲以上）為參照組。

[5]　列出適配度、疊代過程、及係數的 95%信賴區間。

[6]　以 C.2 為依變數進行階層二元邏輯斯迴歸分析，第 1 次進入變數為 Sex 及 Age，
第 2 次進入變數為 A 與 B。

[7]　以 C.3（三類）為依變數，Sex、Age.1、Age.2、A、B 為共變數，進行多項式一
般模型（polytomous universal model, PLUM），連結 logit 分析（可改為 probit），
列出適配度、參數估計值、摘要、平行檢定等統計量。

9.3.5　STATA 程式

```
[1]    logit C_2 Sex ib3.Age A B
[2]    logit C_2 Sex ib3.Age A B, or
[3]    fitstat
[4]    lstat
[5]    nestreg, lr: logit C_2 (Sex ib3.Age)(A B)
[6]    probit C_2 Sex ib3.Age A B
```

9.3.6　STATA 程式說明

[1]　進行邏輯斯迴歸分析，依變數為 C_2，自變數為 Sex、Age、A、B，其中 Age 為次序變數，因此設定為虛擬變數，參照組為第 3 組。

[2]　同樣進行邏輯斯迴歸分析，列出勝算比 or。

[3]　以外部指令 fitstat（在 fitstat 或 spost13 中）列出各種適配指標。

[4]　列出混淆矩陣。

[5]　進行階層邏輯斯迴歸分析，依變數為 C，首先進入的自變數為 Sex 及 Age 的 2 個虛擬變數，其次進入的為變數 A 與 B。

[6]　進行 probit 迴歸分析，語法與邏輯斯迴歸分析類似。

9.3.7　報表及解說

　　以下報表以 SPSS 為主，STATA 為輔，詳細說明如後。說明時先呈現報表，再加以解說。部分報表配合排版，會交換呈現順序。

報表 9-11

Dependent Variable Encoding	
Original Value	Internal Value
lowest	0
highest	1

　　依變數 *C.2*（使用態度）的編碼，0 代表低分組（4 分以下），1 代表高分組（超過 4 分）。

報表 9-12

			Parameter coding	
		Frequency	(1)	(2)
Age 年齡層	20 歲以下	65	1.000	.000
	20-34 歲	105	.000	1.000
	35 歲以上	61	.000	.000

Categorical Variables Codings

　　類別變數轉碼摘要。因為年齡層有 3 類，所以轉成 2 個虛擬變數。在此，設定 35 歲以上為參照組，轉碼過程可以參閱第 7 章之多元迴歸部分。

報表 9-13

Classification Table[a,b]

			\multicolumn{3}{c}{Predicted}		
			\multicolumn{3}{c}{C.2 使用態度}		
	Observed		lowest	highest	Percentage Correct
Step 0	C.2	lowest	0	56	.0
	使用態度	highest	0	175	100.0
	Overall Percentage				75.8

a. Constant is included in the model.

b. The cut value is .500

　　只以常數項進行預測時，實際上為低分組且預測為低分組者為 0 人，實際上為高分組且預測為高分組者為 175 人，因此預測正確人數為 175（等於 0 + 175），正確率為 75.8%（$\frac{175}{231}$），錯誤率為 24.2%。這是因為高分組人數較多，所以只用常數項預測時，就會全部都預測為高分組，如此正確率會較高。

報表 9-14

Variables in the Equation

		B	S.E.	Wald	df	Sig.	Exp(B)
Step 0	Constant	1.139	.154	55.080	1	<.001	3.125

　　當所有預測變數都未進入，只有常數項時，$e^{(1.139)} = 3.125 = \frac{175}{56}$，表示高分組與低分組的比值（勝算）為 3.125。$\frac{e^{(1.139)}}{1+e^{(1.139)}} = \frac{1}{1+e^{-(1.139)}} = 0.758 = \frac{175}{231}$，表示高分組的比例為 0.758；$1 - \frac{1}{1+e^{-(1.139)}} = \frac{1}{1+e^{(1.139)}} = 0.243 = \frac{56}{231}$，因此低分組的比例為 0.243。

報表 9-15

　　預測變數均未進入方程式中。如果全部進入後 χ^2 為 71.688，達 .05 顯著水準。其中 $Age(1)$ 及 $Age(2)$ 是 Age（年齡層）的虛擬變數。在未估計迴歸係數前，即可進行 Score 檢定，它與報表 9-21 的 Wald 檢定結果相似，Sex、A、B 三個變數可以顯著預測依變數，兩個 Age 的虛擬變數則不顯著。

Variables not in the Equation

		Score	df	Sig.
Step 0	Variables Sex	9.613	1	.002
	Age	1.545	2	.462
	Age(1)	.007	1	.934
	Age(2)	1.135	1	.287
	A	35.087	1	<.001
	B	53.077	1	<.001
	Overall Statistics	71.688	5	<.001

報表 9-16

Omnibus Tests of Model Coefficients

		Chi-square	df	Sig.
Step 1	Step	83.024	5	<.001
	Block	83.024	5	<.001
	Model	83.024	5	<.001

當 5 個預測變數（有 2 個是年齡層的虛擬變數）進入後，χ^2 值為 83.024（等於兩步驟的 $-2LL$ 差數，255.883–172.859，未在報表中顯示），$p < .001$，表示 5 個預測變數可以顯著預測效標變數。

報表 9-17

Model Summary

Step	-2 Log likelihood	Cox & Snell R Square	Nagelkerke R Square
1	172.859[a]	.302	.451

a. Estimation terminated at iteration number 6 because parameter estimates changed by less than .001.

Pseudo R-Square

Cox and Snell	.302
Nagelkerke	.451
McFadden	.324

模型摘要，$-2LL$ 值為 172.859，Cox-Snell $R_{CS}^2 = 1 - e^{\left(\frac{172.859-255.883}{231}\right)} = .302$，

Nagelkerke $R_N^2 = \dfrac{.302}{1-e^{\left(\frac{-255.883}{231}\right)}} = .451$。如果使用 NOMREG 程序，可以另外得到

McFadden $\rho^2 = \dfrac{255.883 - 172.859}{172.859} = .324$。

報表 9-18

Hosmer and Lemeshow Test

Step	Chi-square	df	Sig.
1	7.857	8	.448

　　Hosmer-Lemeshow 的適配度檢定 χ^2 值為 7.857，$p = .448$，大於 .05，表示模型適當。

報表 9-19

Contingency Table for Hosmer and Lemeshow Test

		C.2 使用態度 = lowest		C.2 使用態度 = highest		
		Observed	Expected	Observed	Expected	Total
Step 1	1	19	19.330	5	4.670	24
	2	15	12.457	8	10.543	23
	3	8	9.001	16	14.999	24
	4	4	5.633	18	16.367	22
	5	5	3.888	18	19.112	23
	6	1	2.501	23	21.499	24
	7	1	1.553	22	21.447	23
	8	1	.937	22	22.063	23
	9	2	.535	21	22.465	23
	10	0	.164	22	21.836	22

　　Hosmer-Lemeshow 的適配度檢定，在列聯表的細格中，有觀察次數 f_o 及期望次數 f_e，使用 $\sum \dfrac{(f_o - f_e)^2}{f_e}$ 可以計算報表 9-18 的 χ^2 值。

報表 9-20

Classification Table[a]

	Observed		Predicted		
			C.2 使用態度		
			lowest	highest	Percentage Correct
Step 0	C.2 使用態度	lowest	30	26	53.6
		highest	12	163	93.1
	Overall Percentage				83.5

a. The cut value is .500

以 5 個預測變數進行預測後，並設定機率的切割點為 .500，重新分類的正確性為 83.5%（錯誤率為 16.5%），其正確性為原先的 1.10 倍（83.5 / 75.8 = 1.10）。如果以區別分析的標準來看，並未超過 25% 的預測正確性。以減少的錯誤率（proportional error reduction, PRE）計算，公式為：

$$PRE = \frac{\text{不含自變數之錯誤率} - \text{含自變數之錯誤率}}{\text{不含自變數之錯誤率}}$$

$$= \frac{0.242 - 0.165}{0.242} = 0.318$$

因此，以 5 個預測變數進行預測，比隨意猜測，可減少 31.8%的分類錯誤率，與前述的類 R^2 相近。Menard（2000）提出以下公式，可進行顯著性考驗：

$$d = \frac{\text{不含自變數之錯誤率} - \text{含自變數之錯誤率}}{\sqrt{\text{不含自變數之錯誤率}(1 - \text{不含自變數之錯誤率}) / N}}$$

$$= \frac{0.242 - 0.165}{\sqrt{0.242(1 - 0.242) / 231}} = 2.732$$

當 α = .05 時，Z 的單尾臨界值為 1.65，由於 2.732 > 1.65，因此，減少的錯誤率有統計上顯著意義。

在本報表中，敏感性為 0.931（$\frac{163}{12+163} = 0.931$），特異性為 0.536（$\frac{30}{30+26} = 0.536$）；陽性預測值是 0.862（$\frac{163}{26+163} = 0.862$），陰性預測值是 0.714（$\frac{30}{30+12} = 0.714$）。

報表 9-21

Variables in the Equation

	B	S.E.	Wald	df	Sig.	Exp(B)	95% C.I.for EXP(B) Lower	Upper
Step 1ᵃSex	1.372	.471	8.508	1	.004	3.945	1.569	9.922
Age			2.034	2	.362			
Age(1)	-.122	.520	.055	1	.815	.885	.319	2.454
Age(2)	.493	.460	1.145	1	.285	1.636	.664	4.034
A	.865	.253	11.639	1	<.001	2.375	1.445	3.903
B	1.630	.307	28.201	1	<.001	5.104	2.797	9.314
Constant	-11.043	1.785	38.269	1	<.001	.000		

a. Variable(s) entered on step 1: Sex, Age, A, B.

　　迴歸係數及其檢定。以變數 A 為例，其原始加權係數為 0.865，標準誤為 0.253，如果採用 z 檢定，則 $\frac{0.865}{0.253} = 3.412$，不過，一般軟體都採用 Wald χ^2 檢定，$3.412^2 = 11.639$。$p < .001$，達 .05 顯著水準。係數 95% 信賴區間計算方法是：$0.865 \pm 1.960 \times 0.253$，下限為 0.368，上限為 1.362（信賴區間不含 0，因此與 0 有顯著差異），取指數後分別為 1.445 及 3.903。（注：計算部分會有捨入誤差）

　　整體而言，當其他變數保持恆定時，Sex 的係數為 1.372，$e^{(1.372)} = 3.945$，表示男性（代號為 1）「高分組與低分組的勝算」是女性（代號為 0）的 3.945 倍（多 2.945 倍），達 .05 顯著水準。Age 整體的顯著性為 .362，表示年齡層無法預測受訪者對智慧型手機的使用態度。$Age(1)$（20 歲以下對 35 歲以上）的係數為 -0.122，$e^{(-0.122)} = 0.885$，顯示 20 歲以下受訪者「使用態度高低分組的勝算」是 35 歲以上組的 0.885 倍，也就是年輕人對使用智慧型手機的態度較低（並未達 .05 顯著水準）。同理，20-34 歲組（$Age(2)$）「使用態度高低分組的勝算」是 35 歲以上組的 1.636 倍。而變數 A（知覺易用性）的勝算比為 2.375，代表 A 每增加 1 分，其 $C.2$（使用態度）「高低分組的勝算」就增加 1.375 倍。變數 B（知覺有用性）每增加 1 分，其使用態度「高低分組的勝算」就增加 4.104 倍。

　　以 35 歲以上，變數 A 與 B 都是 4 分的女性為例，她的使用態度是高分組的機率為 $\frac{1}{1 + e^{-(0 \times 1.372 + 0 \times (-0.122) + 1 \times 0.493 + 4 \times 0.865 + 4 \times 1.630 - 11.043)}} = 0.361$，低分組的機率是 $1 - 0.361 = 0.639$，勝算為 $0.361 / 0.639 = 0.565$。如果變數 A 改為 5 分，則使用態度是高分組的機

率為 $\dfrac{1}{1+e^{-(0\times1.372+0\times(-0.122)+1\times0.493+5\times0.865+4\times1.630-11.043)}} = 0.573$，低分組的機率是 $1-0.573 =$
0.427，勝算為 $0.573 / 0.427 = 1.341$。後者與前者的勝算比為 $1.341 / 0.565 = 2.375$，就是變數 A 的迴歸係數 0.865 取指數。如果以 0.5 為切割點，後者會預測她的使用態度為高分組，前者則會預測為低分組。

此次再強調，迴歸係數取指數後的 EXP(B) 值，代表某個自變數相鄰 1 個單位時，依變數的勝算比（2 個勝算的比），而不是單純的依變數等於 1 之機率變化。

報表 9-22（STATA）

C_2	Coefficient	Std. err.	z	P>z	[95% conf. interval]	
Sex	1.372485	.4705399	2.92	0.004	.4502434	2.294726
Age						
1	-.1216523	.520096	-0.23	0.815	-1.141022	.8977172
2	.4925459	.4602951	1.07	0.285	-.409616	1.394708
A	.864822	.2534953	3.41	0.001	.3679802	1.361664
B	1.629975	.3069352	5.31	0.000	1.028393	2.231557
_cons	-11.04283	1.785066	-6.19	0.000	-14.54149	-7.544164

STATA 分析所得的報表。係數、標準誤、p 值與報表 9-21 一致，z 值由係數除以標準誤而得，如果 $|z| \geq 1.960$ 則達 .05 顯著水準。95% 信賴區間，由係數 $\pm 1.960 \times$ 標準誤而得。

報表 9-23（STATA）

C_2	Odds ratio	Std. err.	z	P>z	[95% conf. interval]	
Sex	3.945141	1.856346	2.92	0.004	1.568694	9.921717
Age						
1	.8854562	.4605223	-0.23	0.815	.3194924	2.453995
2	1.636477	.7532625	1.07	0.285	.6639051	4.033796
A	2.374583	.6019458	3.41	0.001	1.444813	3.902681
B	5.103747	1.566519	5.31	0.000	2.796569	9.314356
_cons	.000016	.0000286	-6.19	0.000	4.84e-07	.0005292

Note: _cons estimates baseline odds.

　　勝算比及其 95%信賴區間，均由報表 9-22 取指數而得。z 值及 p 值與報表 9-22 相同。

報表 9-24

Likelihood Ratio Tests

Effect	Model Fitting Criteria -2 Log Likelihood of Reduced Model	Likelihood Ratio Tests Chi-Square	df	Sig.
Intercept	211.438	59.116	1	<.001
性別	161.923	9.600	1	.002
20 歲以下	152.377	.055	1	.815
20-34 歲	153.463	1.141	1	.286
易用性	164.800	12.478	1	<.001
有用性	189.800	37.478	1	<.001

The chi-square statistic is the difference in -2 log-likelihoods between the final model and a reduced model. The reduced model is formed by omitting an effect from the final model. The null hypothesis is that all parameters of that effect are 0.

　　使用 SPSS 之 NOMREG 程序所得的巢式迴歸檢定，當所有變數（含常數項）都進入時，$-2LL$ 值為 152.323（未在此顯示），第二欄為縮減模型（意即如果該變數從完整模型中刪除）的 $-2LL$ 值，以第二欄分別減去 152.323，即可得到第三欄的 χ^2 值。在自由度都是 1 的情形下，p 值與上面的報表相差不多。

報表 9-25

Measures of Monotone Association

Pairs	Concordant	N	8448
		Percentage	86.2%
	Discordant	N	1315
		Percentage	13.4%
	Tied	N	37
		Percentage	0.4%
	Total	N	9800
		Percentage	100.0%
Measures	Somers' D		.728
	Goodman and Kruskal's Gamma		.731
	Kendall's Tau-a		.269
	Concordance Index C		.864

使用 SPSS 之 NOMREG 程序分析所得的四種關聯量數。由報表 9-25 中可得知，總比較對數為 9800，和諧對數為 8448 對（86.2%），不和諧的對數為 1315 對（13.4%），等值結為 37 對（0.4%）。四種關聯量數的計算如下：

$$Somers\ D = \frac{N_c - N_d}{t} = \frac{8448 - 1315}{9800} = 0.728 \ ,$$

$$Gamma = \frac{N_c - N_d}{N_c + N_d} = \frac{8448 - 1315}{8448 + 1315} = 0.731 \ ,$$

$$Tau\text{-}a = \frac{N_c - N_d}{0.5N(N-1)} = \frac{8448 - 1315}{0.5 \times 231 \times (231-1)} = 0.269 \ ,$$

$$C = \frac{N_c + 0.5(t - N_c - N_d)}{t} = \frac{8448 + 0.5(9800 - 8448 - 1315)}{9800} = 0.864 \ 。$$

報表 9-26

Omnibus Tests of Model Coefficients

		Chi-square	df	Sig.
Step 1	Step	12.459	3	0.006
	Block	12.459	3	0.006
	Model	12.459	3	0.006
Step 2	Step	70.565	2	0.000
	Block	70.565	2	0.000
	Model	83.024	5	0.000

以下為階層邏輯斯迴歸，此處是各步驟的 χ^2 值，由 SPSS 的 2 個報表彙整，而非單一報表。步驟 0－2 的 $-2LL$ 值分為 255.883、243.424、172.859（未顯示在此報表中），因此步驟 1 的 3 個 χ^2 值均為 255.883 － 243.424 = 12.459；步驟 2 的步驟及區塊 χ^2 值為 243.424 － 172.859 = 70.565，模型 χ^2 值為 255.883 － 172.859 = 83.024。由此報表可得知：1.當模型中加入 Sex 及 Age 後，比只有常數項的模型來得好；2.當模型加入變數 A 與 B 後，比模型中含 Sex 及 Age 來得好；3.當模型中含 Sex、Age、A、B 時，比只有常數項來得好。

報表 9-27

Model Summary

Step	-2 Log likelihood	Cox & Snell R Square	Nagelkerke R Square
1	243.424[a]	0.053	0.078
2	172.859[b]	0.302	0.451

a. Estimation terminated at iteration number 5 because parameter estimates changed by less than .001.

b. Estimation terminated at iteration number 6 because parameter estimates changed by less than .001.

　　各步驟的 $-2LL$ 值及類 R^2 值，同樣由 2 個報表彙整而成，計算方法請見前面的說明。由此報表可看出，當模型中加入變數 A 與 B 後，比只含 Sex 及 Age 的預測力來得好很多。

報表 9-28

Hosmer and Lemeshow Test

Step	Chi-square	df	Sig.
1	2.800	4	0.592
2	7.857	8	0.448

　　各步驟的 Hosmer-Lemeshow 檢定，p 值均大於.05，表示模型理想。

報表 9-29

Classification Table[a]

Observed			Predicted		
			C.2		Percentage Correct
			lowest	highest	
Step 0	C.2	lowest	0	56	0.0
		highest	0	175	100.0
	Overall Percentage				75.8
Step 1	C.2	lowest	0	56	0.0
		highest	0	175	100.0
	Overall Percentage				75.8

Step 2	C.2	lowest	30	26	53.6
		highest	12	163	93.1
		Overall Percentage			83.5

a. The cut value is .500

各步驟的分類正確率。在步驟 1 當加入 Sex 及 Age 時，分類正確率為 75.8%，與步驟 0 只含常數項相同。雖然統計上達顯著差異，但是實質上的預測正確率並未提高。在步驟 2 加入變數 A 與 B 後，分類正確率為 83.5%，是步驟 0 及 1 的 1.10 倍，只提升了 10% 的正確率。減少的錯誤率為，

$$\frac{(100-75.8)-(100-83.5)}{(100-75.8)} = 0.318 = 31.8\%$$

報表 9-30

Variables in the Equation

		B	S.E.	Wald	df	Sig.	Exp(B)	95% C.I.for EXP(B)	
								Lower	Upper
Step 1[a]	Sex	1.183	0.385	9.437	1	0.002	3.265	1.535	6.945
	Age			2.027	2	0.363			
	Age(1)	0.165	0.414	0.160	1	0.689	1.180	0.524	2.654
	Age(2)	0.519	0.378	1.882	1	0.170	1.680	0.800	3.527
	Constant	0.532	0.301	3.128	1	0.077	1.703		
Step 2[b]	Sex	1.372	0.471	8.508	1	0.004	3.945	1.569	9.922
	Age			2.034	2	0.362			
	Age(1)	-0.122	0.520	0.055	1	0.815	0.885	0.319	2.454
	Age(2)	0.493	0.460	1.145	1	0.285	1.636	0.664	4.034
	A	0.865	0.253	11.639	1	0.001	2.375	1.445	3.903
	B	1.630	0.307	28.201	1	0.000	5.104	2.797	9.314
	Constant	-11.043	1.785	38.269	1	0.000	0.000		

a. Variable(s) entered on step 1: Sex, Age.
b. Variable(s) entered on step 1: A, B.

各步驟的迴歸係數，最後一步驟時，$e^{(1.372 \times Sex - 0.122 \times Age.1 + 0.493 \times Age.2 + 0.865 \times A + 1.630 \times B - 11.043)}$ 代表高使用態度組與低使用態度組的勝算。當其他條件相同時，受訪者的變數 B（知覺易用性）每增加 1 個單位，勝算增加 4.104 倍（由 B 的 Exp(B)−1 而得）。其餘係數

依此類推。

報表 9-31

Parameter Estimates

	Parameter	Estimate	Std. Error	Z	Sig.	95% Confidence Interval Lower Bound	Upper Bound
PROBIT[a]	Sex	.684	.253	2.705	.007	.189	1.180
	Age.1	-.059	.297	-.199	.842	-.640	.522
	Age.2	.287	.261	1.097	.273	-.225	.799
	A	.461	.138	3.330	<.001	.190	.732
	B	.939	.167	5.617	<.001	.611	1.266
	Intercept	-6.188	.945	-6.547	<.001	-7.133	-5.243

a. PROBIT model: PROBIT(p) = Intercept + BX

　　使用 Probit 分析的結果。與報表 9-22 比較，Logistic 迴歸模型的係數及標準誤大約是 Probit 迴歸模型的 1.81 倍（$\pi/\sqrt{3}$），Z 值及 p 值則相當接近。

　　由迴歸係數來看，在其他變數相同的情形下，變數 A 每增加 1 個單位，依變數 C.2 的 Z 分數增加 0.461。假設有一位 35 歲以上，變數 A 與 B 都是 4 分的女性，代入模型後，她的使用態度是高分組的機率為：

$$\Phi(0.684 \times 0 - 0.059 \times 0 + 0.287 \times 1 + 0.461 \times 4 + 0.939 \times 4 - 6.188)$$
$$= \Phi(-0.304) = 0.381$$

　　在 SPSS 中，使用「compute p=cdf.normal(-0.304,0,1).」即可求得 p = 0.381。在 STATA 中，則使用「display normal(-0.304)」語法。同樣的數據，使用 Logistic 分析，機率為 0.361（見報表 9-21 的說明），兩者相差不多。不過，Probit 的係數是對依變數 Z 分數的影響，還需要轉換為機率，較難解釋，所以，多數研究者傾向使用 Logistic 迴歸。

9.4　分析摘要表

　　經過前述的分析後，讀者可參考以下方式，將分析摘要表列入研究報告中，各變數之迴歸係數及其顯著檢定可列摘要表如表 9-8 及表 9-9：

表 9-8　使用強迫進入法之邏輯斯迴歸係數估計值

變數	B	SE	Exp(B)	p
Sex	1.372	0.471	3.945	.004
Age.1	-0.122	0.520	0.885	.815
Age.2	0.493	0.460	1.636	.285
A	0.865	0.253	2.375	<.001
B	1.630	0.307	5.104	<.000
常數	-11.043	1.785	0.000	<.000
	$R^2_{CS} = .302$	$R^2_N = .451$	正確率 = 83.5%	

使用階層迴歸，建議可使用以下的摘要表：

表 9-9　階層邏輯斯迴歸係數估計值

模型	模型一			模型二		
變數	B	Exp(B)	p	B	Exp(B)	p
常數	0.532 (0.301)	1.703	.077	-11.043 (1.785)	0.000	<.001
Sex	1.183 (0.385)	3.265	.002	1.372 (0.471)	3.945	.004
Age.1	0.165 (0.414)	1.180	.689	-0.122 (0.520)	0.885	.815
Age.2	0.519 (0.378)	1.680	.170	0.493 (0.460)	1.636	.285
A				0.865 (0.253)	2.375	<.001
B				1.630 (0.307)	5.104	<.001
R^2	$R^2_{CS} = .053$	$R^2_N = .078$	正確率=75.8%	$R^2_{CS} = .302$	$R^2_N = .451$	正確率=83.5%

括號中為標準誤

10 區別分析

區別分析可以使用下列的形式表示其關係：

$$Y_1 = X_1 + X_2 + X_3 + \cdots + X_n$$
（非計量）　　　（計量）

10.1 理論部分

區別分析（discriminant analysis，或譯為**判別分析**、**鑑別分析**），最初是由英國統計學家 Ronald Fisher（1890-1962）所發展的統計方法（Betz, 1987），常被用來進行觀察體的分類。如：醫師會根據各種檢查數據及臨床症狀，判斷就診者是否患了某種疾病（或罹患何種疾病）；地質學家會依據化學成分，判斷岩石的種類；教師會根據學生各種表現，判斷他們比較適合就讀的科系。這些都可以利用區別分析來進行。區別分析與集群分析都是進行分類的方法，也都是機器學習或資料探勘常用的技術，不過區別分析有分組變數，屬於分類技術，集群分析無分組變數，屬於非監督式學習。

10.1.1 兩種取向的區別分析

一般而言，區別分析有兩種取向：一是**預測取向**的區別分析（predictive discriminant analysis, PDA）；一是**描述取向**的區別分析（descriptive discriminant analysis, DDA）（Huberty, 1994）。PDA 的主要目的在於將觀察體分類到不同的組別，並著重其分類正確率；而 DDA 則在於描述不同組別間的差異情形（Huberty & Olejnik, 2006; Pituch & Stevens, 2016; Whitaker, 1977b）。Huberty 認為這兩種取向的區別分析共同之處很少，除了：1.它們都有多個反應變數（response variable，在此處係指計量變數）；2.它們都有多個組別的觀察體（引自 Klemmer, 2000, p. 4）。

Huberty 及 Olejnik（2006）認為，DDA 與 PDA 的關係，近似多元相關分析（multiple correlation analysis, MCA）與多元迴歸分析（multiple regression analysis, MRA）的關係。也就是 DDA 近似 MCA，以關係的探討為目的；而 PDA 近似 MRA，以預測為目的，其關係可類比為 DDA：MCA :: PDA：MRA。

多元迴歸分析中，主要在求一組計量資料〔預測變數（predictor variables）〕的線性組合，以對另一個計量資料〔效標變數（criterion variable）〕進行預測。線性組合的加權值稱為**迴歸係數**，有未標準化（原始）係數及標準化係數。

在區別分析中，計量資料〔反應變數（response variable）〕的線性組合有兩種：

一是**線性區別函數**（linear discriminant function, LDF），在描述取向的區別（DDA）分析較常使用。與迴歸係數類似，它也有未標準化係數及標準化係數。區別分析通常會計算組合後變數（區別分數）與反應變數的相關係數（稱為**結構係數**），而迴歸分析很少計算單一預測變數與線性組合分數（效標變數的預測值 $\hat{Y}$）的相關係數。不過，許多學者建議在進行迴歸分析時，仍應留意結構係數（傅粹馨，1996）。

　　區別分析中另外有 Fisher 的**線性分類函數**（linear classification function, LCF），在預測取向的區別分析（PDA）較常使用。它在計算反應變數的線性組合（數目等於分組變數的組數），依所得結果大小將觀察體重新分組，並比較原始組別及重新分類組別的正確率（hit rate）。

　　綜言之，在 PDA 中，一般會較著重 Fisher 的線性分類函數，而 DDA 則較著重線性區別函數（LDF）（Huberty & Olejnik, 2006）。

10.1.2　預測取向的區別分析

　　預測取向的區別分析發展較早，功用與迴歸分析一樣都在預測，其概念與迴歸分析有許多雷同之處，它的主要目的在計算一組**預測變數**的線性組合，以對一個**分組變數**重新加以分類，並檢查其再分組的正確性。

　　在迴歸分析中**效標變數**（criterion variable）與**預測變數**（predictor variable）通常都是**計量資料**，當效標變數為非計量性資料且為二分變數時，也可使用邏輯斯迴歸（logistic regression），如果依變數為非計量的多類別變數，而資料又違反統計假設時（如：多變量常態分配及變異數同質性），則可以使用多項式邏輯斯迴歸（multinomial logistic regression），然而此方法要設定參照組，解釋上較不方便，因此當依變數是多個類別的變數，而又能符合統計假設時，研究者大多傾向使用預測取向的區別分析（PDA）。PDA 的自變數（一般稱為**預測變數**）是**計量性資料**，而依變數〔一般稱為**分組變數**（grouping variable）〕是**非計量資料**。

　　預測取向之區別分析的目標有三：1.決定有效的估計，以得到最高的分類正確率；2.判斷分類正確率是否比隨機猜測來得高；3.如果有，好多少（Huberty & Olejnik, 2006; Klemmer, 2000）。

　　為了達到上述的目標，PDA 首先在求得線性分類函數（LCF）或其他分類方法，對現有觀察體重新進行分類的正確性（內在效度），並判斷此分類正確率比隨機猜測好多少。其次，如果研究者已經知道某一觀察體所有預測變數的數值，則可根據以往線性分類函數對其進行分類，等事件發生後，再驗證分類的正確性（外在效度）。

例如：研究者可以利用以往的高中生各科在校成績（計量資料）及其大學入學考試的結果分為「考取公立大學」、「考取私立大學」、「未考取」等 3 類（非計量性資料），來建立 3 個線性分類函數；在其他條件相等之下，再用今年度尚未參加學科能力測驗或分科測驗的高中應屆畢業生的各科在校成績，以預測他們參加入學考試的結果，等正式放榜後再計算預測的正確性。

10.1.3 描述取向的區別分析

描述取向的區別分析（DDA）在於解釋或描述各組之間的差異（Dolenz, 1993; Henington, 1994），主要探討問題有二：1.有多少構念（層面）可以用來表示群間的差異；2.這些構念是什麼（Huberty & Olejnik, 2006）。其目標有三：1.選擇較少的反應變數，使其仍保有原先所有變數的分組效果；2.依對分組效果的貢獻將變數排序；3.解釋分組效果的結構（Klemmer, 2000）。DDA 常用在多變量變異數分析（multivariate analysis of variance, MANOVA）的追蹤分析（請見本書第 12 章）。在 DDA 中，分組變數（grouping variable）被視為自變數，而反應變數（response variable）則視為依變數（Buras, 1996），取向與 MANOVA 相同。

描述取向的區別分析主要在求得**線性區別函數**，以計算新的變數（構念），它與迴歸分析的模式相似，有原始（或未標準化）係數及標準化係數。不過，區別分析通常會計算單一預測變數與構念間的相關係數（稱為**結構係數**），而迴歸分析很少計算單一預測變數與線性組合分數（實際上就是效標變數的預測值 $\hat{Y}$）的相關係數。

假設有 2 個反應變數（X_1 及 X_2），1 個 2 類的分組變數（Y），其分組散布圖如圖 10-1。在此圖中可以看出：這兩組之 X_1 及 X_2 的平均數雖然都有不同，但是如果只看 X_1，則可以發現有部分第 1 組的觀察體是高於第 2 組的，也就是兩組之間在 X_1 上有重疊。同樣地，X_2 也有重疊的情形。但是，如果我們可以找到一條直線（圖中的虛線，是 X_1 及 X_2 的線性組合，$D = u_1 X_1 + u_2 X_2 + u_0$），使得兩組間之 D 分數（函數或構念）完全沒有重疊，則這條直線（也就是線性區別函數）就可以用來區辨這兩組。

當預測變數增為 3 個以上，分組變數有 3 類以上時，雖然不容易以平面圖繪出，不過，其主要原理仍是相同的。

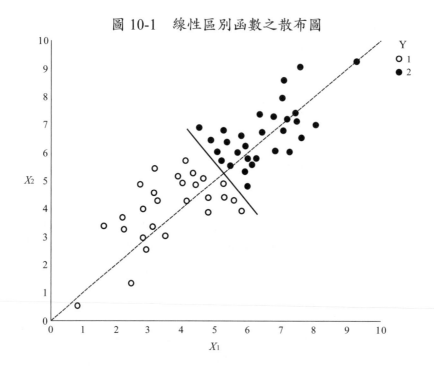

圖 10-1　線性區別函數之散布圖

10.1.4　兩種取向區別分析的比較

在 PDA 中，加權係數通常對分類正確率的解釋沒有幫助，而重要的變數，常常被排除在函數之外，增加反應變數雖然可以得到較小的 Wilks Λ 值，但是有時反而會減少分類正確率（Thompson, 1995a, 1998），而 DDA 則不會因為減少變數而增加區辨力（Buras, 1996）。

綜言之，PDA 與 DDA 的差異，可以整理成表 10-1。

10.1.5　原始區別函數係數

在進行區別分析之前，要像多變量變異數分析（MANOVA，請見第 12 章）一樣，先用分組變數的各組別，求出組間的 *SSCP* 矩陣（以 **B** 表示）、聯合組內 *SSCP* 矩陣（以 **W** 表示）及全體 *SSCP*（以 **T** 表示）：

$$\mathbf{B} = \sum_{j=1}^{n} n_j (\overline{X}_{i\cdot} - \overline{X}..)(\overline{X}_{i\cdot} - \overline{X}..)' \tag{10-1}$$

$$\mathbf{W} = \sum_{i=1}^{k} \mathbf{W}_i = \sum_{i}^{k} \sum_{j}^{n} (X_{ij} - \overline{X}_{i\cdot})(X_{ij} - \overline{X}_{i\cdot})' \tag{10-2}$$

表 10-1　兩種取向之區別分析

	預測取向（PDA）	描述取向（DDA）
目的	分類或預測組別成員	解釋或說明組別差異
預測變數的角色	反應（計量）變數	分組變數
效標變數的角色	分組變數	反應（計量）變數
待答問題	1. 個別組及全體的正確分類率是多少？ 2. 分類正確率是否比隨機猜測來得好？ 3. 分類正確率有比較好，是好多少？	1. 是否有與原始反應變數相同效果的次組合？ 2. 依對分組效果相對貢獻之次組合變數，所排定的合理順序是什麼？ 3. 對分組效果之結構的合理解釋是什麼？
主要使用統計	線性分類函數（LCF）、分類表	線性區別函數（LDF）、Wilks Λ、結構係數
反應變數之組合	LCF	LDF
組合之數目	g	$\min(g-1, p)$
分析變數之構念	否	是
刪除反應變數	是	可能
反應變數排序	是	是
刪除或排序之依據	分類正確率	組別間差異
其他		主要用在 MANOVA 的追蹤分析，以解釋其後續效果

資料來源：

Applied MANOVA and discriminant analysis (2nd ed.), by C. J. Huberty & S. Olejnik, 2006, Wiley.

"*Stepwise descriptive or predictive discriminant analysis: Don't even think about using it!*" by C. D. Klemmer, 2000. (ED438321)

$$\mathbf{T} = \mathbf{B} + \mathbf{W} = \sum_{i=1}^{k}\sum_{j=1}^{n}(X_{ij}-\overline{X}..)(X_{ij}-\overline{X}..)' \tag{10-3}$$

以表 12-1 之假設性資料計算，得到組間 *SSCP* 為：

$$\mathbf{B} = \begin{bmatrix} 484.867 & 411.700 & 376.733 \\ 411.700 & 351.800 & 319.000 \\ 376.733 & 319.000 & 293.067 \end{bmatrix}$$

第 1 組的組內 *SSCP* 為：

$$\mathbf{W}_1 = \begin{bmatrix} 90.400 & 69.000 & 73.600 \\ 69.000 & 58.500 & 63.500 \\ 73.600 & 63.500 & 86.900 \end{bmatrix}$$

第 2 組的組內 *SSCP* 為：

$$\mathbf{W}_2 = \begin{bmatrix} 112.900 & 71.300 & 78.500 \\ 71.300 & 64.100 & 56.500 \\ 78.500 & 56.500 & 84.500 \end{bmatrix}$$

第 3 組的組內 *SSCP* 為：

$$\mathbf{W}_3 = \begin{bmatrix} 146.000 & 168.000 & 156.000 \\ 168.000 & 239.600 & 196.000 \\ 156.000 & 196.000 & 194.500 \end{bmatrix}$$

將 3 組的組內 *SSCP* 相加，即為聯合組內 *SSCP*：

$$\mathbf{W} = \begin{bmatrix} 349.300 & 308.300 & 308.100 \\ 308.300 & 362.200 & 316.000 \\ 308.100 & 316.000 & 365.900 \end{bmatrix}$$

全體的 *SSCP* 等於組間 *SSCP* 與聯合組內 *SSCP* 的和。

$$\mathbf{T} = \begin{bmatrix} 834.167 & 720.000 & 684.833 \\ 720.000 & 714.000 & 635.000 \\ 684.833 & 635.000 & 658.967 \end{bmatrix}$$

描述取向區別分析的主要目的在於求得直線轉換的區別分數（$D = uX + c$），然後使得各分組之間 D 的差異達到最大（而且這些區別分數 D 兩兩之間的相關都為 0），所以在使 $\dfrac{\mathbf{u'Bu}}{\mathbf{u'Wu}}$ 的值達到最大。經過矩陣微分的推導之後，在解得公式 10-4 之特徵值 λ 及特徵向量 **v**。

$$(\mathbf{W}^{-1}\mathbf{B} - \lambda\mathbf{I})\mathbf{v} = 0 \tag{10-4}$$

其中，$\mathbf{W}^{-1}\mathbf{B}$ 矩陣為：

$$\mathbf{W}^{-1}\mathbf{B} = \begin{bmatrix} 1.814 & 1.531 & 1.413 \\ 0.109 & 0.131 & 0.070 \\ -0.592 & -0.530 & -0.449 \end{bmatrix}$$

求解後，每一個 λ 值都有一組對應的 **v** 向量。其中 λ 值便是**區別效標**，它可以用來計算個別區別函數所解釋的百分比，最大的 λ 值也可以用來檢定整體的顯著性。λ 的數目設為 q，則

$$q = min\,(p, g - 1) \quad (p \text{ 為預測變數個數，} g \text{ 為組數})$$ (10-5)

求解後，得到 2 個特徵向量，分別為 1.447（較精確為 1.4470657）及 0.048（較精確為 0.0484046），特徵向量 **v** 為：

$$\mathbf{v} = \begin{bmatrix} 0.0684 & 0.0354 \\ 0.0045 & -0.1154 \\ -0.0226 & 0.0807 \end{bmatrix}$$

這些特徵向量 **v** 再經過公式 10-6 的轉換就是**原始區別函數係數 u** 向量。

$$\mathbf{u} = diag\left(\sqrt{(N - g)}\right) \times \mathbf{v}, \quad \mathbf{c} = -\overline{\mathbf{X}}\mathbf{u} \quad (c \text{ 為常數})$$ (10-6)

計算後，得到 **u** 為：

$$\mathbf{u} = \begin{bmatrix} \sqrt{27} & 0 & 0 \\ 0 & \sqrt{27} & 0 \\ 0 & 0 & \sqrt{27} \end{bmatrix} \times \begin{bmatrix} 0.0684 & 0.0354 \\ 0.0045 & -0.1154 \\ -0.0226 & 0.0807 \end{bmatrix} = \begin{bmatrix} 0.355 & 0.184 \\ 0.023 & -0.600 \\ -0.117 & 0.420 \end{bmatrix}$$

將 3 個 X 變數的平均數右乘 **u**，得到 $-\mathbf{c}$：

$$-\mathbf{c} = \begin{bmatrix} 13.833 & 14.000 & 14.367 \end{bmatrix} \times \begin{bmatrix} 0.355 & 0.184 \\ 0.023 & -0.600 \\ -0.117 & 0.420 \end{bmatrix} = \begin{bmatrix} 3.554 & 0.179 \end{bmatrix}$$

取負數後為：$\begin{bmatrix} -3.554 & -0.179 \end{bmatrix}$，即為常數項。原始數值乘以原始區別函數係數（線性組合）後，即可得到 2 組區別分數，平均數均為 0。

10.1.6　標準化區別函數係數

但是，在解上述的方程式所用的分數是原始分數，因此，所得到的原始係數不能代表各預測變數的相對重要性。如果要得到**標準化區別函數係數**，其公式為：

$$\mathbf{u}^* = diag\left(\sqrt{\mathbf{W}/(N - g)}\right) \times \mathbf{u}$$ (10-7)

其中，$diag\left(\sqrt{\mathbf{W}/(N - g)}\right)$ 是聯合組內共變異數矩陣對角線的平方根，主對角線

外元素為 0。由上式所求得的 **u*** 就可以代表各預測變數相對的重要性。一般而言，如果預測變數沒有共線性問題，係數值愈大，該變數就愈重要。

$$
\mathbf{u^*} = \begin{bmatrix} \sqrt{12.937} & 0 & 0 \\ 0 & \sqrt{13.415} & 0 \\ 0 & 0 & \sqrt{13.552} \end{bmatrix} \times \begin{bmatrix} 0.355 & 0.184 \\ 0.023 & -0.600 \\ -0.117 & 0.420 \end{bmatrix}
$$

$$
= \begin{bmatrix} 1.278 & 0.662 \\ 0.085 & -2.196 \\ -0.432 & 1.545 \end{bmatrix}
$$

10.1.7 結構係數（structure coefficient）

此外，還有預測變數與區別函數之**聯合組內相關矩陣**（稱為**聯合組內結構係數矩陣**），它代表預測變數與區別函數的簡單相關，是聯合組內相關矩陣（$\mathbf{R_W}$）右乘標準化區別函數係數矩陣 $\mathbf{u^*}$ 而得，公式為：

$$
\mathbf{s} = \mathbf{R_W} \mathbf{u^*} \tag{10-8}
$$

計算後得到結構矩陣：

$$
\mathbf{s} = \begin{bmatrix} 1.000 & 0.867 & 0.862 \\ 0.867 & 1.000 & 0.868 \\ 0.862 & 0.868 & 1.000 \end{bmatrix} \times \begin{bmatrix} 1.278 & 0.662 \\ 0.085 & -2.196 \\ -0.432 & 1.545 \end{bmatrix} = \begin{bmatrix} 0.979 & 0.089 \\ 0.818 & -0.282 \\ 0.743 & 0.209 \end{bmatrix}
$$

10.1.8 標準化區別函數係數與結構係數執重

標準化區別函數係數與結構係數的意義不盡相同。前者考慮預測變數對區別函數的整體貢獻。某個預測變數的標準化係數，是排除其他預測變數後，與區別函數的部分相關（part correlation），因此會受到其他同時進入之變數的影響。後者則是個別預測變數和區別函數的簡單相關，所以不會受到其他變數的影響。當所有預測變數之間的相關為 0 時，這兩種係數應該一樣。如果它們之間差異過大，或是方向有所不同時，可能就有多元共線性的問題（Klecka, 1980）。上述的概念，在多元迴歸中同樣適用。

部分學者認為在解釋區別函數時，應以結構係數為主，因為它比較穩定。不過，也有學者指出，當樣本與變數比太小時（少於 20），兩者都不是很穩定（Johnson, 1998; Pituch & Stevens, 2016）。所以，許多研究結果均建議，每個預測變數應有 20 個觀察體（最少也要有 5 個觀察體），如此分析結果才較穩定（Hair et al., 2019; SPSS,

2000; Pituch & Stevens, 2016）。

10.1.9　區別函數轉軸

使用因素分析時，常會進行因素轉軸；在進行區別分析時，SPSS 軟體也提供了 varimax 轉軸法，針對標準化區別函數係數或是結構係數加以轉軸。不過，一經轉軸之後，第一個區別函數的解釋力就不是最大了，此時，SPSS 會提供各區別函數的個別解釋力。

10.1.10　統計顯著性檢定

在檢定顯著性方面，可以使用 Wilks' Λ（或稱 U 統計）來進行，其公式為：

$$\Lambda = \prod_{i=k+1}^{q} \frac{1}{1+\lambda_i} \tag{10-9}$$

其中 q 為區別函數數目，λ 為特徵值，k 代表刪除的函數數目，Π 代表連乘。

如果不剔除任何特徵值，此公式可以檢定整體及第一區別函數的顯著性；其次，剔除第 1 個（最大）特徵值之影響，可檢定第 2 及其以後的特徵值是否顯著；接著再剔除第 2 個（次之）特徵值之影響，以檢定第 3 及其以後的特徵值是否顯著；然後依此類推，直到最後一個特徵值為止。

此外，亦可使用 Bartlett 的 χ^2 檢定，其公式為：

$$\chi^2_m = -\left(N-1-\frac{p+g}{2}\right)ln\Lambda_k, \quad df = (p-k)(g-k-1) \tag{10-10}$$

在解釋方面，利用先前求得的原始區別函數係數向量，分別乘以各觀察體在各變數上得分的矩陣即可得到區別分數，其公式為：

$$D = uX + c \qquad (c \text{ 為常數}) \tag{10-11}$$

至於各組的區別分數的平均數（形心），則是：

$$\bar{D} = u\bar{X} + c \qquad (c \text{ 為常數}) \tag{10-12}$$

10.1.11　分類的方法

區別分析常用的分類方法有四種（Johnson, 1998; Sharma, 1996; SPSS, 2000）。

一是**截斷值**（cutoff-value）**法**：此法是根據區別分數計算一個截斷值，如果某個觀察體的分數大於這個截斷值，就歸為一類；如果小於這個截斷值，則歸為另一類。

二是**線性分類函數**（linear classification function, LCF）**法**：這類技術是將觀察體依線性組合後的函數分數，將其分類到分數最高的一組。這種方法最先由 Fisher 建議使用，因此一般稱為 Fisher 分類函數（Fisher classification function）。

三是**距離函數**（distance function）**法**：這類技術是將觀察體用距離函數（通常使用 Mahalanobis 距離），將其分類到與某一個形心距離最小的組別。

四是**最大可能性**（maximum likelihood）**或機率**（probability）**法**：這類技術是將觀察體依事後機率（posterior probability），將其分類到機率最高的一組。這種方法使用依據多變量常態分配而計算的機率值來進行分類。

當符合多變量常態分配及共變數同質的假設時，上述四種的分類結果會相同。

10.1.11.1　截斷值法

截斷值法是計算一個分割點，在這個分割點之下的觀察體劃歸為某一組，分割點之上的則劃歸為另一組。如果只有兩組，而且兩組的觀察體個數相同，則截斷值為 $\dfrac{\bar{D}_1 + \bar{D}_2}{2}$。如果兩組觀察體個數不同，則截斷值為 $\dfrac{n_1\bar{D}_1 + n_2\bar{D}_2}{n_1 + n_2}$。

以圖 10-2 為例，超過截斷值的部分均會被分類為第 2 組；在截斷值以下，則歸類為第 1 組。因此，深色陰影部分的觀察體實際上為第 1 組，但是卻會被歸為第 2 組；反之，淺色陰影部分的觀察體實際上為第 2 組，但是卻會被歸為第 1 組。分類的最後結果是，白色部分的觀察體是分類正確的，而陰影部分則是分類錯誤的觀察體。

圖 10-2　截斷值法

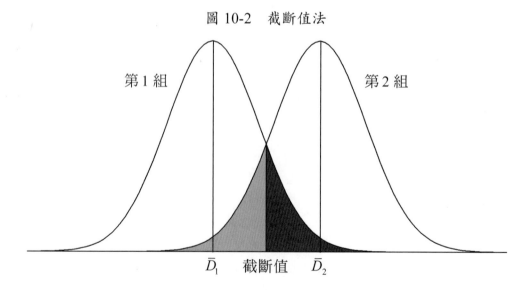

　　然而，分類錯誤是要付出代價（cost）的。例如：醫師根據各種體檢數據與臨床症狀，判斷就診者是否（有兩種結果）罹患某種疾病（例如：癌症）。如果醫師判斷就診者罹患此種疾病，但是事實上他並未罹患此種疾病〔醫學上稱為**偽陽性**（false positive）〕，則醫師做了錯誤的判斷（醫學上稱為**誤診**）。就診者可能因此要花更多的時間與金錢接受進一步的檢查，甚至因而上了手術臺。另一方面，醫師判斷就診者並未罹患此種疾病，但是事實上他卻真的罹患此種疾病〔醫學上稱為**偽陰性**（false negative）〕，則醫師也做了錯誤的判斷（醫學上稱為**漏診**）。就診者可能因此耽誤了醫治的時機，多受一些身心的痛苦，甚至因而有生命的危險。這兩種都是因為錯誤分類而要付出的代價。

　　如果就診者事實上未罹患疾病，而醫師的診斷結果也是陰性，此稱為**真陰性**（true negative）；反之，如果就診者事實上已經罹患疾病，而醫師的診斷結果也是陽性，則稱為**真陽性**（true positive）。這兩者都是正確的診斷。

　　綜上所述，可以整理如表 10-2。

表 10-2　診斷與事實

		事　實	
		陰性	陽性
診斷	陰性	真陰性	偽陰性（漏診）
	陽性	偽陽性（誤診）	真陽性

10.1.11.2　線性分類函數法

　　分類函數法是利用 Fisher 的分類函數係數（classification function coefficients）左乘原變數的分數以求得分類分數。分類函數係數的求法如下：

$$\mathbf{b} = (N - g)\mathbf{W}^{-1}\overline{\mathbf{X}}_g, \quad \mathbf{c} = -.5\mathbf{b}\overline{\mathbf{X}}_g + ln(\text{prior}) \quad （\text{prior：事前機率}） \tag{10-13}$$

其中 $\mathbf{b}$ 為分類係數矩陣，$\overline{\mathbf{X}}_g$ 為預測變數在各組之平均數所構成的矩陣。SPSS 軟體的常數項含事前機率自然對數，STATA 及 SAS 則不納入事前機率。

　　利用上述分類函數係數可將觀察體重新歸到分數（$\mathbf{bX}$）最高的那一組。等分類後可對照原來的分組，摘要成分類交叉表，並計算分類的正確率。此外，利用這些分類分數也可轉換成事後機率，同樣也可以作為重新分類的依據。

10.1.11.3　距離函數法

這類技術是分別計算個別觀察體到每一組形心的距離函數（通常使用 Mahalanobis 距離），與某個組的形心距離較小，表示觀察體與該組的成員較相似，就將其分類到那一組。Mahalanobis 距離的公式為：

$$D_j^2 = (X - \bar{X}_j)' S^{-1} (X - \bar{X}_j) \tag{10-14}$$

10.1.11.4　機率法

機率法是根據事前機率（prior probability）及 Mahalanobis 距離計算個別觀察體歸屬於某一組的**事後機率**，然後將其分類到機率最高的那一組。

事前機率是指分類前觀察體落入各組的機率。如果研究者要使用 3 個預測變數對高中畢業生能否考上大學（即上榜或落榜）進行區別分析。假設研究者事前不知道大學的錄取率，則上榜與落榜的事前機率應視為相同，也就是都為 .50；如果研究者已經知道大學的錄取率是 75%，則上榜與落榜的事前機率就分別為 .75 及 .25。而在上述例子中，隨機選取 100 個人，有多少人目前罹患癌症，這是事前機率。經驗告訴我們，罹患癌症者應該不會有 50 人（也就是機率為 .50）。不過，精確的事前機率則有待大量的醫學研究。然而，除非明確知道各組的事前機率，不然一般建議將各組的事前機率設為相等。

SPSS 計算每一組事後機率的計算公式如下（SPSS, 2000）：

$$P(G_j \mid X) = \frac{P_j \mid S_j \mid^{-1/2} e^{D_j^2/2}}{\sum\limits_{j=1}^{k} P_j \mid S_j \mid^{-1/2} e^{D_j^2/2}} \tag{10-15}$$

其中，S_j 是第 j 組的共變異數矩陣，P_j 是第 j 組的事前機率，而 $D_j^2 = (D - \bar{D}_j)' S_j^{-1} (D - \bar{D}_j)$。

SAS 計算每一組事後機率的計算公式如下（Khattree & Naik, 2000）：

$$P(G_j \mid X) = \frac{e^{-\frac{1}{2} D_j^2(X)}}{\sum\limits_{j=1}^{k} e^{-\frac{1}{2} D_j^2(X)}} \tag{10-16}$$

此處 $D_j^2 = (X - \bar{X}_j)' S^{-1} (X - \bar{X}_j)$。如果界定每一組的事前機率不同時，則 $D_j^2 = (X - \bar{X}_j)' S^{-1} (X - \bar{X}_j) - \ln(\Pi_j)$，$\Pi_j$ 為各組之事前機率之連乘積。

10.1.12　分類的有效性

至於利用區別分析是否有助於對觀察體的正確分類率（hit ratio），其內在效度可以從統計的顯著性及實質的顯著性來分析。

10.1.12.1　統計顯著性

首先可以利用公式 10-17，計算 Press Q，因其為自由度 1 的 χ^2 分配，其值如果大於 3.84（α=.05）或 6.63（α=.01），表示區別分析的結果和隨便猜測有顯著不同。

$$\text{Press's } Q = \frac{[N-(o\times k)]^2}{N(k-1)} \sim \chi^2_{(1)} \tag{10-17}$$

N：總人數；k：組數；o：正確分類的觀察體

以表 10-3 為例，本例中共有 30 個觀察體，實際上三組觀察體數各為 10 人，正確分類者有 18 個（8＋4＋6），因此其 Q 值為 $\frac{[30-(18\times3)]^2}{30(3-1)} = 9.6$，已大於 6.63。

表 10-3　混淆矩陣

實際組別	預測組別		
	1	2	3
1	8	2	0
2	2	4	4
3	0	4	6

其次，Huberty（1994）也提出以下的公式：

$$Z = \frac{o-e}{\sqrt{e(N-e)/N}} \tag{10-18}$$

$e = \sum_{i=1}^{k} p_i n_i$，$p_i$：第 i 組的事前機率，n_i：第 i 組的觀察體

所以上表中 $e = (10\times.33+10\times.33+10\times.33) = 10$，它代表隨意猜測而可以猜對的觀察體數，$Z = \frac{18-10}{\sqrt{10(30-10)/30}} = 3.10$。因為 Z 值成標準常態分配，所以如果大於 1.96 或 2.58，就已分別達到 .05 或 .01 顯著水準。

10.1.12.2 實質顯著性

首先，可用以下的公式推算 τ（tau）值（等於 Huberty I index），以代表其減少的錯誤：

$$\tau = \frac{o - \sum_{i=1}^{k} p_i n_i}{N - \sum_{i=1}^{k} p_i n_i} = \frac{o - e}{N - e} = \frac{o/N - e/N}{1 - e/N} \tag{10-19}$$

n_i：第 i 組的觀察體數

本例中共有 30 個觀察體，實際上三組觀察體數各為 10、10、10。事前機率的算法有兩種：一為假設不知每組人數有多少，則各組事前機率均為 $1 \div$ 組數；一為假設知道各組人數，則各組事前機率為各組人數 $\div$ 總人數。本例中，事前機率均為 .333，18 個觀察體分類正確，其正確率為 $18 \div 30 = 0.6 = 60\%$。根據上面的公式，則 τ 值為：

$$\tau = \frac{18 - [10 \times .333) + (10 \times .333) + (10 \times .333)]}{30 - [10 \times .333) + (10 \times .333) + (10 \times .333)]} = \frac{18 - 10}{30 - 10} = 0.40$$

因此使用區別分析可以比隨機猜測減少 40% 的錯誤。此外，如果隨意分組，其機率決斷值 $Cpro = p_1^2 + p_2^2 + p_3^2 + \cdots\cdots + p_g^2 = \sum_{i=1}^{g} p_i^2$，有學者主張正確分類率應大於 1.25 倍之 $Cpro$ 才有意義（Hair et al., 1995, p. 204）。在本例中，各組事前機率均為 .333，其機率決斷值 $Cpro = .333^2 + .333^2 + .333^2 = .333$，因此正確分類比例至少應為 $.333 \times 1.25 = .4167 = 41.67\%$，才能說不是憑空臆測。本例中，重新分類的正確率為 .8，為 .333 的 1.8 倍，增加 80%，因此，重新分類結果有實質意義。

10.1.13 交叉驗證

外在效度方面，由於區別分析應用到不同的樣本時，可能會有縮水的現象，區別分析須做**交叉驗證**（cross validation）的分析。早期的方法則是將所有樣本分成兩組，一組當成訓練（training）組，以進行區別分析；另一組當測試（test）組，以檢驗區別分析的結果是否有效。不過這種方法的問題較多（詳見 Huberty, 1994）。現在比較常用的交叉分析稱為 Jackknife 法，或留一法（leave-one-out method, LOO），其步驟如下：

1. 先排除第 1 個觀察體，用其他的 $n - 1$ 個觀察體進行區別分析，得到第一次的區別函數。

2. 用第一次分析所得的區別函數將第 1 個觀察體加以分類（即預測組別）。

3. 接著，排除第 2 個觀察體，並重複步驟 1、2，一直到完成所有 n 個觀察體為止。

4. 比較每個觀察體的實際組別與預測組別，並計算分類正確率。

10.1.14　基本假定

區別分析的基本假定有七項（Klecka, 1980, p. 11; SPSS, 2000）：

1. 分組變數有 2 個或 3 個以上的水準（組別）。

2. 每個組至少有 2 個觀察體。

3. 預測變數個數應少於總觀察體數減 2。許多研究者建議：全部的觀察體最好是預測變數個數的 10 ~ 20 倍（最少也要有 5 倍）。為了更精確分類，最小組的觀察體數最好是預測變數的 5 倍以上（最好有 20 倍）。

4. 預測變數為等距或比率變數（計量資料）。不過，與迴歸分析類似，次序變數（如五點量表）也常用在區別分析上。如果預測變數是名義變數，也應化為虛擬變數（此部分請參閱第 7 章多元迴歸分析）。

5. 任何預測變數都不是其他預測變數的線性組合（也就是線性相依），如果有太高的相關，會產生多元共線性問題。

6. 每一組的組內共變異數矩陣應大致相等，否則，區別函數就不能使各組的差異達到最大，會影響區別函數的估計及分類的結果。然而，如果樣本數不多，而各組內共變異數矩陣差異性也不大，則使用一般區別分析仍是恰當的。但是，如果各組內共變異數矩陣差異性太大，最好改用**二次區別分析**（quadratic discriminant analysis）。

7. 每一組都是從多變量常態分配的母體中抽選出來的。不過，隨著樣本數增加，這個假設經常會違反。如果資料嚴重違反多變量常態分配的假設，可以改用邏輯斯迴歸或是無母數的區別分析。

10.1.15　逐步區別分析

區別分析也與迴歸分析一樣，可以強迫將所有預測變數均投入分析，也可以採用逐步分析的方式，僅選擇較重要的變數。然而，研究（Moore, Jr., 1996; Thompson, 1995b）發現，逐步法（stepwise method）無論在區別分析及迴歸分析中，都不是選擇重要預測變數的好方法（甚至是壞的方法），原因是：

1. 統計軟體在使用逐步法時，將自由度算錯，因此會導致錯誤的結論。

2. 當使用不同的樣本進行分析時，逐步法所選擇的變數常會不同，因此缺乏可複製性。

3. 使用逐步法所得到的變數，不等於最佳的預測變數組合。

如果要選擇較少的變數進行區別分析，使用所有可能組合法會是比較好的方式（Whitaker, 1997b）。

10.1.16 區別分析與典型相關

區別分析與典型相關有許多相似之處。在第 7 章的迴歸分析中，提到非計量資料化為虛擬變數的方法，如果將區別分析之分組變數化為虛擬變數，然後以典型相關分析的方法求其係數，其結果與直接進行區別分析是一樣的，因此區別分析可視為典型相關分析的特例。而在顯著檢定方面，兩者的概念也是差不多的。在典型相關方面，典型相關的數目是自變數及依變數中數目較少者，因為虛擬變數比分組數少了 1 個，因此區別函數方程的數目是預測變數個數（p）與分組數（g）減 1 中較少者，即 min $(p, g-1)$。典型相關部分可參閱本書第 6 章。

10.2 假設性資料

本處所用資料與第 12 章表 12-1 相同，可用於多變量變異數分析的追蹤分析（描述取向）。另外，也以範例說明預測取向的區別分析。

10.2.1 簡要語法

在 SPSS 中先進行 MANOVA，列出效果量；其次進行區別分析，列出 Fisher 分類函數係數、原始線性區別函數係數、重新分類表，及交叉驗證結果。

```
glm X1 X2 X3 by Y
                /print=etasq.
discriminant
                /groups=Y(1 3)
                /variables=X1 X2 X3
                /analysis all
                /statistics=coeff raw table crossvalid.
```

在 STATA 中，有 candisc 及 discrim lda 兩個程序可以執行區別分析。前者可以直接列出必要的報表，後者，則要配合 estat 指令，列出更多詳細的結果。

```
candisc X1 X2 X3, group(Y) loo
discrim lda X1 X2 X3, group(Y) loo
estat canontest
estat loadings, unstandardized standardized
estat structure
estat classfunctions
estat list, varlist misclassified
estat grdistances
```

10.2.2　簡要報表

報表 10-1

Multivariate Tests[a]

Effect		Value	F	Hypothesis df	Error df	Sig.	Partial Eta Squared
Intercept	Pillai's Trace	.948	151.581[b]	3.000	25.000	<.001	.948
	Wilks' Lambda	.052	151.581[b]	3.000	25.000	<.001	.948
	Hotelling's Trace	18.190	151.581[b]	3.000	25.000	<.001	.948
	Roy's Largest Root	18.190	151.581[b]	3.000	25.000	<.001	.948
Y	Pillai's Trace	.638	4.055	6.000	52.000	.002	.319
	Wilks' Lambda	.390	5.014[b]	6.000	50.000	<.001	.376
	Hotelling's Trace	1.495	5.982	6.000	48.000	<.001	.428
	Roy's Largest Root	1.447	12.541[c]	3.000	26.000	<.001	.591

a. Design: Intercept + Y
b. Exact statistic
c. The statistic is an upper bound on F that yields a lower bound on the significance level.

在進行描述取向的區別分析之前，先以 Y 為自變數，$X1 \sim X3$ 為依變數進行多變量變異數分析（MANOVA）。報表 10-1 中整體檢定所得 Wilks's $\Lambda = 0.390$，$p < .001$，表示三組中 $X1 \sim X3$ 的平均數有顯著差異，效果量為 $1 - \sqrt[2]{0.390} = 0.376$（計算方法詳見第 12 章）。

報表 10-2

Tests of Between-Subjects Effects

Source	Dependent Variable	Type III Sum of Squares	df	Mean Square	F	Sig.
Corrected Model	物理	484.867[a]	2	242.433	18.739	<.001
	化學	351.800[b]	2	175.900	13.112	<.001
	生物	293.067[c]	2	146.533	10.813	<.001
Intercept	物理	5740.833	1	5740.833	443.752	<.001
	化學	5880.000	1	5880.000	438.321	<.001
	生物	6192.033	1	6192.033	456.914	<.001
Y	物理	484.867	2	242.433	18.739	<.001
	化學	351.800	2	175.900	13.112	<.001
	生物	293.067	2	146.533	10.813	<.001
Error	物理	349.300	27	12.937		
	化學	362.200	27	13.415		
	生物	365.900	27	13.552		
Total	物理	6575.000	30			
	化學	6594.000	30			
	生物	6851.000	30			
Corrected Total	物理	834.167	29			
	化學	714.000	29			
	生物	658.967	29			

a. R Squared = .581 (Adjusted R Squared = .550)
b. R Squared = .493 (Adjusted R Squared = .455)
c. R Squared = .445 (Adjusted R Squared = .404)

　　進行單變量變異數分析（ANOVA），如果使用 Bonferroni 校正程序，$p < .05 / 3 = .0167$，表示單一個依變數之平均數在三組間達 .05 顯著水準之差異。報表 10-2 中三組間的 $X1 \sim X3$（分別為物理、化學、生物）平均數都有顯著差異。

報表 10-3

　　接著，進行區別分析。因為有 3 個自變數，依變數為 3 個類別，因此可以求得的線性區別函數（LDF）是 2。報表 10-3 中 2 個特徵值分別為 1.447 及 0.048，其中第一個區別函數已占了 96.8% 的變異量，第二個區別函數僅占 3.2%，微乎其微。如果將

Y 變數化為 2 個虛擬變數與 3 個 X 變數進行典型相關分析，所得典型相關為 .769 及 .215。

Eigenvalues

Function	Eigenvalue	% of Variance	Cumulative %	Canonical Correlation
1	1.447[a]	96.8	96.8	.769
2	.048[a]	3.2	100.0	.215

a. First 2 canonical discriminant functions were used in the analysis.

報表 10-4

Wilks' Lambda

Test of Function(s)	Wilks' Lambda	Chi-square	df	Sig.
1 through 2	.390	24.496	6	<.001
2	.954	1.229	2	.541

報表 10-4 是向度縮減顯著性檢定。第一個區別函數之 Λ 值為 0.390（$\frac{1}{1+1.447} \times \frac{1}{1+0.048} = 0.390$），轉換為 χ^2 值為 22.958，$p < .001$，達顯著。第二個區別函數之 χ^2 值為 1.229（$\frac{1}{1+0.048} = 0.954$），$p = .541$，不顯著。表示三組之第一個 LDF 有差異，而第二個 LDF 則無顯著差異。

報表 10-5

Functions at Group Centroids

教學法	Function 1	Function 2
教法一	-1.534	-.092
教法二	.333	.289
教法三	1.201	-.197

Unstandardized canonical discriminant functions evaluated at group means

報表 10-5 是 Y 的三組，在函數上的形心（平均數）。在第一個 LDF 上，第 1 組的平均數為−1.534，第 2 組為 0.333，第 3 組為 1.201，看得出來三組間有差異。三組在第二個 LDF 的平均數各為−0.092、0.289，及−0.197，差異非常小，也不顯著。

報表 10-6

Canonical Discriminant Function Coefficients		
	Function	
	1	2
物理	.355	.184
化學	.023	-.600
生物	-.117	.420
(Constant)	-3.554	-.179

Unstandardized coefficients

　　報表 10-6 是未標準化加權係數。 $D_1 = 0.355X_1 + 0.023X_2 - 0.117X_3 - 3.554$ ，$D_2 = 0.184X_1 - 0.600X_2 + 0.420X_3 - 0.179$ ，因為單位不相等，所以無法比較 $X1 \sim X3$ 相對的重要性。

報表 10-7

Standardized Canonical Discriminant Function Coefficients		
	Function	
	1	2
物理	1.278	.662
化學	.085	-2.196
生物	-.432	1.545

　　報表 10-7 是標準化加權係數。區別函數 $Z_{D_1} = 1.278Z_{X_1} + 0.085Z_{X_2} - 0.432Z_{X_3}$ ，$Z_{D_2} = 0.662Z_{X_1} - 2.196Z_{X_2} + 1.545Z_{X_3}$ ，由第一條 LDF 的係數來看，$X1$ 的標準化加權係數為 1.278 最大，其次為 $X3$ 之−0.432。

報表 10-8

　　報表 10-8 是 STATA 的標準化區別函數負荷量圖，由報表 10-7 的係數繪製而得。由圖中可看出，在第一個函數中，$X1$ 加權係數最大，但 $X3$ 的加權係數為負，因此，函數並不容易命名，主要原因在於 3 個 X 變數有很高的相關，因此會受共線性影響。

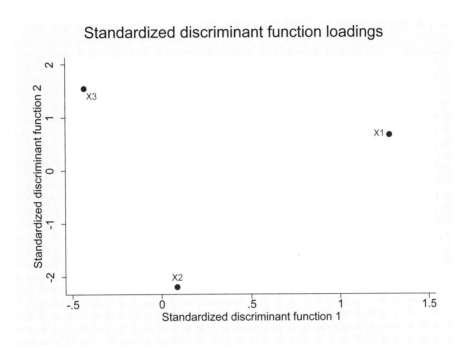

報表 10-9

Structure Matrix

	Function	
	1	2
物理	.979[*]	.089
化學	.818[*]	-.282
生物	.743[*]	.209

Pooled within-groups correlations between discriminating variables and standardized canonical discriminant functions
Variables ordered by absolute size of correlation within function.

*. Largest absolute correlation between each variable and any discriminant function

　　報表 10-9 是聯合組內結構係數，代表變數與 LDF 間之相關係數。第一個 LDF 與 $X1$ 的相關最高為 .979，其次為與 $X2$ 之 .818。由橫列來看，3 個變數都與第一個區別函數的相關較高（有加上*號），因此第一個區別函數可命名為**學業成績**。與標準化加權係數相較，結構係數是變數與函數的簡單相關而不是部分相關，所以，不會受共線性影響。結構係數的平方即代表預測變數與區別函數的共享變異量（效果量）。

報表 10-10

Classification Function Coefficients			
	教學法		
	教法一	教法二	教法三
物理	-.182	.551	.770
化學	.321	.137	.448
生物	.621	.562	.256
(Constant)	-4.997	-10.617	-14.257

Fisher's linear discriminant functions

　　報表 10-9 前為描述取向的區別分析。在預測取向的區別分析（PDF），較重要者為報表 10-10 之 Fisher 線性分類函數（LCF）係數。將 30 個觀察體 $X1 \sim X3$ 變數的原始數值乘上 3 個組的加權係數，得分最高的組別，就是重新分類的組。以第 1 個觀察體為例，他在 3 個 X 變數的數值分別為 3、5、及 5，代入係數：

$$Y_{(1)} = -0.182 \times 3 + 0.321 \times 5 + 0.621 \times 5 - 4.997 = -0.831 ;$$

$$Y_{(2)} = 0.551 \times 3 + 0.137 \times 5 + 0.562 \times 5 - 10.617 = -5.472 ;$$

$$Y_{(3)} = 0.770 \times 3 + 0.448 \times 5 + 0.256 \times 5 - 14.257 = -8.427 。$$

　　在第 1 組的得分-0.831 最高，因此第 1 個觀察體重新分類後為第 1 組，而其原始的 Y 也為 1，所以用 3 個 X 對第 1 個觀察體進行區別分析，分類結果是正確的。

報表 10-11

Classification Results[a,c]

		教學法	Predicted Group Membership			Total
			教法一	教法二	教法三	
Original	Count	教法一	8	2	0	10
		教法二	2	4	4	10
		教法三	0	4	6	10
	%	教法一	80.0	20.0	.0	100.0
		教法二	20.0	40.0	40.0	100.0
		教法三	.0	40.0	60.0	100.0

Classification Results[a,c]

		教學法	Predicted Group Membership			Total
			教法一	教法二	教法三	
Cross-validated[b]	Count	教法一	7	3	0	10
		教法二	2	4	4	10
		教法三	0	5	5	10
	%	教法一	70.0	30.0	.0	100.0
		教法二	20.0	40.0	40.0	100.0
		教法三	.0	50.0	50.0	100.0

a. 60.0% of original grouped cases correctly classified.
b. Cross validation is done only for those cases in the analysis. In cross validation, each case is classified by the functions derived from all cases other than that case.
c. 53.3% of cross-validated grouped cases correctly classified.

　　報表 10-11 是重新分類結果，也稱為混淆矩陣（confusion matrix）。表格上半為原始分類結果，正確的觀察體共有 8＋4＋6＝18，分類正確率為 18 / 30＝0.6＝60%。三組的分類正確率分別為 80%、40%，及 60%，第二組的正確率較低。

　　表格下半部為交叉驗證結果，正確的觀察體共有 7＋4＋5＝16，分類正確率為53.3%。

10.3　應用部分

10.3.1　範例說明

　　以下以筆者實際實施的「智慧型手機使用情形調查」中之 A（知覺易用性）、B（知覺有用性）、C（使用態度）、D（行為意圖）為預測變數，E（實際使用）則以得分依大約 27%、46%、27%比例分成低、中、高三組，為分組變數。同樣的數據也會在多變量變異數分析一章中使用。

10.3.2　SPSS 分析步驟圖

1. 點選【Analyze】（分析）中之【Classify】（分類），進行【Discriminant】（判別）分析（圖 10-3）。

圖 10-3　Discriminant 選單

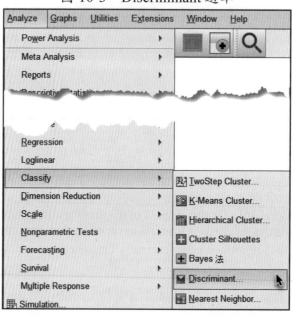

2. 分析時應點選要分析的變數。此時，要先界定【Independents】（自變數）及【Grouping Variable】（分組變數）（圖 10-4）。緊接著將分別針對【Statistics】（統計量）、【Method】（方法）、【Classify】（分類），及【Save】（儲存）等 4 個按鈕加以說明。

圖 10-4　Discriminant Analysis 對話框

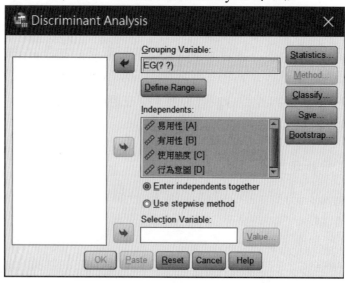

3. 在分組變數中還要定義分組變數範圍，分別輸入最小值（此例為 1）及最大值（此例為 3），並按【Continue】（繼續）鈕（圖 10-5）。

圖 10-5　Discriminant Analysis: Define Range 對話框

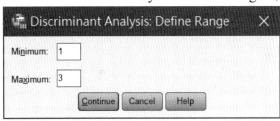

4. 其次，點選圖 10-4 中之【Statistics】（統計量）按鈕，並選擇【Descriptives】（描述性統計量）、【Matrices】（矩陣），及【Function Coefficients】（判別函數係數）中的所有選項（圖 10-6）。

圖 10-6　Discriminant Analysis: Statistics 對話框

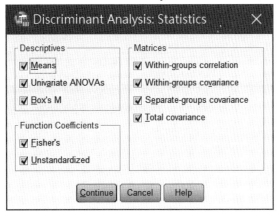

5. 在【Classify】（分類）的對話框中有【Display】（顯示）及【Plots】（圖形）的選項可供勾選。此外，【Prior Probabilities】（事前機率）及【Use Covariance Matrix】（使用共變異數矩陣）中都各有兩種選項可供選擇（圓形代表只能從中選取 1 個）。事前機率內定為【All groups equal】（所有組別相等），如果研究者認為各組事前的機率並不相等，則應指定依據組別大小計算（如果想要界定特定的事前機率，則要改用撰寫語法的方式）。分析時，如果沒有違反各組變異數同質的假設，可以使用【Within-groups】（聯合組內共變異數矩陣）；但是如果違反各組變異數同質的假設，則應使用【Separate-groups】（個別組內共變異數矩陣）（圖 10-7）。

圖 10-7　Discriminant Analysis: Classification 對話框

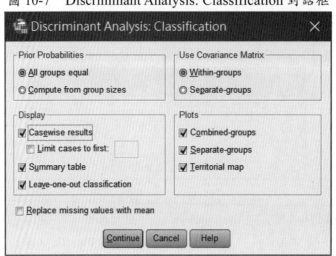

6.　在【Save】（儲存）的對話框有 3 個選項，如果勾選的話，就會將分析所得到的各項數據存在現行的工作檔中（圖 10-8）。不過，此時仍要在資料編輯的視窗中儲存檔案才可以保存資料，否則，退出系統後這些數據就會消失。

圖 10-8　Discriminant Analysis: Save 對話框

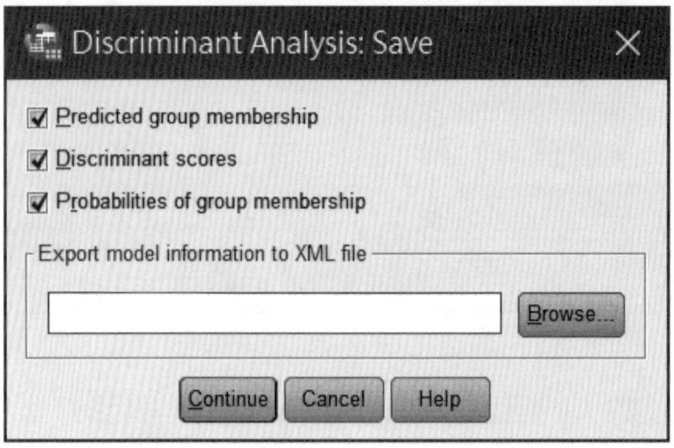

7.　類似迴歸分析，區別分析也可以使用逐步法（stepwise method）（圖 10-9）。此處僅說明統計概念，建議讀者謹慎使用此方法。

圖 10-9　Discriminant Analysis 對話框

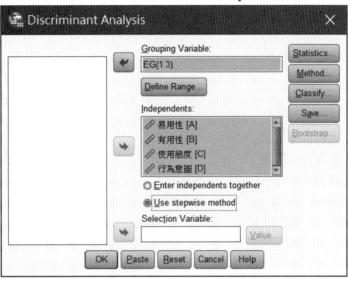

8.　內定的方法為 Wilks' λ 值法，如果變數的 F 值大於 3.84 就會進入分析，小於 2.71
　　就會退出分析（圖 10-10）。

圖 10-10　Discriminant Analysis 對話框

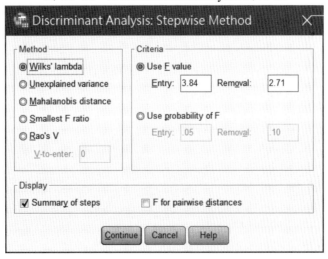

9.　當上述的選項都設定後，回到圖 10-4，即可點選【OK】（確定）進行分析。如果
　　點選【Paste】（貼上語法），則可以自動產生程式。

10.3.3 SPSS 程式

```
[1]    discriminant
[2]            /groups=EG(1 3)
[3]            /variables=A B C D
[4]            /analysis=all
[5]            /method=wilks
[6]            /priors=equal
[7]            /statistics= mean stddev univf boxm coeff raw corr cov gcov tcov table
               crossvalid
[8]            /plot= combined separate map cases
[9]            /classify=nonmissing pooled .
```

10.3.4 SPSS 程式說明

[1] 進行區別分析。

[2] 以實際使用為分組變數（分為三組，1 是低度，2 是中度，3 是高度）。

[3] 以 A、B、C、D 四個變數為預測變數。

[4] 將四個變數都列入分析。

[5] 如果加上此列指令，則會以 Wilks 的方法進行逐步分析。如果要進行全部投入法，則此列指令可不加。

[6] 將各組事前機率定為相同。

[7] 列出相關之統計量數。

[8] 繪出所有的領域圖。

[9] 分類方式：將所有沒有缺失值的觀察體都列入分析，且使用聯合組內共變異數矩陣進行分析。

10.3.5 STATA 程式

```
[1]    candisc A B C D, group(EG) loo
[2]    discrim lda A B C D, group(EG) loo
[3]    estat canontest
[4]    estat loadings, unstandardized standardized
[5]    estat classfunctions
[6]    estat list
[7]    estat grdistances
```

10.3.6　STATA 程式說明

[1]　以 candisc 進行區別分析程序，並執行 loo 交叉驗證。

[2]　以 discrim lda 進行區別分析程序，並執行 loo 交叉驗證。

[3]　列出特徵值及向度縮減檢定。

[4]　列出未標準化及標準化區別函數係數。

[5]　列出 Fisher 線性分類函數。

[6]　列出每個觀察體的分類結果。

[7]　列出各組形心間的 Mahalanobis 距離。

10.3.7　報表及解說

報表 10-12

Group Statistics

實際使用		Mean	Std. Deviation	Valid N (listwise) Unweighted	Weighted
低度	易用性	4.10476	.914268	70	70.000
	有用性	4.62381	.784145	70	70.000
	使用態度	4.34286	.690332	70	70.000
	行為意圖	4.51905	.990512	70	70.000
中度	易用性	4.46078	.798850	102	102.000
	有用性	5.05556	.615322	102	102.000
	使用態度	4.82680	.640974	102	102.000
	行為意圖	5.14052	.655746	102	102.000
高度	易用性	5.02825	.858333	59	59.000
	有用性	5.63277	.549102	59	59.000
	使用態度	5.38418	.538956	59	59.000
	行為意圖	5.85311	.298599	59	59.000
Total	易用性	4.49784	.914653	231	231.000
	有用性	5.07215	.754112	231	231.000
	使用態度	4.82251	.739992	231	231.000
	行為意圖	5.13420	.867992	231	231.000

　　報表 10-12 是實際使用之 3 個分組中，知覺易用性、知覺有用性、使用態度、行為意圖等 4 個變數的描述統計。由報表中可看出，高度使用智慧型手機的受訪者，在

4 個變數的平均數都比較高。

報表 10-13

Tests of Equality of Group Means

	Wilks' Lambda	F	df1	df2	Sig.
易用性	.857	19.054	2	228	<.001
有用性	.750	37.911	2	228	<.001
使用態度	.724	43.387	2	228	<.001
行為意圖	.671	55.860	2	228	<.001

報表 10-13 是單變量變異數分析結果，以實際使用為自變數，知覺易用性、知覺有用性、使用態度、行為意圖等 4 個變數為依變數，$F(2, 228)$ 值分別為 19.054、37.911、43.387、55.860，p 值均小於 .001，因此，報表 10-12 中 3 組的 4 個變數之平均數，都有顯著差異。

報表 10-14

Pooled Within-Groups Matrices[a]

		易用性	有用性	使用態度	行為意圖
Covariance	易用性	.723	.146	.184	.169
	有用性	.146	.431	.195	.237
	使用態度	.184	.195	.400	.279
	行為意圖	.169	.237	.279	.510
Correlation	易用性	1.000	.262	.341	.278
	有用性	.262	1.000	.470	.507
	使用態度	.341	.470	1.000	.618
	行為意圖	.278	.507	.618	1.000

a. The covariance matrix has 228 degrees of freedom.

報表 10-14 是聯合組內共變異數矩陣及相關矩陣。共變異數矩陣如果乘以自由度 228，則可以得到報表 10-15 之聯合組內 SSCP 矩陣（**W** 矩陣）。由共變異數矩陣或 SSCP 矩陣可以求得相關矩陣，以易用性及有用性的相關係數 .262 為例，它等於 2 個變數的共變數除以各自變異數乘積的平方根：

$$\frac{.146}{\sqrt{.723 \times .431}} = .262$$

報表 10-15（STATA）

	A	B	C	D
A	164.8611			
B	33.31523	98.15548		
C	41.87483	44.44508	91.22564	
D	38.50056	54.13373	63.68833	116.2985

報表 10-15 是 STATA 分析所得的聯合組內 *SSCP* 矩陣。SPSS 如果要得到此矩陣，可以使用 MANOVA 程序獲得。

報表 10-16

Covariance Matrices[a]

實際使用		易用性	有用性	使用態度	行為意圖
低度	易用性	.836	.298	.366	.405
	有用性	.298	.615	.324	.438
	使用態度	.366	.324	.477	.493
	行為意圖	.405	.438	.493	.981
中度	易用性	.638	.064	.129	.061
	有用性	.064	.379	.195	.222
	使用態度	.129	.195	.411	.255
	行為意圖	.061	.222	.255	.430
高度	易用性	.737	.108	.062	.075
	有用性	.108	.302	.042	.026
	使用態度	.062	.042	.290	.069
	行為意圖	.075	.026	.069	.089
Total	易用性	.837	.275	.316	.339
	有用性	.275	.569	.339	.423
	使用態度	.316	.339	.548	.470
	行為意圖	.339	.423	.470	.753

a. The total covariance matrix has 230 degrees of freedom.

報表 10-16 共有四大列，前三列是 3 個組的組內共變異數矩陣，如果乘以各組的自由度（分別為 69、101、58），即可得到各組的 *SSCP* 矩陣，而 3 個組的 *SSCP* 相

加，就是聯合組內 *SSCP*。最後一列為全體共變異數矩陣，乘以 230，即為全體 *SSCP* 矩陣（**T** 矩陣）。在 STATA 中，可以使用 matrix list e(SSCP_W#)（#分別為 1～3）及 matrix list e(SSCP_T)，列出各組及全體 *SSCP* 矩陣。

報表 10-17

Log Determinants		
實際使用	Rank	Log Determinant
低度	4	-3.082
中度	4	-4.100
高度	4	-5.521
Pooled within-groups	4	-3.732

The ranks and natural logarithms of determinants printed are those of the group covariance matrices.

　　報表 10-17 是各組內共變異數矩陣之秩數及其行列值的自然對數。各組行列值之自然對數，相差並不太大。

報表 10-18

Test Results		
Box's M		96.115
F	Approx.	4.677
	df1	20
	df2	132122.869
	Sig.	<.001

Tests null hypothesis of equal population covariance matrices.

　　報表 10-18 是 Box's *M* 檢定，主要在檢定各組內共變異數矩陣的均等性。本處是由各組內共變異數矩陣求其行列值的自然對數而得。由此可看出 *M* 值及其機率，機率值小於 .05，表示各組的組內共變異數矩陣不相等，已違反區別分析的假定，使用**聯合組內共變異數矩陣**為分析的基礎應更加謹慎。

　　如果機率值小於 .05，表示各組的組內共變異數矩陣不相等，此時便要使用**個別組內共變異數矩陣**進行分析，此稱為二次區別分析。幸好區別分析是相當強韌（robust）的統計方法，因此違反同質性假設仍可進行分析，不過在解釋時要謹慎些（Sharma, 1996）。

SPSS（2000）也建議：如果 N / p 的比率很大，很容易就會違反同質性假定，因此最好將 α 值定小一點（如設為 .01）。

報表 10-19

Eigenvalues

Function	Eigenvalue	% of Variance	Cumulative %	Canonical Correlation
1	.612[a]	99.6	99.6	.616
2	.003[a]	.4	100.0	.052

a. First 2 canonical discriminant functions were used in the analysis.

因為區別函數數目 $q = min\,(p, g - 1)$，所以本例可以得到 2 個區別函數。報表 10-19 中第二欄為解 $(\mathbf{W}^{-1}\mathbf{B} - \lambda\mathbf{I})\mathbf{V} = 0$ 所得的特徵值。第三欄為每一函數所解釋的百分比，如：$[0.612/(0.612+0.003)]\times100\% = 99.6\%$。第四欄為累積解釋百分比，由第三欄自上往下累加而成。第五欄的典型相關，是把分類變數化成一組虛擬變數，而把預測變數當成另一組變數而求得的相關，請參閱 10.5 節及第 6 章之典型相關分析有較詳細之說明。

報表 10-20

Wilks' Lambda

Test of Function(s)	Wilks' Lambda	Chi-square	df	Sig.
1 through 2	.619	108.732	8	.000
2	.997	.616	3	.893

報表 10-20 是向度縮減分析，1 ~ 2 表示沒有刪除函數，如果顯著，表示前 2 個函數的聯合效果顯著，通常會視為最大的區別函數顯著；2 表示刪除第一區別函數後的顯著檢定，如果顯著，表示第二區別函數也顯著。不過，此種檢定方法仍有爭議，因為 1 ~ 2 顯著是否代表第一個區別函數就顯著？

第二欄為 Wilks' Λ 值，其中：

第 1 個 Λ 值的求法是：$\left(\dfrac{1}{1+\lambda_1}\right)\left(\dfrac{1}{1+\lambda_2}\right) = \left(\dfrac{1}{1+.612}\right)\left(\dfrac{1}{1+.003}\right) = 0.619$；

第 2 個 Λ 值的求法是：$\dfrac{1}{1+\lambda_2} = \dfrac{1}{1+.003} = 0.997$（此處所指的 λ 值是指報表 10-19 的特徵值）。

第三欄是由公式 10-10 所計算而得的 χ^2 值，其中：

第 1 個 χ^2 值為 $-\left(N-\dfrac{p+g}{2}-1\right)ln\Lambda_1 = -\left(231-\dfrac{4+3}{2}-1\right)ln(.619) = 108.732$；

第 2 個函數 χ^2 為 $-\left(N-\dfrac{p+g}{2}-1\right)ln\Lambda_2 = -\left(231-\dfrac{4+3}{2}-1\right)ln(.997) = 0.616$。

第四欄為自由度，其中：第一區別函數的自由度為 $p(g-1) = 4(3-1) = 8$；第二區別函數的自由度為 $(p-1)(g-2) = (4-1)(3-2) = 3$。

第五欄為 χ^2 值的機率值，由此處可知只有第一個區別函數達 .05 顯著水準。

報表 10-21

Canonical Discriminant Function Coefficients

	Function	
	1	2
易用性	.248	.957
有用性	.450	.895
使用態度	.393	-.751
行為意圖	.746	-.755
(Constant)	-9.121	-1.350

Unstandardized coefficients

　　報表 10-21 為未標準化的區別函數係數，這是由公式 10-6 計算而得的。預測變數的原始數值乘上此係數即可得到報表 10-27 之區別分數。SPSS 的區別函數係數有時會與其他軟體的正負號相反，但這並不會影響分類的結果。

　　SPSS 內定不列出未標準化的區別函數係數，因為實際應用時，這個係數並不實用，尤其是區別函數不只一組時（SPSS, 2000）。

報表 10-22

Standardized Canonical Discriminant Function Coefficients

	Function	
	1	2
易用性	.211	.814
有用性	.295	.587
使用態度	.248	-.475
行為意圖	.533	-.539

報表 10-22 是標準化區別函數係數，由此可以看出預測變數在組成區別函數時的相對貢獻。由本處可知，第一區別函數中行為意圖較重要，第二區別函數較重要者是易用性、有用性、及使用態度。不過，因為第二區別函數並不顯著，因此，其他 3 個變數對第一區別函數之標準化加權仍具意義。整體而言，第一區別函數可粗略命名為「智慧型手機之接受度」。

標準化區別函數係數的計算是由未標準化區別函數係數乘以聯合組內共變異數矩陣主對線的平方根而得，例如：報表 10-21 第一區別函數中易用性的原始加權係數為 0.248，報表 10-14 聯合組內共變異數矩陣對角線中易用性為 0.723，因此前者乘以後者的平方根（$0.248 \times \sqrt{0.723}$）等於 0.211。

要留意的是：標準化區別函數係數的絕對值有可能大於 1。

報表 10-23

	Structure Matrix	
	Function	
	1	2
行為意圖	.895[*]	-.309
使用態度	.789[*]	-.255
有用性	.737[*]	.304
易用性	.521	.656[*]

Pooled within-groups correlations between discriminating variables and standardized canonical discriminant functions
Variables ordered by absolute size of correlation within function.
*. Largest absolute correlation between each variable and any discriminant function

報表 10-23 是預測變數及典型區別函數的聯合組內相關係數（稱為結構係數）。由公式 10-8 可知，本處之係數是由報表 10-14 之聯合組內相關係數矩陣乘上報表 10-22 之標準化區別函數係數矩陣而得。由「星號」所指的係數可以看出預測變數和區別函數的關係：第一區別函數和 4 個變數的相關絕對值都大於 0.5，可名之為**智慧型手機接受度**；而第二區別函數與易用性的相關最高，因此可以粗略名之為**知覺易用性**。

結構係數的優點有二：一是可以避免共線性的問題，二是在小樣本的分析時會比較穩定（SPSS, 2000）。此處的相對大小，與報表 10-22 一致。

報表 10-24

Functions at Group Centroids

實際使用	Function	
	1	2
低度	-.946	.047
中度	-.010	-.058
高度	1.141	.045

Unstandardized canonical discriminant functions evaluated at group means

　　由公式 10-12 所計算而得的各組形心，它是由未標準化區別函數係數乘上各組平均數而得，代表報表 10-27 區別分數的平均數。由本處可知，三組的第一區別函數平均明顯不同（−0.946、−0.10、1.141），因此第一區別函數可以明顯區分三組。而第二區別函數因為不顯著，組間差異也小。

　　因為第一區別函數代表智慧型手機接受度，高度使用組的平均數為 1.141，因此，高度使用智慧型手機的受訪者，對智慧型手機接受度也較高（此是正常，難免會有套套邏輯的問題）。

報表 10-25

Prior Probabilities for Groups

實際使用	Prior	Cases Used in Analysis	
		Unweighted	Weighted
低度	.333	70	70.000
中度	.333	102	102.000
高度	.333	59	59.000
Total	1.000	231	231.000

　　報表 10-25 為事前機率，此處設定 3 個組的事前機率相等，都為1／3。事前機率的指定會影響常數項及事後機率的計算，對於其他係數則無影響。

報表 10-26

Classification Function Coefficients

	實際使用		
	1	2	3
易用性	2.595	2.726	3.110
有用性	6.327	6.654	7.264
使用態度	4.940	5.387	5.761
行為意圖	2.350	3.129	3.909
(Constant)	-37.088	-45.038	-56.325

Fisher's linear discriminant functions

報表 10-26 是 Fisher 的分類函數（LCF）係數，這是利用公式 10-13 求得。由原始的預測變數個數值右乘此係數，可以得到三行（因本例分為三組）的資料，此代表各觀察體在三組的分類分數，用此分數可將觀察體重新分類至分數最高的那一組。而用這個分數也可以計算出報表 10-27 的事後機率。

以第 1 個個案為例，它在 4 個變數的數值分別為 3.33、4.33、4.67，及 5，將它們代入三組的 LCD 中，分別是：

低度：$3.33 \times 2.595 + 4.33 \times 6.327 + 4.67 \times 4.940 + 5 \times 2.350 - 37.088 = 33.782$；

中度：$3.33 \times 2.726 + 4.33 \times 6.654 + 4.67 \times 5.387 + 5 \times 3.129 - 45.038 = 33.667$；

高度：$3.33 \times 3.110 + 4.33 \times 7.264 + 4.67 \times 5.761 + 5 \times 3.909 - 56.325 = 31.949$。

因為在低度組使用的數值最大，所以使用 4 個變數預測實際使用程度，最有可能是低度使用組，其次是中度使用組，最不可能是高度使用組。不過，個案 1 真正的使用組別卻是中度組（見報表 10-27），因此重新分類的結果是錯誤的。

STATA 分析所得報表，係數部分與 SPSS 相同，但常數項則略有差異（未加上事前機率的自然對數），不過這不影響重新分類的結果。

報表 10-27

報表 10-27 是重新分類結果，共有二大列五大欄，以下分別說明之。

上半部為原始分類結果。其中，第二大欄為實際組別，如果此處和第三大欄之預測組別不同，會加印 2 個星號，表示重新分類錯誤的觀察體。如個案 1 實際組別為第 2 組，但是根據區別分析的最高可能組是第 1 組，因此是預測錯誤的觀察體，表示以 4 個預測變數無法預測它的實際使用程度。

Casewise Statistics

	Case Number	Actual Group	Predicted Group	Highest Group P(D>d|G=g) p	df	P(G=g|D=d)	Highest Group Squared Mahalanobis Distance to Centroid	Second Highest Group Group	Second Highest Group P(G=g|D=d)	Second Highest Group Squared Mahalanobis Distance to Centroid	Discriminant Scores Function 1	Discriminant Scores Function 2
Original	1	2	1**	.272	2	.489	2.602	2	.433	2.844	-.782	-1.558
	2	1	2**	.947	2	.458	.108	1	.375	.510	-.289	-.232
	3	2	2	.992	2	.461	.015	1	.303	.857	-.021	.065
	4	2	2	.904	2	.452	.201	1	.284	1.130	.061	.384
	5	1	2**	.904	2	.452	.201	1	.284	1.130	.061	.384
Cross-validated[b]	1	2	1**	.621	4	.497	2.634	2	.425	2.945		
	2	1	2**	.506	4	.468	3.321	1	.359	3.851		
	3	2	2	.986	4	.459	.353	1	.303	1.184		
	4	2	2	.949	4	.450	.716	1	.285	1.627		
	5	1	2**	.951	4	.455	.702	1	.279	1.684		

For the original data, squared Mahalanobis distance is based on canonical functions.

For the cross-validated data, squared Mahalanobis distance is based on observations.

**. Misclassified case

b. Cross validation is done only for those cases in the analysis. In cross validation, each case is classified by the functions derived from all cases other than that case.

　　第三大欄為最高機率組別，也就是重新分類以後的組別。中間 P(D>d|G=g) 稱為**條件機率**（condition probability），這是已知觀察體組別（G）時其 D 值（某觀察體與某組形心的距離）的機率，機率愈高，該觀察體離該組形心愈近，由此機率可以計算事後機率。如果其機率值小於 .05，表示此觀察值有可能是離異值（Hahs-Vaughn, 2017）。通常，此欄可以加以忽略（Johnson 1998, p. 273）。右邊 P(G=g|D=d) 稱為**事後機率**，此可由條件機率利用 Bayes 的規則計算而得，亦可由報表 10-26 的分類係數計算而得。

　　第三大欄最右邊為觀察體至該組形心的 Mahalanobis 距離平方，這也是分類的方法之一，如果觀察體與某一組形心之 Mahalanobis 距離平方較小，則會將其劃歸為該組。

　　第四大欄為次高可能組別及其事後機率。本例分為三組，因此應有三組事後機率，不過在此部分並未印出。以個案 2 為例，其第 2 組事後機率為 .458，第 1 組事後機率為 .375，因此其第 1 組事後機率應為 1－(.458 + .375)，等於 .167。如果讀者有興

趣可在程式中加入下面兩列指令印出。

```
discriminant
              /groups = EG(1 3)
              /variables = A B C D
              /save probs = PROB .
list          PROB1 to PROB3.
```

在上面的指令中，probs 為系統的變數名，使用者將其「字首」改為 PROB，因為本例中有三組，因此會儲存 PROB1、PROB2、PROB3 等 3 個變數，最後再用 list 指令加以印出。

第五大欄為區別分數。這是由報表 10-21 的未標準化區別函數係數（含截距）計算而得。

第二大列是使用留一法（LOO）進行交叉驗證分析之結果。

報表 10-28

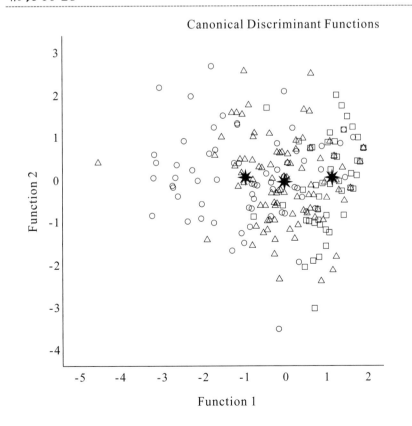

Canonical Discriminant Functions

　　報表 10-28 是根據報表 10-27 的區別分數所畫的座標圖，" ✳ " 為該組形心。由圖中可看出：在第一區別函數中，三組的平均數有較大的差異；在第二區別函數中，差異較小（幾乎都為 0）。

報表 10-29

Classification Results[a,c]

		實際使用	Predicted Group Membership			Total
			低度	中度	高度	
Original	Count	低度	42	20	8	70
		中度	26	50	26	102
		高度	2	8	49	59
	%	低度	60.0	28.6	11.4	100.0
		中度	25.5	49.0	25.5	100.0
		高度	3.4	13.6	83.1	100.0
Cross-validated[b]	Count	低度	42	20	8	70
		中度	26	48	28	102
		高度	2	8	49	59
	%	低度	60.0	28.6	11.4	100.0
		中度	25.5	47.1	27.5	100.0
		高度	3.4	13.6	83.1	100.0

a. 61.0% of original grouped cases correctly classified.
b. Cross validation is done only for those cases in the analysis. In cross validation, each case is classified by the functions derived from all cases other than that case.
c. 60.2% of cross-validated grouped cases correctly classified.

　　報表 10-29 是重新分類交叉表（又稱混淆矩陣。上半部為原始之分類結果，下半部為交叉分類結果），縱軸為實際組別，橫軸為預測組別。此處僅以原始分類結果加以說明。

　　由報表之上半部可知，對角線部分為分類正確者共 141 個觀察體（42 + 50 + 49），正確率為 61.0%。此時 Press Q 為 $\frac{[231-(141\times3)]^2}{231(3-1)}=79.79$，大於 3.84 或 6.63〔$df = 1$，$\alpha = .05$ 或 .01 時，χ^2 的臨界值。在 STATA 中，以「display invchi2(1, .95)」或「display invchi2(1, .99)」〕，表示用 4 個指標來預測受訪者的實際使用程度，與隨機猜測的結果有顯著差異。

$Z = \dfrac{141-77}{\sqrt{77(231-77)/231}} = 8.93$，大於查表的決斷值 2.58（在 STATA 中，以

「display invnormal(1−.01/2)」求得），也達 .01 顯著水準。

τ 值則為 $\dfrac{141-[(70\times.33)+(102\times.33)+(59\times.33)]}{231-[(70\times.33)+(102\times.33)+(59\times.33)]} = \dfrac{141-77}{231-77} = 0.416$，表示用 4 個變

數來預測受訪者的實際使用程度，比隨機猜測可以減少 41.6%的錯誤。此結果可以使用 NCSS 軟體求得。

而 $Cpro = .333^2 + .333^2 + .333^2 = .333$，$0.610 \div .333 = 1.831$，正確分類率 0.610 已比隨機猜測機率高 83.1%，大於 25%了。

交叉驗證的正確率降為 60.2%，表示此預測結果應用到其他樣本時，正確分類率會稍低。

10.4　分析摘要表

經過前述的分析後，研究者可參考以下方式，將分析摘要表列入研究報告中，表 10-4 為區別函數係數摘要表，表 10-5 則為再分類的交叉表。

表 10-4　區別函數係數摘要表

變數	未標準化係數		標準化係數		結構係數	
	第一函數	第二函數	第一函數	第二函數	第一函數	第二函數
易用性	0.248	0.957	0.211	0.814	0.521	0.656
有用性	0.450	0.895	0.295	0.587	0.737	0.304
使用態度	0.393	-0.751	0.248	-0.475	0.789	-0.255
行為意圖	0.746	-0.755	0.533	-0.539	0.895	-0.309
截距	-9.121	-1.350				

表 10-5　再分類之交叉表

實際組別	觀察體數	預測組別		
		1	2	3
1	70	42 60.0%	20 28.6%	8 11.4%
2	102	26 25.5%	50 49.0%	26 25.5%
3	59	2 3.4%	8 13.6%	49 83.1%
總正確率：61.0%				

10.5　以典型相關進行區別分析

　　區別分析中的依變數（分組變數）為類別或次序變數，如果將它代為虛擬變數，即可與計量的自變數進行典型相關分析，所得整體檢定結果是一致的。10.3 節的資料，以 STATA 分析，指令如下：

```
generate EG1 = EG == 1
generate EG2 = EG == 2
canon (A B C D)(EG1 EG2), test(1 2)
qui discrim lda A B C D, group(EG)
estat canontest
```

　　報表 10-30 為典型相關分析簡要結果，報表 10-31 為區別分析結果，兩個典型相關分別為 0.6161 及 0.0521。兩個區別函數（典型相關）的檢定，Wilks' Λ 分別為 0.6188 及 0.9973，轉換為 F 值，分別為 15.2596 及 0.2053，p 值各為 <.001 及 .8927，均相同。

報表 10-30

Canonical correlations: 0.6161　0.0521					
Test of significance of canonical correlations 1-2					
	Statistic	df1	df2	F	Prob>F
Wilks' lambda	.618752	8	450	15.2596	0.0000 e
Test of significance of canonical correlation 2					
	Statistic	df1	df2	F	Prob>F
Wilks' lambda	.997282	3	226	0.2053	0.8927 e

e = exact, a = approximate, u = upper bound on F

報表 10-31

Fcn	Canon. Corr.	Eigen- value	Prop.	Cumul.	Like- lihood Ratio	F	df1	df2	Prob>F
1	0.6161	.611765	0.9956	0.9956	0.6188	15.26	8	450	0.0000 e
2	0.0521	.002725	0.0044	1.0000	0.9973	.20528	3	226	0.8927 e

H0: This and smaller canon. corr. are zero;　　　　　　　　　　　　　e = exact F

11 多變量平均數檢定

平均數假設檢定可以使用下列的形式表示其關係：

$$Y_1 + Y_2 + Y_3 + \cdots + Y_n = \quad X_1$$
$$\text{（計量）} \qquad \text{（非計量）}$$

11.1 理論部分

在單變量統計中，要進行平均數檢定，不外使用 Student 的 t 檢定或變異數分析（analysis of variance, ANOVA）。其中，t 檢定用來進行一個樣本或兩個樣本平均數的檢定；如果是三個以上樣本平均數的檢定，就會使用變異數分析。假使有兩個以上的自變數，t 檢定就不再適用，此時應改用二因子（或多因子）變異數分析。

有時，實驗的效果不只是表現在單一的向度，而是同時呈現在許多層面上；或是某個能力（或現象）不是由單一指標代表，而需要使用多個指標。此時，就需要使用多個依變數，而非以一個依變數來進行檢定。例如：使用不同教學法之後的效果，可能會呈現在認知、情意、技能等三方面。而認知能力則需要使用記憶、了解、應用、分析、評鑑、及創造等六個指標。

在多變量分析中，Hotelling T^2 檢定是單變量 t 檢定的擴充，用來分析一個樣本或兩個樣本之多變量平均數假設檢定。其主要概念與單變量 t 檢定相似，不同在於能夠同時處理兩個以上的依變數。因此，單變量 Student t 檢定是 Hotelling T^2 檢定的特例。同樣的，多變量變異數分析（multivariate analysis of variance, MANOVA）則是 ANOVA 的再擴展。兩者均是自變數為**質的變數**，而依變數為多個**量的變數**。

本章主要在說明 Hotelling T^2，第 12 章則將繼續介紹 MANOVA。不過，Hotelling T^2 仍可以視為 MANOVA 的特例，因此也可以使用下一章所介紹的方法進行分析。

11.1.1 使用多變量分析的理由

除了前述兩個使用多個依變數的時機外，使用多變量分析的理由尚有以下四點（Schumacker, 2016）：

一、如果研究者使用多個依變數，但是僅進行單變量分析，那麼在進行多次的單變量分析後，所犯的第一類型錯誤就會膨脹。例如：研究者以語文、數學、社會、及自然科學等四個領域代表學生的學業成就，如果進行 4 次的單變數分析，而每次的 α 都訂為 .05，則 4 次檢定之後，所犯的第一類型錯誤機率便是 $1 - (1 - .05)^4 = .185$

$\cong .05 \times 4$，已是無法接受的程度了。

　　二、單變量的分析只考慮到單一變數，而未考量到多個變數之間的關聯；多變量分析則將變數間的關聯納入考量。然而，如果變數間的相關非常低，則不需要特別進行多變量分析，僅使用單變量分析即可；另一方面，如果變數間的相關非常高，也不適合進行多變量分析。

　　三、有時，實驗之後或許在六個指標中「分別」都有小的差異，但是皆未達顯著。如果「同時」對六個指標進行檢定，或許有可能達到顯著。也就是個別變數的細小差異，聯合之後可能會得到巨大的差異。

　　四、有些研究者在使用多指標的分析中，會以總分來進行單變量檢定，但是這可能導致錯誤的結論。例如：以國文及英文兩個領域的總分代表學生的語文能力，但是甲校可能國文較好而英文較差（假設平均差了 10 分），乙校則是英文比國文好（也是差了 10 分）。如果只以總分來看，兩校毫無差異，但是如果使用兩個領域進行多變量分析，則會發現兩校之間存有極大的差異。

　　且應留意，在進行多變量分析時，最好有理論基礎，如果依變數間沒有理論支持可以放在一起分析，最好也不要貿然進行多變量分析。

11.1.2　一個樣本之平均數檢定

　　一個樣本之單變量平均數 t 檢定的公式如下：

$$t = \frac{\overline{Y} - \mu_0}{\frac{s}{\sqrt{n}}} \tag{11-1}$$

　　其中分子部分是樣本平均數與要檢定值的差異，分母則是標準誤。此時，如果將公式 11-1 取平方，就可以得到公式 11-2：

$$t^2 = \frac{\left(\overline{Y} - \mu_0\right)^2}{\frac{s^2}{n}} = \frac{n\left(\overline{Y} - \mu_0\right)^2}{s^2} = n(\overline{Y} - \mu_0)(s^2)^{-1}(\overline{Y} - \mu_0) \tag{11-2}$$

　　因此，一個樣本的多變量平均數檢定可用以下的公式進行分析：

$$T^2 = n(\overline{Y} - \mu_0)' \mathbf{S}^{-1}(\overline{Y} - \mu_0)， \tag{11-3}$$

$\mathbf{S} = \dfrac{\mathbf{W}}{n-1}$，$\mathbf{W}$ 為 SSCP 矩陣，$\mathbf{S}$ 為共變數矩陣

　　整體檢定之後，如果 T^2 大於查表的臨界值，則應拒絕虛無假設，並進行後續分析。T^2 的臨界值可以使用 F 臨界值轉換而得：

$$T^2 = \frac{(n-1)p}{n-p} F_{(p,n-p)} \text{，} p \text{ 為依變數數目} \tag{11-4}$$

　　反之，T^2 也可以將其轉成 F 值，公式如下：

$$F_{(p,n-p)} = \frac{n-p}{(n-1)p} T^2 \tag{11-5}$$

　　整體檢定顯著，後續分析的方法有三種。第一種是計算 **Roy-Bose 同時信賴區間**（simultaneous confidence interval）。不過，同時信賴區間的範圍會比較寬，結論會比較保守，因此統計檢定力會比較弱（Pituch & Stevens, 2016）。

　　同時信賴區間的公式如下：

$$a'\overline{y} - c_0 \sqrt{\frac{a'Sa}{n}} \le a'\mu_0 \le a'\overline{y} + c_0 \sqrt{\frac{a'Sa}{n}} \tag{11-6}$$

$$c_0 = \sqrt{T^2_{\alpha,(p,n-1)}} = \sqrt{\frac{(n-1)p}{n-p} \times F_{\alpha,(p,n-p)}} \text{，} a' = [1,0] \text{ 或 } a' = [0,1]$$

　　第二種是進行**單變量 t 檢定**，此時應使用 Bonferroni 程序將 α 加以分割，即單變量 t 檢定的顯著水準是 α / p。因此，如果多變量 T^2 檢定的 α 值設定為 .05，而依變數有 3 個，則單變量的顯著水準應該訂為 $.05 / 3 \cong .01667$。此時重複進行 3 次單變量 t 檢定，整體犯第一類型錯誤的機率為 $1 - (1 - .01667)^3 \cong .05$。如果要比較精確，可以使用 Šidàk 校正，其校正機率值為 $1 - (1 - .05)^{1/3} = .01695$，校正後整體犯第一類型錯誤的機率為 $1 - (1 - .01695)^3 = .05$

　　然而，有部分統計學家卻認為統計檢定並不恰當，因此建議第三種方法，使用 **Bonferroni 信賴區間**的方式。其實，檢定與信賴區間是一體兩面的，結果會一致。以 Bonferroni 程序計算信賴區間的公式為：

$$a'\overline{y} - t_{\alpha/_{2p},(n-1)} \sqrt{\frac{a'Sa}{n}} \le a'\mu_0 \le a'\overline{y} + t_{\alpha/_{2p},(n-1)} \sqrt{\frac{a'Sa}{n}} \tag{11-7}$$

　　如果樣本很大，則 $n(\overline{Y} - \mu_0)' \mathbf{S}^{-1} (\overline{Y} - \mu_0)$ 會形成自由度為 p 的 χ^2 分配，如果計算所得之值大於 $\chi^2_{\alpha,p}$，表示整體檢定達到顯著，此時可以使用以下的公式計算信賴區間（Johnson & Wichern, 2007）：

$$a'\overline{y} - \sqrt{\chi^2_{\alpha,p}}\sqrt{\frac{a'Sa}{n}} \leq a'\mu_0 \leq a'\overline{y} + \sqrt{\chi^2_{\alpha,p}}\sqrt{\frac{a'Sa}{n}} \tag{11-8}$$

以表 11-1 為例，研究者自某高中隨機抽測 10 名學生的 3 個學習領域成績，想要了解全校學生平均是否與 60 分有顯著差異。

表 11-1　10 名學生之 3 個學習領域成績

領域	國文	英文	數學
學生 1	65	60	53
學生 2	68	53	65
學生 3	64	68	53
學生 4	66	60	51
學生 5	67	59	48
學生 6	63	61	54
學生 7	61	64	51
學生 8	62	63	53
學生 9	63	62	63
學生 10	60	64	54
平均	63.9	61.4	54.5

其虛無假設為：

$$\begin{bmatrix} \mu_1 \\ \mu_2 \\ \mu_3 \end{bmatrix} = \begin{bmatrix} 60 \\ 60 \\ 60 \end{bmatrix} \quad 或 \quad \begin{bmatrix} \mu_1 - 60 \\ \mu_2 - 60 \\ \mu_3 - 60 \end{bmatrix} = \begin{bmatrix} 0 \\ 0 \\ 0 \end{bmatrix} \quad 或 \quad \begin{bmatrix} \mu_{d_1} \\ \mu_{d_2} \\ \mu_{d_3} \end{bmatrix} = \begin{bmatrix} 0 \\ 0 \\ 0 \end{bmatrix}$$

以上述 3 個變數求得之共變數矩陣及其反矩陣為：

$$\mathbf{S} = \begin{bmatrix} 6.767 & -7.400 & 2.389 \\ -7.400 & 15.600 & -9.222 \\ 2.389 & -9.222 & 28.500 \end{bmatrix}, \quad \mathbf{S}^{-1} = \begin{bmatrix} 0.324 & 0.170 & 0.028 \\ 0.170 & 0.169 & 0.040 \\ 0.028 & 0.040 & 0.046 \end{bmatrix}$$

以 SPSS 進行分析，其整體檢定的語法為（其中 $D1 \sim D3$ 為 $S1 \sim S3$ 減去 60）：

```
compute        D1=S1−60.
compute        D2=S2−60.
compute        D3=S3−60.
glm            D1 D2 D3.
```

所得報表如下：

報表 11-1

	Multivariate Tests [a]					
Effect		Value	F	Hypothesis df	Error df	Sig.
Intercept	Pillai's Trace	.8814	17.3341[b]	3.0000	7.0000	.0013
	Wilks' Lambda	.1186	17.3341[b]	3.0000	7.0000	.0013
	Hotelling's Trace	7.4289	17.3341[b]	3.0000	7.0000	.0013
	Roy's Largest Root	7.4289	17.3341[b]	3.0000	7.0000	.0013

a. Design: Intercept
b. Exact statistic

在報表 11-1 中，Hotelling's Trace 值為 7.4289，應乘以組內自由度 9（樣本數減 1），因此整體檢定所得之 T^2 值為 $7.4289 \times 9 = 66.8601$，轉換成 F 值為 $\frac{10-3}{(10-1)3} \times 66.8601 = 17.3341$。自由度為 3,7 的 F 分配中，要大於 17.3341 的機率 p = .0013〔在 SPSS 及 STATA 中分別輸入「compute p=1-cdf.f(17.3341,3,7).」及「gen p=1-F(3,7,17.3341)」，即可求得 p 值〕，因此整體檢定達到 .05 的顯著水準，表示 3 個變數中至少有 1 個平均數與 60 分有顯著差異。

在 SPSS 中使用以下語法可以進行同時信賴區間估計：

```
manova      D1 D2 D3
                 /cinterval = joint multivariate(hotelling).
```

報表如下（粗體為筆者所加）：

報表 11-2

```
Estimates for d1
--- Joint multivariate .9500 HOTELLING confidence intervals
CONSTANT
Parameter     Coeff.     Std. Err.     t-Value     Sig. t     Lower -95%     CL- Upper

    1      3.9000000000    .82260      4.74108      .00106        .53173        7.26827
```

```
Estimates for d2

--- Joint multivariate .9500 HOTELLING confidence intervals

CONSTANT

Parameter      Coeff.      Std. Err.     t-Value      Sig. t      Lower -95%    CL- Upper

   1       1.4000000000    1.24900      1.12090      .29135       -3.71425       6.51425

- - - - - - - - - - - - - - - - - - - - - - - - - - - - - - - - - - - - - - - - - - - - -

Estimates for d3

--- Joint multivariate .9500 HOTELLING confidence intervals

CONSTANT

Parameter      Coeff.      Std. Err.     t-Value      Sig. t      Lower -95%    CL- Upper

   1      -5.5000000000    1.68819      -3.25792      .00987      -12.41260      1.41260
```

整理後如表 11-2：

表 11-2　平均數差異之同時信賴區間

	平均數差異	差異之 95%同時信賴區間	
		下限	上限
國文	3.9	0.53173	7.26827
英文	1.4	-3.71425	6.51425
數學	-5.5	-12.41260	1.41260

以國文領域為例，平均數為 63.9，（變異數為 6.767，因此標準誤為 $\sqrt{6.767/10}$ ），減去 60 之後為 3.9。$\sqrt{T^2_{.05,(3,10-1)}}$ 之 T^2 臨界值可以使用以下公式求得：

$$T^2 = \frac{(10-1)3}{10-3} \times F_{.05,(3,10-3)} = \frac{27}{7} \times 4.3468 = 16.7664$$

而 F 值可使用 SPSS 及 STATA 的「compute F=qf(.95,3,7)」及「gen F=invF(3,7,.95)」求得，為 4.3468。平均數差值 3.9 之 95%信賴區間為：

$$3.9 - \sqrt{\frac{(10-1)3}{10-3} \times 4.3468} \times \sqrt{\frac{6.767}{10}} \le 3.9 \le 3.9 + \sqrt{\frac{(10-1)3}{10-3} \times 4.3468} \times \sqrt{\frac{6.767}{10}}$$

得到平均數差值 95%信賴區間為 [0.5317, 7.2683]，如果原始平均數 95%信賴區間再加上 60，為 [60.5317, 67.2683]。

由表 11-2 可看出，只有國文領域平均數差異的 95%上下限之間是不包含 0，而英文領域及數學領域平均數差異之 95%上下限則都包含 0，所以只有國文領域的平均數

與 60 分達 .05 顯著水準之差異，其他兩個領域則與 60 分無顯著差異。

在 SPSS 當中，可以使用一個平均數 t 檢定，並設定信賴區間為 98.33%〔由 $(1-.05/3)\times100\%$ 而得〕，進行 Bonferroni 的 t 檢定及信賴區間估計：

```
t-test              /variables=S1 S2 S3
                    /testval=60
                    /criteria=ci(.9833).
```

或是使用 MANOVA 語法進行分析：

```
manova              D1 D2 D3
                    /cinterval = individual multivariate(bonfer).
```

MANOVA 報表如下：

報表 11-3

```
Estimates for d1
 --- Individual multivariate .9500 BONFERRONI confidence intervals
 CONSTANT
```

Parameter	Coeff.	Std. Err.	t-Value	Sig. t	Lower -95%	CL- Upper
1	3.9000000000	.82260	4.74108	.00106	1.48705	6.31295

```
Estimates for d2
 --- Individual multivariate .9500 BONFERRONI confidence intervals
 CONSTANT
```

Parameter	Coeff.	Std. Err.	t-Value	Sig. t	Lower -95%	CL- Upper
1	1.4000000000	1.24900	1.12090	.29135	-2.26372	5.06372

```
Estimates for d3
 --- Individual multivariate .9500 BONFERRONI confidence intervals
 CONSTANT
```

Parameter	Coeff.	Std. Err.	t-Value	Sig. t	Lower -95%	CL- Upper
1	-5.5000000000	1.68819	-3.25792	.00987	-10.45202	-.54798

摘要整理後如表 11-3：

表 11-3　報表 11-3 之摘要表

	t	p	差異之 95%信賴區間	
			下限	上限
國文	4.74108	.00106	1.48705	6.31295
英文	1.12090	.29135	-2.26372	5.06372
數學	-3.25792	.00987	-10.45202	-0.54798

上述 3 個變數分別進行一個樣本平均數 t 檢定，所得的 t 值分別為 4.741、1.121、−3.258，其機率值 .001、.291、.010，只有英文領域的機率值大於 .0167（由.05 / 3 而得），所以國文領域及數學領域兩個領域的平均數均與 60 分的差異達到 .05 顯著水準。不過，國文領域是高於 60 分，而數學領域則是低於 60 分。

在表中除英文領域差異平均數之 95%上下限中間包含 0 外，國文及數學兩個領域均不包含 0，因此這兩個領域的平均數與 60 分的差異達 95%顯著水準。

由三種後續分析可知，同時信賴區間最保守，因此只有國文領域的平均數與 60 分有顯著差異；而使用 Bonferroni 程序分割的單變量 t 檢定或是信賴區間，結果都是相同，除了國文領域外，數學領域的平均數也與 60 分有顯著差異，不過國文領域的平均數是高於 60 分，數學領域卻是低於 60 分。

上述的信賴區間估計，也可以改為原始信賴區間，語法如下，只要將變數名稱改為 $S1$、$S2$、$S3$，或是檢定值設為 0 即可。如果平均數信賴區間不包含 60，就表示與 60 有顯著差異。

```
manova          S1 S2 S3
                /cinterval = joint multivariate(hotelling).
t-test          /variables=S1 S2 S3
                /testval=0
                /criteria=ci(.9833).
manova          S1 S2 S3
                /cinterval = individual multivariate(bonfer).
```

上述的分析，使用 STATA，語法如下：

```
gen D1=S1−60
gen D2=S2−60
gen D3=S3−60
hotel D1 D2 D3
ttest D1==60, level(98.33)
ttest D2==60, level(98.33)
ttest D3==60, level(98.33)
```

　　STATA 分析所得的 T^2 如報表 11-4，為 66.86009，轉換為 F 值，等於 17.3341，p = 0.0013。

報表 11-4

```
1-group Hotelling's T-squared = 66.86009
F test statistic: ((10−3)/(10−1)(3)) x 66.86009 = 17.334097


H0: Vector of means is equal to a vector of zeros
        F(3,7) =    17.3341
    Prob > F(3,7) =     0.0013
```

11.1.3　兩個相依樣本之平均數檢定

　　兩個相依樣本之單變量的平均數檢定，概念上與一個平均數的假設檢定相近，只要先計算兩個樣本間的差異 d，再使用一個樣本的 t 檢定即可，其公式如下：

$$t = \frac{\overline{d} - \mu_{d0}}{\frac{s_d}{\sqrt{n}}} \tag{11-9}$$

此時，如果將公式 11-9 取平方，就可以得到公式 11-10：

$$t^2 = \frac{\left(\overline{d} - \mu_{d0}\right)^2}{\frac{s_d^2}{n}} = \frac{n\left(\overline{d} - \mu_{d0}\right)^2}{s_d^2} = n(\overline{d} - \mu_{d0})(s_d^2)^{-1}(\overline{d} - \mu_{d0}) \tag{11-10}$$

因此，兩個相依樣本的多變量平均數檢定可用以下的公式進行分析：

$$T^2 = n(\bar{d} - \mu_{d0})'S_d^{-1}(\bar{d} - \mu_{d0}) \qquad (11\text{-}11)$$

同時信賴區間的公式如下：

$$a'\bar{d} - c_0\sqrt{\frac{a'Sa}{n}} \le a'\mu_{d0} \le a'\bar{d} + c_0\sqrt{\frac{a'Sa}{n}} \qquad (11\text{-}12)$$

$$c_0 = \sqrt{T^2_{\alpha,(p,n-1)}} = \sqrt{\frac{(n-1)p}{n-p} \times F_{\alpha,(p,n-p)}}$$

而 Bonferroni 信賴區間的公式為：

$$a'\bar{d} - t_{\alpha/2p,(n-1)}\sqrt{\frac{a'Sa}{n}} \le a'\mu_{d0} \le a'\bar{d} + t_{\alpha/2p,(n-1)}\sqrt{\frac{a'Sa}{n}} \qquad (11\text{-}13)$$

以表 11-4 為例，研究者自某校學生隨機抽測 10 名學生實施某種新式教學法，實驗前後分別測量了數學領域的三項成績，問：新式教學法對學生數學平均成績是否有改變。

表 11-4　10 名學生之 3 個學習內容前後測成績

	代數 前測	幾何 前測	統計 前測	代數 後測	幾何 後測	統計 後測	代數 差異	幾何 差異	統計 差異
學生 1	8	10	7	9	13	10	1	3	3
學生 2	9	11	13	12	14	13	3	3	0
學生 3	10	12	14	15	14	14	5	2	0
學生 4	10	13	14	16	16	15	6	3	1
學生 5	13	13	15	17	16	15	4	3	0
學生 6	14	14	16	18	17	17	4	3	1
學生 7	14	14	17	18	21	18	4	7	1
學生 8	15	14	18	18	21	19	3	7	1
學生 9	17	16	18	20	22	20	3	6	2
學生 10	20	17	21	20	22	22	0	5	1
平均	13.0	13.4	15.3	16.3	17.6	16.3	3.3	4.2	1.0

其虛無假設為：

$$\begin{bmatrix} \mu_{11} \\ \mu_{12} \\ \mu_{13} \end{bmatrix} = \begin{bmatrix} \mu_{21} \\ \mu_{22} \\ \mu_{23} \end{bmatrix} \quad \text{或} \quad \begin{bmatrix} \mu_{11} - \mu_{12} \\ \mu_{12} - \mu_{22} \\ \mu_{13} - \mu_{23} \end{bmatrix} = \begin{bmatrix} 0 \\ 0 \\ 0 \end{bmatrix} \quad \text{或} \quad \begin{bmatrix} \mu_{d_1} \\ \mu_{d_2} \\ \mu_{d_3} \end{bmatrix} = \begin{bmatrix} 0 \\ 0 \\ 0 \end{bmatrix}$$

以上述 3 個變數所得之共變數矩陣及其反矩陣為：

$$\mathbf{S} = \begin{bmatrix} 3.122 & -0.844 & -0.778 \\ -0.844 & 3.511 & 0.444 \\ -0.778 & 0.444 & 0.889 \end{bmatrix},\ \mathbf{S}^{-1} = \begin{bmatrix} 0.421 & 0.058 & 0.339 \\ 0.058 & 0.312 & -0.105 \\ 0.339 & -0.105 & 1.474 \end{bmatrix}$$

SPSS 的分析語法如下：

```
compute        D1=POST1−PRE1.
compute        D2=POST2−PRE2.
compute        D3=POST3−PRE3.
glm            D1 D2 D3.
manova         D1 D2 D3
               /cinterval = joint multivariate(hotelling).
t-test         /variables=D1 D2 D3
               /testval=0
               /criteria=ci(.9833).
manova         D1 D2 D3
               /cinterval = individual multivariate(bonfer).
```

整體檢定如報表 11-5。計算所得 T^2 值為 $16.1392 \times 9 = 145.2528$，轉換為 F 值等於 37.6581，$p = .0001$，因此數學領域前後測的平均成績有顯著差異。

報表 11-5

Multivariate Tests[a]		Value	F	Hypothesis df	Error df	Sig.
Intercept	Pillai's Trace	.9417	37.6581[b]	3.0000	7.0000	.0001
	Wilks' Lambda	.0583	37.6581[b]	3.0000	7.0000	.0001
	Hotelling's Trace	16.1392	37.6581[b]	3.0000	7.0000	.0001
	Roy's Largest Root	16.1392	37.6581[b]	3.0000	7.0000	.0001

a. Design: Intercept
b. Exact statistic

MANOVA 同時信賴區間如報表 11-6：

報表 11-6

```
┌─────────────────────────────────────────────────────────────────────────────────────┐
│ Estimates for D1                                                                      │
│ --- Joint multivariate .9500 HOTELLING confidence intervals                          │
│ CONSTANT                                                                              │
│                                                                                       │
│  Parameter       Coeff.       Std. Err.      t-Value       Sig. t      Lower -95%    CL- Upper │
│     1        3.3000000000       .55877        5.90584       .00023       1.01203      5.58797   │
│ - - - - - - - - - - - - - - - - - - - - - - - - - - - - - - - - - - - - - - - - - - - │
│ Estimates for D2                                                                      │
│ --- Joint multivariate .9500 HOTELLING confidence intervals                          │
│ CONSTANT                                                                              │
│                                                                                       │
│  Parameter       Coeff.       Std. Err.      t-Value       Sig. t      Lower -95%    CL- Upper │
│     1        4.2000000000       .59255        7.08805       .00006       1.77372      6.62628   │
│ - - - - - - - - - - - - - - - - - - - - - - - - - - - - - - - - - - - - - - - - - - - │
│ Estimates for D3                                                                      │
│ --- Joint multivariate .9500 HOTELLING confidence intervals                          │
│ CONSTANT                                                                              │
│                                                                                       │
│  Parameter       Coeff.       Std. Err.      t-Value       Sig. t      Lower -95%    CL- Upper │
│     1        1.0000000000       .29814        3.35410       .00847      -.22080      2.22080   │
└─────────────────────────────────────────────────────────────────────────────────────┘
```

Bonferroni t 檢定及信賴區間如報表 11-7：

報表 11-7

```
┌─────────────────────────────────────────────────────────────────────────────────────┐
│ Estimates for D1                                                                      │
│ --- Individual multivariate .9500 BONFERRONI confidence intervals                     │
│ CONSTANT                                                                              │
│                                                                                       │
│  Parameter       Coeff.       Std. Err.      t-Value       Sig. t      Lower -95%    CL- Upper │
│     1        3.3000000000       .55877        5.90584       .00023       1.66095      4.93905   │
│ - - - - - - - - - - - - - - - - - - - - - - - - - - - - - - - - - - - - - - - - - - - │
│ Estimates for D2                                                                      │
│ --- Individual multivariate .9500 BONFERRONI confidence intervals                     │
│                                                                                       │
│ CONSTANT                                                                              │
│                                                                                       │
│  Parameter       Coeff.       Std. Err.      t-Value       Sig. t      Lower -95%    CL- Upper │
│     1        4.2000000000       .59255        7.08805       .00006       2.46187      5.93813   │
│ - - - - - - - - - - - - - - - - - - - - - - - - - - - - - - - - - - - - - - - - - - - │
│ Estimates for D3                                                                      │
│ --- Individual multivariate .9500 BONFERRONI confidence intervals                     │
│ CONSTANT                                                                              │
│                                                                                       │
│  Parameter       Coeff.       Std. Err.      t-Value       Sig. t      Lower -95%    CL- Upper │
│     1        1.0000000000       .29814        3.35410       .00847       .12545      1.87455   │
└─────────────────────────────────────────────────────────────────────────────────────┘
```

摘要整理之後如表 11-5：

表 11-5 個別檢定及兩種信賴區間

	t	p	95%同時信賴區間		Bonferroni 95%信賴區間	
			下限	上限	下限	上限
國文	5.90584	.00023	1.01203	5.58797	1.66095	4.93905
英文	7.08805	.00006	1.77372	6.62628	2.46187	5.93813
數學	3.35410	.00847	-0.22080	2.22080	0.12545	1.87455

由表中可看出：如果採用同時信賴區間，則數學領域的前後測平均數並無顯著差異；如採 Bonferroni 信賴區間，則三個領域的前後平均數均有顯著差異，且後測均比前測高。

上述的分析，改用 STATA，語法如下：

```
gen D1=POST1-PRE1
gen D2=POST2-PRE2
gen D3=POST3-PRE3
hotel D1 D2 D3
ttest POST1==PRE1, level(98.33)
ttest POST2==PRE2, level(98.33)
ttest POST3==PRE3, level(98.33)
```

STATA 分析所得的 T^2 如報表 11-8，為 145.25274，轉換為 F 值，等於 37.6581，$p = 0.0001$。

報表 11-8

```
1-group Hotelling's T-squared = 145.25274
F test statistic: ((10-3)/(10-1)(3)) x 145.25274 = 37.658118


H0: Vector of means is equal to a vector of zeros

        F(3,7) =     37.6581
    Prob > F(3,7) =     0.0001
```

11.1.4　兩個獨立樣本之平均數檢定

兩個獨立樣本且**假設變異數相等**之單變量的平均數檢定，其公式如下：

$$t = \frac{\overline{Y}_1 - \overline{Y}_2 - (\mu_1 - \mu_2)}{\sqrt{s_p^2\left(\frac{1}{n_1} + \frac{1}{n_2}\right)}} \tag{11-14}$$

絕大多數時候，研究者通常又假定兩個母群的平均數是相等的（亦即 $\mu_1 - \mu_2 = 0$），因此公式又可以寫成以下的形式：

$$t = \frac{\overline{Y}_1 - \overline{Y}_2}{\sqrt{s_p^2\left(\frac{1}{n_1} + \frac{1}{n_2}\right)}} \tag{11-15}$$

此時，如果將公式 11-15 取平方，就可以得到公式 11-16：

$$t^2 = \frac{\left(\overline{Y}_1 - \overline{Y}_2\right)^2}{s_p^2\left(\frac{1}{n_1} + \frac{1}{n_2}\right)} = \frac{n_1 n_2}{n_1 + n_2} \times \frac{\left(\overline{Y}_1 - \overline{Y}_2\right)^2}{s_p^2} \tag{11-16}$$

$$= \frac{n_1 n_2}{n_1 + n_2}(\overline{Y}_1 - \overline{Y}_2)(s_p^2)^{-1}(\overline{Y}_1 - \overline{Y}_2)$$

因此，**共變數矩陣相等**時，兩個獨立樣本的多變量平均數檢定可用以下的公式進行分析：

$$T^2 = \frac{n_1 n_2}{n_1 + n_2}(\overline{Y}_1 - \overline{Y}_2)'\mathbf{S}_p^{-1}(\overline{Y}_1 - \overline{Y}_2)，\mathbf{S}_p \text{ 為聯合之組內共變數矩陣} \tag{11-17}$$

如果沒有適當的 T^2 分配表，則可以使用以下的公式轉換成 F 值：

$$F = \frac{n_1 + n_2 - p - 1}{p(n_1 + n_2 - 2)}T^2, \; df = p,(n_1 + n_2 - p - 1) \tag{11-18}$$

同時信賴區間的公式如下：

$$a'(\overline{y}_1 - \overline{y}_2) - c_0\sqrt{a'Sa} \le a'(\mu_1 - \mu_2) \le a'(\overline{y}_1 - \overline{y}_2) + c_0\sqrt{a'Sa} \tag{11-19}$$

$$c_0 = \sqrt{\frac{n_1 + n_2}{n_1 n_2}T^2_{\alpha,(p,n_1+n_2-1)}} = \sqrt{\frac{n_1 + n_2}{n_1 n_2} \times \frac{p(n_1 + n_2 - 2)}{n_1 + n_2 - p - 1}F_{\alpha,(p,n_1+n_2-p-1)}}$$

如果有 3 個依變數，$a' = [1,0,0]$、$a' = [0,1,0]$，或 $a' = [0,0,1]$。

Bonferroni 信賴區間的公式為：

$$a'(\overline{y}_1 - \overline{y}_2) - c_0\sqrt{a'Sa} \le a'(\mu_1 - \mu_2) \le a'(\overline{y}_1 - \overline{y}_2) + c_0\sqrt{a'Sa} \tag{11-20}$$

$$c_0 = t_{\alpha/2p, (n_1+n_2-2)}\sqrt{\frac{n_1 + n_2}{n_1 n_2}}$$

兩個獨立樣本且**假設變異數不相等**之單變量的平均數檢定，其公式如下：

$$t = \frac{\overline{Y}_1 - \overline{Y}_2 - (\mu_1 - \mu_2)}{\sqrt{\dfrac{s_1^2}{n_1} + \dfrac{s_2^2}{n_2}}} \tag{11-21}$$

如果假定兩個母群的平均數是不相等的，公式又可以寫成以下的形式：

$$t = \frac{\overline{Y}_1 - \overline{Y}_2}{\sqrt{\dfrac{s_1^2}{n_1} + \dfrac{s_2^2}{n_2}}} \tag{11-22}$$

此時，如果將公式 11-22 取平方，就可以得到公式 11-23：

$$t^2 = \frac{(\overline{Y}_1 - \overline{Y}_2)^2}{\dfrac{s_1^2}{n_1} + \dfrac{s_2^2}{n_2}} = (\overline{Y}_1 - \overline{Y}_2)^2 \times \left(\frac{s_1^2}{n_1} + \frac{s_2^2}{n_2}\right)$$

$$= (\overline{Y}_1 - \overline{Y}_2)\left(\frac{s_1^2}{n_1} + \frac{s_2^2}{n_2}\right)^{-1}(\overline{Y}_1 - \overline{Y}_2) \tag{11-23}$$

因此，**共變數矩陣不等**時，兩個獨立樣本的多變量平均數檢定可用以下的公式進行分析：

$$T^2 = (\overline{Y}_1 - \overline{Y}_2)'\left(\frac{\mathbf{S}_1}{n_1} + \frac{\mathbf{S}_2}{n_2}\right)^{-1}(\overline{Y}_1 - \overline{Y}_2) \, , \, \mathbf{S}_1 \, \mathbf{\cdot} \, \mathbf{S}_2 \text{ 各為兩組之共變數矩陣} \tag{11-24}$$

以表 11-6 為例，研究者自某高中隨機抽出 20 名學生，並隨機分成二組進行教學，其第一組為傳統教學法，第二組為新式教學法，一學期之後兩組在數學領域三個學習內容的成績如下，試問兩種教學法的效果是否有顯著差異。

表 11-6　20 名學生的數學領域成績

組別	代數	幾何	統計	組別	代數	幾何	統計
1	8	9	4	2	26	18	26
1	9	11	13	2	27	19	28
1	12	11	19	2	28	20	27
1	13	12	22	2	36	22	30
1	15	12	22	2	38	23	32
1	19	15	23	2	38	30	35
1	25	18	23	2	39	32	39
1	30	21	29	2	43	38	47
1	31	21	29	2	44	44	50
1	39	37	43	2	47	49	51

其虛無假設為：

$$\begin{bmatrix} \mu_{11} \\ \mu_{12} \\ \mu_{13} \end{bmatrix} = \begin{bmatrix} \mu_{21} \\ \mu_{22} \\ \mu_{23} \end{bmatrix}，或是 \begin{bmatrix} \mu_{11} - \mu_{12} \\ \mu_{12} - \mu_{22} \\ \mu_{13} - \mu_{23} \end{bmatrix} = \begin{bmatrix} 0 \\ 0 \\ 0 \end{bmatrix}$$

兩組的共變數矩陣分別為：

$$\mathbf{S}_1 = \begin{bmatrix} 112.322 & 82.367 & 98.700 \\ 82.367 & 69.122 & 77.011 \\ 98.700 & 77.011 & 105.567 \end{bmatrix}，\mathbf{S}_2 = \begin{bmatrix} 54.711 & 74.556 & 66.000 \\ 74.556 & 122.278 & 105.722 \\ 66.000 & 105.722 & 94.056 \end{bmatrix}$$

而兩組之聯合組內共變數矩陣為：

$$\mathbf{S}_p = \begin{bmatrix} 83.517 & 78.461 & 82.350 \\ 78.461 & 95.700 & 91.367 \\ 82.350 & 91.367 & 99.811 \end{bmatrix}$$

計算後，

$$\mathbf{S}_p^{-1} = \begin{bmatrix} 0.068 & -0.017 & -0.040 \\ -0.017 & 0.087 & -0.066 \\ -0.040 & -0.066 & 0.103 \end{bmatrix}，\left(\frac{\mathbf{S}_1}{10} + \frac{\mathbf{S}_2}{10} \right)^{-1} = \begin{bmatrix} 0.338 & -0.086 & -0.200 \\ -0.086 & 0.437 & -0.328 \\ -0.200 & -0.328 & 0.516 \end{bmatrix}$$

因為兩組人數相等，因此無論共變數矩陣是否相等，T^2 均為 18.248，轉換為 F 值：

$$F = \frac{10+10-3-1}{3(10+10-2)} \times 18.248 = 5.407 \text{。}$$

在 SPSS 中可以使用以下語法進行整體檢定：

```
glm        S1 S2 S3 by G.
```

所得結果如報表 11-9：

報表 11-9

Multivariate Tests[a]

Effect		Value	F	Hypothesis df	Error df	Sig.
Intercept	Pillai's Trace	.9289	69.6724[b]	3.0000	16.0000	.0000
	Wilks' Lambda	.0711	69.6724[b]	3.0000	16.0000	.0000
	Hotelling's Trace	13.0636	69.6724[b]	3.0000	16.0000	.0000
	Roy's Largest Root	13.0636	69.6724[b]	3.0000	16.0000	.0000
G	Pillai's Trace	.5034	5.4068[b]	3.0000	16.0000	.0092
	Wilks' Lambda	.4966	5.4068[b]	3.0000	16.0000	.0092
	Hotelling's Trace	1.0138	5.4068[b]	3.0000	16.0000	.0092
	Roy's Largest Root	1.0138	5.4068[b]	3.0000	16.0000	.0092

a. Design: Intercept + G
b. Exact statistic

在報表中 Hotelling's Trace 值為 1.0138，應乘以組內自由度 18（$n_1 + n_2 - 2$），即可得到 T^2 值 18.2480（有捨入誤差），轉成 F 值為 5.4068，$p = .0092$，因此應拒絕虛無假設，即兩組間三個數學領域的平均數有顯著差異。

同時信賴區間檢定的語法為：

```
manova     S1 S2 S3 by G(1,2)
               /contrast(G) = repeated
               /cinterval = joint multivariate(roy)
               /design = G.
```

所得結果如報表 11-10。以第 1 個差異平均數−16.5 為例，其變異數為 83.517（見

前述 $\mathbf{S}_p$ 部分），因此 95%信賴區間為：

$$-16.5 \pm \sqrt{S} \times \sqrt{\frac{n_1 + n_2}{n_1 n_2} \times \frac{p(n_1 + n_2 - 2)}{n_1 + n_2 - p - 1} \times F_{\alpha,(p,n_1+n_2-p-1)}}$$

$$= -16.5 \pm \sqrt{83.517} \times \sqrt{\frac{10+10}{10 \times 10} \times \frac{3(10+10-2)}{10+10-3-1} \times 3.2389}$$

$$= -16.5 \pm 13.51249$$

下限為−30.01249，上限為−2.98751。

報表 11-10

```
Estimates for S1
--- Joint multivariate .9500 ROY confidence intervals
G

Parameter      Coeff.       Std. Err.      t-Value      Sig. t      Lower -95%    CL- Upper
   2       -16.5000000000    4.08697       -4.03722      .00077       -30.01249    -2.98751

- - - - - - - - - - - - - - - - - - - - - - - - - - - - - - - - - - - - - - - - - - - - -

Estimates for S2
--- Joint multivariate .9500 ROY confidence intervals
G

Parameter      Coeff.       Std. Err.      t-Value      Sig. t      Lower -95%    CL- Upper
   2       -12.8000000000    4.37493       -2.92576      .00903       -27.26454     1.66454

- - - - - - - - - - - - - - - - - - - - - - - - - - - - - - - - - - - - - - - - - - - - -

Estimates for S3
--- Joint multivariate .9500 ROY confidence intervals
G

Parameter      Coeff.       Std. Err.      t-Value      Sig. t      Lower -95%    CL- Upper
   2       -13.8000000000    4.46791       -3.08869      .00633       -28.57196     .97196
```

整理所得如表 11-7，其中幾何及統計之區間包含 0，因此兩種教學法僅在代數部分有不同的效果。

表 11-7　報表 11-10 之摘要表

	差異平均數	95%同時信賴區間	
		下限	上限
代數	-16.5	-30.01249	-2.98751
幾何	-12.8	-27.26454	1.66454
統計	-13.8	-28.57196	0.97196

Bonferroni 信賴區間語法如下：

```
manova          S1 S2 S3 by G(1,2)
                /contrast(G) = repeated
                /cinterval=individual multivariate(bonfer)
                /design = G.
```

所得結果如報表 11-11：

報表 11-11

```
Estimates for S1
--- Individual multivariate .9500 BONFERRONI confidence intervals
G
 Parameter      Coeff.      Std. Err.      t-Value      Sig. t      Lower -95%      CL- Upper
    2      -16.5000000000      4.08697      -4.03722      .00077      -27.28611      -5.71389
- - - - - - - - - - - - - - - - - - - - - - - - - - - - - - - - - - - - - - - -
Estimates for S2
--- Individual multivariate .9500 BONFERRONI confidence intervals
G
 Parameter      Coeff.      Std. Err.      t-Value      Sig. t      Lower -95%      CL- Upper
    2      -12.8000000000      4.37493      -2.92576      .00903      -24.34607      -1.25393
- - - - - - - - - - - - - - - - - - - - - - - - - - - - - - - - - - - - - - - -
Estimates for S3
--- Individual multivariate .9500 BONFERRONI confidence intervals
G
 Parameter      Coeff.      Std. Err.      t-Value      Sig. t      Lower -95%      CL- Upper
    2      -13.8000000000      4.46791      -3.08869      .00633      -25.59146      -2.00854
```

摘要表中三個領域均不含 0，因此兩種教學法在三個數學領域的教學效果均有不同，且第二（新式教學）組均優於第一（傳統教學）組。

表 11-8　報表 11-11 之摘要表

	差異平均數	t	p	差異之 95%信賴區間	
				下限	上限
代數	-16.5	-4.03722	.00077	-27.28611	-5.71389
幾何	-12.8	-2.92576	.00903	-24.34607	-1.25393
統計	-13.8	-3.08869	.00633	-25.59146	-2.00854

上述的分析，改用 STATA，語法如下：

```
hotel S1 S2 S3, by(G)
ttest S1, by(G) level(98.33)
ttest S2, by(G) level(98.33)
ttest S3, by(G) level(98.33)
```

STATA 分析所得的 T^2 如報表 11-12，為 18.247965，轉換為 F 值，等於 5.4068，$p = 0.0092$。

報表 11-12

```
2-group Hotelling's T-squared = 18.247965
F test statistic: ((20-3-1)/(20-2)(3)) x 18.247965 = 5.4068045

HO: Vectors of means are equal for the two groups
          F(3,16) =      5.4068
      Prob > F(3,16) =      0.0092
```

11.2 應用部分

在 SPSS 中，並無特定的程序可以進行 Hotelling T^2 檢定，不過，可以使用 MANOVA 程序分析本章所介紹的三種平均數檢定及信賴區間估計。分析所得的 Hotelling's Trace 值都要乘上組內誤差的自由度才會等於 Hotelling T^2 值。在後續分析中，MANOVA 程序會採用單變量 ANOVA。由於在兩組的情形下，F 值的分子自由度為 1，且 $F = t^2$，所以只要將 F 值取平方根，就可以得到單變量的 t 值。或者也可以接著進行單變量 t 檢定，並將 α 除以依變數數目，以控制第一類型錯誤之機率。不過如此採取多變量變異數分析取向，則不一定要轉換 Hotelling T^2 值，而後續分析也可以用單變量變異數分析。

STATA 軟體可以得到 Hotelling T^2 值，不過，也是轉換成 F 值，再求得 p 值。另一套軟體 NCSS，有完整的 Hotelling T^2 檢定，讀者可以在其網站下載 1 個月的完整試用版。

在此先說明 SPSS 之操作過程及報表，並輔以 STATA 及 NCSS 軟體加以解釋。

11.2.1　範例一（一個樣本平均數之檢定）

研究者想要了解某高中十二年級學生在自然科學領域的學業成就，於是隨機抽取 15 名學生，以標準化成就測驗（μ 均為 50），測量物理、化學、生物、及地球科學四個領域之成績如表 11-9。試以 $\alpha = .05$ 檢定該校學生自然科學領域成績之平均數是否與母群平均數 50 有差異。

表 11-9　一組受試者之四個學習內容成績

物理	化學	生物	地球科學
40	38	41	34
44	39	43	37
42	40	48	37
40	41	49	41
49	42	56	46
49	42	54	48
50	42	53	48
56	43	56	47
52	44	60	46
51	44	60	52
50	47	70	54
59	51	68	55
60	52	64	57
61	53	72	59
69	59	72	64

11.2.1.1　SPSS 分析步驟圖

1. 在進行分析之前，先將 4 個變數分別減去要檢定的值 50。首先在【Transform】（轉換）中選擇【Compute Variable】（計算變數）（圖 11-1）。

圖 11-1　Compute Variable 選單

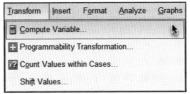

2. 在【Target Variable】（目標變數）中輸入新的變數名稱（在此為 *D1*），在【Numeric Expression】（數值運算式）中輸入（或用點選亦可）「S1–50」，在【Type & Label】（類型&標記）中將 *D1* 的標記設為「物理差異」，再點選【Continue】（繼續）回上一畫面，最後再點選【OK】（確定）即可（圖 11-2）。其他 3 個變數也依此程序處理。

圖 11-2　Compute Variable 對話框

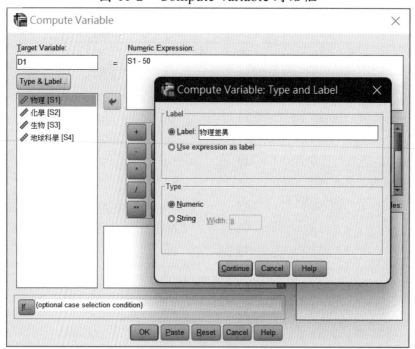

3. 接著進行正式分析。在【Analyze】（分析）中選擇【General Linear Model】（一般線性模式）之【Multivariate】（多變量），進行多變量變異數分析（圖 11-3）。

圖 11-3　Multivariate 選單

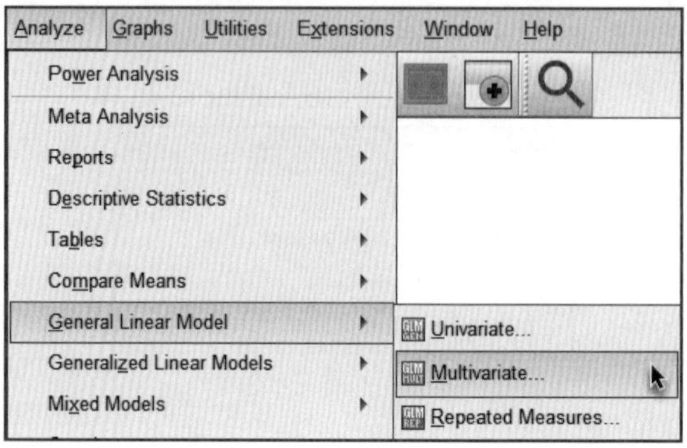

4. 將 *D*1 到 *D*4 點選至【Dependent Variables】（依變數）（圖 11-4）。

圖 11-4　Multivariate 對話框

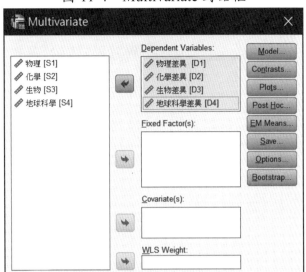

5. 在【EM Means】（EM 平均數）下，將 OVERALL 選擇到【Display Means for】（顯示此項目的平均數）中（圖 11-5）。

圖 11-5　Multivariate: Estimated Marginal Means 對話框

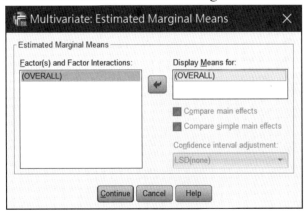

6. 在【Options】（選項）選單下可視需要勾選以下項目，在【Significance level】（顯著水準）中輸入 .0125 以進行 Bonferroni 信賴區間估計（因為有 4 個變數，

所以 .05 / 4 = .0125），此時計算的信賴區間顯示為 98.75%〔 $(1-.05/4)\times100\%$ 〕，
但仍視應為 95% 之信賴區間（圖 11-6）。

圖 11-6　Multivariate: Options 對話框

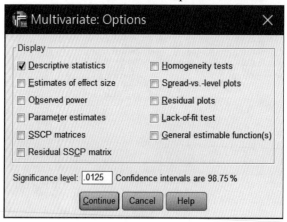

7.　如果整體檢定顯著，也可以在【Analyze】（分析）中之【Compare Means】（比較
平均數法）下選擇【One-Sample T Test】（單一樣本 T 檢定），以進行平均數之區
間估計（圖 11-7）。

圖 11-7　One-Sample T Test 選單

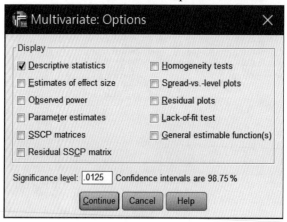

8.　將差異變數 $D1 \sim D4$ 點選至【Test Variable(s)】（檢定變數）中，此時【Test
Value】（檢定值）設定為 0（圖 11-8）。

圖 11-8　One-Sample T Test 對話框（一）

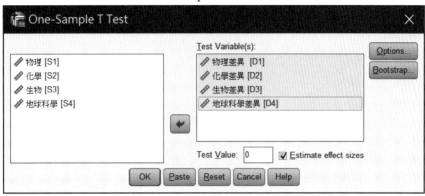

9.　也可以將原始變數 *S*1 到 *S*4 點選至【Test Variable(s)】（檢定變數）中，此時【Test Value】（檢定值）設定為 50（圖 11-9）。

圖 11-9　One-Sample T Test 對話框（二）

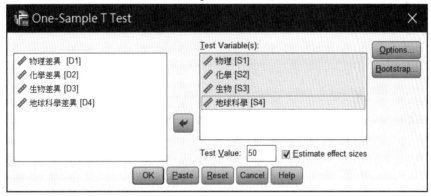

10.　在【Options】（選項）下，設定所要計算的【Confidence Interval Percentage】（信賴區間百分比）為 98.75%，以進行 Bonferroni 信賴區間估計（圖 11-10）。

圖 11-10　One-Sample T Test: Options 對話框

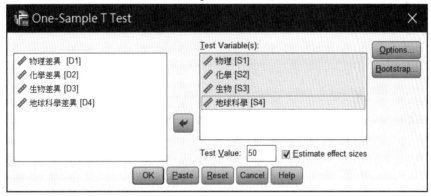

11.2.1.2　SPSS 程式

```
[1]    compute    D1=S1−50.
       compute    D2=S2−50.
       compute    D3=S3−50.
       compute    D4=S4−50.
[2]    glm        D1 D2 D3 D4
                  /emmeans = tables(overall)
                  /criteria = alpha(.0125).
[3]    t-test
                  /testval = 0
                  /variables = D1 D2 D3 D4
                  /criteria = ci(.9875).
[4]    t-test
                  /testval = 50
                  /variables = S1 S2 S3 S4
                  /criteria = ci(.9875).
[5]    manova     D1 D2 D3 D4
[6]               /cinterval = joint multivariate(hotelling).
[7]    manova     D1 D2 D3 D4
                  /cinterval = individual multivariate(bonfer).
```

11.2.1.3　SPSS 程式說明

[1]　在分析前先分別將 $S1$、$S2$、$S3$、$S4$ 減去 50，以得到差異分數 $D1$、$D2$、$D3$、$D4$。接著將以差異分數進行分析。如果研究者的興趣只是在檢定各變數的平均數與 0 是否有差異，則不必進行這一步驟的轉換。

[2]　使用 GLM 進行單一樣本多變量平均數分析，依變數是 $D1$、$D2$、$D3$、$D4$，不必界定自變數。在報表中，自變數會顯示為常數項（Intercept）。次指令中設定 α=.0125（由 .05 / 4 而得），信賴區間為 98.75%〔由 $(1−.05/4)×100\%$ 求得〕。

[3]　使用單變量 t-test 進行 4 次（非 1 次）平均數檢定，變數分別為 $D1$、$D2$、$D3$、$D4$，要檢定的值都是 0，設定信賴區間為 98.75%。

[4]　也可以使用 *S*1、*S*2、*S*3、*S*4 進行 *t* 檢定，不過要檢定的值要改為 50，設定信賴
　　區間一樣是 98.75%。

[5]　使用 MANOVA 進行單一樣本多變量平均數分析。

[6]　因為在單一樣本中如果指定 Roy 法進行同時信賴區間估計，並不會顯示區間值，
　　因此改用 Hotelling 法進行多變量（multivariate）同時（joint）信賴區間檢定（計
　　算結果與 NCSS 報表完全相同）。同時信賴區間計算的方法有 Roy、Pillai、
　　Bonfer、Hotelling、Wilks 五種。其中 Pillai、Hotelling、及 Wilks 三種方法所計算
　　的結果在此例子中都相同。

[7]　進行另一次分析，此次改用 Bonferroni 法進行多變量個別（individual）信賴區間
　　檢定。

11.2.1.4　STATA 程式

```
[1]    gen D1=S1−50
       gen D2=S2−50
       gen D3=S3−50
       gen D4=S4−50
[2]    hotel D1 D2 D3 D4
[3]    ttest D1==50, level(98.75)
       ttest D2==50, level(98.75)
       ttest D3==50, level(98.75)
       ttest D4==50, level(98.75)
```

11.2.1.5　STATA 程式說明

[1]　在分析前先分別將 *S*1、*S*2、*S*3、*S*4 減去 50，以得到差異分數 *D*1、*D*2、*D*3、
　　*D*4。

[2]　以差異分數 *D*1 ~ *D*4 進行 Hotelling T^2 分析。

[3]　使用單變量 ttest 進行 4 次單樣本平均數 *t* 檢定，變數分別為 *D*1、*D*2、*D*3、*D*4，
　　要檢定的值都是 0，設定信賴區間為 98.75%。

11.2.1.6　範例一報表及解說（以 SPSS 為主）

報表 11-13

Descriptive Statistics			
	N	Mean	Std. Deviation
物理	15	51.47	8.340
化學	15	45.13	6.022
生物	15	57.73	10.082
地球科學	15	48.33	8.674
Valid N（listwise）	15		

報表 11-13 是 4 個變數原始分數之描述統計，含平均數、標準差，還有人數。此報表是另外進行描述統計後所獲得。

報表 11-14

Descriptive Statistics			
	Mean	Std. Deviation	N
物理差異	1.47	8.340	15
化學差異	-4.87	6.022	15
生物差異	7.73	10.082	15
地科差異	-1.67	8.674	15

報表 11-14 是 4 個變數各減去 50 之後的平均數、標準差（與報表 11-13 相同。因為根據標準差的性質，每個樣本的原始數值都減去相同的數，標準差並不會改變）、及人數。

報表 11-15

Multivariate Tests[a]		Value	F	Hypothesis df	Error df	Sig.
Effect						
Intercept	Pillai's Trace	.9582	63.061[b]	4.000	11.000	.000
	Wilks' Lambda	.0418	63.061[b]	4.000	11.000	.000
	Hotelling's Trace	22.9313	63.061[b]	4.000	11.000	.000
	Roy's Largest Root	22.9313	63.061[b]	4.000	11.000	.000

a. Design: Intercept
b. Exact statistic

報表 11-15 中 Hotelling's Trace（跡）為 22.9313，乘上 14（等於 $N-1$）之後，得到 Hotelling T^2 為 321.0384（有捨入誤差），$p < .001$，應拒絕 H_0，因此四個領域的平均數與 50 分有顯著差異。

報表 11-16（STATA）

```
1-group Hotelling's T-squared = 321.03838
F test statistic: ((15-4)/(15-1)(4)) x 321.03838 = 63.061111

H0: Vector of means is equal to a vector of zeros
          F(4,11) =    63.0611
      Prob > F(4,11) =    0.0000
```

報表 11-16 是使用 STATA 分析所得的結果，Hotelling's $T^2 = 321.03838$，$F = 63.061111$，與報表 11-15 一致。

報表 11-17

Tests of Between-Subjects Effects

Source	Dependent Variable	Type III Sum of Squares	df	Mean Square	F	Sig.
Corrected Model	物理差異	.000 [a]	0	.	.	.
	化學差異	.000 [a]	0	.	.	.
	生物差異	.000 [a]	0	.	.	.
	地科差異	.000 [a]	0	.	.	.
Intercept	物理差異	32.267	1	32.267	.464	.507
	化學差異	355.267	1	355.267	9.796	.007
	生物差異	897.067	1	897.067	8.826	.010
	地科差異	41.667	1	41.667	.554	.469
Error	物理差異	973.733	14	69.552		
	化學差異	507.733	14	36.267		
	生物差異	1422.933	14	101.638		
	地科差異	1053.333	14	75.238		
Total	物理差異	1006.000	15			
	化學差異	863.000	15			
	生物差異	2320.000	15			
	地科差異	1095.000	15			
Corrected Total	物理差異	973.733	14			
	化學差異	507.733	14			
	生物差異	1422.933	14			
	地科差異	1053.333	14			

[a] R Squared = .000（Adjusted R Squared = .000）

　　報表 11-17 是各個領域之單變量檢定。使用 Bonferroni 程序將 α 加以分割，若設定整體之α為 .05，則個別領域之 p 值應小於 .05 / 4= .0125 才算顯著，此處可得知：化學及生物兩個領域的平均數分別與 50 達 .05 顯著差異，物理及地球科學之平均數並未與 50 有顯著差異。而在分子的 df 為 1 時，F 會等於 t^2，因此此處的 4 個 F 值會等於報表 11-19 之 4 個 t 值的平方，如 $0.464 = 0.681^2$。

報表 11-18

	Grand Mean			
			98.75 Confidence Interval	
Dependent Variable	Mean	Std. Error	Lower Bound	Upper Bound
物理差異	1.467	2.153	-4.700	7.634
化學差異	-4.867	1.555	-9.320	-.413
生物差異	7.733	2.603	.278	15.188
地科差異	-1.667	2.240	-8.081	4.748

　　報表 11-18 是四個領域差異平均數之 98.75%信賴區間（實際上為 Bonferroni 之 95%信賴區間），由報表可看出：物理及地球科學差異平均數的上下限均包含 0（一負一正，因此中間含 0），所以這兩個領域的平均數與 50 無顯著差異。而化學（上下限均為負數，因此中間不含 0）及生物（下限均為正數，中間也不含 0）的區間均不含 0，表示減去 50 之後，與 0 有顯著差異，也表示原來之平均數與 50 有顯著差異。以上為 GLM 分析之報表。

報表 11-19

	One-Sample Test					
	Test Value = 0					
					98.75% Confidence Interval of the Difference	
	t	df	Sig. (2-tailed)	Mean Difference	Lower	Upper
物理差異	.681	14	.507	1.467	-4.700	7.634
化學差異	-3.130	14	.007	-4.867	-9.320	-.413
生物差異	2.971	14	.010	7.733	0.278	15.188
地科差異	-.744	14	.469	-1.667	-8.081	4.748

　　報表 11-19 是以減去 50 之後的差異分數所做之單變量 t 檢定，此時檢定值為 0。

由雙尾之機率值可知：化學及生物之 p 值均小於 .0125，因此這兩個領域的平均與 50 達 .05 顯著差異，此與報表 11-17 相同，98.75%信賴區間則與報表 11-18 相同。

報表 11-20

			One-Sample Test			
			Test Value = 50			
					98.75% Confidence Interval of the Difference	
	t	df	Sig. (2-tailed)	Mean Difference	Lower	Upper
物理差異	.681	14	.507	1.467	-4.700	7.634
化學差異	-3.130	14	.007	-4.867	-9.320	-.413
生物差異	2.971	14	.010	7.733	0.278	15.188
地科差異	-.744	14	.469	-1.667	-8.081	4.748

　　報表 11-20 是以原始分數所做之單變量 t 檢定，此時檢定值為 50。除變數名稱與上表不同外，其餘數值均相同。如果以原始分數進行檢定，檢定值設為 0，可以求得原始平均數的 95%信賴區間。

報表 11-21（NCSS）

		Hotelling's One-Sample T^2 Report			
Confidence Intervals for the Means Section					
Variable	Mean	Lower 95.0% Bonferroni Conf. Limit	Upper 95.0% Bonferroni Conf. Limit	Lower 95.0% Simultaneous Conf. Limit	Upper 95.0% Simultaneous Conf. Limit
D1	1.466667	-4.700455	7.633788	-7.434843	10.36818
D2	-4.866667	-9.31995	-0.4133836	-11.29445	1.56112
D3	7.733333	0.2782116	15.18845	-3.027253	18.49392
D4	-1.666667	-8.080909	4.747576	-10.92487	7.591533

　　報表 11-21 是 NCSS 報表的平均數差異之 95% Bonferroni 信賴區間及同時信賴區間，如果信賴區間包含 0，表示其平均數差異與 0 沒有不同。

　　生物原始的平均數為 57.733333，要檢定的母群平均數為 50，則兩者的差異為 7.733333。Bonferroni 的 95%信賴區間的計算方法為：$7.733333 \pm 2.864 \sqrt{\dfrac{(10.08157)^2}{15}}$，

其中 $2.864 = t_{.05/2 \times 4, (14-1)}$，$\sqrt{\dfrac{(10.08157)^2}{15}}$ 為標準誤，$(10.08157)^2$ 為生物差異的變異數，15 為樣本數。計算後之 Bonferroni 95%信賴區間為[0.2782116, 15.18845]，中間不包含 0。因此，生物的差異平均數與 0 有顯著差異，換言之，生物的原始平均數與 50 有顯著差異。

同時信賴區間的計算方法為：$7.733333 \pm \sqrt{17.089} \sqrt{\dfrac{(10.08157)^2}{15}}$。其中 $\sqrt{17.089} = \sqrt{T^2_{.05, (4, 15-1)}}$（$T^2$ 之臨界值可使用 F 值加以轉換）。計算後之 95% 信賴區間為 [−3.027253, 18.49392]，中間包含 0。由此可知，同時信賴區間比 Bonferroni 信賴區間大，因此較有可能包含 0。

報表 11-22（NCSS）

Hotelling's One-Sample T^2 Report

Confidence Intervals for the Means Section

Variable	Mean	Lower 95.0% Bonferroni Conf. Limit	Upper 95.0% Bonferroni Conf. Limit	Lower 95.0% Simultaneous Conf. Limit	Upper 95.0% Simultaneous Conf. Limit
S1	51.46667	45.29955	57.63379	42.56516	60.36818
S2	45.13334	40.68005	49.58662	38.70555	51.56112
S3	57.73333	50.27821	65.18845	46.97275	68.49392
S4	48.33333	41.91909	54.74758	39.07513	57.59153

報表 11-22 是 NCSS 報表的原始平均數之 95% Bonferroni 信賴區間及同時信賴區間，如果信賴區間包含檢定值（都是 50），表示其平均數與 50 沒有不同。S3（生物）的 Bonferroni 信賴區間不含 50，表示生物的母群平均數與 50 有顯著不同。不過，如果是同時信賴區間，則四個學習內容都包含 50。

11.2.2　範例二（兩個相依樣本平均數之檢定）

研究者認為民主的課室管理方式會影響中學生的學習，於是隨機找了一班中學八年級學生（有 15 名學生）進行實驗，在學期初先進行物理、化學、及生物的前測，經過一學期的教學之後，再進行後測（應留意前後測須為平行測驗），成績如表 11-10。試以 $\alpha = .05$ 檢定以下受試者在這些領域成績的前後測平均成績是否有差異。

表 11-10　一組受試者三個領域之前後測成績

前測			後測		
物理	化學	生物	物理	化學	生物
42	44	41	45	42	42
44	46	45	46	44	46
46	46	46	47	45	46
47	46	46	48	48	47
47	47	46	49	49	47
48	47	47	50	50	49
49	48	47	50	52	51
49	48	48	53	53	51
50	49	51	53	53	52
51	50	51	53	54	52
56	51	52	53	55	53
56	53	52	55	56	53
57	53	56	60	58	54
57	58	57	61	58	56
64	58	57	61	66	59

11.2.2.1　SPSS 分析步驟圖

1. 在進行分析之前，須先將 3 個前測變數分別減去對應的後測變數，以得到差異分數。首先在【Transform】（轉換）中選擇【Compute Variable】（計算變數）（圖 11-11）。

圖 11-11　Compute Variable 選單

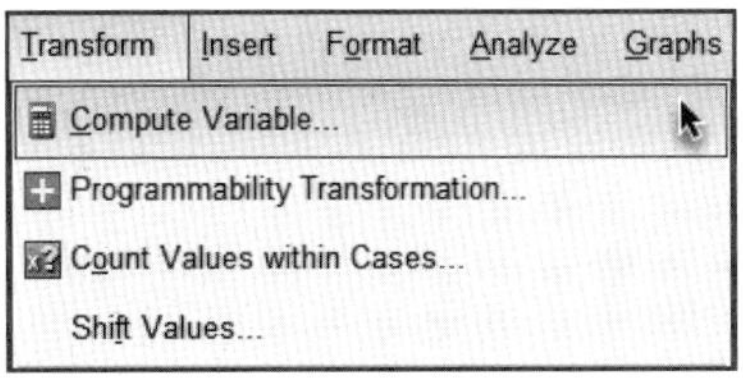

2. 在【Target Variable】（目標變數）中輸入新的變數名稱（在此為 $D1$），在【Numeric Expression】（數值運算式）中輸入（或用點選亦可）「$POST1-PRE1$」，在【Type & Label】（類型&標記）中將 $D1$ 的標記設為「物理差異」，再點選【Continue】（繼續）回上一畫面，最後再點選【OK】（確定）即可（圖 11-12）。其他 2 個變數也依此程序處理。

圖 11-12　Compute Variable 對話框

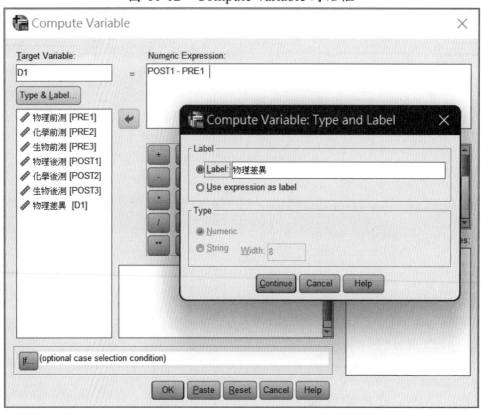

3. 接著進行正式分析。在【Analyze】（分析）中選擇【General Linear Model】（一般線性模式）之【Multivariate】（多變量），進行多變量變異數分析（圖 11-13）。

圖 11-13　Multivariate 選單

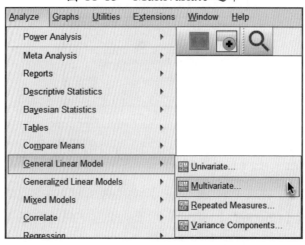

4. 將 *D*1～*D*3 點選至【Dependent Variables】（依變數）（圖 11-14）。

圖 11-14　Multivariate 對話框

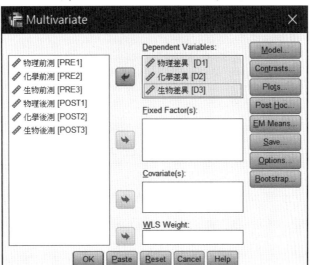

5. 在【EM Means】（EM 平均數）下，將 OVERALL 選擇到【Display Means for】
（顯示此項目的平均數）中（圖 11-15）。

圖 11-15　Multivariate: Estimated Marginal Means 對話框

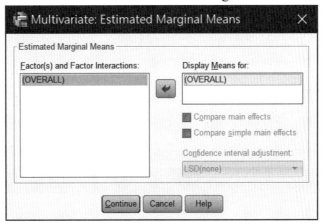

6. 在【Options】（選項）選單下，可視需要勾選以下項目，在【Significance level】
（顯著水準）中輸入 .016667 以進行 Bonferroni 信賴區間（因為有 3 個變數，所
以 .05/3=.016667），此時計算的信賴區間顯示為 98.33333%〔(1−.05/3)
×100%〕，但仍應視為 95% 之信賴區間（圖 11-16）。

圖 11-16　Multivariate: Options 對話框

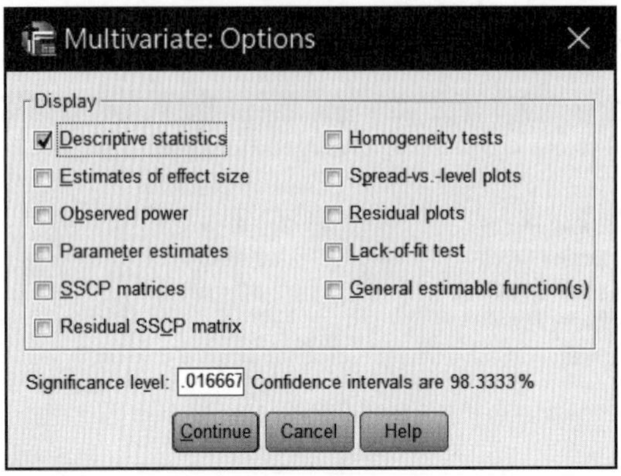

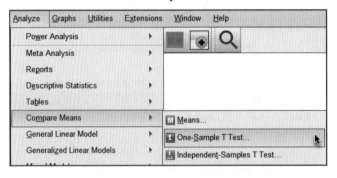

7.　如果整體檢定顯著，也可以在【Analyze】（分析）中之【Compare Means】（比較平均數法）下選擇【單一樣本 T 檢定】（One-Sample T Test），以進行平均數之區間估計（圖 11-17）。

圖 11-17　One-Sample T Test 選單

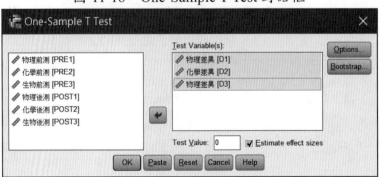

8.　將差異變數 $D1 \sim D3$ 點選至【Test Variable(s)】（檢定變數）中，此時【Test Value】（檢定值）設定為 0（圖 11-18）。

圖 11-18　One-Sample T Test 對話框

9.　在【Options】（選項）下，設定所要計算的【Confidence Interval Percentage】（信賴區間百分比）為 98.3333%，以進行 Bonferroni 信賴區間估計（圖 11-19）。

圖 11-19　One-Sample T Test: Options

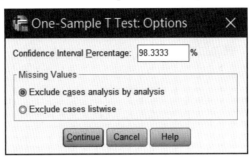

10.　同樣的檢定也可以在【Analyze】（分析）中之【Compare Means】（比較平均數法）下選擇【Paired-Samples T Test】（成對樣本 T 檢定），以進行平均數之區間估計（圖 11-20）。

圖 11-20　Paired-Sample T Test 選單

Analyze	Graphs	Utilities	Extensions	Window	Help
Power Analysis ▸					
Meta Analysis ▸					
Reports ▸					
Descriptive Statistics ▸					
Bayesian Statistics ▸					
Tables ▸					
Compare Means ▸		Means...			
General Linear Model ▸		One-Sample T Test...			
Generalized Linear Models ▸		Independent-Samples T Test...			
Mixed Models ▸		Summary Independent-Samples T Test			
Correlate ▸		Paired-Samples T Test...			
Regression ▸		One-Way ANOVA...			
Loglinear ▸		One-Sample Proportions...			
Classify ▸		Independent-Samples Proportions...			
Dimension Reduction ▸		Paired-Samples Proportions...			
Scale ▸					

11.　分別將原始變數 *PRE*1 ～ *PRE*3 與 *POST*1 ～ *POST*3 配對點選至【Paired Variable(s)】（配對變數）中（圖 11-21）。

圖 11-21　Paired-Sample T Test 對話框

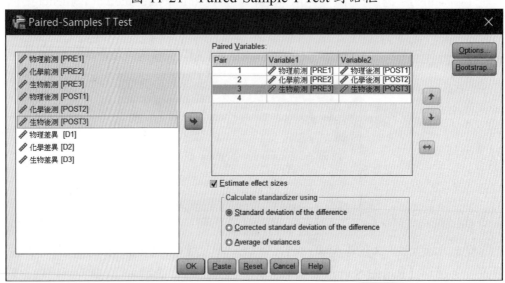

12. 在【Options】（選項）下，同樣設定所要計算的【Confidence Interval Percentage】（信賴區間百分比）為 98.3333%，以進行 Bonferroni 信賴區間估計（圖 11-22）。

圖 11-22　Paired-Sample T Test: Options 對話框

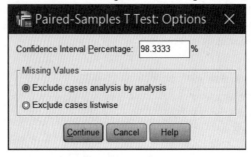

11.2.2.2　SPSS 程式

[1]	compute	D1=POST1−PRE1.
	compute	D2=POST2−PRE2.
	compute	D3=POST3−PRE3.
[2]	glm	D1 D2 D3
		/emmeans = tables(overall)
		/criteria = alpha(.01667).

```
[3]    t-test
                    /testval = 0
                    /variables = D1 D2 D3
                    /criteria = ci(.983333).
[4]    t-test
                    pairs = POST1 POST2 POST3 with PRE1 PRE2 PRE3(paired)
                    /criteria = ci(.983333).
[5]    manova      D1 D2 D3
                    /cinterval = joint multivariate(hotelling).
[6]    manova      D1 D2 D3
                    /cinterval = individual multivariate(bonfer).
```

11.2.2.3　SPSS 程式說明

[1]　在分析前先分別將 *POST*1 ~ *POST*3 減去 *PRE*1 ~ *PRE*3，以得到 *D*1 ~ *D*3 差異分數，接著將以差異分數進行分析。

[2]　使用 GLM 進行單一樣本多變量平均數分析，依變數是 *D*1、*D*2、*D*3，不必界定自變數，次指令中設定 α=.01667（由.05 / 3 而得），信賴區間為 98.3333%〔由 $(1-.05/3)\times100\%$ 求得〕。

[3]　使用單變量 t-test 進行 3 次平均數檢定，變數分別為 *D*1、*D*2、*D*3，要檢定的值都是 0，設定信賴區間為 98.3333%。

[4]　也可以使用單變量 t-test 進行 3 次配對平均數檢定，配對變數分別為 *POST*1 ~ *POST*3 及 *PRE*1 ~ *PRE*3，信賴區間為 98.3333%。

[5]　使用 MANOVA 進行單一樣本多變量平均數分析，並使用 Hotelling 法進行多變量同時信賴區間檢定。

[6]　進行另一次分析，此次改用 Bonferroni 法進行多變量信賴區間檢定。

11.2.2.4　STATA 程式

```
[1]    gen D1=POST1−PRE1
       gen D2=POST2−PRE2
       gen D3=POST3−PRE3
[2]    hotel D1 D2 D3
```

[3] ttest D1==50, level(98.33)

ttest D2==50, level(98.33)

ttest D3==50, level(98.33)

11.2.2.5 STATA 程式說明

[1] 在分析前先分別將 *POST*1 ~ *POST*3 減去 *PRE*1 ~ *PRE*3，以得到 *D*1 ~ *D*3 差異分數，接著將以差異分數進行分析。

[2] 以差異分數 *D*1 ~ *D*3 進行 Hotelling T^2 分析。

[3] 使用單變量 ttest 進行 3 次單樣本平均數 *t* 檢定，變數分別為 *D*1、*D*2、*D*3，要檢定的值都是 0，設定信賴區間為 98.33%。

11.2.2.6 範例二報表及解說（以 SPSS 為主）

報表 11-23

Descriptive Statistics			
	N	Mean	Std. Deviation
物理前測	15	50.87	5.951
化學前測	15	49.60	4.273
生物前測	15	49.47	4.749
物理後測	15	52.27	5.216
化學後測	15	52.20	6.213
生物後測	15	50.53	4.406
Valid N（listwise）	15		

報表 11-23 是 6 個變數原始分數之描述統計，含平均數、標準差，還有人數。此報表是另外進行描述統計後獲得。

報表 11-24

Descriptive Statistics			
	Mean	Std. Deviation	N
物理差異	1.40	2.197	15
化學差異	2.60	2.823	15
生物差異	1.07	1.438	15

報表 11-24 是 3 個差異變數的平均數、標準差、及人數。

報表 11-25

Multivariate Tests[a]

Effect		Value	F	Hypothesis df	Error df	Sig.
Intercept	Pillai's Trace	.7199	10.2794[b]	3.000	12.000	.001
	Wilks' Lambda	.2801	10.2794[b]	3.000	12.000	.001
	Hotelling's Trace	2.5698	10.2794[b]	3.000	12.000	.001
	Roy's Largest Root	2.5698	10.2794[b]	3.000	12.000	.001

a. Design: Intercept
b. Exact statistic

報表 11-25 中 Hotelling's Tracer（跡）為 2.5698，乘上 14（等於 $N-1$）之後，得到 Hotelling T^2 為 35.9777（有捨入誤差），$p = .001$，應拒絕 H_0，因此整體而言，三個領域之前後測的平均數有顯著差異。

報表 11-26

```
1-group Hotelling's T-squared = 35.977741
F test statistic: ((15-3)/(15-1)(3)) x 35.977741 = 10.279354

H0: Vector of means is equal to a vector of zeros
          F(3,12) =    10.2794
     Prob > F(3,12) =     0.0012
```

報表 11-26 是使用 STATA 分析所得的結果，Hotelling's T^2 = 35.977741，F = 10.2794，p = 0.0012，與報表 11-25 一致。

報表 11-27

Tests of Between-Subjects Effects

Source	Dependent Variable	Type III Sum of Squares	df	Mean Square	F	Sig.
Corrected Model	物理差異	.000[a]	0	.	.	.
	化學差異	.000[a]	0	.	.	.
	生物差異	.000[a]	0	.	.	.

Intercept	物理差異	29.400	1	29.400	6.089	.027
	化學差異	101.400	1	101.400	12.720	.003
	生物差異	17.067	1	17.067	8.258	.012
Error	物理差異	67.600	14	4.829		
	化學差異	111.600	14	7.971		
	生物差異	28.933	14	2.067		
Total	物理差異	97.000	15			
	化學差異	213.000	15			
	生物差異	46.000	15			
Corrected Total	物理差異	67.600	14			
	化學差異	111.600	14			
	生物差異	28.933	14			

[a] R Squared = .000 (Adjusted R Squared = .000)

　　報表 11-27 是各個領域之單變量檢定。因為有 3 個依變數，使用 Bonferroni 程序將 α 加以分割，若設定整體之α為 .05，則個別領域之 p 值應小於 .05 / 3 = .01667 才算顯著，所以化學及生物的前後測有顯著差異，物理則無。

報表 11-28

	Grand Mean			
			98.3333% Confidence Interval	
Dependent Variable	Mean	Std. Error	Lower Bound	Upper Bound
物理差異	1.400	.567	-.142	2.942
化學差異	2.600	.729	.619	4.581
生物差異	1.067	.371	.058	2.075

　　報表 11-28 是三個領域差異平均數之 95%信賴區間（報表顯示為 98.3333%），由報表中可看出，化學及生物差異平均數的上下限均不包含 0，因此這兩個領域的前後測有顯著差異。且差異平均數分別為 2.600 及 1.067，均為正數，表示後測成績比前測成績來得高。物理差異的平均數為 1.400，雖然比生物差異的平均數來得大，但是因為標準誤也大，因此信賴區間包含 0。

報表 11-29

				One-Sample Test		
				Test Value = 0		
					98.3333% Confidence Interval of the Difference	
	t	df	Sig. (2-tailed)	Mean Difference	Lower	Upper
物理差異	2.468	14	.027	1.400	-.142	2.942
化學差異	3.567	14	.003	2.600	.619	4.581
生物差異	2.874	14	.012	1.067	.058	2.075

　　報表 11-29 是使用單一樣本 t 檢定所得到之結果，說明見報表 11-19 及報表 11-20。

報表 11-30

				Paired Samples Test					
				Paired Differences					
					98.3333% Confidence Interval of the Difference				
		Mean	Std. Deviation	Std. Error Mean	Upper	Lower	t	df	Sig. (2-tailed)
Pair	物理後測 - 物理前測	1.400	2.197	.567	-.142	2.942	2.468	14	.027
Pair	化學後測 - 化學前測	2.600	2.823	.729	.619	4.581	3.567	14	.003
Pair	生物後測 - 生物前測	1.067	1.438	.371	.058	2.075	2.874	14	.012

　　報表 11-30 是使用相依樣本 t 檢定所得到之結果，與報表 11-29 類似。如果差異平均數信賴區間不含 0，或是 p 值小於 .01667，則前測的平均數有顯著差異。

報表 11-31

Hotelling's Paired-Sample T^2 Report

Confidence Intervals for the Mean Differences Section

Variable	Difference	Lower 95.0% Bonferroni Conf. Limit	Upper 95.0% Bonferroni Conf. Limit	Lower 95.0% Simultaneous Conf. Limit	Upper 95.0% Simultaneous Conf. Limit
POST1-PRE1	1.4	-0.1419633	2.941963	-0.5830277	3.383028
POST2-PRE2	2.6	0.6187797	4.581220	0.0520698	5.147930
POST3-PRE3	1.066667	0.0578786	2.075455	-0.2306759	2.364009

　　報表 11-31 是平均數差異之 95%信賴區間。如果採用 Bonferroni 切割 α 的方式，則生物領域的信賴區間不含 0，但是如果採用同時信賴區間則含 0。

　　生物前測及後測的平均數分別為 49.47 及 50.53，兩者的差異為 1.06（報表中精確值為 1.066667），其 Bonferroni 的 95%信賴區間的計算方法為：$1.067 \pm 2.7178\sqrt{\dfrac{(1.43759)^2}{15}}$，其中 $2.7178 = t_{.05/2\times3,(15-1)}$，$\sqrt{\dfrac{(1.43759)^2}{15}}$ 為生物前後測差異的標準誤（等於報表 11-28 中之 0.371）。計算後之 95% 信賴區間為[0.0578786, 2.075455]，中間不含 0，表示生物領域前後測差異的平均數達 .05 顯著水準。

　　同時信賴區間的計算方法為：$1.067 \pm \sqrt{12.216}\sqrt{\dfrac{(1.43759)^2}{15}}$。其中 $\sqrt{12.216} = \sqrt{T^2_{.05,(3,15-1)}}$，計算後之 95% 信賴區間為[−0.2306759, 2.364009]。

11.2.3　範例三（兩個獨立樣本平均數之檢定）

研究者認為教學的方法會影響小學生的學習，於是將 20 名小學六年級學生隨機分派到兩種不同的教法中接受實驗，一學期後測量受試者的三個學習領域成績如表 11-11。試以 $\alpha = .05$ 檢定以下兩組受試者在這些領域成績的平均數是否有差異。

表 11-11　兩組受試者三個領域成績分數

教法一			教法二		
國語	數學	社會	國語	數學	社會
36	39	30	39	48	40
38	41	43	46	48	44
39	43	45	51	49	46
40	45	46	54	53	47
47	46	48	58	54	47
49	47	50	59	56	49
50	47	52	60	66	51
52	48	54	60	67	51
56	53	56	63	71	64
63	55	62	64	75	67

11.2.3.1　SPSS 分析步驟圖

1. 在【Analyze】（分析）中選擇【General Linear Model】（一般線性模式）之【Multivariate】（多變量），進行多變量變異數分析（圖 11-23）。

圖 11-23　Multivariate 選單

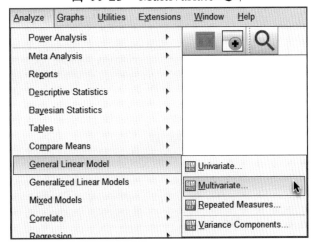

2. 將 S1 ~ S3（國語至社會）點選至【Dependent Variables】（依變數），G（教法）點選至【Fixed Factor(s)】（固定因子）（圖 11-24）。

圖 11-24　Multivariate 對話框

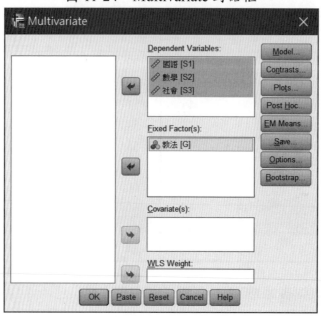

3. 在【EM Means】（EM 平均數）下，將自變數 G 點選至【Display Means for】（顯示平均數）框中，勾選【Compare main effects】（比較主效應），在【Confidence interval adjustment】（信賴區間調整）中選擇【Bonferroni】（圖 11-25）。

圖 11-25　Multivariate: Estimated Marginal Means

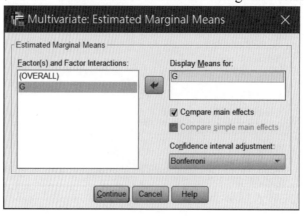

4. 在【Options】（選項）選單下，可視需要勾選以下項目。在【Significance level】（顯著水準）中輸入 .016667 以進行 Bonferroni 信賴區間（因為有 3 個依變數，

因此.05/3=.01667），此時計算的信賴區間顯示為 98.333%〔(1−.05/3)×100%〕，但仍應視為 95% 之信賴區間（圖 11-26）。

圖 11-26　Multivariate: Options

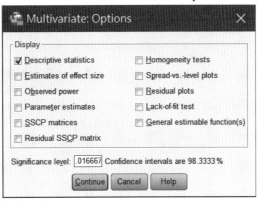

5.　如果整體檢定顯著，可在【Analyze】（分析）中【Compare Means】（比較平均數法）選擇【Independent-Samples T Test】（獨立樣本 T 檢定），以進行 Bonferroni 切割之 t 檢定及信賴區間估計（圖 11-27）。

圖 11-27　Independent-Samples T Test 選單

| Analyze | Graphs | Utilities | Extensions | Window | Help |

Power Analysis ▶
Meta Analysis ▶
Reports ▶
Descriptive Statistics ▶
Bayesian Statistics ▶
Tables ▶
Compare Means ▶
General Linear Model ▶
Generalized Linear Models ▶
Mixed Models ▶
Correlate ▶
Regression ▶
Loglinear

- Means...
- One-Sample T Test...
- Independent-Samples T Test...
- Summary Independent-Samples T Test
- Paired-Samples T Test...
- One-Way ANOVA...

6.　選擇【Test Variable(s)】（檢定變數）及【Grouping Variable】（分組變數），分組變數尚須指定數值代碼（在此為 1 及 2，何者在第一組沒有順序關係）（圖 11-28）。

圖 11-28　Independent-Samples T Test 對話框

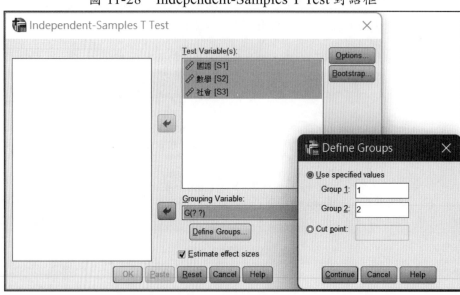

7. 在【Options】（選項）下設定【Confidence Interval Percentage】（信賴區間百分比）為 98.3333%（圖 11-29）。

圖 11-29　Independent-Samples T Test: Options

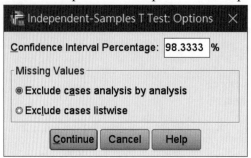

11.2.3.2　SPSS 程式

```
[1]    glm        S1 S2 S3 by G
[2]               /emmeans=tables(G) compare adj(bonferroni)
[3]               /print=descriptive
[4]               /criteria=alpha(.01667)
[5]               /design=G.
```

```
[6]    t-test       groups=G(1 2)
                    /variables=S1 S2 S3
                    /criteria=ci(.983333).
[7]    manova       S1 S2 S3 by G(1,2)
[8]                 /error=within
[9]                 /contrast(G)=simple
[10]                /cinterval=joint multivariate(roy)
[11]                /design=G.
[12]   manova       S1 S2 S3 by G(1,2)
                    /error=within
                    /contrast(G)=simple
                    /cinterval=individual multivariate(bonfer)
                    /design=G.
```

11.2.3.3　SPSS 程式說明

[1]　進行 GLM 分析，依變數是 $S1$、$S2$、$S3$，自變數是 G。

[2]　列出平均數，並使用 Bonferroni 法進行主要效果比較。

[3]　列印出描述統計量。

[4]　Alpha 值設定為 .01667。

[5]　界定模型，因為只有 1 個自變數，所以 design=G。此列指令可省略，不影響分析結果。

[6]　進行獨立樣本 t 檢定，依變數為 $S1 \sim S3$，自變數為 G，信賴區間為 98.3333%。

[7]　進行 MANOVA，依變數是 $S1 \sim S3$，自變數是 G，自變數之後要界定 2 個水準（最小是 1，最大是 2），否則不能進行分析。

[8]　早期 DOS 版的誤差項為 within cell，後來視窗版內定誤差項改為 within+residual，所以加上此指令。如果各組樣本數相等，則不界定此指令也無妨。

[9]　採用 simple 方式進行對比，也就是第 1 組與第 2 組之比較。

[10]　利用 Roy 法進行多變量同時信賴區間估計。

[11]　界定模型，因為只有 1 個自變數，所以 design=G。

[12]　進行另一次分析，此次改用 Bonferroni 法進行多變量個別（individual）信賴區間檢定。

11.2.3.4　STATA 程式

```
[1]    hotel S1 S2 S3, by(G)
[2]    ttest S1, by (G) level(98.33)
       ttest S2, by (G) level(98.33)
       ttest S3, by (G) level(98.33)
```

11.2.3.5　STATA 程式說明

[1]　以變數 G 為分組變數，$S1 \sim S3$ 為依變數，進行 Hotelling T^2 分析。

[2]　使用單變量 ttest 進行 3 次獨立樣本平均數 t 檢定，依變數分別為 $S1$、$S2$、$S3$，分組變數都是 G，設定信賴區間為 98.33%。

11.2.3.6　範例三報表及解說（以 SPSS 為主）

報表 11-32

	教法	Mean	Std. Deviation	N
國語	教法一	47.00	8.756	10
	教法二	55.40	7.975	10
	Total	51.20	9.220	20
數學	教法一	46.40	4.926	10
	教法二	58.70	10.133	10
	Total	52.55	9.997	20
社會	教法一	48.60	8.656	10
	教法二	50.60	8.527	10
	Total	49.60	8.426	20

Descriptive Statistics

　　報表 11-32 是兩組之三個領域的描述統計，含平均數、標準差及人數。整體而言，教法二的三個領域之平均數都較大。

報表 11-33

<table>
<tr><td colspan="7" align="center">Multivariate Tests[a]</td></tr>
<tr><td>Effect</td><td></td><td>Value</td><td>F</td><td>Hypothesis df</td><td>Error df</td><td>Sig.</td></tr>
<tr><td>Intercept</td><td>Pillai's Trace</td><td>.981</td><td>269.161[b]</td><td>3.000</td><td>16.000</td><td>.000</td></tr>
<tr><td></td><td>Wilks' Lambda</td><td>.019</td><td>269.161[b]</td><td>3.000</td><td>16.000</td><td>.000</td></tr>
<tr><td></td><td>Hotelling's Trace</td><td>50.468</td><td>269.161[b]</td><td>3.000</td><td>16.000</td><td>.000</td></tr>
<tr><td></td><td>Roy's Largest Root</td><td>50.468</td><td>269.161[b]</td><td>3.000</td><td>16.000</td><td>.000</td></tr>
<tr><td>G</td><td>Pillai's Trace</td><td>.690</td><td>11.864[b]</td><td>3.000</td><td>16.000</td><td>.000</td></tr>
<tr><td></td><td>Wilks' Lambda</td><td>.310</td><td>11.864[b]</td><td>3.000</td><td>16.000</td><td>.000</td></tr>
<tr><td></td><td>Hotelling's Trace</td><td>2.224</td><td>11.864[b]</td><td>3.000</td><td>16.000</td><td>.000</td></tr>
<tr><td></td><td>Roy's Largest Root</td><td>2.224</td><td>11.864[b]</td><td>3.000</td><td>16.000</td><td>.000</td></tr>
</table>

a. Design: Intercept + G

b. Exact statistic

<table>
<tr><td colspan="6" align="center">Multivariate Test Results</td></tr>
<tr><td></td><td>Value</td><td>F</td><td>Hypothesis df</td><td>Error df</td><td>Sig.</td></tr>
<tr><td>Pillai's trace</td><td>.6899</td><td>11.864[a]</td><td>3.000</td><td>16.000</td><td>.000</td></tr>
<tr><td>Wilks' lambda</td><td>.3101</td><td>11.864[a]</td><td>3.000</td><td>16.000</td><td>.000</td></tr>
<tr><td>Hotelling's trace</td><td>2.2244</td><td>11.864[a]</td><td>3.000</td><td>16.000</td><td>.000</td></tr>
<tr><td>Roy's largest root</td><td>2.2244</td><td>11.864[a]</td><td>3.000</td><td>16.000</td><td>.000</td></tr>
</table>

a Exact statistic

　　報表 11-33 上半部是 GLM 分析結果，下半部是 MANOVA 分析結果，Hotelling's Trace 值等於 2.2244，如果乘上組內自由度 18，會等於 40.03978。而 $F = \dfrac{10+10-3-1}{3(10+10-2)}$ ×40.03978 = 11.864，$p < .001$，小於 .05。Wilks' Λ 值等於 0.3101。

報表 11-34（STATA）

```
2-group Hotelling's T-squared = 40.039777
F test statistic: ((20-3-1)/(20-2)(3)) x 40.039777 = 11.863638


H0: Vectors of means are equal for the two groups
        F(3, 16) =    11.8636
    Prob > F(3, 16) =     0.0002
```

報表 11-34 是 STATA 分析結果，Hotellin's T^2 = 40.039777，F = 11.8636，p = .0002，與 SPSS 結果一致。

報表 11-35

Tests of Between-Subjects Effects

Source	Dependent Variable	Type III Sum of Squares	df	Mean Square	F	Sig.
Corrected Model	國語	352.800[a]	1	352.800	5.030	.038
	數學	756.450[b]	1	756.450	11.918	.003
	社會	20.000[c]	1	20.000	.271	.609
Intercept	國語	52428.800	1	52428.800	747.559	.000
	數學	55230.050	1	55230.050	870.145	.000
	社會	49203.200	1	49203.200	666.509	.000
G	國語	352.800	1	352.800	5.030	.038
	數學	756.450	1	756.450	11.918	.003
	社會	20.000	1	20.000	.271	.609
Error	國語	1262.400	18	70.133		
	數學	1142.500	18	63.472		
	社會	1328.800	18	73.822		
Total	國語	54044.000	20			
	數學	57129.000	20			
	社會	50552.000	20			
Corrected Total	國語	1615.200	19			
	數學	1898.950	19			
	社會	1348.800	19			

a R Squared = .218（Adjusted R Squared = .175）
b R Squared = .398（Adjusted R Squared = .365）
c R Squared = .015（Adjusted R Squared = -.040）

Univariate Test Results

Source	Dependent Variable	Sum of Squares	df	Mean Square	F	Sig.
Contrast	國語	352.800	1	352.800	5.030	.038
	數學	756.450	1	756.450	11.918	.003
	社會	20.000	1	20.000	.271	.609
Error	國語	1262.400	18	70.133		
	數學	1142.500	18	63.472		
	社會	1328.800	18	73.822		

　　報表 11-35 是單變量檢定結果。由於依變數有三個領域，因此 p 值應小於 .01667 才算達到 .05 顯著水準。此處顯示兩組之平均數有差異者為數學，國語及社會並無顯著差異。

報表 11-36

			Estimates		
Dependent Variable	教法	Mean	Std. Error	98.333% Confidence Interval	
				Lower Bound	Upper Bound
國語	教法一	47.000	2.648	40.011	53.989
	教法二	55.400	2.648	48.411	62.389
數學	教法一	46.400	2.519	39.751	53.049
	教法二	58.700	2.519	52.051	65.349
社會	教法一	48.600	2.717	41.430	55.770
	教法二	50.600	2.717	43.430	57.770

　　報表 11-36 為各組的平均數及其 95%信賴區間，如果兩組之間的平均數不重疊，則有顯著差異。例如：以國語而言，在教法一的平均數為 47.0，平均數信賴區間為 [40.011, 53.989]，在教法二的平均數為 55.4，平均數信賴區間為 [48.411, 62.389]，教法一的上限 53.989 高於教法二的下限 48.411，有重疊，因此兩組的平均數沒有顯著差異。

報表 11-37

			Pairwise Comparisons				
Dependent Variable	(I) 教法	(J) 教法	Mean Difference (I-J)	Std. Error	Sig.[b]	98.333% Confidence Interval for Difference[b]	
						Lower Bound	Upper Bound
國語	教法一	教法二	-8.400	3.745	.038	-18.284	1.484
	教法二	教法一	8.400	3.745	.038	-1.484	18.284
數學	教法一	教法二	-12.300*	3.563	.003	-21.703	-2.897
	教法二	教法一	12.300*	3.563	.003	2.897	21.703
社會	教法一	教法二	-2.000	3.842	.609	-12.140	8.140
	教法二	教法一	2.000	3.842	.609	-8.140	12.140

Based on estimated marginal means

*. The mean difference is significant at the .01667 level.

b. Adjustment for multiple comparisons: Bonferroni.

報表 11-37 是單變量之成對平均數差異值檢定。如果 p 值小於 0.16，或是 98.333% 信賴區間不含 0，代表 2 個平均數差異達 .05 顯著水準。由此報表觀之，兩種教學法間，國語及數學兩個領域的平均數有顯著差異。

報表 11-38

		Levene's Test for Equality of Variances		t-test for Equality of Means					98.3333% Confidence Interval of the Difference	
		F	Sig.	t	df	Sig. (2-tailed)	Mean Difference	Std. Error Difference	Upper	Lower
國語	Equal variances assumed	.112	.742	-2.243	18	.038	-8.400	3.745	-18.284	1.484
	Equal variances not assumed			-2.243	17.845	.038	-8.400	3.745	-18.293	1.493
數學	Equal variances assumed	10.677	.004	-3.452	18	.003	-12.300	3.563	-21.703	-2.897
	Equal variances not assumed			-3.452	13.029	.004	-12.300	3.563	-22.080	-2.520
社會	Equal variances assumed	.001	.975	-.521	18	.609	-2.000	3.842	-12.141	8.141
	Equal variances not assumed			-.521	17.996	.609	-2.000	3.842	-12.141	8.141

Independent Samples Test

報表 11-38 是使用獨立樣本 t 檢定之結果，如果看變異數同質這一列，則 p 值分別為 .038、.003、及 .609，與前面的報表均相同。

報表 11-39

Confidence Intervals for the Mean Differences Section

Variable	Difference	Lower 95.0% Bonferroni Conf. Limit	Upper 95.0% Bonferroni Conf. Limit	Lower 95.0% Simultaneous Conf. Limit	Upper 95.0% Simultaneous Conf. Limit
S1	-8.4	-18.28418	1.484176	-20.78258	3.982576
S2	-12.3	-21.70308	-2.896921	-24.07987	-0.5201273
S3	-2.0	-12.14079	8.14079	-14.70405	10.70405

報表 11-39 是 NCSS 之平均數差異的 95%信賴區間。無論採用 Bonferroni 切割 α 的方式，或同時信賴區間，只有數學不含 0，也就是兩組間的差異主要存在於數學。

11.3　統計摘要表

經過分析之後，可以整理成表 11-12、表 11-13、及表 11-14，其中平均數 95%信賴區間是採 Bonferroni 切割方式。

表 11-12　範例一的 Hotelling T^2 分析事後比較摘要表

依變數	平均數	比較平均數	平均數差異	標準誤	平均數 95%信賴區間	
					下限	上限
物理	51.47	50	1.47	2.153	-4.700	7.634
化學	45.13	50	-4.87	1.555	-9.320	-.413
生物	57.73	50	7.73	2.603	0.278	15.188
地球科學	48.33	50	-1.67	2.240	-8.081	4.748

Hotelling's $T^2 = 321.038, p < .0001$

表 11-13　範例二的 Hotelling T^2 分析事後比較摘要表

依變數	前測平均數	後測平均數	平均數差異	標準誤	平均數 95%信賴區間	
					下限	上限
物理	50.87	52.27	1.40	0.567	-0.142	2.942
化學	49.60	52.20	2.60	0.729	0.619	4.581
生物	49.47	50.53	1.07	0.371	0.058	2.075

Hotelling's $T^2 = 177.664, p = .0328$

表 11-14　範例三的 Hotelling T^2 分析事後比較摘要表

依變數	第一組平均數	第二組平均數	平均數差異	標準誤	平均數 95%信賴區間	
					下限	上限
物理	47.00	55.40	-8.40	3.745	-18.284	1.484
化學	46.40	58.70	-12.30	3.563	-21.703	-2.897
生物	48.60	50.60	-2.00	3.842	-12.140	8.140

Hotelling's $T^2 = 40.040, p = .0002$

12 多變量變異數分析 *

多變量變異數分析可以使用下列的形式表示其關係：

$$Y_1 + Y_2 + Y_3 + \cdots + Y_n = X_1 + X_2 + X_3 + \cdots + X_n$$
（計量）　　　　　　　（非計量）

單因子獨立樣本多變量變異數分析（multivariate analysis of variance, MANOVA）旨在比較兩群以上沒有關聯之樣本在 2 個以上變數的平均數是否有差異，適用的情境如下：

自變數：2 個以上獨立而沒有關聯的組別，為**質的變數**。自變數又稱因子（或因素），而單因子就是只有 1 個自變數。

依變數：2 個以上有關聯之**量的變數**。如果只有 1 個依變數，稱為單變量。

進行多變量變異數分析時，依變數間不能有太高的相關（大於 0.9），以免有多元共線性（multicollinearity）問題，但是也不能完全無關。如果依變數之間的相關太低，則直接進行單變量變異數分析即可。

本章先介紹單因子獨立樣本多變量變異數分析的整體檢定，接著說明後續分析及事前比較方法。

12.1 理論部分

12.1.1 MANOVA 的使用時機

多變量變異數分析在概念上是單變量變異數分析（univariate analysis of variance, UNIANOVA）的擴展，但是在 ANOVA 中，研究者檢定單一的依變數上各組平均數的差異，虛無假設是 k 組平均數都相等，並以 F 檢定進行統計檢定。而在 MANOVA 中，研究者同時檢定 k 組間在 2 個以上依變數上的形心（centroid，即平均數）是否有差異，其檢定方法不只有一種，而有很多種。在平均數差異的研究中，通常在下列情況下使用 MANOVA（Bray & Maxwell, 1985）：

1.　研究者對於檢定數個依變數的平均數差異有興趣，而不只是對於單一個依變數有興趣。即使研究者只對個別依變數的平均數差異有興趣，MANOVA 仍

---

* 本章有部分內容由程炳林（2011）撰寫，徵得其同意引用。

然是理想的方法。因為在此種情形下，MANOVA 可以用來控制整體的 α 水準。

2. 研究者想在控制依變數間交互相關的情形下，了解組平均數同時在所有依變數上的差異。此時，研究者可能有下列四項考慮：第一，研究者想要比較 k 組在 p 個依變數上的關係；第二，研究者想要縮減 p 個依變數成比較少的理論向度；第三，研究者想要選擇區別 k 組最有力的依變數；第四，研究者對於一組測量背後的構念（constructs）有興趣。

須留意，依變數間如果都無關固然不需要進行 MANOVA，相關太高也不宜使用此分析。Hair 等人（2019）建議，依變數間的相關最好在 .4 到 .6 之間。

12.1.2　MANOVA 的基本假定

MANOVA 的基本假定有下列幾項（Bray & Maxwell, 1985）：

1. 觀察體是從母群體中隨機抽樣而來。
2. 觀察體彼此獨立。
3. 依變數成多變量常態分配（multivariate normal distribution）。
4. k 組有一個共同的組內母群共變數矩陣，即共變數矩陣具有同質性。此一假定有兩層意義：第一，對每一個依變數而言，ANOVA 的變異數同質性假定必須符合；第二，任何兩個依變數的相關在 k 組之間應該都相同。

如同 ANOVA 一樣，MANOVA 也是相對較強健的統計方法，因此即使違反一些統計假設，仍不會使得結論無效。

12.1.3　MANOVA 的分析步驟

MANOVA 的分析步驟類似於 ANOVA，可以分為兩個步驟。第一步先進行**整體效果檢定**（overall 或 omnibus test），檢定 k 組間平均數向量沒有差異的虛無假設。整體效果檢定若達顯著水準，則拒絕虛無假設，接著進行**追蹤檢定**（follow-up test），以解釋組間的差異情形（Bray & Maxwell, 1985）。整體效果檢定若未達顯著水準，則停止分析。

12.1.3.1　整體效果檢定

獨立樣本單因子 MANOVA 的虛無假設如下，它在同時比較 k 組間 p 個平均數是否達顯著差異。

$$H_0 : \begin{bmatrix} \mu_{11} \\ \mu_{21} \\ \mu_{31} \\ \vdots \\ \mu_{p1} \end{bmatrix} = \begin{bmatrix} \mu_{12} \\ \mu_{22} \\ \mu_{32} \\ \vdots \\ \mu_{p2} \end{bmatrix} = \cdots = \begin{bmatrix} \mu_{1k} \\ \mu_{2k} \\ \mu_{3k} \\ \vdots \\ \mu_{pk} \end{bmatrix}$$

單因子 MANOVA 除了計算各變數的離均差平方和（SS），還需要計算變數間兩兩的交叉乘積和（CP），公式分別為：

$$SS = \Sigma(Y_i - \overline{Y}_i)^2 \tag{12-1}$$

$$CP = \Sigma(Y_i - \overline{Y}_i)(Y_j - \overline{Y}_j) \tag{12-2}$$

由 SS 及 CP 所組成的矩陣稱為 $SSCP$ 矩陣：

$$\begin{bmatrix} SS_1 & CP_{12} & CP_{13} \\ CP_{12} & SS_2 & CP_{23} \\ CP_{13} & CP_{23} & SS_3 \end{bmatrix}$$

在單因子的 MANOVA 中，全體的 $SSCP$ 矩陣（以下稱為 **T** 矩陣）可以拆解為組間 $SSCP$（**B** 矩陣）及組內 $SSCP$（**W** 矩陣）。

以表 12-1 的資料計算，可以得到：

$$\mathbf{B} = \begin{bmatrix} 484.867 & 411.700 & 376.733 \\ 411.700 & 351.800 & 319.000 \\ 376.733 & 319.000 & 293.067 \end{bmatrix}$$

$$\mathbf{W} = \begin{bmatrix} 349.300 & 308.300 & 308.100 \\ 308.300 & 362.200 & 316.000 \\ 308.100 & 316.000 & 365.900 \end{bmatrix}$$

$$\mathbf{T} = \begin{bmatrix} 834.167 & 720.000 & 684.833 \\ 720.000 & 714.000 & 635.000 \\ 684.833 & 635.000 & 658.967 \end{bmatrix}$$

W 及 **T** 的行列式值分別為 2284156.48 及 5860107.17。另外，再計算 $\mathbf{W}^{-1}\mathbf{B}$，得到：

$$\mathbf{W}^{-1}\mathbf{B} = \begin{bmatrix} 1.814 & 1.531 & 1.413 \\ 0.109 & 0.131 & 0.070 \\ -0.592 & -0.530 & -0.449 \end{bmatrix}$$

解 $\mathbf{W}^{-1}\mathbf{B}$ 矩陣，可得到 3 個特徵值，分別為 1.447（較精確為 1.4470657）、0.048

（較精確為 0.0484046）、及 0。

　　常用的 MANOVA 整體效果檢定有四種，分別是 Wilks 的 Λ、Pillai-Bartlett 的跡（V）、Hotelling-Lawley 的跡（T）、及 Roy 的最大根 GCR 等統計量。各項統計量的求法如下列公式所示。四種統計量中，以 Wilks' Λ 統計量歷史較久，而且韌性也較強（Olson, 1976），所以較常被採用。

$$\text{Wilks 的 } \Lambda = \frac{|\mathbf{W}|}{|\mathbf{B}+\mathbf{W}|} = \frac{|\mathbf{W}|}{|\mathbf{T}|} \tag{12-3}$$

$$\text{Wilks 的 } \Lambda \text{ 也等於 } \prod_{i=1}^{s} \frac{1}{1+\lambda_i} \tag{12-4}$$

$$\text{Pillai-Bartlett 的 } V = \sum_{i=1}^{s} \frac{\lambda_i}{1+\lambda_i} \tag{12-5}$$

$$\text{Hotelling-Lawley 的 } T = \sum_{i=1}^{s} \lambda_i \tag{12-6}$$

$$\text{Roy 的最大根 GCR，是 } \mathbf{W}^{-1}\mathbf{B} \text{ 矩陣的最大特徵值} \lambda_1 \tag{12-7}$$

代入前述各項數值，得到：

$$\Lambda = \frac{|\mathbf{W}|}{|\mathbf{T}|} = \frac{2284156.48}{5860107.17} = 0.390$$

$$\Lambda = \prod_{i=1}^{s} \frac{1}{1+\lambda_i} = \frac{1}{1+1.447} \times \frac{1}{1+0.048} \times \frac{1}{1+0} = 0.390$$

$$V = \sum_{i=1}^{s} \frac{\lambda_i}{1+\lambda_i} = \frac{1.447}{1+1.447} + \frac{0.048}{1+0.048} + \frac{0}{1+0} = 0.638$$

$$T = \sum_{i=1}^{s} \lambda_i = 1.447 + 0.048 + 0 = 1.495$$

GCR 最大特徵值為 1.447

　　上述的數值，通常都轉換為 F 值，進行 F 檢定。將 Λ 統計量轉換成 F 值的計算式如下：

不管依變數個數 p，當自變數組數 $k = 2$ 時，

$$F_{(p,n-p-1)} = \left(\frac{1-\Lambda}{\Lambda}\right)\left(\frac{N-p-1}{p}\right) \tag{12-8}$$

不管依變數個數 p，當自變數組數 $k = 3$ 時，

$$F_{(2p,2(N-p-2))} = \left(\frac{1-\sqrt{\Lambda}}{\sqrt{\Lambda}}\right)\left(\frac{N-p-2}{p}\right) \qquad (12\text{-}9)$$

不管自變數組數 k，當依變數個數 $p = 2$ 時，

$$F_{(2(k-1),2(N-k-1))} = \left(\frac{1-\sqrt{\Lambda}}{\sqrt{\Lambda}}\right)\left(\frac{N-k-1}{k-1}\right) \qquad (12\text{-}10)$$

由於表 12-1 的組數為 3，所以採公式 12-9 轉換：

$$F_{(2\times3,2(30-3-2))} = \left(\frac{1-\sqrt{0.390}}{\sqrt{0.390}}\right)\left(\frac{30-3-2}{3}\right) = 5.014$$

　　在自由度為 6, 50 的 F 分配中，$F > 5.014$ 的 p 值已小於 0.001〔在 STATA 中輸入「disp 1−F(6,50,5.014)」，可得到 $p = .00043228$〕，因此應拒絕 H_0，所以三種教學法的三個學習內容之平均數不相等。

12.1.3.2　追蹤檢定

　　一旦 MANOVA 的整體效果檢定達顯著水準，有好幾種進一步檢定的方法。但是，值得注意的是並沒有所謂「對」的方法，分析的方法必須視研究問題及資料的型態而定（Bray & Maxwell, 1985）。以下簡介 Bray 及 Maxwell 推薦的六種方法，前三種方法是針對依變數的分析，後三種方法則是針對自變數的分析。

12.1.3.2.1　單變量 F 檢定

　　當 MANOVA 的整體檢定達顯著水準之後，接著進行單變量的 F 檢定，其檢定程序與 ANOVA 程序一樣。有學者（Bird, 1975; Harris, 1975）建議，此種分析方法必須採 Bonferroni 程序將 α 加以分割，即單變量 F 檢定的顯著水準是 α / p（p 是依變數個數）。在 SPSS 的 MANOVA 及 GLM 程式，都會在多變量 MANOVA 整體效果檢定達顯著之後，自動進行單變量 F 檢定。此處有三點必須注意：第一，採用此方法會忽略 p 個依變數之間的關係，可能失去許多有用的訊息；第二，採用此方法時，與原先決定使用 MANOVA 的理由相衝突；第三，採用此方法所用的誤差項並非由 MANOVA 分析時所導出的誤差項。基於這三項理由，有學者（如 Thompson, 1998）並不贊成在 MANOVA 的整體效果達顯著之後，接著進行單變量 F 檢定。但是 Bray 與 Maxwell 認為，如果研究者的目的是要控制 p 個單變量 ANOVA 第一類型錯誤機率，此方法仍是

適當的。然而控制了第一類型錯誤機率，反而會提高第二類型錯誤機率及降低統計檢定力。Borgen 與 Seling（1978）則主張，採用此方法時必須配合其他方法（如區別分析）才不會導致某些有用訊息的流失。因此，讀者在使用此方法時必須小心謹慎。

12.1.3.2.2　區別分析

多變量變異數分析的自變數是名義變數或次序變數，依變數是等距變數或比率變數。描述取向的區別分析也是相同，它的預測變數是名義變數或次序變數，效標變數是等距變數或比率變數。因此，在多變量變異數分析之後，可以接著進行描述取向的區別分析，找出最能區辨各組的計量變數。

描述取向的區別分析（有關區別分析的統計概念請讀者參閱第 10 章）乃是找出計量變數的線性組合，使得組間變異相對於組內變異的比值為最大。在 SPSS 的 MANOVA 程式中，可以在多變量 MANOVA 整體效果檢定達顯著之後，接著進行區別分析。

12.1.3.2.3　降步式分析

降步式分析（step-down analysis）相當於共變數分析的一種形式，依變數以特定的次序進行檢定以測試其相對貢獻。依變數若有理論上的次序，則此種分析是理想的方法。降步式分析第 1 個步驟是對理論上的第 1 個依變數進行 F 檢定，此時所得的 F 值與進行 ANOVA 時所得的 F 值相同；第 2 個步驟是將第 1 個依變數的效果排除掉後，檢定第 2 個依變數的效果；第 3 個步驟是將前 2 個依變數的效果排除掉之後求第 3 個依變數的效果，以下類推。此種分析方式也相當類似於逐步迴歸或逐步區別分析，但是進行逐步迴歸或逐步區別分析時，變數順序是依照某種統計量數的標準而定，而降步式分析的變數順序是依照理論而來。在 SPSS 的 MANOVA 程式中，可以透過「/print=signif(stepdown)」的界定來獲得降步式分析的訊息。

12.1.3.2.4　多變量對比

多變量對比（multivariate contrast）的使用時機是研究者對於某兩個組別在 p 個依變數上的平均數向量之差異或是任何單一自由度的對比有興趣時，最常用的方式是 Hotelling T^2 統計（請見第 11 章之說明）。有學者（Bray & Maxwell, 1985; Rodger, 1973）建議，多變量對比若是使用於事後比較，必須將 α 加以分割，每一個對比的顯著水準應該定為 α / g（g 是對比次數）。在 SPSS 的 MANOVA 及 GLM 程式、SAS

的 GLM 程式中，都可以在多變量 MANOVA 整體效果檢定達顯著之後，接著進行多變量對比。

12.1.3.2.5　單變量對比

　　若研究者只對 p 個依變數中，個別依變數的平均數差異有興趣，則使用單變量對比（univariate contrast）。單變量對比的第 1 個步驟是完成單變量 F 檢定，以找出哪些依變數有顯著的組間差異；其次是找出這些依變數上特定的組間差異情形。Bird（1975）建議，若單變量對比使用在事後比較，則 α 必須加以分割，每個對比的顯著水準定為 α / gp（g 是對比次數、p 是依變數個數）。在 SPSS 的 MANOVA 及 GLM 程式，都可以在多變量 MANOVA 整體效果檢定達顯著之後，接著進行單變量對比。

12.1.3.2.6　同時信賴區間

　　最常用的同時信賴區間法是 Roy-Bose 的同時信賴區間（Roy-Bose simultaneous confidence intervals, SCI）。在 SPSS 的 MANOVA 程序中，如果研究者採用 Wilks Λ 作為整體檢定的標準時，可以加入「/cinterval=joint multivariate(wilks)」的次指令，以計算多變量同時信賴區間。除了 Wilks 之外，尚有 Roy、Pillai、Bonfer，及 Hotelling 等方法可供選擇。若計算所得的信賴區間內包含 0 在內，則表示 2 個平均數並無顯著差異。以 Wilks Λ 為例，同時信賴區間的通式是：

（某兩組平均數差量）$\pm\, c_0 \times$（標準誤）＝（某兩組平均數差量）$\pm$ 誤差界限

$$標準誤 = \sqrt{S^2\left(\frac{1}{n_1} + \frac{1}{n_2}\right)} \tag{12-11}$$

$$c_0 = \sqrt{v_e\left(\frac{1 - U_{\alpha,(p,k-1,N-k)}}{U_{\alpha,(p,k-1,N-k)}}\right)} \tag{12-12}$$

　　公式 12-11 中，S^2 是所要比較的依變數的變異數，可以從組內的變異數共變數矩陣的對角線獲得，n_1 及 n_2 是所要比較的 2 個組別的人數。公式 12-12 中，v_e 是誤差項之自由度，p 是依變數個數，k 是自變數組數，N 是全體受試人數。

　　Wilks 同時信賴區間較保守，區間會較大，因此就比較不容易顯著，建議可以使用 Bonferroni 校正之聯合多變量信賴區間。

12.1.3.3　事前比較

有時，研究者在實驗前就決定要比較某些組別的差異，此時，無論整體檢定是否顯著，都要進行事前比較。要進行事前比較，是採用 t 分配之檢定，公式為：

$$(\text{某兩組平均數差量}) \pm c_0 \times (\text{標準誤})$$

$$c_0 = t_{\alpha,(N-k)} \tag{12-13}$$

在公式中，標準誤如公式 12-11 所示，c_0 則使用 t 分配之臨界值。如組數為 3 組，總人數為 30 人，則 $t_{.05,(30-3)} = 2.05183$，在 STATA 中可以使用「disp invt(27,.975)」指令求 t 值。

事前比較是理論取向，為有計畫性的特定比較，無論整體檢定是否顯著，均應進行事前比較，其 α 不因比較的次數而膨脹，故不須進行校正。事後比較是資料取向，為無計畫性的廣泛比較，只有在整體檢定顯著之後才進行，其 α 會因比較次數的增加而膨脹，所以要進行校正。美國心理學會（APA, 2001）建議，應多採事前比較，而不要濫用事後比較，研究者應加以留意。

12.1.3.4　效果量

除了統計顯著之外，研究者亦應留意效果量的大小，美國心理學會（APA, 2001）目前也已要求投稿其所屬期刊之論文應附效果量。

由 MANOVA 整體檢定的四種統計量計算效果量偏 η^2（排除其他自變數後的效果量）的公式如下所示：

$$\text{偏} \, \eta^2_{(Pillai)} = \frac{V}{s} \tag{12-14}$$

$$\text{偏} \, \eta^2_{(Wilks)} = 1 - \Lambda^{1/s} \tag{12-15}$$

$$\text{偏} \, \eta^2_{(Hotelling)} = \frac{T/s}{T/s+1} \tag{12-16}$$

$$\text{偏} \, \eta^2_{(Roy)} = \frac{\lambda_1}{1+\lambda_1} \tag{12-17}$$

公式中的 s 等於非 0 的特徵值，個數是組數減 1 或依變數，兩個數字中較小者，在本範例中是 2（等於組數減 1）。代入報表 12-4 的數值後，得到：

$$偏\ \eta^2_{(Pillai)} = \frac{0.638}{2} = 0.319$$

$$偏\ \eta^2_{(Wilks)} = 1 - 0.390^{1/2} = .376$$

$$偏\ \eta^2_{(Hotelling)} = \frac{1.495/2}{1.495/2+1} = 0.428$$

$$偏\ \eta^2_{(Roy)} = \frac{1.447}{1+1.447} = 0.591$$

　　單因子 MANOVA 只有 1 個自變數，因此偏 η^2 值會等於 η^2 值。依據 Cohen（1988）的經驗法則，η^2 值之小、中、大的效果量分別是 .01、.06、及 .14。因此，本範例為大的效果量。

12.2　假設性資料

12.2.1　範例說明

　　某研究者認為教學的方法會影響學生的學習，於是將 30 名七年級學生隨機分派到三種不同的教學方法中接受實驗，一學期後測量受試者的自然領域的三個學習內容成績如表 12-1。試以 α = .05 檢定以下三個假設：

1. 三組受試者在這些領域之成績上有差異。
2. 接受「教法一」與「教法二」之受試者在這兩個領域之成績上有差異。
3. 接受「教法一」與「教法三」之受試者在這兩個領域之成績上有差異。

表 12-1　30 名學生的自然領域成績

教法一（傳統）			教法二（新式一）			教法三（新式二）		
物理	化學	生物	物理	化學	生物	物理	化學	生物
3	5	5	7	11	11	12	10	11
5	6	6	11	11	13	15	11	11
7	9	8	15	13	13	17	14	16
9	9	10	15	14	16	15	15	15
7	9	10	16	16	14	15	19	14
7	10	13	16	15	13	18	20	20
10	10	11	17	14	18	19	19	21
11	12	10	18	16	19	22	22	22
12	12	14	18	19	19	22	22	22
13	13	14	18	18	19	25	26	23

12.2.2　SPSS 程式

```
[1]    glm          Y1 Y2 Y3 by X
                    /print=descriptive etasq test(sscp) homogeneity
                    /posthoc=X(lsd)
                    /criteria=alpha(.008333)
                    /design= X.
[2]    unianova     Y1 Y2 Y3 by X
                    /posthoc=X(lsd)
                    /criteria=alpha(.008333)
                    /design=X.
[3]    glm          Y1 Y2 Y3 by X
                    /lmatrix = 'M1 VS M2' X  -1  1  0
                    /lmatrix = 'M1 VS M3' X  -1  0  1
                    /design= X.
[4]    manova       Y1 Y2 Y3 by X(1,3)
                    /contrast(X) = repeated 或 simple
                    /cinterval = joint multivariate(bonfer)
                    /design=X.
```

12.2.3　SPSS 程式說明

[1]　以 GLM 程序進行 MANOVA，依變數為 $Y1$、$Y2$、$Y3$，自變數為 X，列出效果量及 $SSCP$ 矩陣，其他為預設之報表。如果要進行事後多重比較，可以採 LSD 法，設定 $\alpha = .008333$，為 .05 / 6〔（組數 − 1）× 依變數個數〕。此報表，也可得到同時信賴區間結果。

[2]　如果只有少數依變數有顯著差異，也可以使用 UNIANOVA 程序進行單變量 ANOVA，其他的設定，與 GLM 相同。

[3]　以 GLM 程序進行事前比較，分別為組別 2 與 1、3 與 1，由於第 1 組的平均數較小，因此該組的對比參數設為−1。

[4]　以 MANOVA 程式進行 MANOVA，主要在獲得同時信賴區間，其中 repeated 在進行組別 1 與 2、2 與 3 之比較，由於缺乏 1 與 3 之比較，可以再進行一次分析，將 repeated 改為 simple，即可得到 2 與 3、1 與 3 之比較。如果改為 simple(1)，可以得到 2 與 1、3 與 1 之比較。

12.2.4 STATA 程式

```
[1]   manova Y1 Y2 Y3 = X
[2]   tabstat Y1 Y2 Y3, by(X)
[3]   matrix list e(eigvals_m)
[4]   anova Y1 X
      anova Y2 X
      anova Y3 X
[5]   foreach vname in Y1 Y2 Y3 {
      anova `vname' X
      }
[6]   quiet manova Y? = X
[7]   matrix c1=(-1,1,0,0)
[8]   manovatest, test(c1)
[9]   matrix c2=(-1,0,1,0)
      manovatest,test(c2)
[10]  mvreg
```

12.2.5 STATA 程式說明

[1] MANOVA 程序,依變數為 $Y1$、$Y2$、$Y3$,自變數為 X。

[2] 列出 X 變數 3 組之 $Y1$、$Y2$、$Y3$ 的平均數。

[3] 列出分析的特徵值。另外使用「matrix list e(H_m)」及「matrix list e(E)」,可列出 **B** 及 **W** 矩陣。

[4] 進行 3 次單變量 ANOVA。

[5] 也可以寫成 1 個巨集指令,將 $Y1$、$Y2$、$Y3$ 存入 vname 中,直接進行 1 次 ANOVA。

[6] 由於要進行事前比較,所以,再進行 1 次 MANOVA 程序,不列出結果。

[7] 設定事前比較參數,第 1 次 c1 設定第 1、2 兩組比較。

[8] 以 c1 進行多變量事前檢定。

[9] 再進行 1 次比較,設定第 1、3 組對比。

[10] 由於以第 1 組當參照組,所以也可以使用 mvreg(多變量迴歸)得到虛擬變數的迴歸係數(2 與 1、3 與 1 之對比)及其信賴區間,結果與 SPSS 所得數值相同。

12.2.6　報表及解說（以 SPSS 為主）

報表 12-1

Descriptive Statistics

	教學法	Mean	Std. Deviation	N
物理	教法一	8.40	3.169	10
	教法二	15.10	3.542	10
	教法三	18.00	4.028	10
	Total	13.83	5.363	30
化學	教法一	9.50	2.550	10
	教法二	14.70	2.669	10
	教法三	17.80	5.160	10
	Total	14.00	4.962	30
生物	教法一	10.10	3.107	10
	教法二	15.50	3.064	10
	教法三	17.50	4.649	10
	Total	14.37	4.767	30

　　報表 12-1 是三種教學法中三個學習內容成績的平均數及標準差，每個組（教學法）中都有 10 名學生，共 30 名受試學生。

報表 12-2

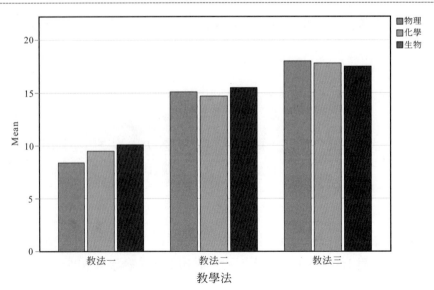

報表 12-2 是另外使用 SPSS 繪圖程序所繪的平均數集群長條圖。由圖中可看出，使用第三種教學法的三個平均成績都最高，第一種教學法的平均數最低。

報表 12-3

Box's Test of Equality of Covariance Matrices[a]

Box's M	17.987
F	1.253
df1	12
df2	3532.846
Sig.	.240

Tests the null hypothesis that the observed covariance matrices of the dependent variables are equal across groups.
a. Design: Intercept + X

多變數的變異數同質性檢定。從此處可知，Box's M 值為 17.987，$p = .240$，檢定未達 .05 顯著水準，表示未違反變異數—共變數同質的假設。

報表 12-4

Multivariate Tests[a]

Effect		Value	F	Hypothesis df	Error df	Sig.	Partial Eta Squared
Intercept	Pillai's Trace	.948	151.581[b]	3.000	25.000	<.001	.948
	Wilks' Lambda	.052	151.581[b]	3.000	25.000	<.001	.948
	Hotelling's Trace	18.190	151.581[b]	3.000	25.000	<.001	.948
	Roy's Largest Root	18.190	151.581[b]	3.000	25.000	<.001	.948
X	Pillai's Trace	.638	4.055	6.000	52.000	.002	.319
	Wilks' Lambda	.390	5.014[b]	6.000	50.000	<.001	.376
	Hotelling's Trace	1.495	5.982	6.000	48.000	<.001	.428
	Roy's Largest Root	1.447	12.541[c]	3.000	26.000	<.001	.591

a. Design: Intercept + X
b. Exact statistic
c. The statistic is an upper bound on F that yields a lower bound on the significance level.

　　報表 12-4 是多變量整體檢定結果，Wilks' Λ = 0.390，轉換為 $F(6, 50)$ = 5.014，p < .001，拒絕 H_0，因此，三種教學法的三個學習內容之平均數有顯著差異。效果量偏 η^2 = 0.376，代表三個學習內容之成績的變異量，可由教學法解釋 37.6%。

報表 12-5

Tests of Between-Subjects Effects

Source	Dependent Variable	Type III Sum of Squares	df	Mean Square	F	Sig.
Corrected Model	物理	484.867[a]	2	242.433	18.739	<.001
	化學	351.800[b]	2	175.900	13.112	<.001
	生物	293.067[c]	2	146.533	10.813	<.001
Intercept	物理	5740.833	1	5740.833	443.752	<.001
	化學	5880.000	1	5880.000	438.321	<.001
	生物	6192.033	1	6192.033	456.914	<.001
X	物理	484.867	2	242.433	18.739	<.001
	化學	351.800	2	175.900	13.112	<.001
	生物	293.067	2	146.533	10.813	<.001
Error	物理	349.300	27	12.937		
	化學	362.200	27	13.415		
	生物	365.900	27	13.552		
Total	物理	6575.000	30			
	化學	6594.000	30			
	生物	6851.000	30			
Corrected Total	物理	834.167	29			
	化學	714.000	29			
	生物	658.967	29			

a. R Squared = .581 (Adjusted R Squared = .550)
b. R Squared = .493 (Adjusted R Squared = .455)
c. R Squared = .445 (Adjusted R Squared = .404)

　　報表 12-5 是 MANOVA 程序中預設呈現的單變量 ANOVA 結果。三個學習內容的單變量 $F(2, 27)$ 分別為 18.739、13.112、10.813，p 值都小於 .001，已小於 .05/3，因此，三個教學方法中，三個學習內容的平均成績都有顯著差異。

報表 12-6

Between-Subjects SSCP Matrix

			物理	化學	生物
Hypothesis	Intercept	物理	5740.833	5810.000	5962.167
		化學	5810.000	5880.000	6034.000
		生物	5962.167	6034.000	6192.033
	X	物理	484.867	411.700	376.733
		化學	411.700	351.800	319.000
		生物	376.733	319.000	293.067
Error		物理	349.300	308.300	308.100
		化學	308.300	362.200	316.000
		生物	308.100	316.000	365.900

Based on Type III Sum of Squares

報表 12-6 是組間（X）及組內（Error）SSCP 矩陣（以灰色網底標示），兩者加總，就是全體 SSCP **T** 矩陣。以組內 SSCP 之行列式值除以全體 SSCP 矩陣之行列式值，即是 Wilks' Λ。兩個矩陣的對角線，就是報表 12-5 中的組間及組內 SS。

報表 12-7

Multiple Comparisons
LSD

Dependent Variable	(I) 教學法	(J) 教學法	Mean Difference (I-J)	Std. Error	Sig.	99.1667% Confidence Interval	
						Lower Bound	Upper Bound
物理	教法一	教法二	-6.70*	1.609	<.001	-11.28	-2.12
		教法三	-9.60*	1.609	<.001	-14.18	-5.02
	教法二	教法一	6.70*	1.609	<.001	2.12	11.28
		教法三	-2.90	1.609	.083	-7.48	1.68
	教法三	教法一	9.60*	1.609	<.001	5.02	14.18
		教法二	2.90	1.609	.083	-1.68	7.48
化學	教法一	教法二	-5.20*	1.638	.004	-9.86	-.54
		教法三	-8.30*	1.638	<.001	-12.96	-3.64
	教法二	教法一	5.20*	1.638	.004	.54	9.86
		教法三	-3.10	1.638	.069	-7.76	1.56
	教法三	教法一	8.30*	1.638	<.001	3.64	12.96
		教法二	3.10	1.638	.069	-1.56	7.76

生物	教法一	教法二	-5.40*	1.646	.003	-10.09	-.71
		教法三	-7.40*	1.646	<.001	-12.09	-2.71
	教法二	教法一	5.40*	1.646	.003	.71	10.09
		教法三	-2.00	1.646	.235	-6.69	2.69
	教法三	教法一	7.40*	1.646	<.001	2.71	12.09
		教法二	2.00	1.646	.235	-2.69	6.69

Based on observed means.
 The error term is Mean Square(Error) = 13.552.
*. The mean difference is significant at the .008333 level.

　　報表 12-7 是同時信賴區間及 t 檢定結果。以下，以教法三及教法二中之物理平均數差值說明之，其他的比較都相同。

　　在報表 12-1 中，教法三中的物理平均數為 18.00，教法二中為 15.10，兩者相差 2.90。至於此差值是否與 0 有顯著差異，可以從三部分來判斷。

　　首先，差值的信賴區間是否不含 0。信賴區間的公式是：

平均數差值 ± t 臨界值 × 平均數標準誤 = 平均數差值 ± 誤差界限

　　在此，平均數標準誤為：

$$\sqrt{12.937\left(\frac{1}{10}+\frac{1}{10}\right)}=1.609 \quad （12.937 在報表 12-9 中的物理組內 MS）$$

　　在自由度是 27（組內自由度）的 t 分配中，α = .008333 時，臨界值為 2.8469〔在 STATA 中輸入「disp invt(27,1-.008333/2)」即可求得〕，因此，誤差界限為：

2.8469×1.609 = 4.58

　　2.90 ± 4.58 為 [-1.68, 7.48]，由於區間中包含 0，因此，平均數差值 2.90 與 0 沒有顯著差異。換言之，18.00 與 15.10 兩個平均數沒有顯著差異。

　　其次，計算所得 t 的絕對值（因為是雙尾檢定，所以取絕對值）大於 t 臨界值。在本處，計算所得 t 值應為：

$$t=\frac{平均數差值}{平均數差值之標準誤}=\frac{2.90}{1.609}=1.802875 （未顯示於報表）$$

　　由於計算所得的 t 值未大於臨界值 2.8469，因此不能拒絕 H_0（$\mu_{12}=\mu_{13}$），所以，兩組之間的平均數沒有顯著差異。

　　第三，求計算所得 t 值的機率 p 值。在本例中，自由度為 27 時，$|t| > 1.802875$ 的 p 值為 .083〔在 STATA 中輸入「disp (1-t(27,1.802875))*2」可求得〕，並未小於 α 值（本處為 .05 / 6 = .0083333），因此不能拒絕 H_0，所以，兩組之間的平均數沒有顯

著差異。

其實，最簡單的判斷方法就是，如果平均數差值右上方有 * 號，就表示達到 .0083333 顯著水準的差異。由於 2.90 上方沒有 * 號，所以，兩組之間的平均數沒有顯著差異。

綜言之，自然領域的三個學習內容，使用第二、三種教學法（新式教學法）比第一種教學法（傳統教學法）來得好。而第二與第三種教學法間，沒有顯著差異。

報表 12-8

Multivariate Test Results

	Value	F	Hypothesis df	Error df	Sig.
Pillai's trace	.402	5.605[a]	3.000	25.000	.004
Wilks' lambda	.598	5.605[a]	3.000	25.000	.004
Hotelling's trace	.673	5.605[a]	3.000	25.000	.004
Roy's largest root	.673	5.605[a]	3.000	25.000	.004

a. Exact statistic

以下開始為事前比較結果，依分析邏輯順序呈現，而不是 SPSS 原始報表順序。

報表 12-8 在於進行教法一與教法二之多變量對比。報表中 Wilks' Λ = .598, $F(3,25)$ = 5.605, p=.004，達 .05 顯著水準，所以教法一與教法二之受試者在三個學習內容的平均成績有差異，假設 2 獲得支持。

報表 12-9

Univariate Test Results

Source	Dependent Variable	Sum of Squares	df	Mean Square	F	Sig.
Contrast	物理	224.450	1	224.450	17.349	<.001
	化學	135.200	1	135.200	10.078	.004
	生物	145.800	1	145.800	10.759	.003
Error	物理	349.300	27	12.937		
	化學	362.200	27	13.415		
	生物	365.900	27	13.552		

報表 12-9 是單變量對比結果，誤差項的 *MS* 是三個教學法的組內 *MS*，而不是教法一與二兩組的組內 *MS*（為 11.292，自由度 18，另外計算，不在報表中）。三個學習內容的 *p* 值均小於 .05，因此，使用傳統教學法與第一種新式教學法的兩組，在三個學習內容的平均數都有顯著差異。

報表 12-10

Contrast Results (K Matrix)[a]

Contrast		Dependent Variable		
		物理	化學	生物
L1	Contrast Estimate	6.700	5.200	5.400
	Hypothesized Value	0	0	0
	Difference (Estimate - Hypothesized)	6.700	5.200	5.400
	Std. Error	1.609	1.638	1.646
	Sig.	<.001	.004	.003
	95% Confidence Interval for Difference Lower Bound	3.400	1.839	2.022
	Upper Bound	10.000	8.561	8.778

a. Based on the user-specified contrast coefficients (L') matrix: M1 VS M2

報表 12-10 是三個學科內容之平均數差值的 95%信賴區間，因為都不包含 0，表示在教法一與二的三個學科內容平均數差值都與 0 有差異，也就是兩種教學法間的三個學習內容的平均數都有顯著差異。由於對比的參數是「−1　1　0」，是以第二種教學法的平均數減去第一種教學法的平均數，此處的「Contrast Estimate」（對比估計值）都是正數，表示第二種教學法的平均數都較高。

接著，再說平均數差值的信賴區間計算方法。以化學為例，教法二中的平均數為 14.70，而教法一中的平均數為 9.50，差值為 5.20，其標準誤為：

$$\sqrt{13.415\left(\frac{1}{10}+\frac{1}{10}\right)}=1.638 \quad （13.415 在報表 12-9 中的化學組內 MS）$$

在自由度 27，α = .05，*t* 的臨界值為 2.0518〔在 STATA 中輸入「disp invt(27,(1-.05/2))」即可求得〕，因此，誤差界限為 2.0518 × 1.638 = 3.361。5.20 ± 3.361，區間為 [1.839, 8.561]，中間不包含 0，因此，教學法二與一中的化學平均數有顯著差異。

報表 12-11

Multivariate Test Results

	Value	F	Hypothesis df	Error df	Sig.
Pillai's trace	.581	11.562[a]	3.000	25.000	<.001
Wilks' lambda	.419	11.562[a]	3.000	25.000	<.001
Hotelling's trace	1.387	11.562[a]	3.000	25.000	<.001
Roy's largest root	1.387	11.562[a]	3.000	25.000	<.001

a. Exact statistic

　　報表 12-11 在於進行教法一與教法三之多變量對比。報表中 Wilks' Λ = .419，$F(3,25)$ = 11.562，p < .001，達 .05 顯著水準，所以教法一與教法三之受試者在三個學習內容的平均成績有差異，假設 3 獲得支持。

報表 12-12

Univariate Test Results

Source	Dependent Variable	Sum of Squares	df	Mean Square	F	Sig.
Contrast	物理	460.800	1	460.800	35.619	<.001
	化學	344.450	1	344.450	25.677	<.001
	生物	273.800	1	273.800	20.204	<.001
Error	物理	349.300	27	12.937		
	化學	362.200	27	13.415		
	生物	365.900	27	13.552		

　　報表 12-12 是單變量對比結果，誤差項的 MS 同樣是三個教學法的組內 MS。三個學習內容的 p 值均小於 .05，因此，使用傳統教學法與第二種新式教學法的兩組，在三個學習內容的平均數都有顯著差異。

報表 12-13

　　報表 12-13 是三個學科內容之平均數差值的 95%信賴區間，因為都不包含 0，表示在教法一與三的三個學科內容平均數差值都與 0 有差異，也就是兩種教學法間的三個學習內容的平均數都有顯著差異。

Contrast Results (K Matrix)[a]

Contrast		Dependent Variable		
		物理	化學	生物
L1	Contrast Estimate	9.600	8.300	7.400
	Hypothesized Value	0	0	0
	Difference (Estimate - Hypothesized)	9.600	8.300	7.400
	Std. Error	1.609	1.638	1.646
	Sig.	<.001	<.001	<.001
	95% Confidence Interval for Difference　Lower Bound	6.300	4.939	4.022
	Upper Bound	12.900	11.661	10.778

a. Based on the user-specified contrast coefficients (L') matrix: M1 VS M3

12.3　應用部分

12.3.1　範例說明

以下以筆者實際實施的「智慧型手機使用情形調查」中之 A（知覺易用性）、B（知覺有用性）、C（使用態度）、D（行為意圖）為依變數，E（實際使用）則以得分依大約 27%、46%、27%比例分成低、中、高三組，為自變數。同樣的數據也會在區別分析一章中使用。

12.3.2　SPSS 分析步驟圖

1.　在【Analyze】（分析）中選擇【General Linear Model】（一般線性模型）之【Multivariate】（多變量），進行多變量變異數分析（圖 12-1）。

圖 12-1　Multivariate 選單

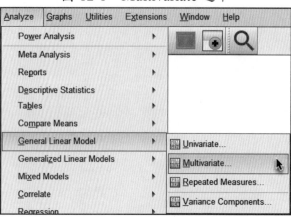

2. 將 A（易用性）到 D（行為意圖）點選至【Dependent Variables】（依變數），EG（實際使用）點選至【Fixed Factor(s)】（固定因子）（圖 12-2）。

圖 12-2　Multivariate 對話框

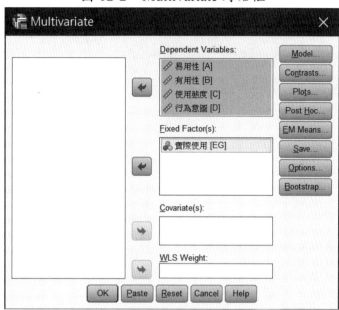

3. 在【Options】（選項）選單下，可視需要勾選以下項目，在【Significance level】（顯著水準）中輸入 .00625 以進行聯合 Bonferroni 多變量信賴區間｛以 .05 除以〔（組數−1）× 依變數個數〕，在此為 $(3-1) \times 4 = 8$ ，$.05 / 8 = .00625$｝（圖 12-3）。如果以 .05 除以組數−1，稱為個別 Bonferroni 多變量信賴區間；而除以依變數個數，則稱為聯合 Bonferroni 單變量信賴區間。

圖 12-3　Multivariate: Options 對話框

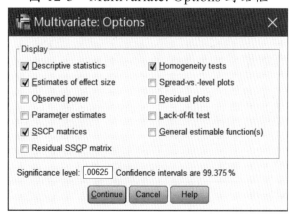

4. 在【Post Hoc】（事後）之下，將【Factor(s)】（因子）中的 EG 變數點選至【Post Hoc Tests for】（此項目的事後檢定）欄中，再勾選 LSD 方法（圖 12-4）。留意，在上述的【選項】中，應將顯著水準設定為 .00625（此為 Bonferroni 校正）。

圖 12-4 Multivariate: Post Hoc Multiple Comparisons for Observed Means 對話框

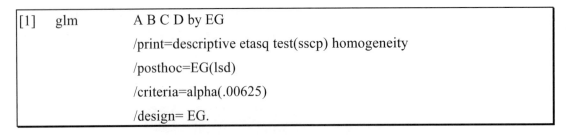

12.3.3 SPSS 程式

```
[1]    glm        A B C D by EG
                  /print=descriptive etasq test(sscp) homogeneity
                  /posthoc=EG(lsd)
                  /criteria=alpha(.00625)
                  /design= EG.
```

12.3.4 SPSS 程式說明

[1] 以 A、B、C、D 為依變數，EG 為自變數，進行 MANOVA，列出描述統計、效果量、SSCP 矩陣，並進行同質性檢定。設定 α = .00625，進行同時信賴區間估計。

12.3.5 STATA 程式

```
[1]    manova A B C D = EG
```

```
[2]    foreach vname in A B C D {
[3]    anova `vname' EG
[4]    pwcompare EG, level(99.38)
[5]    }
```

12.3.6　STATA 程式說明

[1]　先進行 manova，依變數為 *A*、*B*、*C*、*D*，自變數為 *EG*。

[2]　將 *A*、*B*、*C*、*D* 存入 vname 中。

[3]　進行 anova，依變數為 vname 中之 4 個變數，自變數為 *EG*。如果不列出分析結果，可在最前面加上 quiet。

[4]　進行成對比較，水準設為 99.38。此處較精確應是 $1-.05/8 = 0.99375 = 99.375\%$，但是 STATA 只能設定 2 個小數位，因此使用較保守策略，無條件進位到 99.38，以擴大信賴區間。

[5]　結束符號。

12.3.7　報表及解說

本處只呈現簡要分析結果，詳細的解說，請參見 12.2.6 節。

報表 12-14

Descriptive Statistics

	實際使用	Mean	Std. Deviation	N
易用性	低度	4.10476	.914268	70
	中度	4.46078	.798850	102
	高度	5.02825	.858333	59
	Total	4.49784	.914653	231
有用性	低度	4.62381	.784145	70
	中度	5.05556	.615322	102
	高度	5.63277	.549102	59
	Total	5.07215	.754112	231
使用態度	低度	4.34286	.690332	70
	中度	4.82680	.640974	102
	高度	5.38418	.538956	59
	Total	4.82251	.739992	231

行為意圖	低度	4.51905	.990512	70
	中度	5.14052	.655746	102
	高度	5.85311	.298599	59
	Total	5.13420	.867992	231

　　報表 12-14 是 3 個組之 4 個變數的描述統計，3 組人數分別為 70、102、59，各組人數比例分別為 30.3%、44.2%、25.5%，大致依 27%、46%、27%比例分配。整體而言，高度使用智慧型手機的受訪者，在知覺易用性、知覺有用性、使用態度、行為意圖的 4 個層面，平均數也都較高。

報表 12-15

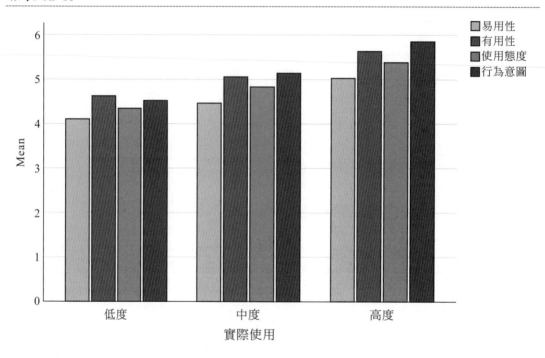

　　報表 12-15 是根據報表 12-14 所繪製的平均數剖繪圖。實際使用智慧型手機的程度（3 組），在 4 個依變數的平均數均由低到高排列。而同一組中的平均數，則依知覺易用性、使用態度、知覺有用性、行為意圖遞增排列。

報表 12-16

Box's Test of Equality of Covariance Matrices[a]	
Box's M	96.115
F	4.677
df1	20
df2	132122.869
Sig.	<.001

Tests the null hypothesis that the observed covariance matrices of the dependent variables are equal across groups.

a. Design: Intercept + EG

　　報表 12-16 是 4 組的共變數矩陣同質性檢定，Box's $M = 96.115$，$F(20, 132122.869)$ $= 4.677$，$p < .001$，拒絕各組共變數矩陣相等的假定。雖然 MANOVA 具有穩健性（違反假定，仍可以使用），但是，後續分析最好較保守些，除了可以將變數轉換外，也可以將 α 設得小一些（如 .01）。

報表 12-17

Multivariate Tests[a]

Effect		Value	F	Hypothesis df	Error df	Sig.	Partial Eta Squared
Intercept	Pillai's Trace	.989	4835.479[b]	4.000	225.000	<.001	.989
	Wilks' Lambda	.011	4835.479[b]	4.000	225.000	<.001	.989
	Hotelling's Trace	85.964	4835.479[b]	4.000	225.000	<.001	.989
	Roy's Largest Root	85.964	4835.479[b]	4.000	225.000	<.001	.989
EG	Pillai's Trace	.382	13.351	8.000	452.000	<.001	.191
	Wilks' Lambda	.619	15.260[b]	8.000	450.000	<.001	.213
	Hotelling's Trace	.614	17.206	8.000	448.000	<.001	.235
	Roy's Largest Root	.612	34.565[c]	4.000	226.000	<.001	.380

a. Design: Intercept + EG

b. Exact statistic

c. The statistic is an upper bound on F that yields a lower bound on the significance level.

　　報表 12-17 是 MANOVA 整體檢定結果，Wilks' $\Lambda = 0.619$，$F(8, 450) = 15.260$，$p < .001$，因此，不同程度實際使用智慧型手機的 3 組，其知覺易用性、知覺有用性、使用態度、行為意圖的 4 個層面平均數有顯著差異。效果量偏 $\eta^2 = .213$。

報表 12-18

Tests of Between-Subjects Effects

Source	Dependent Variable	Type III Sum of Squares	df	Mean Square	F	Sig.	Partial Eta Squared
Corrected Model	易用性	27.554[a]	2	13.777	19.054	<.001	.143
	有用性	32.642[b]	2	16.321	37.911	<.001	.250
	使用態度	34.720[c]	2	17.360	43.387	<.001	.276
	行為意圖	56.986[d]	2	28.493	55.860	<.001	.329
Intercept	易用性	4502.844	1	4502.844	6227.352	<.001	.965
	有用性	5713.166	1	5713.166	13270.802	<.001	.983
	使用態度	5161.315	1	5161.315	12899.661	<.001	.983
	行為意圖	5863.798	1	5863.798	11495.816	<.001	.981
EG	易用性	27.554	2	13.777	19.054	<.001	.143
	有用性	32.642	2	16.321	37.911	<.001	.250
	使用態度	34.720	2	17.360	43.387	<.001	.276
	行為意圖	56.986	2	28.493	55.860	<.001	.329
Error	易用性	164.861	228	.723			
	有用性	98.155	228	.431			
	使用態度	91.226	228	.400			
	行為意圖	116.298	228	.510			
Total	易用性	4865.667	231				
	有用性	6073.667	231				
	使用態度	5498.222	231				
	行為意圖	6262.444	231				
Corrected Total	易用性	192.416	230				
	有用性	130.797	230				
	使用態度	125.945	230				
	行為意圖	173.284	230				

a. R Squared = .143 (Adjusted R Squared = .136)
b. R Squared = .250 (Adjusted R Squared = .243)
c. R Squared = .276 (Adjusted R Squared = .269)
d. R Squared = .329 (Adjusted R Squared = .323)

報表 12-18 是單變量 ANOVA 結果，4 個層面的 $F_{(2, 228)}$ 值分別為 13.777、

16.321、17.360、28.493，p 值均小於 .001，已小於 α（.05 / 4 = .0125），因此，3 組中的 4 個層面平均數都有顯著差異。

報表 12-19

Between-Subjects SSCP Matrix

			易用性	有用性	使用態度	行為意圖
Hypothesis	Intercept	易用性	4502.844	5072.031	4820.850	5138.460
		有用性	5072.031	5713.166	5430.235	5787.992
		使用態度	4820.850	5430.235	5161.315	5501.355
		行為意圖	5138.460	5787.992	5501.355	5863.798
	EG	易用性	27.554	29.943	30.759	39.400
		有用性	29.943	32.642	33.624	43.074
		使用態度	30.759	33.624	34.720	44.481
		行為意圖	39.400	43.074	44.481	56.986
Error		易用性	164.861	33.315	41.875	38.501
		有用性	33.315	98.155	44.445	54.134
		使用態度	41.875	44.445	91.226	63.688
		行為意圖	38.501	54.134	63.688	116.298

Based on Type III Sum of Squares

報表 12-19 為組間（EG）及組內（Error）SSCP，$\mathbf{W}$ 矩陣的行列式值為 64733234，$\mathbf{T}$ 矩陣（$\mathbf{W} + \mathbf{B}$）的行列式值為 104619150，64733234 / 104619150 = 0.619，為 Wilks' Λ 值。$\mathbf{W}^{-1}\mathbf{B}$ 矩陣的最大特徵值為 0.612。

報表 12-20（STATA）

	Contrast	Std. err.	Unadjusted [99.38% conf. interval]	
A				
EG				
中度 vs 低度	.3560224	.1319796	-.0086	.7206449
高度 vs 低度	.9234867	.1502836	.5082955	1.338678
高度 vs 中度	.5674643	.1390844	.1832132	.9517154

報表 12-20 是自變數 EG（實際使用 3 個分組）之變數 A（知覺易用性）的同時信

賴區間，中一低度使用組的平均數差值 0.3560，區間為 [−0.0086, 0.7206]，包含 0，因此，這兩組之知覺易用性平均數沒有顯著差異。其他組之間，平均數有顯著不同。

報表 12-21（STATA）

	Contrast	Std. err.	Unadjusted [99.38% conf. interval]	
B				
EG				
中度 vs 低度	.431746	.1018369	.1503995	.7130925
高度 vs 低度	1.008959	.1159604	.688593	1.329325
高度 vs 中度	.5772128	.107319	.2807206	.873705

　　報表 12-21 是自變數 EG（實際使用 3 個分組）之變數 B（知覺有用性）的同時信賴區間，各組間兩兩的差值都不含 0，因此，3 組的平均數都有顯著不同。

報表 12-22（STATA）

	Contrast	Std. err.	Unadjusted [99.38% conf. interval]	
C				
EG				
中度 vs 低度	.4839402	.0981762	.2127071	.7551734
高度 vs 低度	1.041324	.111792	.7324738	1.350174
高度 vs 中度	.5573834	.1034613	.271549	.8432178

　　報表 12-22 是自變數 EG（實際使用 3 個分組）之變數 C（使用態度）的同時信賴區間，各組間兩兩的差值都不含 0，因此，3 組的平均數都有顯著不同。

報表 12-23（STATA）

	Contrast	Std. err.	Unadjusted [99.38% conf. interval]	
D				
EG				
中度 vs 低度	.6214753	.1108498	.3152287	.9277219
高度 vs 低度	1.33406	.1262233	.9853404	1.682779
高度 vs 中度	.7125845	.1168171	.3898517	1.035317

　　報表 12-23 是自變數 *EG*（實際使用 3 個分組）之變數 *D*（行為意圖）的同時信賴區間，各組間兩兩的差值都不含 0，因此，3 組的平均數都有顯著不同。

12.4　**統計摘要表**

　　表 12-2 是 12.2.1 範例的多變量變異數分析摘要表，表 12-3 是 12.2.1 範例的多變量變異數分析**事前**比較摘要表，表 12-4 是 12.2.1 範例的多變量變異數分析**事後**比較摘要表。表中各項數值主要摘錄自 SPSS 報表，讀者也可以從 STATA 找出相對應的數值。

表 12-2　12.2.1 範例的多變量變異數分析摘要表

來源	df	SSCP			Λ	*p*
組間	2	$\mathbf{B}=$ 484.867　411.700　376.733 411.700　351.800　319.000 376.733　319.000　293.067			0.390	< .001
組內	27	$\mathbf{W}=$ 349.300　308.300　308.100 308.300　362.200　316.000 308.100　316.000　365.900				
總和	29	$\mathbf{T}=$ 834.167　720.000　684.833 720.000　714.000　635.000 684.833　635.000　658.967				

表 12-3　12.2.1 範例的多變量變異數分析事前比較摘要表

依變數	比較組別	平均數差值	標準誤	95%下限	95%上限
物理	教法一對教法二	6.7	1.61	3.40	10.00
	教法一對教法三	9.6	1.61	6.30	12.90
化學	教法一對教法二	5.2	1.64	1.84	8.56
	教法一對教法三	8.3	1.64	4.94	11.66
生物	教法一對教法二	5.4	1.65	2.02	8.78
	教法一對教法三	7.4	1.65	4.02	10.78

表 12-4　12.2.1 範例的多變量變異數分析事後比較摘要表

依變數	比較組別	平均數差值	標準誤	95%下限	95%上限
物理	教法二對教法一	6.7	1.61	2.12	11.28
	教法三對教法一	9.6	1.61	5.02	14.18
	教法三對教法二	2.9	1.61	-1.68	7.48
化學	教法二對教法一	5.2	1.64	0.54	9.86
	教法三對教法一	8.3	1.64	3.64	12.96
	教法三對教法二	3.1	1.64	-1.56	7.76
生物	教法二對教法一	5.4	1.65	0.71	10.09
	教法三對教法一	7.4	1.65	2.71	12.09
	教法三對教法二	2.0	1.65	-2.69	6.69

13 多層次模型 *

本章所述之多層次模型可以使用下列的形式表示其關係：

$$Y_1 = X_1 + X_2 + X_3 + \cdots + X_n$$
（計量、非計量）　　（計量、非計量）

13.1 理論部分

多層次模型（multilevel modeling 或 multilevel models, MLM）在不同研究領域中有著不同的名稱，在社會學中被稱為**多層次線性模型**（multilevel linear models），在生物學中被稱為**混合效果模型**（mixed-effects models）或**隨機效果模型**（random-effects models），在計量經濟學相關領域中被稱為**隨機係數迴歸模型**（random-coefficient regression models），在統計學領域則稱為共變數成分模型（covariance components models）（Raudenbush & Bryk, 2002），而 Raudenbush 及 Bryk（2002）則稱之為**階層線性模型**（hierarchical linear models, HLM）。不過因為 HLM 亦為統計軟體名稱，而且此類方法也不僅限於線性模型，且目前多數論文使用多層次模型，本章亦將以多層次模型統稱之。

理論上，多層次模型可以擴充到許多層次，不過，實務上二至三層次是最常見的模型。本章僅說明二個層次的 MLM，有了這個基礎，相信讀者很快就可以遷移到三個層次以上的分析。

另外，在此先提醒讀者，本章中「模型」與「模式」都是指「model」或「modeling」。部分書籍會將「modeling」譯為「建模」，本章並未將「model」與「modeling」嚴格區分。而「層次」（level）、「階層」（hierarchy）、「層級」（class）在本章中也交互使用。

13.1.1 多層次模型簡介

教育領域相關的研究常有機會運用到多層次模型（Heck & Thomas, 2009; Twisk, 2006）。例如：研究者可能對「教師教學」對「學生學習成效」的影響有興趣。這個例子中的資料屬於二層資料結構（見圖 13-1）。其中，「教師教學」屬於「班級階

---

* 本章理論部分由陳新豐（2011）撰寫，陳正昌補充，徵得其同意引用。

層」，而「學生學習成效」屬於「個人階層」。此時，由於一個班級中包含多名學生，若用傳統的迴歸分析法，就會引起兩難的局面。研究者究竟應該遷就「個人階層」變數或是應該遷就較高階層的「班級階層」變數？事實上，上述兩種選擇中無論是哪一種選擇都可能會導致一些統計上的問題。

圖 13-1　二層資料結構圖

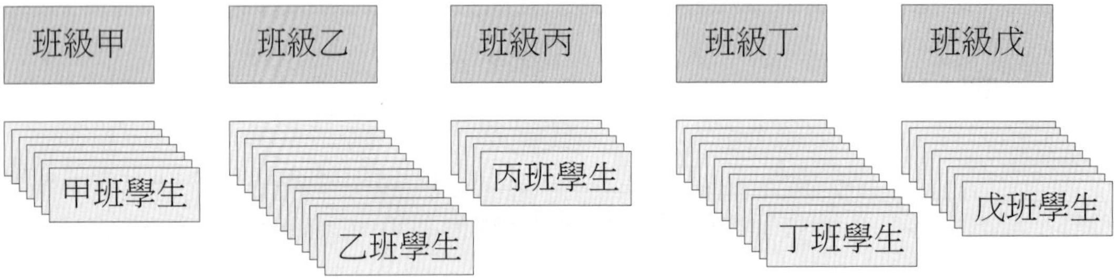

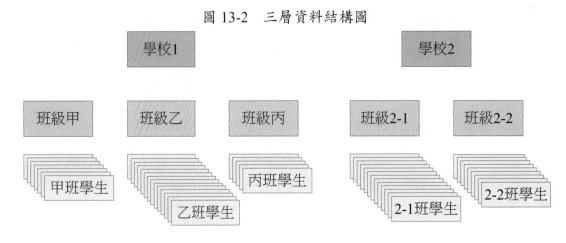

推而廣之，如果研究者希望在上述的例子中增加「校長領導」變數，以了解「校長領導」與「教師教學」對「學生學習成效」的影響。此時，所欲分析之資料的結構就成為三層資料結構（見圖 13-2）。除了前述二層資料結構例子中的「個人階層」變數與「班級階層」變數之外，在這個例子中增加了「學校層級」變數（校長領導）。而在這個例子中，「究竟應該遷就哪一個層級的變數」這個問題對傳統迴歸分析法而言將變得更複雜難解。「學生的成績表現會受到班級教師教學的影響」且「教師教學會受到校長領導的影響」之可能性，也使傳統多元迴歸分析法捉襟見肘，此時，就應採用多層次分析方法。

圖 13-2　三層資料結構圖

目前，多層次模型可以解決上述傳統迴歸分析法在分析多層結構資料時可能遭遇

的問題，因此，許多研究已經開始用多層次模型來分析多層次結構資料。加上近年來許多有關 MLM 的統計軟體逐漸被開發，並具有相當完整功能，使用相當便利。而國內介紹 MLM 的文章或專書也日益增多，邱皓政（2006）曾就國外專書譯成中文，溫福星（2006）著有專書，溫福星及邱皓政（2011）則針對多層次模型的方法論進行深入探討。大陸學者郭志剛等人（2008）翻譯 Raudenbush 及 Bryk（2002）"Hierarchical linear models: Application and data analysis methods" 第二版專書，張雷、雷靂、郭伯良（2005），王濟川等人（2008）也有專書出版。上述的進展與努力將會促使更多的研究者使用此統計方法。

　　基本上，多層次模型是奠基在多元迴歸分析的基礎上，進一步探討屬於群體階層之自變數（例如：前述例子中的教師教學或校長領導）對屬於個體階層之依變數（例如：前述例子中的學生學習表現）的影響。當然，在某些模型中研究者也可以同時分析較高之群體階層變數（例如：校長領導）對次級群體變數（例如：教師教學）的影響。

　　因此，建議讀者在研讀本章以下有關多層次模型之理論基礎之前，先閱讀迴歸分析相關的章節。若計畫用多層次模型分析的依變數是連續變數時，應先閱讀線性迴歸分析（請參見本書第 7 章）；若讀者計畫用多層次模型分析的依變數是間斷變數時，則應先閱讀邏輯斯線性迴歸分析（請參見本書第 9 章）。

13.1.2　多層次模型的需要

在研究中利用多層次模型來分析資料的原因，可以歸納成下列五點：

1. 讓推論正確。之前提及，用傳統迴歸分析法分析多層次結構資料時，可能產生兩難局面：研究者究竟應該遷就「個體階層」變數或是應該遷就「群體階層」變數？遷就個體階層（以個人作為分析單位），非但有違迴歸殘差之同質性假設，也會讓估計標準誤變小，而使第一類型錯誤變大。如果遷就群組階層（以組織作為分析單位），並將個體階層變數的平均數作為依變數，將忽略群體階層內在（within-group）的訊息，並易造成分析結果解釋上的偏誤。
2. 當研究者的主要研究目的是在組別效應時。許多研究主要研究的關鍵問題是探討分組的變數在個別變數結果中的影響，特別在「群體階層」組別上的辨識問題。例如：在評估學校的效能上，關心的重點都是在有效能的學校中學生的程度為何，而這種考慮到學校層次的殘差在多層次的模型中，將會調整學校效能的影響結果。

3. 估計組別的效能時同時也考慮到群體層次的預測變數。傳統的方法在多元迴歸模型中（使用 OLS 法），會應用虛擬變數（dummy variables）來分析此類型的資料，並回答相關的研究問題，此類方法稱為變異數分析方法或者是固定效果模型。但在許多研究中，有一些預測變數被屬於群體階層，例如：學校的類型（男女混校或單一性別的學校）。但在固定效果的模型中，群體階層的效果與組別的虛擬變數之間會產生衝突，也就是說，來自於觀察與未觀察的組別特徵中，影響的效果不可能被分離出來。而在多層次的模型（隨機效果）中，這二種變數類型的效果（固定及隨機）將同時被估計。

4. 母群組別影響的正確推論。在多層次的模型中，組別變數在樣本中是被視為隨機從母群的群組中抽取而來，如果只利用傳統固定效果的分析模組，其推論即無法超越樣本群組，因而利用多層次的分析方法可了解母群組別的正確推論。

5. 適合觀察體不獨立的分析。在教育研究現場分析學生的表現，研究者往往假設即使在相同班級的學生之間的表現是獨立無關的，因為在傳統的測驗理論基本假設中，所有的觀察變數之間是獨立沒有關聯的；但在真正所蒐集的資料中，觀察之間是否真的是獨立無關的假設往往未獲得證實。MLM 的分析中，假設觀察變數之間是彼此有關的，換句話說，不同階層間的變數會互相影響，即表示學生的表現可能會因為班級任課之教師教學表現之不同而有所差異。若將二層的資料結構再擴展至三層可能的情況即為，不僅學生的表現會受到班級相關因素影響（例如：教師教學技巧、班級經營、教室氣氛……），而班級的相關變數也會因為學校相關變數（例如：學校區域、校長領導風格……）之不同而有所差異。

13.1.3　多層次模型的基礎概念

此部分將以不同的例子說明多層次模型的主要概念。首先說明單一截距及斜率之一般迴歸模型，其次說明隨機截距迴歸模型，最後則介紹隨機斜率迴歸模型。

13.1.3.1　一般迴歸模型到多層次迴歸模型

在單一層次的迴歸模型中，若研究者主要目的是想用樣本來推論母群特徵，可以利用截距與斜率這二個固定的值來加以推論。

$$Y = \beta_0 + \beta_1 X + r \tag{13-1}$$

其中，β_0 為截距項，β_1 為斜率項

　　下面的資料是取樣自 TIMMS-2019 四年級資料中，五所學校之學生家庭教育資源與數學成就的數據。若研究者不考慮五所學校間的差異，則「家庭教育資源」與「學生數學成就」的關係可以用圖 13-3 表示。在此樣本資料中，斜率（39.9）代表母群學生的家庭教育資源對於數學成就之影響的權重。亦即，當學生家中的教育資源提高 1 分（或 1 個單位），數學成就便會提高 39.9 分。截距（183.7）代表家庭教育資源為 0 時，平均的數學成就。不過，由於教育資源為 0 幾乎不可能發生（此次調查，臺灣最低為 4.55 分），因此，截距並無意義。此時，可以將每個學生家庭教育資源減去總平均（10.47），此步驟稱為中心化、平減，或平移（centering），新的關係如圖 13-4。平移後，斜率不變，截距變為 601.4，它代表所有學生的平均數學成就。

　　然而，若研究者不只關心學生層級，也對學校層級對「家庭教育資源」與「學生數學成就」的影響時，圖 13-3 的分析方式可能不合用。多層次分析強調研究者在組織集合中的截距以及斜率的變異程度，在多層次分析中，「數學成就的截距」和「教育資源與數學成就的斜率」，可以說是在學校集合中的一種可能性分配。圖 13-5 呈現的是，五個不同學校之間家庭教育資源與數學成就的關係圖。在不同學校的情況下，學生教育資源與數學成就間的截距與斜率是有所不同的，而研究者感興趣的是，不同學校的截距與斜率與整體的偏離情形如何？

圖 13-3　學生家庭教育資源與數學成就關係圖

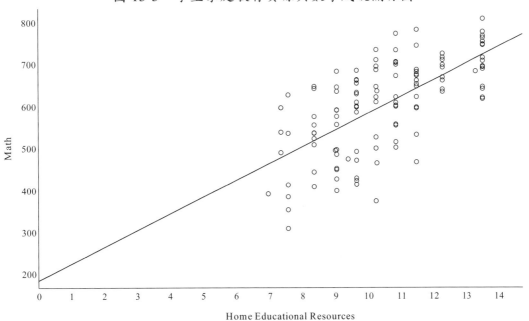

圖 13-4　學生家庭教育資源與數學成就關係圖（*X* 平移）

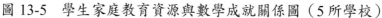

圖 13-5　學生家庭教育資源與數學成就關係圖（5 所學校）

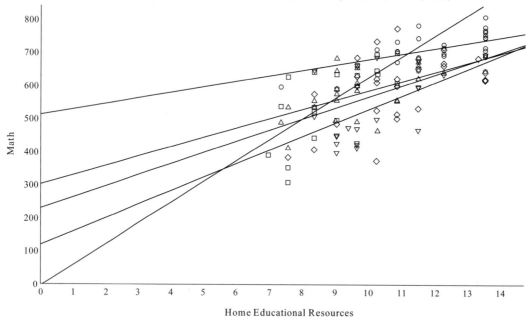

圖 13-5 中不同學校之間隨機變異的參數（斜率）通常被稱為隨機效果（random effects）或者隨機係數（random coefficients），從圖中可以發現各個學校之間的斜率

並不相同，亦即斜率在學校間的變異不等於 0。在多層次分析中，研究者關心的不只是單一迴歸線的截距與斜率（固定效果），更是不同迴歸線的截距與斜率之變異數（隨機效果）。

13.1.3.2　隨機截距的迴歸

　　由上述例子可知，多層次模型乃奠基在迴歸分析。下面的例子中，我們將進一步列出迴歸方程式，讓讀者可以進一步了解多層次結構資料之間的特性。假設有一個研究是在探討學生家庭教育資源與數學成就之間的關係，其關係可用下列簡單迴歸方程式表示之。

$$Y = \beta_0 + \beta_1 Edr + r \qquad\qquad (13\text{-}2)$$

Y = 數學成就（依變數）
Edr = 教育資源（自變數）
β_0 = 截距項、β_1 = 家庭教育資源的迴歸係數（斜率）、r = 誤差（殘差）

圖 13-6　家庭教育資源與數學成就關係圖

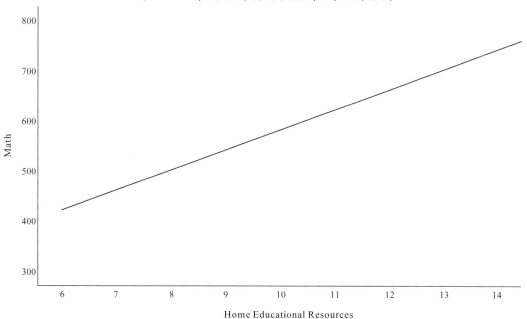

　　上述簡單迴歸方程式中的截距項（β_0）是自變數（家庭教育資源）為 0 時，依變數（數學成就）的值；而家庭教育資源的迴歸係數（β_1）則是當受試者的家庭教育資源差 1 分時，依變數（數學成就）的差異值。

不過，在許多迴歸分析中，自變數為 0 不見得有意義。例如：以學生「家中子女數」對數學成就進行預測，家中子女數為 0 是不可能出現的數值（至少有學生本人），此時截距項就不具意義。因此，一般研究者常關注斜率，而比較不關心截距（王濟川等人，2008）。如果將「家中子女數」減 1 得到「家中手足數」（最小為 0，為獨生子女），則截距項就有意義。在 MLM 中，可以透過對預測變數不同方式的平移（見後面之說明），使截距項變得有意義。

假設目前將簡單迴歸方程式中的自變數除了家庭教育資源之外，再加上一個自變數性別，假定數學成就會因性別而有所不同，亦即男女有所差異，根據以上的假設，修改迴歸方程式如公式 13-3。

$$Y = \beta_0 + \beta_1 Edr + \beta_2 Sex + r \tag{13-3}$$
其中 $Sex = $ 性別（自變數）
β_2 為性別的迴歸係數

假設在性別變數的編碼上，男生編碼 0 而女生編碼為 1，分別代入公式 13-3，可得到：

男生組：$Y = \beta_0 + \beta_1 Edr + \beta_2 \times 0 + r = \beta_0 + \beta_1 Edr + r$
女生組：$Y = \beta_0 + \beta_1 Edr + \beta_2 \times 1 + r = (\beta_0 + \beta_2) + \beta_1 Edr + r$

此時 β_0 就表示男生的截距項，而女生的截距項則為 $\beta_0 + \beta_2$。所以，加上性別這個變數到迴歸方程式中的真正意義則為假設男生與女生的迴歸方程式中（迴歸線）的截距項有所不同，由於此時並未考量性別與教育資源的交互作用，因此，在本例子當中是假設不同性別所產生之迴歸方程式的斜率是相同的，如圖 13-7。

繼續進行分析探討，在學校效能的研究資料中，有些學生是屬於某一所學校，而有些學生會屬於另外一所學校，所以合理的假設是不同學校的特質下，學生的表現會有所差異，當然這樣的差異會影響到學校的效能。因此將不同的學校特質加入迴歸方程式來分析學生數學成就的分數，亦即估計不同的學校間，依變數的截距如何（如圖 13-8）。

然而，學校這個變數並非是連續變數，而是類別變數，所以若要將學校這個變數加入以上的迴歸方程式，可利用虛擬編碼（dummy coding）的方法來分析，將估計所有虛擬變數不同的代表值，如公式 13-4。

$$Y = \beta_0 + \beta_1 Edr + \beta_2 DSch_1 + \beta_3 DSch_2 + \ldots + \beta_j DSch_{j-1} + r \tag{13-4}$$
其中，$\beta_2 \cdots \beta_j$ 的值表示代表不同學校虛擬變數的迴歸係數
j 為學校的數目

圖 13-7　不同性別之家庭教育資源與數學成就關係圖

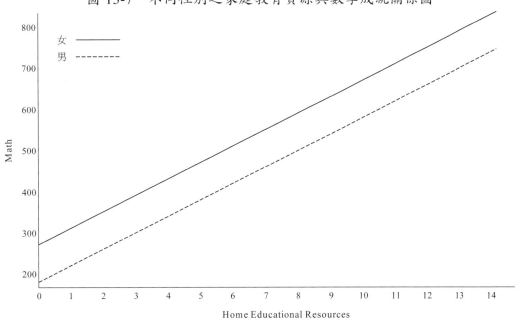

圖 13-8　不同學校間家庭教育資源與數學成就關係圖

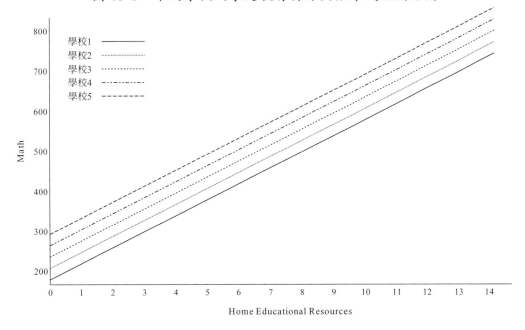

　　如果在這個例子中有 5 所學校，那麼多元迴歸方程式將會需要估計 4 個（等於 5－1）迴歸係數。此外，若研究者真正的興趣並非分別探討個別學校之學生其家庭教

育資源與數學成就的關係，而是希望在同時考量不同學校可能造成之影響下，分析整體學生之家庭教育資源與數學成就的關係，那麼上述的方法不但不經濟且不合宜。此時，真正有效率與合宜的方法應該是採用 MLM 的分析方法。在 MLM 分析中，並不用分開估計所有的截距項，而只是估計所有截距項的變異情形，所以，並不是一一估計這 5 個截距項的值，只是整體估計這個參數（截距項）的變異數而已。此時，截距變異數的估計也被稱為「假設或者許可『截距項為隨機』」，亦即隨機的截距項。這時的 MLM 也同時被稱為隨機係數分析（random coefficient analysis）。

在 MLM 的分析方法中，可以稱這些學生「是聚集在這所學校中」或者「巢套在學校之下」。巢套同一所學校下的學生，會因為受到相同學校的環境影響（校風），其在特定變數上的表現可能會出現類似的型態，所以學生間互有關聯，也因此在學校下的觀察變數是有相關的。如此的聚集（巢套）關係，也可以說這是二層的資料結構，學生是第一層（個體變數），而學校的影響是第二層（群體變數）（圖 13-9）。事實上，因為資料中有存在這種層次的關係結構，MLM 或者多層次的分析也被稱為階層模型（hierarchical modeling）。

圖 13-9　不同學校下學生的二層結構示意圖

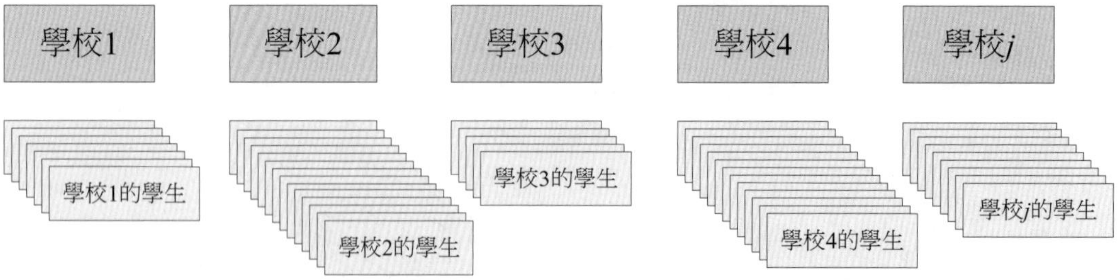

在多層次模型的分析中，**內在組別相關係數**（intraclass correlation coefficient, ICC）是個重要的資訊。它代表截距項的變數和殘差的誤差變異數之間的關係，是關於某些學生屬於（巢套、相依）在某所學校下關係的指標。ICC 定義為學校間（between）的變異除以總變異，而總變異則為學校間的變異與學校內（within）變異的總和。

13.1.3.3　隨機斜率的迴歸

前面提及之公式 13-3 只有假設男女不同群組之迴歸方程式的截距項有所不同，如果研究者不僅假設男女不同組群在迴歸方程式的截距項有所不同，更進一步假設方程式的斜率也有所不同，此時應修改上述的公式 13-3，加入性別與家庭教育資源的交

互作用項到迴歸方程式中（見公式 13-5），加入交互作用項之後，迴歸方程式就可估計男女不同組群在迴歸方程式中的斜率。

$$Y = \beta_0 + \beta_1 Edr + \beta_2 Sex + \beta_3 (Edr \times Sex) + r \qquad (13\text{-}5)$$
$$\beta_3 = 家庭教育資源與性別交互作用的迴歸係數$$

假設在性別變數的編碼上，男生編碼 0 而女生編碼為 1，分別代入公式 13-5，可得到：

男生組：$Y = \beta_0 + \beta_1 Edr + \beta_2 \times 0 + \beta_3 (Edr \times 0) + r = \beta_0 + \beta_1 Edr + r$

女生組：$Y = \beta_0 + \beta_1 Edr + \beta_2 \times 1 + \beta_3 (Edr \times 1) + r = (\beta_0 + \beta_2) + (\beta_1 + \beta_3) Edr + r$

此時女生組的截距項為 $\beta_0 + \beta_2$，斜率為 $\beta_1 + \beta_3$。由此可知，性別的主要效果（β_2）會影響截距（β_0），而性別與家庭教育資源的交互作用（β_3）則會影響斜率（β_1）。

圖 13-10　不同性別下家庭教育資源與數學成就之間的關係（斜率及截距都不同）

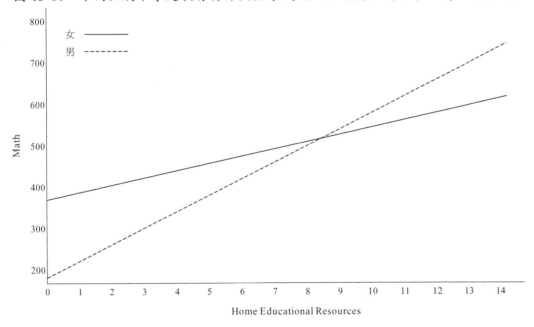

當可能產生影響的是二分變數時（例如：性別），在迴歸方程式中只有增加一個交互作用項，當感興趣的交互作用項不是性別，而是學校時，相同的問題也會同時存在。所以，當這觀察變數巢套（聚集，cluster）於學校這個變數時，可以合理的假設在不同學校下，家庭教育資源與數學成就是有所不同的，換句話說，就需要估計在不同的學校下的斜率，如圖 13-10。

圖 13-11　不同學校下家庭教育資源與數學成就關係圖（斜率及截距都不同）

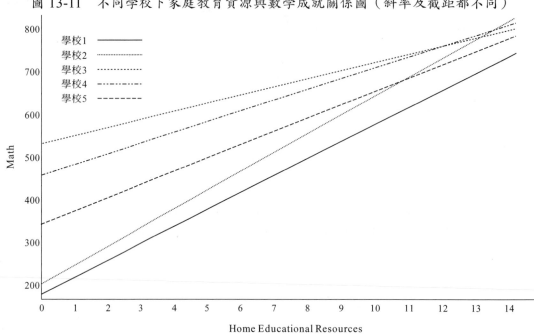

在標準的迴歸方程式中，增加家庭教育資源與表示不同學校的虛擬變數間的交互作用項，可得到公式 13-6。

$$Y = \beta_0 + \beta_1 Edr + \beta_2 Sch_1 + ... + \beta_j Sch_{j-1} +$$
$$+ \beta_{j+1}(Sch_1 \times Edr) + ... + \beta_{2j-1}(Sch_{j-1} \times Edr) + r \quad (13\text{-}6)$$

其中，$\beta_j \cdots \beta_{2j-1}$ 代表不同學校的虛擬變數與性別交互作用項的迴歸係數

j 代表是學校的數目

此次 TIMSS 蒐集的臺灣資料中，共有 203 所學校，表示需要有 202 個交互作用項要增加到迴歸方程式中，然而估計這 202 個交互作用項的迴歸係數並非研究者感到興趣的，而且這個估計方法極無效率。其實，研究者感到興趣的還是整體的家庭教育資源與數學成就之間的關係，分析這種類型的資料，仍然是以多層次的分析方法最為有效率。至於在不同的截距項下，當迴歸線有不同的斜率時，只要估計一個變異數，而這個變異數即可以表示整體的數學成就與家庭教育資源之間的關係。所以，加入隨機的截距與隨機的斜率亦可以估計，而這種多層次分析的模型稱為隨機斜率的模型。

以上的例子中，只假設不同學生聚集於不同學校，此時的資料是屬於二層資料結構；若是同時假設學校來自不同的縣市，而第一層為學生，第二層為學校，第三層為縣市，如此的資料即為三層式的資料結構。若將它描述成第一層為學生，第二層為學

校，而第三層為縣市，亦即學生巢套於學校，而學校巢套於縣市，如圖 13-12。

圖 13-12　三層資料結構圖

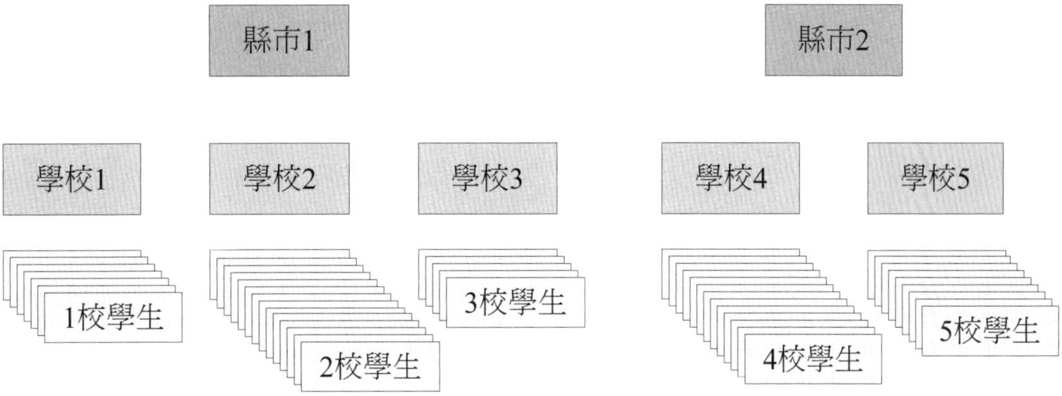

因為多層次分析是標準線性迴歸模型的擴展，所以線性迴歸模型的基本假設，多層次分析也必須符合，例如：連續性的依變數，需要符合常態分配的假設，亦即殘差要符合常態分配。

多層次模型相關軟體常用二個 ML 參數估計方法，分別是 FML（Full Maximum Likelihood）以及 REML（Restricted Maximum Likelihood）。FML 在估計變異數共變時假設固定效果為已知，而 REML 並非如此，REML 對於變異數成分的估計對固定效果的不確定性進行調整，而 FML 則沒有，在二層的多層次分析中，REML 和 FML 對於全體的變異數估計的結果非常地相近，但對於層次二的殘差變異數（τ）的估計卻可能存在明顯的差異。當層次二單位的數量 j 很大的時候，這兩種方法會有非常相近的結果，反之，當 j 較小時，則 FML 對於層次二殘差變異數（τ）則比 REML 小。HLM 及 SPSS 統計軟體內定的參數估計方法為 REML，STATA 預設為 FML 法。如果要進行巢套模型的比較，應使用 FML 法進行估計。

13.1.4　多層次模型的基本模型

多層次模型的基本模型主要包括一個最基本的模型以及六個次模型，基本模型為隨機效果單因子變異數分析（one-way ANOVA model with random effects），六個次模型則分別為 1.隨機效果單因子共變數分析（one-way ANCOVA model with random effects），2.隨機係數迴歸模型（random coefficients regression model），3.截距模型（regression model with means as outcomes），4.脈絡模型（contextual model），5.完整模型（截距及斜率模型，regression model with intercepts and slopes as outcomes），6.非

隨機變化斜率模型（model with nonrandomly varying slopes）等，以下逐一說明。

13.1.4.1 模型 0：隨機效果單因子變異數分析

隨機效果單因子變異數分析模型有群體層次（層次二）及個體層次（層次一）之區別，只有依變數（結果變數）而並沒有任何預測（解釋）變數，大部分的研究都會將隨機效果單因子變異數分析模型視為起始模型，所以它也被稱為虛無模型（null model）、零模型（empty model）、或基準線模型（baseline model），其理論模型如下：

層次一：$Y_{ij} = \beta_{0j} + r_{ij}$

層次二：$\beta_{0j} = \gamma_{00} + u_{0j}$

將層次二代入層次中後，即為混合模型：

混合模型：$Y_{ij} = \gamma_{00} + u_{0j} + r_{ij}$

Y_{ij} 的變異數 $Var(Y_{ij}) = Var(\gamma_{00} + u_{0j} + r_{ij}) = \tau_{00} + \sigma^2$。其中 $Var(u_{0j}) = \tau_{00}$（也可寫成 $\sigma^2_{u_{0j}}$），是層次二的誤差變異；$Var(r_{ij}) = \sigma^2$（也可寫成 $\sigma^2_{r_{ij}}$），是層次一的誤差變異。而內在組別相關係數 ICC $\rho = \tau_{00}/(\tau_{00} + \sigma^2)$，表示組間變異（$\tau_{00}$）占整體變異（$\tau_{00} + \sigma^2$）的百分比（也就是 $\frac{\sigma^2_b}{\sigma^2_b + \sigma^2_w}$），如果 ICC 太低，表示層次二的變異太小，則使用一般迴歸分析即可，不需要使用多層次分析。

13.1.4.2 模型 1：隨機效果單因子共變數分析

隨機效果單因子共變數分析模型除了與模型 0 一樣有個體及群體的階層之外，在層次一加入預測變數，並且將斜率設定為固定效果沒有誤差項，亦即單因子共變數分析在層次二並未檢定所加入預測變數的誤差，斜率只是設定為固定效果，所以隨機效果不用再加入任何的估計參數。

其理論模型如下：

層次一：$Y_{ij} = \beta_{0j} + \beta_{1j} X_{ij} + r_{ij}$

層次二：$\begin{cases} \beta_{0j} = \gamma_{00} + u_{0j} \\ \beta_{1j} = \gamma_{10} \end{cases}$

混合模型：$Y_{ij} = \gamma_{00} + \gamma_{10} X_{ij} + u_{0j} + r_{ij}$

13.1.4.3　模型 2：隨機係數迴歸模型

隨機係數迴歸模型除了與模型 1 的單因子共變數分析相同的在層次一加入預測變數外，並且將其斜率設定為隨機效果，與單因子共變數分析之不同的地方，只在斜率設定為隨機效果，因此依照單因子共變數模型分析後再將斜率設定為隨機效果即可，其理論模型如下：

層次一：$Y_{ij} = \beta_{0j} + \beta_{1j} X_{ij} + r_{ij}$

層次二：$\begin{cases} \beta_{0j} = \gamma_{00} + u_{0j} \\ \beta_{1j} = \gamma_{10} + u_{1j} \end{cases}$

混合模型：$Y_{ij} = \gamma_{00} + \gamma_{10} X_{ij} + u_{0j} + u_{1j} X_{ij} + r_{ij}$

層次二中，γ_{00} 代表平均截距，γ_{10} 代表平均斜率。因此，本模型的第一個目的是就 j 組迴歸方程式估計出平均截距與平均斜率。另外，將由層次二的方程式也可求得：

$$Var(u_{0j}) = \tau_{00} = Var(\beta_{0j} - \gamma_{00}) = Var(\beta_{0j})$$

$$Var(u_{1j}) = \tau_{11} = Var(\beta_{1j} - \gamma_{10}) = Var(\beta_{1j})$$

因此本模型的另一目的是藉由檢定 τ_{00} 和 τ_{11} 來了解各組迴歸方程式間的截距及斜率有無差異。

經由計算（模型 0 之 r_{ij} 減次模型 2 之 r_{ij}）／ 模型 0 之 r_{ij}，可以求得層次一自變數的效果。

13.1.4.4　模型 3：截距模型

截距（平均數）模型主要是將模型 0 之隨機效果單因子變異數分析中的層次二加入預測變數，並且設定層次二之預測變數僅對層次一的截距有影響效果，其理論模型如下：

層次一：$Y_{ij} = \beta_{0j} + r_{ij}$

層次二：$\beta_{0j} = \gamma_{00} + \gamma_{01} W_j + u_{0j}$

混合模型：$Y_{ij} = \gamma_{00} + \gamma_{01} W_j + u_{0j} + r_{ij}$

　　從層次二可看出此模型的特色是將層次一方程式中代表各組平均數的 β_{0j} 作為層次二方程式的結果變數，而以各組的特性（W_j）作為層次二方程式的預測變數。因此本模型的使用目的是了解層次二的特性是否能解釋層次二平均數；若能解釋，解釋量應是多少。

　　經由比較模型 3 與模型 0 之殘差變異數差異，可以計算層次二預測變數的效果。

13.1.4.5　模型 4：脈絡模型

　　脈絡模型與模型 0 相較，在層次一加入預測變數，而層次二加入層次一預測變數之平均數，層次一之截距為層次二之結果變數，並將層次一的斜率設定為固定效果，並沒有誤差項，其理論模型如下：

層次一：$Y_{ij} = \beta_{0j} + \beta_{1j}X_{ij} + r_{ij}$

層次二：$\begin{cases} \beta_{0j} = \gamma_{00} + \gamma_{01}\overline{X}_j + u_{0j} \\ \beta_{1j} = \gamma_{10} \end{cases}$

混合模型：$Y_{ij} = \gamma_{00} + \gamma_{01}\overline{X}_j + \gamma_{10}X_{ij} + u_{0j} + r_{ij}$

13.1.4.6　模型 5：完整模型

　　完整模型為層次一及層次二均加入預測變數，而且層次一之截距及斜率均為層次二之結果變數，並且將層次一的斜率設定為隨機效果，其理論模型如下：

層次一：$Y_{ij} = \beta_{0j} + \beta_{1j}X_{ij} + r_{ij}$

層次二：$\begin{cases} \beta_{0j} = \gamma_{00} + \gamma_{01}W_j + u_{0j} \\ \beta_{1j} = \gamma_{10} + \gamma_{11}W_j + u_{1j} \end{cases}$

混合模型：$Y_{ij} = \gamma_{00} + \gamma_{01}W_j + \gamma_{10}X_{ij} + \gamma_{11}W_jX_{ij} + u_{0j} + u_{1j}X_{ij} + r_{ij}$

13.1.4.7　模型 6：非隨機變化斜率模型

　　非隨機變化斜率模型，主要是在層次一及層次二均加入預測變數，層次一之截距及斜率均為層次二之結果變數，但層次一之斜率設定為固定效果。這是因為 Raudenbush 及 Bryk（2002）指出利用 HLM 整體模型所估計的結果，$\hat{u}_{1j}$ 常常很接近 0，為了顧及統計上的效率及計算上的穩定性，建議以帶有非隨機變化之斜率的模型來取代，其理論模型如下所示：

$$層次一：Y_{ij} = \beta_{0j} + \beta_{1j}X_{ij} + r_{ij}$$

$$層次二：\begin{cases} \beta_{0j} = \gamma_{10} + \gamma_{01}W_j + u_{0j} \\ \beta_{1j} = \gamma_{10} + \gamma_{11}W_j \end{cases}$$

$$混合模型：Y_{ij} = \gamma_{00} + \gamma_{01}W_j + \gamma_{10}X_{ij} + \gamma_{11}W_jX_{ij} + u_{0j} + r_{ij}$$

13.1.5　多層次模型摘要

綜合前面所述，可以將七個常用的模型整理如表 13-1。

表 13-1　多層次主模型及次模型摘要一覽表

模型	層次一	層次二	
		截距為結果變數	斜率為結果變數
0:單因子變異數分析	$Y_{ij} = \beta_{0j} + r_{ij}$	$\beta_{0j} = \gamma_{00} + u_{0j}$	
1:單因子共變數分析	$Y_{ij} = \beta_{0j} + \beta_{1j}X_{ij} + r_{ij}$	$\beta_{0j} = \gamma_{00} + u_{0j}$	$\beta_{1j} = \gamma_{10}$
2:隨機迴歸係數模型	$Y_{ij} = \beta_{0j} + \beta_{1j}X_{ij} + r_{ij}$	$\beta_{0j} = \gamma_{00} + u_{0j}$	$\beta_{1j} = \gamma_{10} + u_{1j}$
3:截距模型	$Y_{ij} = \beta_{0j} + r_{ij}$	$\beta_{0j} = \gamma_{00} + \gamma_{01}W_j + u_{0j}$	
4:脈絡模型	$Y_{ij} = \beta_{0j} + \beta_{1j}X_{ij} + r_{ij}$	$\beta_{0j} = \gamma_{00} + \gamma_{01}\bar{X}_j + u_{0j}$	$\beta_{1j} = \gamma_{10}$
5:完整模型	$Y_{ij} = \beta_{0j} + \beta_{1j}X_{ij} + r_{ij}$	$\beta_{0j} = \gamma_{00} + \gamma_{01}W_j + u_{0j}$	$\beta_{1j} = \gamma_{10} + \gamma_{11}W_j + u_{1j}$
6:非隨機變化斜率模型	$Y_{ij} = \beta_{0j} + \beta_{1j}X_{ij} + r_{ij}$	$\beta_{0j} = \gamma_{10} + \gamma_{01}W_j + u_{0j}$	$\beta_{1j} = \gamma_{10} + \gamma_{11}W_j$

13.1.6　多層次模型的估計與檢定

多層次模型的參數估計在二層次的模型中，主要包括三個部分，分別是：

1. 固定效果（gammas, γ）；
2. 層次一隨機效果的係數（betas, β）；
3. 變異數共變數成分（taus, τ➔$Var(u)$、σ_u^2）等三個部分。

13.1.6.1　固定效果的估計

以下先說明固定效果的估計，以隨機效果單因子變異數分析的固定效果為例，其層次一的模型可表示如下：

層次一：$Y_{ij} = \beta_{0j} + r_{ij}$，$r_{ij} \sim N(0, \sigma^2)$

其中，r_{ij} 皆符合平均數為 0，變異數為 σ^2 的常態分配

而針對層次二（j）單位內以一個樣本平均數為結果變數的層次一模型，可以表示如下：

$$\overline{Y}_{.j} = \beta_{0j} + \overline{r}_{.j}$$

其中的 $\overline{r}_{.j}$ 可以表示如下：

$$\overline{r}_{.j} \rightarrow \overline{r}_{.j} = \frac{\sum_{i=1}^{n_j} r_{ij}}{n_j}$$

這個方程式表示，$\overline{Y}_{.j}$ 是代表真正分數平均數的 β_{0j} 的估計值。而 $\overline{Y}_{.j}$ 的變異數可以表示如下：

$$Var(\overline{Y}_{.j}) = Var(\overline{r}_{.j}) = \frac{\sigma^2}{n_j} = V_j$$

V_j 代表誤差的變異數，而此誤差的變異數即為 β_{0j} 估計值 $\overline{Y}_{.j}$ 的變異數

層次二的模型可以表示如下：

層次二：$\beta_{0j} = \gamma_{00} + u_{0j}$

其中，u_{0j} 亦符合平均數為 0，變異數為 τ_{00} 的常態分配

τ_{00} 為 u_{0j} 的變異數，可表示為 $Var(u_{0j}) = \tau_{00}$

Tau00（τ_{00}）代表的是參數的變異數（parameter variance），因此其混合模型可以表示如下：

$$\overline{Y}_{.j} = \gamma_{00} + u_{0j} + \overline{r}_{ij}$$

綜上所述，變異數可以分成兩個部分，一為參數的變異數（$Var(u_{0j}) = \tau_{00}$），另一個則為誤差的變異數（$Var(\overline{Y}_{.j}) = Var(\overline{r}_{.j}) = \frac{\sigma^2}{n_j} = V_j$），觀察平均數的變異數方程式可以表示如下：

$$\begin{aligned} Var(Y_{.j}) &= Var(u_{0j}) + Var(\overline{r}_{.j}) \\ &= \tau_{00} + V_j \\ &= \Delta_j \end{aligned}$$

觀察分數的變異數（$Var(Y_{.j})$）可分解成真分數的變異（參數的變異，$Var(u_{0j})$，τ_{00}）以及誤差的變異（$Var(\overline{r}_{.j})$，$V_j = \frac{\sigma^2}{n_j}$）二個部分。在隨機效果單因子變異數分析中的參數變異數（parameter variance）在層次二中是一個常數

（constant），亦即只有一個參數的變異數，但是 V_j 會隨著 j 的樣本數不同而有所不同。若以層次一為學生資料，而層次二為學校資料為例，假如層次二的每所學校都有相同人數的受試者（學生），此時 γ_{00} 的估計即是 Y_j 的平均數（期望值），亦是 grand mean（總平均數）。假如每所學校的學生人數並不相同，此時必須將所有 Y_j 加上權重（學生數）。亦即，

$$precision(\bar{Y}_{.j}) = \frac{1}{\Delta_j} = \Delta^{-1}$$

所以 $\hat{\gamma}_{00}$（γ_{00} 的加權最小平方估計）可表示如下，其中 γ_{00} 的加權最小平方估計是一個最大概似估計。

$$\hat{\gamma}_{00} = \frac{\sum \Delta_j^{-1} \bar{Y}_{.j}}{\sum \Delta_j^{-1}}$$

13.1.6.2　隨機效果的估計

接下來說明隨機效果的估計，以隨機效果單因子變異數分析的隨機效果為例。首先估計層次一係數的隨機效果，如上所述，在層次二（j）單位內以一個樣本平均數為結果變數的層次一模型可以表示如下：

$$\bar{Y}_{.j} = \beta_{0j} + \bar{r}_{.j}$$

其中，對任意的 $V_j = \dfrac{\sigma^2}{n_j}$，而 $\bar{r}_{.j} \sim N(0, V_j)$

層次二模型則可以表示如下

$$\beta_{0j} = \gamma_{00} + u_{0j}$$

其中，$u_{0j} \sim N(0, \tau_{00})$

以上的方程式對於 β_{0j} 的估計有二個不同的部分，第一個部分，針對層次二所有的 j 的觀察平均數（$\bar{Y}_j$），它是一個不偏的估計值，在 OLS（Ordinary Least Squares）中，樣本平均數即為母群平均數（μ）的最佳估計值。第二個部分 γ_{00} 也可以被視為 β_{0j} 的估計值，假如層次二的 j 抽樣都是來自於相同的母群，γ_{00} 就可以視為每個 β_{0j} 的估計值。因此，在多層次的分析中，計算每個 β_{0j} 的最佳化加權值可以由下列的組合獲得：

$$\beta_{0j}^{*} = \lambda_j Y_{.j} + (1 - \lambda_j)\hat{\gamma}_{00}$$

其中，λ_j 是代表信度 $\lambda_j = \dfrac{\tau_{00}}{\tau_{00} + V_j} = reliability$ ，亦即表示信度 = 參數的變異數 /

（參數的變異數+誤差的變異數）$= \dfrac{Var(\beta_{0j})}{Var(\overline{Y}_{.j})}$。其中當組平均數在層次二各個 j 之間有

極大的差異時或者各組 n_j 的樣本數都很大時，信度會趨近於 1。其上的信度亦即在古
典測驗理論中所稱的信度之數學定義，信度為觀察分數變異中，真分數變異所占的比
值。信度高即是希望組間的效益變大（τ_{00}），並且希望組內的變異（σ^2）愈小愈
好，樣本愈大愈好，愈大時 V_j 就會變小（$V_j = \dfrac{\sigma^2}{n_j}$）。當樣本平均數都有很大的可信
度（信度）時，以上的方程式在樣本平均數即獲得較大的權重，否則，γ_{00} 的加權估
計值即可獲得較多的加權。

13.1.6.3　多層次模型的檢定

MLM 的假設檢定（hypothesis testing）有二種形式：
1. 固定效果部分，是針對係數進行檢定，HLM、SPSS，及 STATA 都採 t 檢
   定。
2. 隨機效果部分，是針對變異數共變數參數（variance covariance parameters）
   進行檢定，HLM 軟體採 χ^2 檢定，SPSS 軟體採 Wald Z 檢定，STATA 則列出
   信賴區間。

首先談到第一部分，固定效果的假設檢定。在固定效果的假設檢定中，典型單參
數的虛無假設可以表示如下：

$$H_0 : \gamma = 0$$

此時可以利用 t 檢定來加以檢定：

$$t = \frac{\gamma}{\sqrt{V_\gamma}}$$
$$V_\gamma \rightarrow Var(\gamma)$$

此時的自由度（df）為 $J - S - 1$，而 J 為層次二單位的個數，S 為層次二預測變數
的個數。

多參數的檢定則可以利用綜合檢定（omnibus tests）以及事後比較（post-hoc

contrasts）來進行。一般來說有兩個取向，第一個為模型比較（model comparison approach），可以比較二個模型之間的差異（利用概似估計值−2LL），但這只能在 full maximum likelihood 估計方法下進行比較，另外第二個取向則是進行 χ^2 檢定。這兩種方式會獲得類似的結果，所以一般來說較喜歡採用第二種檢定的方法，因為它可以使用在不同的估計方法下（FML 或 REML），且可以由統計報表直接獲得結果。

　　接下來談到的是隨機效果的變異數共變數的假設檢定，研究人員想要了解的是層次一係數是否應該設定為固定的或是隨機的，而可以藉由以下的虛無假設來確定隨機變動是否存在。

$$H_0 : \tau_{qq} = 0$$

　　其中的 $\tau_{qq} = Var(\beta_{qj})$，如果推翻虛無假設，研究人員即可確定 β_q 是隨機變動，有兩個主要的方法來檢定 τ 是否顯著，HLM 統計軟體是採用 χ^2 檢定，而 SPSS 及 SAS 則是採用 Wald Z 檢定。

13.1.7　預測變數之中心化

　　有關層次一與層次二方程式中 X_{ij} 及 W_j 兩預測變數的中心化（centering，或稱平減，亦即座標的平移），有數種做法。其中，X_{ij} 的平移有三種做法：1.座標不平移，亦即以原始變數呈現（X_{ij}）；2.以總平均數為中心（centering around the grand mean）而平移（$X_{ij} - \bar{X}_{..}$）；3.以組別平均數為中心（centering around the group mean）而平移（$X_{ij} - \bar{X}_{.j}$）。W_j 的平移則有下列兩種做法：1.座標不平移，亦即以原始變數呈現（W_j）；2.以總平均數為中心而平移（$W_j - \bar{W}_.$）。至於平移與否，主要考量是當 X_{ij} 及 W_j 等於 0 時是否有意義。假設，X_{ij} 及 W_j 分別代表個人階層的家庭教育資源及學校階層的數學資源，當其為 0 時是無意義且不可理解的，此時就應將這兩個變數平移，以使截距更有意義。如果要中心化，層次一的預測變數最好以組平均為中心，產生的問題較少。如果研究者關心的是組平均數在理論上或實務上的意涵，應使用組平均為中心平移（邱皓政，2017b）。不過，如果研究者希望控制跨集群的差異，且分析的焦點是層次二的預測變數，則以總平均為中心會較恰當（Pituch & Stevens, 2016）。X_{ij} 的平移會對模型之斜率及截距產生影響，而 W_j 之平移僅對截距有所影響。

13.1.8　樣本數的決定

　　相較於一般迴歸模型，多層次模型需要更大的樣本數，而增加每個層次的樣本數，所得的估計值及其標準誤也會比較精確。但是，要計算樣本數是複雜的工作，一

般最常見的建議是 20/30 經驗法則，也就是至少要有 20 個群組，每組至少 30 個個體（Bickel, 2007），不過，Kreft 及 de Leeuw（1998）更建議使用 30/30 法則。Maas 及 Hox（2005）發現，如果研究的興趣只在固定參數，則 10 個群組已經足夠。然而，較多的群組對於跨層級交互作用及階層二參數的估計會比較理想。所以，如果有特定的研究興趣，則應修正 30/30 法則。假使對跨層級的交互作用比較有興趣，則群組的數量要多些，此時可採 50/20 法則。假使對隨機效果部分的變異數－共變數及其標準誤有興趣，則應採 100/10 法則（Hox, 2010）。

如果考量到蒐集資料的成本，以上的法則可以再調整。如果增加群組數，則每一組的個體數可以減少。Snijders（2005）認為，考量精確性及統計檢定力，大量的群組數比每組要有大的樣本數來得重要，Maas 及 Hox（2004）的發現支持了這個說法。換言之，對高層次樣本量的要求要比低層次樣本量來得高（張雷等人，2005）。不過，蒐集較多群組數所花費的成本，會比每組蒐集較多樣本來得高，這就有賴研究者的取捨了。

13.1.9　分析的步驟

不同的學者（溫福星，2006; Hox, 2010; Singer, 1998; Tabachnick & Fidell, 2019）都曾提出多層次分析的策略，也都有各自的理論或實務依據。依 Ployhart（2005）的建議，進行多層次分析時可以依以下的順序進行：

1. 不投入預測變數（零模型），計算 ICC 值。
2. 增加層次一的預測變數，設定截距及斜率都為固定效果（也就是一般迴歸），以進行統計顯著性檢定。
3. 設定截距為隨機效果，並與前一模型比較 $-2LL$、AIC、BIC 值。
4. 逐一將相關的層次一預測變數之斜率設定為隨機效果，並比較模型間的 $-2LL$、AIC、BIC 值。
5. 加入層次二之預測變數及跨層級交互作用，並解釋隨機效果。

13.2　應用部分

13.2.1　範例說明

為進一步詳細說明二階層 MLM 之應用，以下將以臺灣參加 2019 年國際數學與科學教育成就趨勢調查（Trends in International Mathematics and Science Study, TIMSS）中，四年級學生的資料為分析範例，進行統計分析及結果解釋。其中，第一

階層為學生階層，有 4,910 名四年級學生，以數學成就為結果變數（介於 257.7～849.3 之間），以家庭教育資源為預測變數（介於 4.5～13.5 之間）。第二階層是學校階層，有 203 所學校，每校學生數介於 7～44 名，算術平均數為 24.2，調和平均數為22.8。以學校擁有的數學資源當做層次二方程式中的預測變數（由校長填寫，介於7.6～14.3 之間），藉以了解其對層次一方程式中係數的影響。

　　主要應用的軟體是 SPSS 27～29 版及 STATA 17 版，並以 HLM 8.0 學生版檢驗分析結果一致性。本處只分析零模型及完整模型，分別使用 ML 及 REML 進行估計，層次一的預測變數以組平均進行平減，層次二的預測變數以總平均數進行平減。平減方法請見後面 SPSS 程式及說明。

13.2.2　SPSS 分析步驟圖

1.　首先設定零模型。在【Analyze】（分析）下選擇【Mixed Models】（混合模型）之【Linear】（線性），以進行多層次分析（圖 13-13）。

圖 13-13　Mixed Models 之 Linear 選單

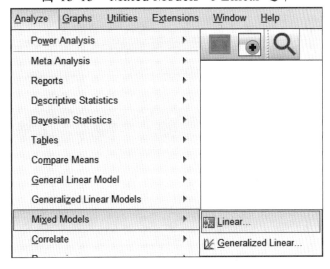

2.　先將辨識變數 SCHOOLID 點選到右邊的【Subjects】（受試者）中，接著點選【Continue】（繼續）（圖 13-14）。

3.　再將數學成就（Math）點選到右邊的【Dependent Variable】（依變數）中，【Covariate(s)】（共變量）則不設定變數（圖 13-15）。

圖 13-14 Linear Mixed Models: Specify Subjects and Repeated 對話框

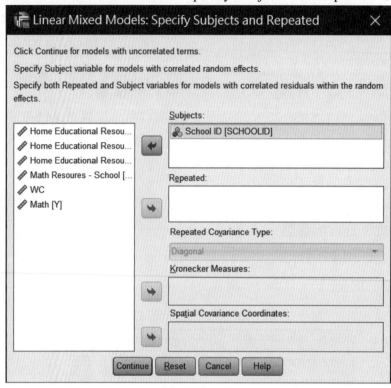

圖 13-15 Linear Mixed Models 對話框

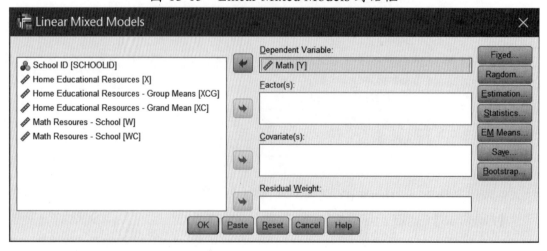

4. 在【Fixed】（固定）效果中，勾選【Include intercept】（包含截距）（圖 13-16）。

圖 13-16　Linear Mixed Models: Fixed Effects 對話框

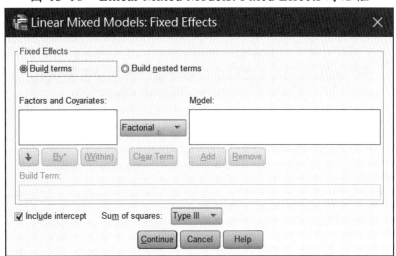

5.　在【Random】（隨機）效果中，勾選【Include intercept】（包含截距），並將
【Subject Grouping】（受試者分組）中的 SCHOOLID 選至【Combinations】（組
合）中（圖 13-17）。

圖 13-17　Linear Mixed Models: Random Effects 對話框

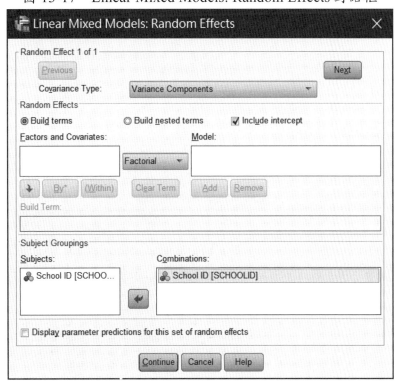

6. 在【Estimation】（估計）中選擇【Maximum Likelihood】（最大概似）（圖 13-18）

圖 13-18　Linear Mixed Models: Estimation 對話框

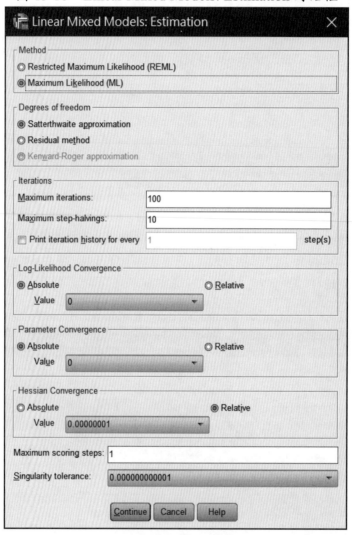

7. 在【Statistics】（統計量）中，勾選【Parameter estimates for fixed effects】（固定效果參數估計值）及【Tests for covariance parameters】（共變異數參數的檢定）（圖 13-19）。

圖 13-19　Linear Mixed Models: Statistics 對話框

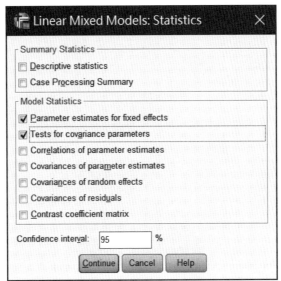

8. 接著，設定完整模型。將階層一的家庭教育資源及階層二的學校數學資源選至
【Covariate(s)】（共變量）中（圖 13-20）

圖 13-20　Linear Mixed Models 對話框

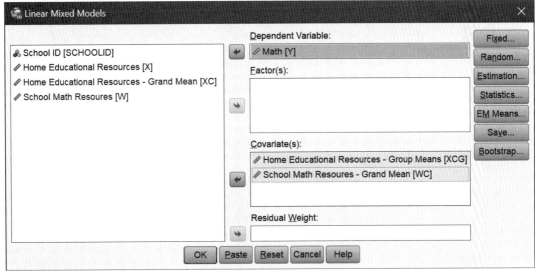

9. 在固定效果中，將 *XCG*、*WC*、*XCG*WC* 選至【Model】（模型中）（圖 13-21）。

圖 13-21　Linear Mixed Models: Fixed Effects 對話框

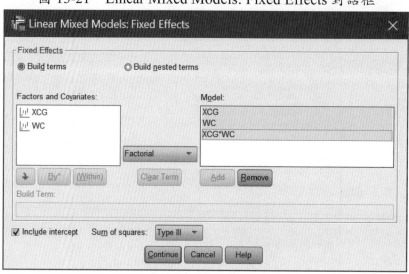

10. 在隨機效果中，將階層一的變數 XCG 選至【Model】（模型）中，階層二變數 WC 不可以選至模型中。【Covariance Type】（共變數類型）設定為【Unstructured】（非結構化）（圖 13-22）。

圖 13-22　Linear Mixed Models: Random Effects 對話框

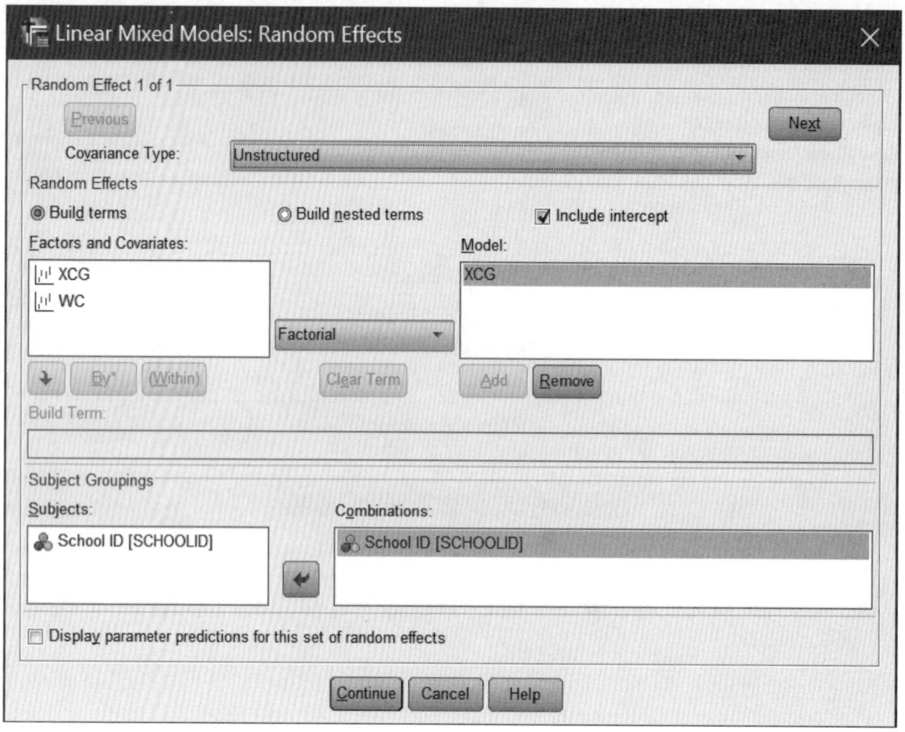

11. 在【Estimation】（估計）中，改用【Restricted Maximum Likelihood】（受限最大概似）法（圖 13-23）。

圖 13-23　Linear Mixed Models: Estimation 對話框

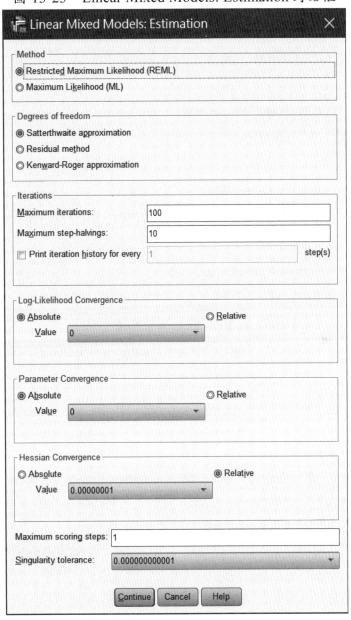

12. 當上述的選項都設定後，回到圖 13-20，即可點選【OK】（確定）進行分析。如果點選【Paste】（貼上語法），則可以自動產生程式。

13.2.3 SPSS 程式

```
[1]    aggregate
                   /break SCHOOLID
                   /GRMEAN_X=mean(X).
[2]    compute XCG=X – GRMEAN_X.
[3]    aggregate
                   /GRMEAN_W=mean(W).
[4]    compute WC=W – GRMEAN_W.
[5]    mixed Y
[6]                /fixed=INTERCEPT
[7]                /random=INTERCEPT | subject(SCHOOLID) covtype(vc)
[8]                /method=ml
[9]                /print=solution testcov.
[10]   mixed Y with XCG WC
[11]               /fixed=INTERCEPT XCG WC XCG*WC
[12]               /random=INTERCEPT XCG | subject(SCHOOLID) covtype(un)
[13]               /method=reml
[14]               /print=solution testcov.
```

13.2.4 SPSS 程式說明

[1] 以 *SCHOOLID* 為分組變數，求 *X* 變數的平均數，並存在 *GRMEAN_X* 變數。

[2] 將 *X* 變數減去各分組平均，存入 *XCG* 變數，此為以組平均數平減的變數。

[3] 求 *W* 變數的平均數，並存在 *GRMEAN_W* 變數。

[4] 將 *X* 變數減去總平均，得到 *WC* 變數，此為以總平均數平減的變數。

[5] 以 MIXED 指令界定並進行線性混合模型分析。效標（結果）變數為 *Y*，沒有預測變數。此為零模型，主要在計算 ICC 及進行模型間比較用。

[6] FIXED 是用來界定模型中的固定效果，在此只有常數項。

[7] RANDOM 是用來界定模型中的隨機效果。在 RANDOM 右方加入 INTERCEPT 時，表示層次一的截距為隨機截距；" | " 符號後設定用來當辨識的變數（在此為

SCHOOLID）；隨機項的共變數型態 covtype(vc) 為變異數成分。

[8] 估計參數方法為 ML 法。

[9] 使用 PRINT=SOLUTION 次指令時，提供更多固定效果參數的資訊。TESTCOV 則對隨機效果參數進行檢定。

[10] 完整模型，預測變數為以全體平均平移後的家庭教育資源（層次一）及學校數學資源（層次二）。

[11] 固定效果為常數項，*XCG*、*WC*、及兩變數的交互作用。

[12] 隨機效果為常數項及層次一之預測變數 *XCG*。在二階層的分析中，層次二的預測變數都是固定效果。辨識的變數為 *SCHOOLID*，隨機項的共變數型態 covtype(un) 為非結構化，代表所有變異數及共變數都要估計。

[13] 估計參數方法為 REML 法，這也是 SPSS 預設的估計方法。

[14] 對隨機效果參數進行檢定，並列出更多固定效果參數的資訊。

[15] 如果只含層次二預測變數，則語法如下：

```
mixed Y with WC
        /fixed=INTERCEPT WC
        /random=INTERCEPT | subject(SCHOOLID)
        /method=reml
        /print=solution testcov.
```

13.2.5　STATA 程式

```
[1]    egen grmean = mean(X), by(SCHOOLID)
[2]    generate XCG = X − grmean
[3]    sum W
[4]    gen WC=W − r(mean)
[5]    mixed Y || SCHOOLID :, mle
[6]    estat icc
[7]    mixed Y c.XCG##c.WC || SCHOOLID: XCG , cov(un) dfm(sat) reml
```

13.2.6　STATA 程式說明

[1] 以 *SCHOOLID* 為分組變數，計算各組平均數，並存入 *grmean* 變數中。

[2] 將 *X* 變數減去各分組平均，存入 *XCG* 變數，此為以組平均數平減的變數。

[3] 進行 *W* 變數的摘要統計。

[4] 將 *X* 變數減去總平均 r(mean)，得到 *WC* 變數，此為以總平均數平減的變數。

[5] MIXED 程序，結果變數為 *Y*，沒有預測變數，辨識變數為 *SCHOOLID*，使用 ML 法估計參數，這也是 STATA 預設的估計方法。

[6] 估計 ICC 值。

[7] 完整模型。結果變數為 *Y*，預測變數為 *XCG* 及 *WC* 之交互作用（含主要效果），加上 c，代表該因素為連續變數，" || "後設定隨機效果為 *XCG*，鑲嵌在 *SCHOOLID* 中。cov(un) 表示估計所有隨機效果的變異數及共變數。dfm(sat) 表示使用 SAT（Satterthwaite）法計算自由度，這也是 SPSS 的預設方法。王濟川等人（2008）建議，最好使用 KR（Kenward-Roger）法或 SAT 法計算自由度。

[8] 如果只含層次二預測變數，則語法如下：

```
mixed Y WC || SCHOOLID:, dfm(sat) reml
```

13.2.7 Mplus 程式

```
[1]  data:         file is MLM.CSV;
[2]  variable:     names are SCHOOLID X W Y;
                   usevariables are SCHOOLID Y;
                   cluster = SCHOOLID;
[3]  analysis:     type = twolevel random;
[4]  data:         file is MLM.CSV;
     variable:     names are SCHOOLID X W Y;
                   usevariables are SCHOOLID Y X;
                   cluster = SCHOOLID;
                   within are X;
     define:       center X(groupmean)
     analysis: type = twolevel random;
     model:        %within%
                   X_SL | Y on X;
                   %between%
                   Y with X_SL;
[5]  data:         file is MLM.CSV;
     variable:     names are SCHOOLID X W Y;
                   usevariables are SCHOOLID Y W;
```

```
                              cluster = SCHOOLID;
                              between are W;
        define:               center W(grandmean);
        analysis:             type = twolevel random;
        model:                %between%
                              Y on W;
[6]     data:                 file is MLM.CSV;
        variable:             names are SCHOOLID X W Y;
                              usevariables are SCHOOLID Y X W;
                              cluster = SCHOOLID;
                              within are X;
                              between are W;
        define:               center X(groupmean);
                              center W(grandmean);
        analysis:             type = twolevel random;
        model:                %within%
                              X_SL | Y on X;
                              %between%
                              Y X_SL on W;
                              Y with X_SL;
```

13.2.8　Mplus 程式說明

[1] 此為零模型。讀入 MLM.CSV 資料，為以逗號分隔的資料格式，第一列不含變數名稱。

[2] 變數名稱命名為 *SCHOOLID*（學校代號）、*X*（家庭教育資源）、*W*（學校數學資源）、*Y*（數學成就）。使用變數為 *SCHOOLID* 及 *Y*。以 *SCHOOLID* 為集群名稱。

[3] 分析模型為二階層隨機模型。沒有群內或群間變數，依變數為 *Y*。

[4] 增加階層一（群內）變數 *X*，並將 *X* 以組平均中心化，以 *X* 預測 *Y*，隨機斜率名稱為 *X_SL*，並計算 *X_SL*（隨機斜率）與 *Y*（隨機截距）的共變數。

[5] 增加階層二（群間）變數 *W*（以總平均中心化），沒有群內變數，以 *W* 預測 *Y*。

[6] 完整模型，同時含群內變數 *X*（以組平均中心化）及群間變數 *W*（以總平均中心化），依變數為 *Y*，集群變數為 *SCHOOLID*。在群內模型中，以 *Y* 為依變數，*X* 為自變數，並設定隨機斜率（*X_SL*）。在群間模型中，以 *Y* 及 *X_SL* 為依變數，*W* 為

自變數，並求 Y 及 X_SL 的共變數。HLM 軟體預設計算各個隨機效果間的共變數（相關係數），如果要與 HLM 的結果一致，則在 Mplus 中應設定依變數 Y（截距項）與 X_SL（階層一預測變數，斜率）有相關。在 SPSS 及 STATA 中，則應設定「非結構化」（unstructured）選項。

13.2.9　報表及解說

以下的報表解說，原則上先呈現報表，再加以解說。部分報表，為配合排版需要，會反向呈現。

報表 13-1

Model Dimension[a]

		Number of Levels	Covariance Structure	Number of Parameters	Subject Variables
Fixed Effects	Intercept	1		1	
Random Effects	Intercept[b]	1	Variance Components	1	SCHOOLID
Residual				1	
Total		2		3	

a. Dependent Variable: Math.
b. As of version 11.5, the syntax rules for the RANDOM subcommand have changed. Your command syntax may yield results that differ from those produced by prior versions. If you are using version 11 syntax, please consult the current syntax reference guide for more information.

首先，為零模型的分析結果。報表 13-1 顯示模型中要估計的參數有 3 個，其中 1 個為固定效果，1 個為隨機效果，1 個為殘差。此時，自由度為 3。

報表 13-2

Information Criteria[a]

-2 Restricted Log Likelihood	57887.88754950
Akaike's Information Criterion (AIC)	57893.88754950
Hurvich and Tsai's Criterion (AICC)	57893.89244147
Bozdogan's Criterion (CAIC)	57916.38463716
Schwarz's Bayesian Criterion (BIC)	57913.38463716

The information criteria are displayed in smaller-is-better form.
a. Dependent Variable: Math.

　　SPSS 提供了五種適配度指標的估計結果，報表 13-2 中−2*LL* 為 57887.88754950，
其他指標，見報表 13-7 之說明。

報表 13-3

Estimates of Fixed Effects[a]

Parameter	Estimate	Std. Error	df	t	Sig.	95% Confidence Interval	
						Lower Bound	Upper Bound
Intercept	606.460	3.377	202.763	179.591	<.001	599.801	613.118

a. Dependent Variable: Math.

　　首先說明零模型（沒有預測變數、隨機截距）的分析結果。報表 13-3 是固定效
果的估計結果，截距為 606.460，代表未加權的數學成就平均數為 606.460 分，信賴
區間為 [599.801, 613.118]。如果使用單一樣本 *t* 檢定所得結果，樣本平均數為
610.768，信賴區間為 [608.088, 613.447]（未列出報表），兩者相差不多。

報表 13-4

Estimates of Covariance Parameters[a]

Parameter		Estimate	Std. Error	Wald Z	Sig.	95% Confidence Interval	
						Lower Bound	Upper Bound
Residual		7098.556	146.319	48.514	<.001	6817.491	7391.209
Intercept [subject = SCHOOLID]	Variance	2006.751	229.724	8.735	<.001	1603.436	2511.513

a. Dependent Variable: Math.

　　報表 13-4 是隨機效果的變異數，截距項的變異數為 2006.751，$Z = 8.735$，$p < .001$
（取單尾檢定），截距項的變異數大於 0，表示學校間的數學成就平均數有顯著差
異。

報表 13-5

Intraclass Correlation Coefficients		
Overall ICCs	Adjusted	.220
	Conditional	.220

ICC 值為 2006.751 / (7098.556 + 2006.751) = 0.220。表示學生的數學成就差異，可由學校因素解釋 22%的變異量。它大約等於以學校為自變數，數學成就為依變數的變異數分析所得之 η^2（為.258，未列在報表中）。教育領域的研究中，ICC 通常介於 .05 到.15 之間，國家樣本的研究，則會有較大的 ICC（.15–.25 之間）（Hahs-Vaughn, 2017）。

報表 13-6

Model Dimension[a]

		Number of Levels	Covariance Structure	Number of Parameters	Subject Variables
Fixed Effects	Intercept	1		1	
	XCG	1		1	
	WC	1		1	
	XCG * WC	1		1	
Random Effects	Intercept + XCG	2	Unstructured	3	SCHOOLID
	Residual			1	
Total		6		8	

a. Dependent Variable: Math.

接著，為完整模型的分析結果。報表 13-6 顯示模型中要估計的參數有 8 個，其中 4 個為固定效果，1 個為隨機效果，1 個為殘差。

報表 13-7

Information Criteria[a]

-2 Log Likelihood	57408.79925342
Akaike's Information Criterion (AIC)	57424.79925342
Hurvich and Tsai's Criterion (AICC)	57424.82863518
Bozdogan's Criterion (CAIC)	57484.79148719
Schwarz's Bayesian Criterion (BIC)	57476.79148719

The information criteria are displayed in smaller-is-better form.
a. Dependent Variable: Math.

SPSS 提供了五種適配度指標的估計結果，除了 STATA 所能提供的–2*LL*、AIC、BIC 外，亦提供 AICC 及 CAIC 適配度指標。其中–2*LL* 與 HLM 軟體的離異數（Deviance）是相同的統計量。值得注意的是，以上的適配統計量僅適用於不同競爭

模型間之比較，無法說明單一模型的適配優劣程度。

　　經由–2LL 可以得到其他適配統計量。如果使用 ML 法，d 是共變數參數加固定效果參數 8，n 是樣本總數 4910。如果使用 REML 法，d 是估計的共變數參數 4，n 是樣本數減固定效果參數，4910 − 4 = 4906。報表 13-7 是使用 ML 法估計後所得的結果。各適配度指標計算結果如下：

AIC = −2LL + 2d = 57408.79925342 + 2 × 8 = 57424.79925342

$$\text{AICC} = -2LL + 2d \times n / (n - d - 1) = 57408.79925342 + 2 \times 8 \times 4910 / (4910 - 8 - 1)$$
$$= 57424.82863518$$

$$\text{CAIC} = -2LL + d \times (\ln(n) + 1) = 57408.79925342 + 8 \times (\ln(4910) + 1)$$
$$= 57484.79148719$$

$$\text{BIC} = -2LL + d \times \ln(n) = 57408.79925342 + 8 \times \ln(4910)$$
$$= 57476.79148719$$

　　此處，完整模型的–2LL 為 57408.79925342，自由度為 8。報表 13-2 零模型的–2LL 為 57887.88754950，自由度為 4。兩個模型之–2LL 差值為：57887.88754950 − 57408.79925342 = 479.08829608，自由度差值為 8 − 4 = 4。在自由度為 4 的 χ^2 分配中，要大於 479.08829608 的 p 值為 2.23×10^{-102}〔在 Excel 中輸入「=CHISQ.DIST.RT (479.08829608,4)」即可求得〕，表示完整模型比零模型好。

報表 13-8

Coefficients of Determination		
Pseudo-R Square Measures	Marginal	.078
	Conditional	.307

　　報表 13-8 是模型的類 R^2，為 SPSS 28 版新增的功能。邊際類 R^2 是總變異中，固定效果變異所占的比例，公式為：

$$R_m^2 = \frac{\sigma_f^2}{\sigma_f^2 + \sigma_\gamma^2 + \sigma_\varepsilon^2}$$

　　條件類 R^2 是總變異中，固定效果及隨機效果變異所占的比例，公式為：

$$R_c^2 = \frac{\sigma_f^2 + \sigma_\gamma^2}{\sigma_f^2 + \sigma_\gamma^2 + \sigma_\varepsilon^2}$$

報表 13-9

Intraclass Correlation Coefficients		
Overall ICCs	Adjusted	.249
	Conditional	.229

報表 13-9 是 ICC 值，為 SPSS 29 版新增的功能。調整 ICC 是隨機效果變異占隨機效果變異及殘差變異和之比例，公式為：

$$ICC_{adj} = \frac{\sigma_\gamma^2}{\sigma_\gamma^2 + \sigma_\varepsilon^2}$$

條件 ICC 是隨機效果變異占總變異之比例，公式為：

$$ICC_{con} = \frac{\sigma_\gamma^2}{\sigma_f^2 + \sigma_\gamma^2 + \sigma_\varepsilon^2}$$

報表 13-10

Estimates of Fixed Effects[a]

Parameter	Estimate	Std. Error	df	t	Sig.	95% Confidence Interval	
						Lower Bound	Upper Bound
Intercept	606.609	3.353	201.630	180.919	<.001	599.998	613.221
XCG	18.073	0.959	170.320	18.842	<.001	16.180	19.966
WC	5.151	2.243	201.662	2.296	.023	0.728	9.573
XCG * WC	-1.342	0.656	181.216	-2.046	.042	-2.636	-0.048

a. Dependent Variable: Math.

報表 13-10 是使用 REML 法估計的固定效果、標準誤、自由度、檢定統計量、及 p 值結果。就固定效果的估計結果可知：

1. 家庭教育資源與數學成就有正向關聯（$\gamma_{10} = 18.073$，$p < .001$），顯示家庭教育資源可以有效解釋不同學生在數學成就上的變異。

2. 就學校層次的主要效果而論，學校的數學資源與學校的數學成就有正向的關聯（$\gamma_{01} = 5.151$，$p = .023$）。

3. 最後，就跨層次交互作用的效果而論，結果顯示學校的數學資源與家庭教育資源的交互作用項達顯著水準（$\gamma_{11} = -1.342$，$p = .042$）。由於係數為負，因此，數學資源較多的學校，家庭教育資源與數學成就的關聯較小，反之，數學資源較少的學

校，家庭教育資源與數學成就的關聯較大。換言之，學校數學資源有調節效果，如果
學校數學資源較多，學生的數學成就與家庭教育資源的關聯程度就較低。

報表 13-11

Estimates of Covariance Parameters[a]

Parameter		Estimate	Std. Error	Wald Z	Sig.	Lower Bound	Upper Bound
						95% Confidence Interval	
Residual		6341.598	133.659	47.446	<.001	6084.968	6609.050
Intercept + XCG [subject = SCHOOLID]	UN (1,1)	2004.802	226.907	8.835	<.001	1605.946	2502.719
	UN (2,1)	-79.518	46.754	-1.701	.089	-171.154	12.118
	UN (2,2)	48.176	18.893	2.550	.011	22.337	103.907

a. Dependent Variable: Math.

　　報表 13-11 是共變數參數的估計結果，分別說明層次一殘差項的變異數、層次一
的隨機截距及斜率的變異數，以及兩者的共變數。其參數估計結果與 STATA 及 HLM
報表大體上是一致的。分析結果顯示：

1.　不同學校的數學成就平均數有顯著差異（τ_{00} = 2004.802，p < .001，取單尾
檢定結果）。
2.　家庭教育對學生數學成就之斜率變異數估計值大於 0（τ_{11} = 48.176，p = .011
/ 2 = .0055），顯示家庭教育資源與數學成就的關聯，會因學校而有所差
異。
3.　從殘差變異數（σ^2 = 6341.598，p < .001）達 .05 顯著水準可知，在納入一個
層次一的預測變數後，組內差異仍然非常大，可知未來在分析時應納入其他
更具預測效果的預測變數。
4.　斜率及截距的共變數 τ_{01} 為 -79.518，相關係數為 -.256（等於 -79.518 /
$\sqrt{2004.802 \times 48.176}$）。負相關代表數學成就平均數較高的學校，家庭教育資
源對數學成就的斜率較小，也就是數學成就較不受家庭教育資源影響。不
過，此處 p = .089（雙側，可正可負），接近 .05 顯著水準。

報表 13-12

　　報表 13-12 是使用 HLM 軟體所繪之分組迴歸，以百分等級 25、50、75，將學校
數學資源（W）分為三組，再以家庭教育資源（X）對數學成就（Y）進行迴歸分析。

由圖中可看出：學校數學資源較少的學校，斜率較大，也就是家庭教育資源與數學成就的關聯較大；反之，學校數學資源較多的學校，斜率較小，也就是家庭教育資源與數學成就的關聯較小。斜率與截距為負相關，也就是截距較大者，斜率較小；截距較小者，斜率較大。

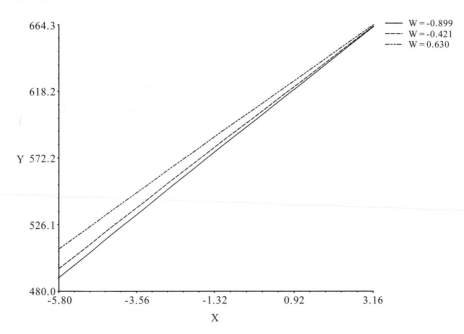

13.3　分析摘要

綜合上述兩種模型分析，茲將重要結果歸納如下：

1. 不同學校的小學四年級學生，平均數學成就有顯著的差異，其變異量有 22% 來自於學校差異。

2. 學生的家庭教育資源可以正向預測其數學成就，而其斜率會因學校而不同。學校的數學資源與學生的數學成就有正向關聯，而且，會對學生家庭教育資源預測其數學成就有調節效果，數學資源較多的學校，學生家庭教育資源對數學成就的影響較小。

3. 數學成就平均數較高的學校，學生家庭的教育資源對數學成就的斜率較小，也就是較不受家庭影響。換言之，數學成就平均數較低的學校，家庭教育資源對學生的數學成就有較大的影響。

4. 整體而言，學生的家庭教育資源可以正向預測其數學成就，而身處較不利的學校（數學資源較少、平均數學成就較低），家庭的影響較大。

14 結構方程模型 [*]

結構方程模型可以使用下列的形式表示其關係：

$$
\begin{aligned}
Y_1 &= X_{11} + X_{12} + X_{13} + \cdots + X_{1n} \\
Y_2 &= X_{21} + X_{22} + X_{23} + \cdots + X_{2n} \\
&\ \ \vdots \qquad\qquad\qquad \vdots \\
Y_m &= X_{m1} + X_{m2} + X_{m3} + \cdots + X_{mn}
\end{aligned}
$$

（計量）　　　（計量、非計量）

14.1 理論部分

在單變量統計方法中，迴歸分析也可以用來進行 t 檢定、變異數分析；在多變量統計中，結構方程模型（structural equation modeling, SEM）也可以分析多變量變異數分析、多元迴歸分析、典型相關分析。事實上，它們都是一般線性模型（general linear model, GLM）的特例，而 SEM 可以使用外顯變數來分析 GLM。

SEM 被視為第二代統計技術（Fornell & Larcker, 1981），伴隨著電腦科技及統計軟體日益進步，SEM 廣泛應用在各學術領域，國內也有許多專書介紹。有了本書第 4 及 8 章的基礎，要了解 SEM 的基本概念就比較容易，因此，本章僅補充前兩章未說明的概念。

14.1.1 結構方程模型的特點

Jöreskog（2015）認為，SEM 有以下的特點：

1. 可以檢定牽涉構念或潛在變數因果關係的複雜假設；
2. 整合許多多變量方法成為一個分析架構；
3. 明確地表達潛在變數對其他潛在變數的效果，以及潛在變數對觀察變數的效果；
4. 可以用來檢定對立假設。

綜言之，SEM 可以讓理論的陳述更正確，讓理論的檢定更精確，更透澈地了解

---

[*] 本章改寫自：陳正昌與林曉芳（2020）。**R 統計軟體與多變量分析**，第 13 章。五南圖書。該章由陳正昌主筆。

觀察到的資料（Jöreskog, 2015）。

不過，仍要提醒讀者，SEM 無法「證明」因果關係，甚至也無法「證明」研究者所提的理論模型是正確的，至多只能說明理論模型未被否定，因此在撰寫研究結果時宜保守謹慎。

14.1.2 結構方程模型＝驗證性因素分析＋徑路分析

完整的結構方程模型包含**測量模型**及**結構模型**。圖 14-1 中黑色部分代表**測量模型**，有 $V1\sim V12$ 共 12 個測量指標，分屬 4 個潛在因素（$F1\sim F4$），各有 1 個測量誤差（$e1 \sim e12$），分析過程請見本書第 4 章的驗證性因素分析（CFA）。進行 SEM 分析前，應先檢驗測量模型，當測量模型可以適配觀察資料時，才能將其整合到 SEM 分析潛在變數的關係。

圖 14-1 結構方程模型（測量模型）

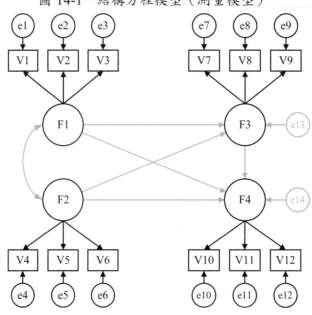

圖 14-2 中黑色部分代表**結構模型**，是論文中主要的研究假設。模型中被單向箭頭指到的變數（$F3$ 與 $F4$），稱為**內因變數**（endogenous variable），與設定殘差項（$e13$ 與 $e14$）；未被單向箭頭指到的變數（$F1$ 與 $F2$），稱為**外因變數**（exogenous variable），在 Amos 中須設定彼此有關聯。徑路分析中，內因變數不可以互為因果（稱為**遞迴模型**），但在 SEM 中，內因變數可以互為因果（稱為**非遞迴模型**）。徑路分析過程請見本書第 8 章。

　　圖 14-3 是完整的 SEM，包含了測量模型與結構模型。在此模型中，有 F1~F4 等 4 個潛在因素，它們各有 3 個測量指標（分別為 $V1 \sim V3$、$V4 \sim V6$、$V7 \sim V9$、$V10 \sim V12$），F1 及 F2 影響 F3，$F1 \sim F3$ 影響 F4。

圖 14-2　結構方程模型（結構模型）

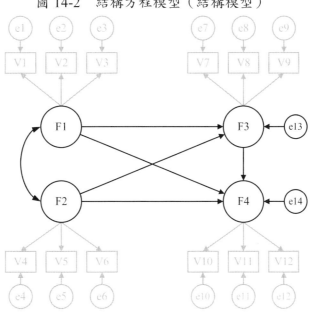

圖 14-3　完整的結構方程模型

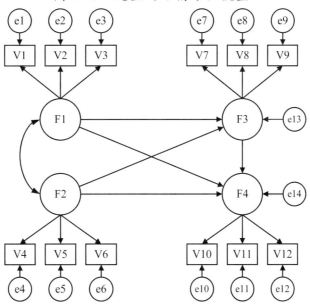

14.1.3 結構方程模型分析步驟

　　SEM 分析步驟與第 4 章 CFA 類似，不過，研究者不宜以一個步驟直接分析 SEM，否則，如果模型適配度不佳，就不知道問題出在測量模型或結構模型。此時，可以採用 Anderson 與 Gerbing（1988）的建議，先進行 CFA 檢驗測量模型，再納入結構模型，進行完整的 SEM 分析。CFA 已在第 4 章說明過，接下來以筆者所提的智慧型手機 TAM 為例，針對結構模型分點說明。

14.1.3.1 發展理論模型

　　進行 SEM 分析前，研究者要先提出理論模型，輔以學界常用的因果圖形。圖 14-4 是根據 Davis（1989）提出的科技接受模型（technology acceptance model, TAM），以智慧型手機為例所提的理論模型。

圖 14-4　智慧型手機之科技接受模型

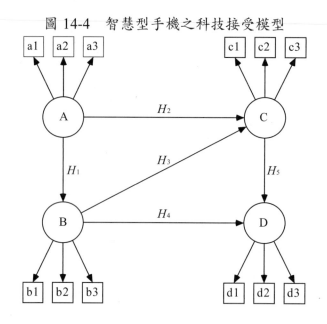

由模型可看出：

1. TAM 中包含 4 個潛在因素，認知易用性（因素 *A*）、認知有用性（因素 *B*）、使用態度（因素 *C*）、行為意圖（因素 *D*），它們各有 3 個測量指標，此為測量模型。

2. 結構模型中包含 5 組假設（影響徑路）：

　H_1：認知易用性（A）影響認知有用性（B）。*

　H_2：認知易用性（A）影響使用態度（C）。

　H_3：認知有用性（B）影響使用態度（C）。

　H_4：認知有用性（B）影響行為意圖（D）。

　H_5：使用態度（C）影響行為意圖（D）。

3. 上面的 5 個假設，以依變數為準，轉換為以下 3 個模型：

　M_1：認知有用性（B）受認知易用性（A）影響。

　M_2：使用態度（C）受認知易用性（A）與認知有用性（B）影響。

　M_3：行為意圖（D）受認知有用性（B）與使用態度（C）影響。

　圖 14-4 以 Amos 軟體繪製理論模型如圖 14-5。

圖 14-5　Amos 模型圖

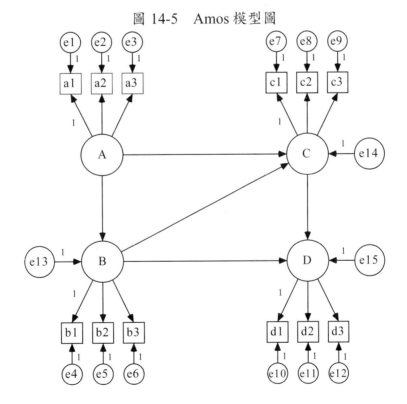

---

* 比較正確應寫成：認知易用性（A）與認知有用性（B）有關聯。一般更會假設有正相關或

　正向效果，此時為單尾檢定，報表的 p 值應除以 2。

設定模型的原則如下：

1. 所有連結潛在變數及其測量指標的負荷量是模型的參數。在本研究的理論模型中，共有 12 個外顯的測量指標，設定分別屬於 4 個潛在變數，因此有 12 個負荷量需要估計。不過，由於每個潛在變數的測量尺度需要加以設定，此時會設定 1 個參照指標不需要估計，因此總共需要估計的參數為 12 − 4 = 8。

2. 所有測量誤差的變異數及它們之間的共變數是模型的參數。理論模型中有 12 個測量指標，共有 12 個測量誤差的變異數要估計，起始值設定為 1。在本理論模型中，測量誤差間沒有共變數（相關）。如果測量誤差間設定有關聯，最好有理論支持且應謹慎為之（Landis et al., 2009）。

3. 所有連結潛在變數或外顯變數的迴歸係數是模型的參數。在理論模型中有 $A{\rightarrow}B$、$A{\rightarrow}C$、$B{\rightarrow}C$、$B{\rightarrow}D$、$C{\rightarrow}D$ 等 5 個直接效果，因此有 5 個迴歸係數需要估計。

4. 所有潛在外因變數的變異數及它們之間的共變數是模型的參數。理論模型中只有 1 個潛在外因變數，需要估計它的變異數。記得，潛在外因變數間不可以有因果關係，如果設定因果關係，其中一個外因變數就會成為內因變數。

5. 所有潛在內因變數的殘差變異數及它們之間的共變數是模型的參數。理論模型中有 3 個潛在內因變數，共有 3 個殘差需要加以估計，殘差間沒有共變數（相關）。

6. 所有依變數（潛在或外顯）的變異數及它們之間的共變數不能是模型的參數，也就是內因變數間不可以有相關，但潛在內因變數間可以有因果關係；所有自變數與依變數（潛在或外顯）之間的共變數（相關）不能是模型的參數，也就是外因變數與內因變數間只能有因果關係，不可以再有相關。

綜言之，在 Amos 中設定模型時要留意：

1. 每個潛在因素（構念）最好有 3 個以上的指標，並設定 1 個指標為參照指標，迴歸加權預設為 1。

2. 每個觀察變數（指標）要有測量誤差，迴歸加權預設為 1。測量誤差間可依理論設定有相關。

3. 每個潛在內因變數須有殘差（或稱干擾項），迴歸加權預設為 1。殘差間可依理論設定有相關。

4. 所有潛在外因變數間須設定有相關。

在圖 14-5 的模型中要估計的參數有：8 個因素負荷量、5 個迴歸係數、1 個外因變數之變異數、12 個測量誤差之變異數、3 個結構殘差之變異數，總共 29 個參數。

14.1.3.2　評估模型的辨認

　　模型辨識的原則已在第 4 章說明，本章只說明自由度的計算。圖 14-5 共有 12 個測量指標，因此提供的變異數─共變數元素共有 12 × (12 + 1) / 2 = 78。要估計的參數有 29 個，因此自由度為 78 − 29 = 49，自由度大於 0，稱為過度辨認，代表模型可被估計，參數估計有最佳解。

14.1.3.3　進行參數估計

　　圖 14-6 是使用 ML 法估計所得的標準化參數，可依測量模型、結構模型、各種效果說明。測量模型部分，4 個潛在變數對測量指標的標準化負荷量與第 4 章報表 4-37 之結果極為接近，均大於 0.70。

圖 14-6　Amos 估計之標準化參數

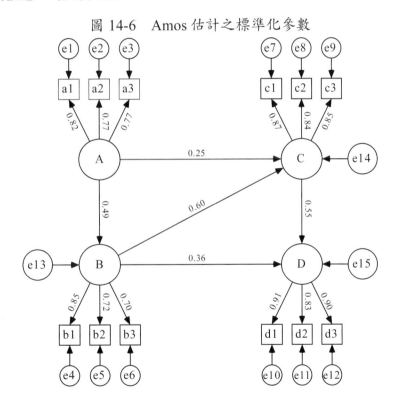

　　其次是結構模型，5 個迴歸係數的 p 值均小於 0.001，因此 5 個研究假設均獲得支持。以依變數為準，合併成 3 個模型：

1. 認知易用性（A）正向影響認知有用性（B），標準化係數為 0.49，R^2 為 0.24；

2.　認知易用性（A）與認知有用性（B）均正向影響使用態度（C），標準化係數分別為 0.25 與 0.60，R^2 為 0.57；

3.　認知有用性（B）與使用態度（C）均正向影響行為意圖（D），標準化係數分別為 0.36 與 0.55，R^2 為 0.72。

以上的迴歸係數與第 8 章的徑路分析相比，除了 $A \to C$ 外，數值都較高，解釋力 R^2 增加幅度在 21%～53% 之間，有部分原因可能是徑路分析的信度較低所致（Blunch, 2013），另一部分的原因是指標變數不可能沒有測量誤差，如果直接把題目加總，進行徑路分析，誤差就會存在潛在變數，而反映在結構模型，導致徑路關係被低估（Hair et al., 2017）。因此，如果潛在變數不是單一指標，應使用 SEM，而不是把指標加總後進行徑路分析。

Amos 可以直接列出直接、間接、及總效果（含原始及標準化），整理成表 14-1，分別說明如下：

1.　認知易用性正向影響認知有用性，直接效果為 0.49。

2.　認知易用性與認知有用性正向影響使用態度，直接效果分別為 0.25 與 0.60；認知易用性對使用態度的間接效果為 0.29。

3.　認知有用性與使用態度正向影響行為意圖，徑路係數分別為 0.36 與 0.55；認知有用性對行為意圖的間接效果為 0.33。

4.　認知易用性對行為意圖的間接效果為 0.48。

表 14-1　各標準化效果摘要表

效果	依變數	自變數		
		A（易用性）	B（有用性）	C（使用態度）
直接效果	B（有用性）	0.49		
	C（使用態度）	0.25	0.60	
	D（行為意圖）		0.36	0.55
間接效果	B（有用性）			
	C（使用態度）	0.29		
	D（行為意圖）	0.48	0.33	
總效果	B（有用性）	0.49		
	C（使用態度）	0.55	0.60	
	D（行為意圖）	0.48	0.69	0.55

14.1.3.4　評鑑模型的適配度

Amos 及 LISREL 提供完整的適配度指標，以往的論文，常會將這些指標詳細列

出。不過，一般建議只須列出 χ^2 值（含自由度及 p 值）、SRMR、NNFI（TLI）、RMSEA、CFI（Hooper et al., 2008）。Hu 及 Bentler（1995）則建議以 SRMR 分別搭配 TLI、CFI（或 RNI）、RMSEA，同時列出雙指標，因此，STATA 及 Mplus 提供的適配度指標較精簡，但已足夠研究所需。

綜合 Amos、LISREL、Mplus、STATA 分析結果，各種適配度為：χ^2 (49, $N = 231$) = 54.032（Amos 為 53.798），$p = 0.288$（Amos 為 0.296），SRMR = 0.0299（Mplus 為 0.028，STATA 為 0.030），RMSEA = 0.021，TLI = 0.996，CFI = 0.997。整體而言，理論模型可以適配觀察資料。

14.1.3.5　進行模型修正

如果理論模型與觀察資料的適配度不佳，有些研究者會根據修正指標大於 3.84 的參數，重新設定或修正模型，不過，從嚴格驗證取向的觀點，此步驟會有資料導向（data driven）的問題，也就是依照資料建立模型，而不是以理論建立模型（theory driven）。而且，即使要修正後模型，也應對不同樣本重新蒐集資料再分析，而不是使用原資料反覆修正模型。假使可能，研究者最好先提出幾個競爭模型，參考適配指標選出一個適配度較好的模型，此稱為競爭取向的分析。

14.2　假設性資料

假設研究者提出圖 14-7 之理論模型（以 Amos 模型代表），並蒐集 40 個觀察體在 12 個變數的數據如表 14-2（由 R 產生之模擬資料），分別以 Amos 及 STATA 進行 SEM 分析。

表 14-2　40 個觀察體之 12 個變數資料

觀察體	A1	A2	A3	B1	B2	B3	C1	C2	C3	D1	D2	D3
1	4.53	3.68	3.35	3.02	2.81	3.94	3.86	4.27	5.37	3.78	4.06	3.67
2	4.66	6.25	4.74	3.83	4.55	3.94	5.45	5.00	4.33	4.40	3.77	4.65
3	7.65	6.90	6.85	6.10	5.45	4.98	6.95	5.13	5.91	6.37	6.31	6.48
4	4.99	4.94	4.20	6.02	4.73	6.04	5.14	4.87	4.91	5.65	5.46	6.34
5	5.78	5.33	5.10	4.33	4.35	4.70	2.60	3.91	3.67	4.02	4.72	4.07
6	4.43	3.55	3.92	4.06	5.80	5.60	4.83	3.88	4.81	4.71	4.91	3.84
7	6.53	5.40	6.52	5.35	5.76	5.54	5.34	6.30	6.34	5.69	5.17	6.03
8	5.23	4.82	5.43	6.51	6.05	5.96	4.64	4.35	4.71	6.75	4.53	6.26

表 14-2　40 個觀察體之 12 個變數資料（續）

觀察體	A1	A2	A3	B1	B2	B3	C1	C2	C3	D1	D2	D3
9	6.44	6.90	6.44	6.49	7.73	7.14	5.32	6.12	6.30	5.96	7.20	6.45
10	5.50	4.38	4.47	6.55	5.26	6.02	5.80	5.52	5.28	5.39	4.95	5.10
11	4.55	4.14	4.21	4.09	4.66	3.66	3.53	3.10	2.65	3.39	4.25	3.55
12	4.63	3.88	5.50	5.65	5.19	4.92	4.60	5.41	5.05	5.45	4.97	5.49
13	5.23	4.02	3.52	4.30	4.48	3.38	4.73	5.08	5.13	3.04	4.58	3.58
14	4.35	5.29	4.25	4.78	4.30	5.68	5.42	6.65	4.60	4.85	4.53	4.46
15	4.46	5.28	4.68	4.87	4.93	4.90	5.07	5.39	4.08	5.94	6.00	5.56
16	5.59	5.32	5.09	3.68	4.22	4.50	3.62	3.99	4.78	5.21	3.15	4.20
17	4.72	5.11	4.70	4.26	4.11	3.56	4.46	4.75	4.75	4.58	4.97	5.67
18	5.12	5.34	4.51	5.34	5.40	4.17	3.68	4.61	4.32	4.61	4.52	4.97
19	4.69	4.64	3.89	5.63	5.10	5.50	3.94	4.41	3.86	4.91	4.26	4.04
20	6.67	5.56	5.91	6.89	5.85	7.10	7.55	6.99	5.87	6.40	6.77	6.30
21	5.12	5.13	5.91	5.75	6.49	4.44	5.74	6.27	6.38	5.64	5.50	5.41
22	6.68	6.00	7.01	4.85	5.28	5.76	5.71	4.84	5.28	4.96	5.16	5.65
23	7.47	6.97	6.93	4.87	5.27	4.77	6.00	6.26	5.71	6.69	6.97	7.40
24	2.63	2.19	3.10	3.65	3.85	4.42	2.59	2.19	2.73	2.34	2.58	3.20
25	4.16	3.39	3.79	3.29	4.17	4.02	4.56	3.52	3.49	4.33	4.35	4.36
26	4.27	5.59	5.52	5.01	3.81	4.24	5.48	5.26	6.38	5.27	6.24	5.35
27	4.88	6.06	5.28	7.75	6.74	7.72	6.10	6.26	6.74	6.35	6.02	6.19
28	3.92	4.44	4.51	5.06	5.79	5.59	5.52	5.54	6.77	6.01	5.17	5.78
29	6.73	7.70	7.10	4.46	5.82	6.45	6.70	6.16	6.87	6.68	7.11	7.01
30	5.41	5.29	5.41	3.84	1.71	3.08	3.39	3.44	3.71	3.74	3.56	3.13
31	3.88	3.71	4.84	4.49	4.90	4.62	5.74	4.97	4.18	3.90	4.06	4.14
32	4.10	4.01	4.03	6.12	6.12	5.61	4.53	4.46	4.52	4.02	5.01	4.55
33	4.48	5.98	6.12	5.04	4.29	4.21	3.96	3.63	3.89	4.16	4.71	3.85
34	2.77	4.82	4.39	3.78	3.79	4.11	3.92	3.36	3.54	2.83	2.92	3.50
35	5.54	5.33	6.21	4.34	5.34	5.26	5.11	5.58	4.88	5.63	5.59	4.31
36	4.65	5.30	4.69	5.59	5.55	4.34	5.84	4.84	5.70	6.11	5.20	4.38
37	4.08	4.50	4.85	5.70	6.24	6.11	5.17	5.92	4.91	5.31	5.86	5.57
38	4.82	4.18	5.93	4.54	3.59	4.18	5.75	6.57	5.80	5.14	5.19	5.16
39	4.30	4.36	3.31	3.63	4.95	3.62	5.68	5.80	5.20	4.94	3.78	4.85
40	4.32	4.33	3.81	6.49	5.55	6.19	5.97	5.36	6.59	4.81	5.95	5.49

圖 14-7　Amos 之理論模型

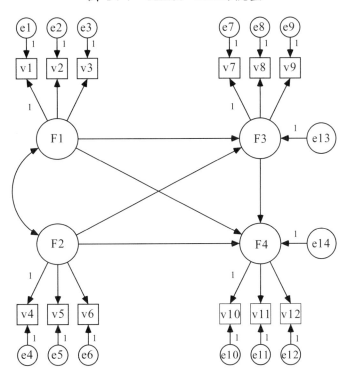

14.2.1　簡要語法

在 Amos 中，理論模型如圖 14-7，26 版之後的語法如下。設定模型時，每個潛在因素須設定 1 個參照指標，起始值設為 1，潛在外因變數 *F*1 與 *F*2 須設定有關聯。

```
v1 = (1) F1 + (1) e1
v2 = F1 + (1) e2
v3 = F1 + (1) e3
v4 = (1) F2 + (1) e4
v5 = F2 + (1) e5
v6 = F2 + (1) e6
v7 =(1) F3 + (1) e7
v8 = F3 + (1) e8
v9 = F3 + (1) e9
v10 = (1) F4 + (1) e10
v11 = F4 + (1) e11
```

```
v12 = F4 + (1) e12
F3 = F1 + F2 + (1) e13
F4 = F1 + F2 + F3 + (1) e14
F2 <> F1
```

在 STATA 中，建議語法如下，第 1 個指令的 cov(F1 F2) 可省略。

```
sem (F1->v1 v2 v3)(F2->v4 v5 v6)(F3->v7 v8 v9)(F4->v10 v11 v12)(F1 F2->F3)(F1 F2
F3->F4), cov(F1 F2) stand nolog
estat gof, stat(all)
```

14.2.2　簡要報表

以下以 Amos 的報表為主，配合 STATA 的各項適配度指標簡要說明。

報表 14-1

Regression Weights: (Group number 1 - Default model)

			Estimate	S.E.	C.R.	P	Label
F3	<---	F1	.40	.16	2.54	.01	
F3	<---	F2	.53	.16	3.24	.00	
F4	<---	F2	.36	.12	3.00	.00	
F4	<---	F3	.44	.13	3.37	***	
F4	<---	F1	.40	.11	3.59	***	
v1	<---	F1	1.00				
v2	<---	F1	1.02	.15	6.65	***	
v3	<---	F1	1.05	.15	6.88	***	
v4	<---	F2	1.00				
v5	<---	F2	.98	.16	6.29	***	
v6	<---	F2	1.02	.15	6.68	***	
v7	<---	F3	1.00				
v8	<---	F3	1.01	.13	7.89	***	
v9	<---	F3	.98	.13	7.35	***	
v10	<---	F4	1.00				
v11	<---	F4	.98	.12	8.22	***	
v12	<---	F4	1.02	.11	9.10	***	

報表 14-1 原始估計值，C.R.由估計值除以標準誤而得，如果絕對值大於 1.96，則 p 值即小於.05。由 P 值一欄觀之，均小於 .01（*** 表示 $p < .001$），因此，所有係數均顯著不等於 0。

報表 14-2

Standardized Regression Weights: (Group number 1 - Default model)

			Estimate
F3	<---	F1	.38
F3	<---	F2	.51
F4	<---	F2	.34
F4	<---	F3	.44
F4	<---	F1	.38
v1	<---	F1	.85
v2	<---	F1	.86
v3	<---	F1	.88
v4	<---	F2	.85
v5	<---	F2	.84
v6	<---	F2	.87
v7	<---	F3	.88
v8	<---	F3	.89
v9	<---	F3	.86
v10	<---	F4	.90
v11	<---	F4	.88
v12	<---	F4	.91

報表 14-2 為標準化係數，可用報表 14-5 之模型圖表示。

報表 14-3

Covariances: (Group number 1 - Default model)

			Estimate	S.E.	C.R.	P	Label
F1	<-->	F2	.34	.17	2.05	.04	

報表 14-3 為 $F1$ 與 $F2$ 之共變數，標準化後即為相關係數。

報表 14-4

Correlations: (Group number 1 - Default model)		
		Estimate
F1 <--> F2		.40

報表 14-4 為 F1 與 F2 之相關係數，r = .40。

報表 14-5

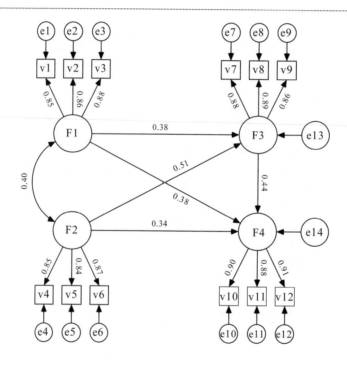

報表 14-5 為標準化係數，與報表 14-2 及 14-4 一致。

報表 14-6（STATA）

Fit statistic	Value	Description
Likelihood ratio		
chi2_ms(48)	4.634	model vs. saturated
p > chi2	1.000	
chi2_bs(66)	422.834	baseline vs. saturated
p > chi2	0.000	

Population error		
RMSEA	0.000	Root mean squared error of approximation
90% CI, lower bound	0.000	
upper bound	.	
pclose	1.000	Probability RMSEA <= 0.05
Information criteria		
AIC	1107.351	Akaike's information criterion
BIC	1178.284	Bayesian information criterion
Baseline comparison		
CFI	1.000	Comparative fit index
TLI	1.167	Tucker‐Lewis index
Size of residuals		
SRMR	0.013	Standardized root mean squared residual
CD	0.992	Coefficient of determination

　　報表 14-6 為各項適配度指標，$\chi^2(48, N = 40) = 4.634$，$p > 0.999$，SRMR = 0.013，RMSEA = 0.000，CFI = 1.000，TLI = 1.167，代表模型與資料適配良好。

14.3　應用部分

14.3.1　範例說明

　　以下將使用筆者所編「智慧型手機使用量表」之分析，說明如何進行 SEM 分析。

　　本量表為 6 點量表，在編製時，即依照科技接受模型（TAM）的相關理論與實徵研究結果設 4 個分量表，分別是**知覺易用性**（題目為 $a1 \sim a3$）、**知覺有用性**（題目為 $b1 \sim b3$）、**使用態度**（題目為 $c1 \sim c3$）、**行為意圖**（題目為 $d1 \sim d3$），已在第 4 章進行 CFA 分析，本章加上結構模型，為完整之 SEM 模型。

　　為適合更多使用者，另附 LISREL 及 Mplus 語法，不解釋報表。

14.3.2　Amos 分析步驟圖

1. 在 Amos 中，先繪製圖 14-5 之理論模型。

2. 分析前，先在 View 中 Analysis Properties 之 Output 選單再勾選 Standardized estimates（標準化估計值）、Squared multiple correlations（多元相關平方）、及 Indirect, direct & total effects（間接、直接及全體效果）（圖 14-8）。

圖 14-8　Output 選單

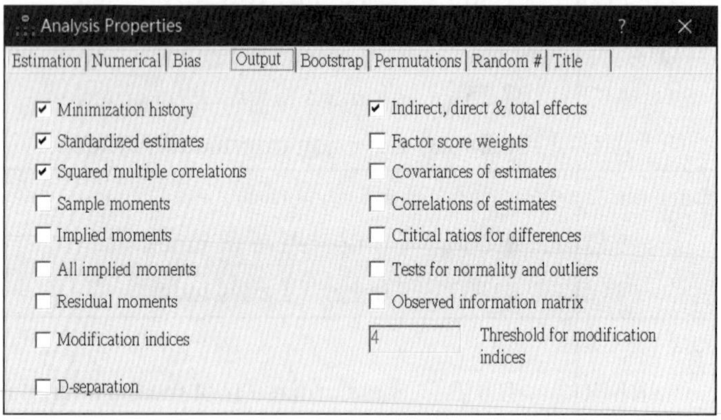

3. 如果要檢定間接效果是否顯著，應使用 Bootstrap，樣本數設定為 2000 或更大，信賴區間設定為 95%（圖 14-9）。

圖 14-9　Bootstrap 選項

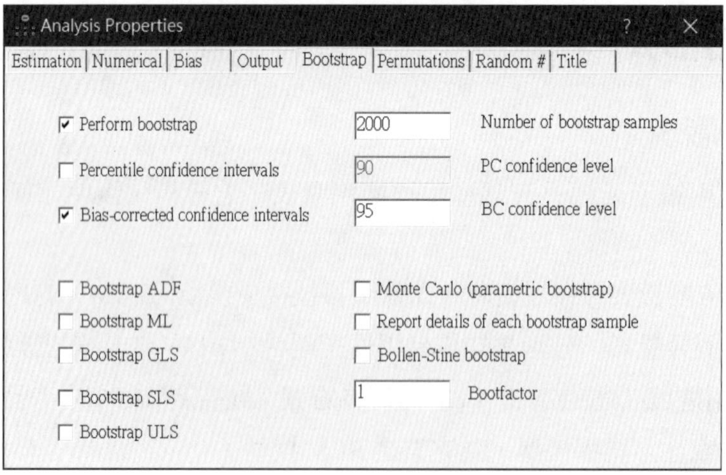

14.3.3　Amos 語法

```
[1]    a1 = (1) A + (1) e1
       a2 = A + (1) e2
       a3 = A + (1) e3
```

b1 = (1) B + (1) e4
b2 = B + (1) e5
b3 = B + (1) e6
c1 = (1) C + (1) e7
c2 = C + (1) e8
c3 = C + (1) e9
d1 = (1) D + (1) e10
d2 = D + (1) e11
d3 = D + (1) e12

[2]　　B = A + (1) e13
　　　C = A + B + (1) e14
　　　D = B + C + (1) e15

14.3.4　Amos 語法說明

[1]　測量模型，分別以 $a1 \sim d3$ 等 12 個觀測變數為依變數，自變數為潛在變數（構念）及測量誤差。其中，測量誤差的加權係數設定為 1，參照指標的加權係數也設定為 1。

[2]　結構模型有 3 個，分別為 $B \leftarrow A$、$C \leftarrow A+B$、$D \leftarrow B+C$，均含結構殘差。

14.3.5　STATA 程式

```
[1]  use "C:\MULTI\STATA\sem.dta", clear
[2]  sem (A -> a?)(B -> b?)(C -> c?)(D -> d?)(A->B)(A B->C)(B C->D)
[3]  sem (A -> a?)(B -> b?)(C -> c?)(D -> d?)(A->B)(A B->C)(B C->D), stand nolog
[4]  estat gof, stat(all)
[5]  estat teffects, stand
```

14.3.6　STATA 程式說明

[1]　讀入 STATA 之系統檔，檔名為 sem.dta，儲存於 C 磁碟 MULTI 之 STATA 資料夾中。如果原先已有資料，加上 clear 選項表示清除舊資料。

[2]　執行 sem 程序，分為兩部分：測量模型部分，潛在變數為 $A \sim D$（須大寫），觀察變數為 $a1 \sim d3$（須小寫）。由於 $a1 \sim a3$ 屬於 A 因素，可簡寫為 a?，其他亦同。

結構模型部分，共有 $A \to B$、$A \to C$、$B \to C$、$B \to D$、$C \to D$ 五個徑路，簡寫為「(A -> B)(A B -> C)(B C -> D)」或「(B <- A)(C <- A B)(D <- B C)」。

[3] 模型與 [2] 相同，逗號後選項，stand 表示列出標準化估計值，nolog 表示不列出迭代過程。

[4] 列出所有適配指標。

[5] 估計各標準化效果（含直接、間接、全體）。

14.3.7　LISREL 程式

```
[1]  Raw Data from File 'c:\multi\lisrel\sem.lsf '
[2]  Latent Variables: A B C D
[3]  Relationships:
     a1 a2 a3 = A
     b1 b2 b3 = B
     c1 c2 c3 = C
     d1 d2 d3 = D
     B = A
     C = A B
     D = B C
[4]  Path Diagram
[5]  LISREL Output RS SE SC TV MI PC ND=3 AD=OFF IT=300 ME=ML
```

14.3.8　LISREL 程式說明

[1] 讀入原始資料，檔名為 sem.lsf。

[2] 潛在變數名稱為 A、B、C、D。

[3] 設定關係模型，前半部為測量模型，後半部為結構模型，等號前為觀察變數，等號後為潛在變數。

[4] 繪製徑路圖。

[5] 設定輸出為 LISREL 較詳細報表。要求列出殘差、標準化殘差、Q-plot、適配的共變數矩陣（RS）、標準誤（SE）、完全標準化的解值（SC）、模型的修正指標（MI）、t 值（TV）、參數估計值的相關（PC）。同時要求關閉估計可行性的檢查（AD=OFF），並設定為 3 位小數（ND=3）。

14.3.9　Mplus 程式

```
[1]    data:               file is c:\multi\mplus\sem.csv;
[2]    variable:           names are a1-a3 b1-b3 c1-c3 d1-d3;
[3]    model:              A by a1-a3;
                           B by b1-b3;
                           C by c1-c3;
                           D by d1-d3;
                           B on A;
                           C on A B;
                           D on B C;
[4]    model indirect:
                           D ind A;
                           D ind B;
                           C ind A;
[5]    analysis:           estimator=wls;
[6]    output:             stdyx;
```

14.3.10　Mplus 程式說明

[1] 讀入 csv 格式檔，第 1 列不含變數名稱。

[2] 變數名稱設定為 $a1$–$a3$、$b1$–$b3$、$c1$–$c3$、$d1$–$d3$。

[3] 設定模型，同樣分為兩部分。測量模型部分，by 之前為潛在變數，by 之後為觀察變數。結構模型部分，on 之前為依變數，on 之後為自變數。

[4] 計算 $A{\rightarrow}D$、$B{\rightarrow}D$、$A{\rightarrow}C$ 三個間接效果。

[5] 使用 ML 法估計參數。如果資料違反多變量常態性，可改用 WLS 法估計參數，所得結果與 ADF 法相近。

[6] 輸出設定，要求列出完全標準化解（X 及 Y 都標準化）。

14.3.11　報表及解說

　　以下報表以 Amos 為主，STATA 為輔，簡要說明如後。詳細解釋，請見本書第 4 章 4.3.11 節。LISREL 及 Mplus 結果與前 Amos 及 STATA 差異不大，不另外解說。

報表 14-7

```
Group number 1 (Group number 1)
Notes for Group (Group number 1)
The model is recursive.
Sample size = 231
```

報表 14-7 說明理論模型是遞迴的，樣本數量為 231。

報表 14-8

```
Variable Summary (Group number 1)
Your model contains the following variables (Group number 1)
Observed, endogenous variables
a1 a2 a3 b1 b2 b3 d1 d2 d3 c1 c2 c3
Unobserved, endogenous variables
B C D
Unobserved, exogenous variables
A e1 e2 e3 e4 e5 e6 e7 e8 e9 e10 e11 e12 e13 e14 e15
```

報表 14-8 說明觀察的外因變數為 a1 ~ d3 等 12 個變數（也就是研究者蒐集的資料），潛在內因變數為 B、C、D，潛在外因變數為 A 及 12 個測量誤差及 3 個結構殘差。

報表 14-9

Variable counts (Group number 1)	
Number of variables in your model:	31
Number of observed variables:	12
Number of unobserved variables:	19
Number of exogenous variables:	16
Number of endogenous variables:	15

報表 14-19 列出模型中的變數數目共有 31 個，其中觀察變數有 12 個，潛在變數有 19 個。另一種分類是，外因變數有 16 個（都是潛在變數），內因變數有 15 個（含 12 個觀察變數及 3 個潛在變數）。

報表 14-10

Parameter Summary (Group number 1)

	Weights	Covariances	Variances	Means	Intercepts	Total
Fixed	19	0	0	0	0	19
Labeled	0	0	0	0	0	0
Unlabeled	13	0	16	0	0	29
Total	32	0	16	0	0	48

　　報表 14-10 說明模型中有 48 個參數，其中有 19 個固定的加權係數（4 個參照指標、12 個測量誤差對觀察變數的加權、3 個結構殘差對潛在內因變數的加權）、13 個未命名的加權係數（8 個因素加權及 5 個迴歸係數）、16 個未命名變異數（1 個潛在外因變數、12 個測量誤差、3 個結構殘差）。29 個未命名的參數，是自由參數，也是模型中要估計的參數。

報表 14-11

Sample Covariances (Group number 1)

	c3	c2	c1	d3	d2	d1	b3	b2	b1	a3	a2	a1
c3	.60											
c2	.48	.72										
c1	.47	.51	.68									
d3	.39	.46	.46	.81								
d2	.45	.49	.51	.69	1.01							
d1	.46	.50	.50	.68	.68	.83						
b3	.33	.35	.34	.44	.45	.42	.82					
b2	.35	.35	.38	.40	.42	.45	.45	1.02				
b1	.31	.31	.33	.39	.41	.41	.40	.48	.57			
a3	.38	.37	.40	.35	.40	.37	.32	.36	.29	1.29		
a2	.25	.27	.28	.36	.30	.33	.17	.29	.22	.75	1.19	
a1	.29	.29	.31	.31	.30	.31	.24	.32	.26	.66	.66	.88

Condition number = 42.20

Eigenvalues

5.31 1.61 .78 .58 .49 .40 .33 .24 .22 .19 .17 .13

Determinant of sample covariance matrix = .00

　　報表 14-11 是由樣本計算而得的共變數矩陣，也就是 S 矩陣。此矩陣有 12 個特徵值，條件數 42.20 由最大的特徵值 5.31 除以最小的特徵值 0.13 而得（有捨入誤差）。

報表 14-12

Sample Correlations (Group number 1)

	c3	c2	c1	d3	d2	d1	b3	b2	b1	a3	a2	a1
c3	1.00											
c2	.72	1.00										
c1	.74	.73	1.00									
d3	.55	.60	.62	1.00								
d2	.57	.58	.62	.76	1.00							
d1	.64	.65	.67	.82	.74	1.00						
b3	.46	.45	.45	.54	.49	.51	1.00					
b2	.44	.40	.46	.44	.41	.49	.49	1.00				
b1	.53	.48	.53	.57	.53	.59	.58	.63	1.00			
a3	.43	.38	.42	.34	.35	.36	.31	.32	.33	1.00		
a2	.29	.29	.31	.37	.27	.33	.17	.26	.26	.60	1.00	
a1	.40	.36	.40	.37	.32	.36	.28	.34	.37	.62	.65	1.00

Condition number = 40.62
Eigenvalues
6.34 1.52 .91 .70 .52 .39 .36 .32 .27 .26 .25 .16

　　報表 14-12 是由樣本計算而得的相關矩陣。

報表 14-13

Computation of degrees of freedom (Default model)	
Number of distinct sample moments:	78
Number of distinct parameters to be estimated:	29
Degrees of freedom (78 - 29):	49

　　報表 14-13 說明模型提供的動差有 78 個（12×13÷2 而得），也就是報表 14-11 中的共變數及變異數。有 29 個要估計的參數（見報表 14-10），因此，自由度為 49。

報表 14-14

```
Result (Default model)
Minimum was achieved
Chi-square = 53.80
Degrees of freedom = 49
Probability level = .30
```

報表 14-14 說明理論模型的 $\chi^2(49, N = 231) = 53.8$，$p = .30$，不拒絕虛無假設，因此無法推翻理論模型。

報表 14-15

Regression Weights: (Group number 1 - Default model)

			Estimate	S.E.	C.R.	P	Label
B	<---	A	.41	.07	6.30	***	
C	<---	A	.24	.07	3.51	***	
C	<---	B	.67	.09	7.52	***	
D	<---	B	.47	.11	4.38	***	
D	<---	C	.64	.09	6.82	***	
a1	<---	A	1.00				
a2	<---	A	1.10	.10	11.40	***	
a3	<---	A	1.14	.10	11.44	***	
b1	<---	B	1.00				
b2	<---	B	1.14	.10	11.25	***	
b3	<---	B	.99	.09	10.90	***	
d1	<---	D	1.00				
d2	<---	D	1.00	.06	17.38	***	
d3	<---	D	.97	.05	20.55	***	
c1	<---	C	1.00				
c2	<---	C	.99	.06	16.01	***	
c3	<---	C	.92	.06	16.39	***	

報表 14-13 是 13 個未標準化加權係數（另有 4 個參照指標設為 1），C.R.值都大於 1.96，P 都小於 .001（以***表示）。

報表 14-16

Standardized Regression Weights: (Group number 1 - Default model)			
			Estimate
B	<---	A	.49
C	<---	A	.25
C	<---	B	.60
D	<---	B	.36
D	<---	C	.55
a1	<---	A	.82
a2	<---	A	.77
a3	<---	A	.77
b1	<---	B	.85
b2	<---	B	.72
b3	<---	B	.70
d1	<---	D	.91
d2	<---	D	.83
d3	<---	D	.90
c1	<---	C	.87
c2	<---	C	.84
c3	<---	C	.85

報表 14-16 為標準化加權係數，研究者通常會呈現此部分之結果。

報表 14-17

Variances: (Group number 1 - Default model)				
	Estimate	S.E.	C.R.	P	Label
A	.59	.09	6.92	***	
e13	.31	.05	6.75	***	
e14	.22	.03	6.41	***	
e15	.19	.03	6.43	***	
e1	.29	.05	6.35	***	
e2	.48	.06	7.61	***	
e3	.52	.07	7.53	***	

Variances: (Group number 1 - Default model)

	Estimate	S.E.	C.R.	P	Label
e4	.16	.03	5.90	***	
e5	.49	.06	8.67	***	
e6	.42	.05	8.91	***	
e7	.16	.02	7.21	***	
e8	.21	.03	8.10	***	
e9	.17	.02	7.80	***	
e10	.14	.02	6.44	***	
e11	.32	.04	8.89	***	
e12	.16	.02	7.03	***	

　　報表 14-17 是 16 個潛在外因變數的變異數，C.R.都大於 1.96，P 都小於.001，因此都顯著不等於 0。

報表 14-18

Squared Multiple Correlations: (Group number 1 - Default model)

	Estimate
B	.24
C	.57
D	.72
c3	.72
c2	.70
c1	.76
d3	.81
d2	.69
d1	.83
b3	.49
b2	.52
b1	.72
a3	.60
a2	.59
a1	.67

報表 14-18 是內因變數被解釋的變異量。12 個指標被解釋的 R^2 均大於 0.5，3 個潛在內因變數 B、C、D 被解釋的 R^2 分別為.24、.57、.72。

報表 14-19

Implied Covariances (Group number 1 - Default model)

	c3	c2	c1	d3	d2	d1	b3	b2	b1	a3	a2	a1
c3	.60											
c2	.47	.72										
c1	.47	.51	.68									
d3	.44	.47	.47	.81								
d2	.45	.48	.49	.68	1.01							
d1	.45	.48	.49	.68	.69	.83						
b3	.30	.33	.33	.39	.40	.40	.82					
b2	.35	.38	.38	.45	.46	.46	.47	1.02				
b1	.31	.33	.33	.40	.41	.41	.41	.47	.57			
a3	.32	.34	.35	.34	.35	.35	.28	.32	.28	1.29		
a2	.30	.33	.33	.33	.34	.34	.27	.30	.27	.74	1.19	
a1	.28	.30	.30	.30	.31	.31	.24	.28	.24	.68	.65	.88

報表 14-19 是由理論模型所再製的共變數矩陣，稱為隱含共變數矩陣，也就是 $\hat{\Sigma}$ 矩陣。如果研究者提出的理論模型適度，則隱含矩陣與報表 14-11 的樣本共變數矩陣差距應接近於 0。為節省篇幅，不列出隱含相關矩陣。

報表 14-20

Residual Covariances (Group number 1 - Default model)

	c3	c2	c1	d3	d2	d1	b3	b2	b1	a3	a2	a1
c3	.00											
c2	.01	.00										
c1	.00	.00	.00									
d3	-.05	-.01	-.01	.00								
d2	.00	.01	.02	.02	.00							
d1	.01	.02	.02	.00	-.02	.00						
b3	.02	.02	.01	.05	.04	.02	.00					

Residual Covariances (Group number 1 - Default model)

	c3	c2	c1	d3	d2	d1	b3	b2	b1	a3	a2	a1
b2	.00	-.03	.00	-.05	-.05	-.01	-.01	.00				
b1	.01	-.02	.00	-.01	.00	.00	-.01	.01	.00			
a3	.06	.03	.05	.01	.05	.02	.05	.05	.01	.00		
a2	-.06	-.06	-.05	.03	-.04	-.01	-.10	-.01	-.05	.01	.00	
a1	.01	-.01	.01	.01	.00	.00	-.01	.04	.02	-.02	.02	.00

　　報表 14-20 是殘差之共變數矩陣，由報表 14-11 的樣本共變數矩陣減報表 14-19 之隱含共變數矩陣。將此矩陣的所有元素平方後加總（含右上角）再除以 156〔等於 12×(12+1)〕，並開根號，即是 RMR（root mean square residual）。

報表 14-21

Standardized Residual Covariances (Group number 1 - Default model)

	c3	c2	c1	d3	d2	d1	b3	b2	b1	a3	a2	a1
c3	.00											
c2	.12	.00										
c1	-.02	-.07	.00									
d3	-.87	-.20	-.21	.00								
d2	.00	.18	.37	.21	.00							
d1	.18	.31	.29	.03	-.24	.00						
b3	.45	.39	.13	.82	.67	.32	.00					
b2	-.04	-.45	.04	-.68	-.64	-.14	-.20	.00				
b1	.16	-.39	-.01	-.14	-.03	.02	-.17	.25	.00			
a3	.99	.39	.75	.14	.60	.25	.64	.59	.14	.00		
a2	-.97	-.88	-.78	.47	-.49	-.16	-1.46	-.15	-.90	.08	.00	
a1	.24	-.22	.11	.19	-.05	-.02	-.09	.61	.31	-.25	.19	.00

　　報表 14-21 是標準化共變數殘差，絕對值均未大於 1.96 或 2.58，因此，理論模型與資料適配良好。

報表 14-22

Standardized Total Effects (Group number 1 - Default model)				
	A	B	C	D
B	.49	.00	.00	.00
C	.55	.60	.00	.00
D	.48	.69	.55	.00

　　報表 14-22 為標準化全體效果，由報表 14-23 之直接效果加報表 14-24 之間接效果而得。為節省篇幅，省略潛在變數對觀察指標之效果，也未列出 95%信賴區間。

報表 14-23

Standardized Direct Effects (Group number 1 - Default model)				
	A	B	C	D
B	.49	.00	.00	.00
C	.25	.60	.00	.00
D	.00	.36	.55	.00

　　報表 14-23 是標準化直接效果，等於報表 14-25 中結構模型的迴歸係數。95%信賴區間未列出。

報表 14-24

Standardized Indirect Effects (Group number 1 - Default model)				
	A	B	C	D
B	.00	.00	.00	.00
C	.29	.00	.00	.00
D	.48	.33	.00	.00

Standardized Indirect Effects - Lower Bounds (BC)				
	A	B	C	D
B	.00	.00	.00	.00
C	.22	.00	.00	.00
D	.38	.24	.00	.00

Standardized Indirect Effects - Upper Bounds (BC)				
	A	B	C	D
B	.00	.00	.00	.00
C	.41	.00	.00	.00
D	.58	.46	.00	.00

　　報表 14-24 是標準化間接效果及其 95%信賴區間。間接效果是由直接效果相乘而得，例如：變數 *A* 對 *C* 的間接效果 0.29，等於 *A*→*B* 的直接效果 0.49，乘以 *B*→*C* 的直接效果 0.60。0.29 的 95%信賴區間為 [0.22, 0.41]，中間不含 0，因此，*A* 對 *C* 有顯著的間接效果，亦即，*B* 是 *A* 與 *C* 的中介變數。

報表 14-25

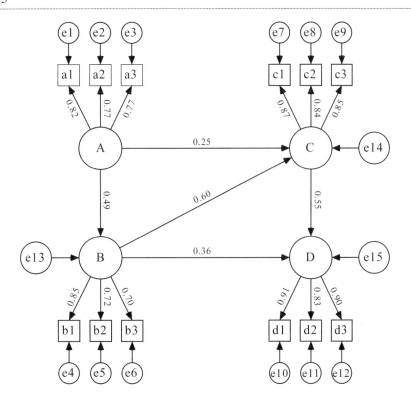

　　報表 14-25 是使用 ML 法估計所得的標準化係數，詳細說明見前面各報表。

報表 14-26（STATA）

Fit statistic	Value	Description
Likelihood ratio		
chi2_ms(49)	54.032	model vs. saturated
p > chi2	0.288	
chi2_bs(66)	1810.6	baseline vs. saturated
p > chi2	0	
Population error		
RMSEA	0.021	Root mean squared error of approximation
90% CI, lower bound	0	
upper bound	0.049	
pclose	0.957	Probability RMSEA <= 0.05
Information criteria		
AIC	5723.56	Akaike's information criterion
BIC	5864.7	Bayesian information criterion
Baseline comparison		
CFI	0.997	Comparative fit index
TLI	0.996	Tucker‐Lewis index
Size of residuals		
SRMR	0.03	Standardized root mean squared residual
CD	0.846	Coefficient of determination

報表 14-26 是 STATA 分析所得各項適配度指標，χ^2 (49, N = 231) = 54.032（Amos 為 53.798），p = 0.288（Amos 為 0.296），SRMR = 0.030，RMSEA = 0.021，CFI = 0.997，TLI = 0.996。整體而言，理論模型可以適配觀察資料。

14.4 分析結論

研究者自編 12 題 Likert 六點量表，以測量使用者對智慧型手機的看法。量表共有 4 個分量表，各有 3 個題目，分別在測量認知有用性、認知易用性、使用態度，及行為意圖。經使用 Amos 29 版及 STATA 17 版統計，以 ML 法進行結構方程模型分析，得到 χ^2(49, N = 231) = 53.80，p < .001。χ^2 與自由度比值為 1.10，RMSEA = 0.02，SRMR = 0.03，CFI = 1.00，TLI = 1.00，表示理論模型適配度良好。標準化估計值如

報表 14-25，因素負荷量都在 .70 以上，各因素具有良好的聚斂效度及區別效度。5 個研究假設均獲得支持，總結而言：

1. 認知易用性正向影響認知有用性，徑路係數為 0.49，R^2 為 0.24。

2. 認知易用性與認知有用性均正向影響使用態度，徑路係數分別為 0.25 與 0.60，R^2 為 0.57；認知易用性對使用態度的間接效果為 0.29。

3. 認知有用性與使用態度均正向影響行為意圖，徑路係數分別為 0.36 與 0.55，R^2 為 0.72；認知有用性對行為意圖的間接效果為 0.33。

4. 認知易用性對行為意圖的間接效果為 0.48。

14.5　使用 JASP 及 jamovi 分析

JASP 及 jamovi 都可以進行結構方程模型分析。在 jamovi 的 SEM (interactive) 進行分析時，依次「Add New Factor」，將觀察變數點選到相對應的內因及外因潛在因素，並針對各內因潛在因素加入外因潛在因素即可。設定完成後，jamovi 會立即進行分析，得到結果。圖 14-10 是 jamovi 的結果，係數與報表 14-25 一致。jamovi 的 SEM (syntax) 可以使用撰寫語法的方式進行分析（語法同圖 14-11 左側），所得結果與互動式一致。

圖 14-10　jamovi 分析結果

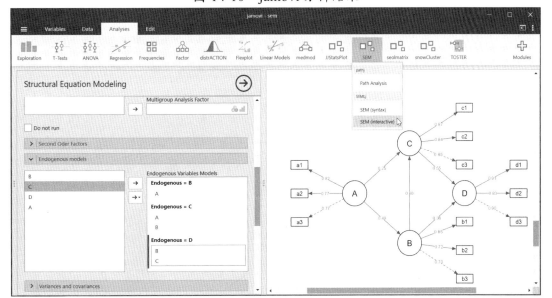

　　JASP 的 Structural Equation Modeling 只能透過撰寫語法進行分析（如圖 14-11 左側），雖然在報表中可輸出標準化估計值（Standardized estimates），不過，在模型圖中卻只能顯示未標準化估計值（本書使用 0.16.4 版）。圖 14-12 是 JASP 的輸出報表，與 Amos 估計結果一致。

圖 14-11　JASP 分析結果（一）

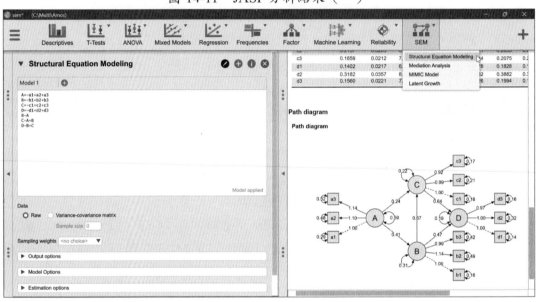

圖 14-12　JASP 分析結果（二）

Parameter estimates

Factor Loadings

Latent	Indicator	Estimate	Std. Error	z-value	p	95% Confidence Interval		Standardized		
						Lower	Upper	All	LV	Endo
A	a1	1.0000	0.0000			1.0000	1.0000	0.8207	0.7690	0.8207
	a2	1.0952	0.0959	11.4233	0.0000	0.9073	1.2831	0.7708	0.8421	0.7708
	a3	1.1444	0.0998	11.4684	0.0000	0.9488	1.3400	0.7748	0.8800	0.7748
B	b1	1.0000	0.0000			1.0000	1.0000	0.8486	0.6425	0.8486
	b2	1.1377	0.1009	11.2784	0.0000	0.9400	1.3354	0.7228	0.7310	0.7228
	b3	0.9925	0.0909	10.9189	0.0000	0.8143	1.1706	0.7024	0.6377	0.7024
C	c1	1.0000	0.0000			1.0000	1.0000	0.8716	0.7169	0.8716
	c2	0.9921	0.0618	16.0428	0.0000	0.8709	1.1134	0.8385	0.7113	0.8385
	c3	0.9212	0.0561	16.4257	0.0000	0.8113	1.0311	0.8511	0.6604	0.8511
D	d1	1.0000	0.0000			1.0000	1.0000	0.9120	0.8328	0.9120
	d2	1.0010	0.0575	17.4182	0.0000	0.8883	1.1136	0.8282	0.8336	0.8282
	d3	0.9737	0.0473	20.5948	0.0000	0.8810	1.0663	0.8990	0.8109	0.8990

Regression coefficients

Predictor	Outcome	Estimate	Std. Error	z-value	p	95% Confidence Interval		Standardized		
						Lower	Upper	All	LV	Endo
A	B	0.4130	0.0654	6.3165	2.6756×10^{-10}	0.2848	0.5411	0.4943	0.4943	0.4943
	C	0.2362	0.0672	3.5178	0.0004	0.1046	0.3679	0.2534	0.2534	0.2534
B	C	0.6652	0.0882	7.5403	4.6851×10^{-14}	0.4923	0.8382	0.5962	0.5962	0.5962
	D	0.4681	0.1067	4.3866	1.1515×10^{-5}	0.2589	0.6772	0.3611	0.3611	0.3611
C	D	0.6416	0.0938	6.8385	8.0020×10^{-12}	0.4577	0.8255	0.5523	0.5523	0.5523

Factor variances

15 偏最小平方結構方程模型 [*]

偏最小平方結構方程模型可以使用下列的形式表示其關係：

$$
\begin{aligned}
Y_1 &= X_{11} + X_{12} + X_{13} + \mathsf{L} + X_{1n} \\
Y_2 &= X_{21} + X_{22} + X_{23} + \mathsf{L} + X_{2n} \\
\mathsf{M} & \qquad\qquad \mathsf{M} \\
Y_m &= X_{m1} + X_{m2} + X_{m3} + \mathsf{L} + X_{mn}
\end{aligned}
$$

（計量）　　　（計量、非計量）

15.1 理論部分

變異數本位的偏最小平方結構方程模型（variance-based partial least squares structural equation modeling, PLS-SEM）與共變數本位的結構方程模型（covariance-based structural equation modeling, CB-SEM）同為第二代統計技術（Fornell & Larcker, 1987; Hair et al, 2017），CB-SEM 使用已久，也廣泛應用在各學術領域研究中，PLS-SEM 則較晚受到重視。近年來，由於電腦與統計軟體的快速發展，PLS-SEM 已受資訊管理、計量經濟學、商業行銷、休閒運動等領域重視。

PLS（偏最小平方法或淨最小平方法）有兩種取向：一是 PLS 迴歸，它與最小平方法迴歸及典型相關概念較相近，多應用於化學計量學、生物資訊學、神經科學等領域；二是 PLS 結構方程模型，它與主成分分析及結構方程模型概念較相近。本章只介紹 PLS-SEM 的重要概念。

15.1.1 兩種結構方程模型

第二代統計技術整合了外顯的指標變數及潛在變數，納入結構方程模型中。SEM 有兩種類型：一是以共變數為主的結構方程模型，簡稱 CB-SEM，目的在評估研究者所提的理論模型與蒐集的資料是否適配，瑞典學者 Karl Jöreskog 是此領域最知名的研究者。另一種是偏最小平方法的結構方程模型，簡稱 PLS-SEM，目的如同迴歸分析，在對內因構念預測時，使殘差最小並使 R^2 達到最大，挪威出生的瑞典學者 Herman Wold 對此領域的發展有重要的影響。

---

[*] 本章改寫自：陳正昌與林曉芳（2020）。**R 統計軟體與多變量分析**，第 14 章。五南圖書。該章由陳正昌主筆。

　　第 14 章已說明，CB-SEM 可視為驗證性因素分析與徑路分析的結合，它主要包含**測量模型**與**結構模型**。PLS-SEM 同樣包含兩種模型（圖 15-1）：1.用來描述潛在變數與外顯測量變量關係者稱為**外部模型**（outer model），等同 CB-SEM 的測量模型（圖 15-2）；2.用來描述潛在內因變數與潛在外因變數關係者稱為**內部模型**（inner model），等同 CB-SEM 的結構模型（圖 15-3）。不過，CB-SEM 的潛在自變數須設定有關聯，而 PLS-SEM 則不必設定。CB-SEM 的測量指標通常是反映性測量，而 PLS-SEM 可以是形成性測量（圖 15-4），或是兩者兼具，PLS-SEM 可視為主成分分析與徑路分析的結合。

　　Ringle 等人（2012）分析了 MIS Quarterly 期刊自 1992 到 2011 年共 20 年使用 PLS-SEM 的 65 篇論文 109 個結構方程模型，只使用反映性測量的有 46 個模型（42.20%），只使用形成性測量有 2 個模型（1.83%），兩者兼用的有 33 個模型（30.28%），不過，也有 28 個模型（25.69%）未說明使用何種測量模型。可見，單純使用形成性測量仍是少數，多數研究仍以反映性測量進行 PLS-SEM，或是兩種測量並用。

圖 15-1　完整的 PLS-SEM（反映性測量）

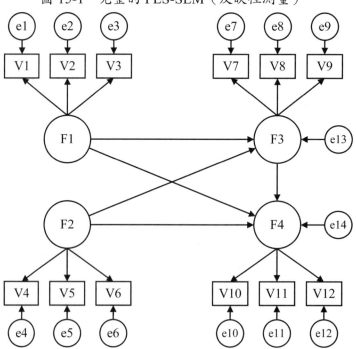

圖 15-2　PLS-SEM（外部模型）

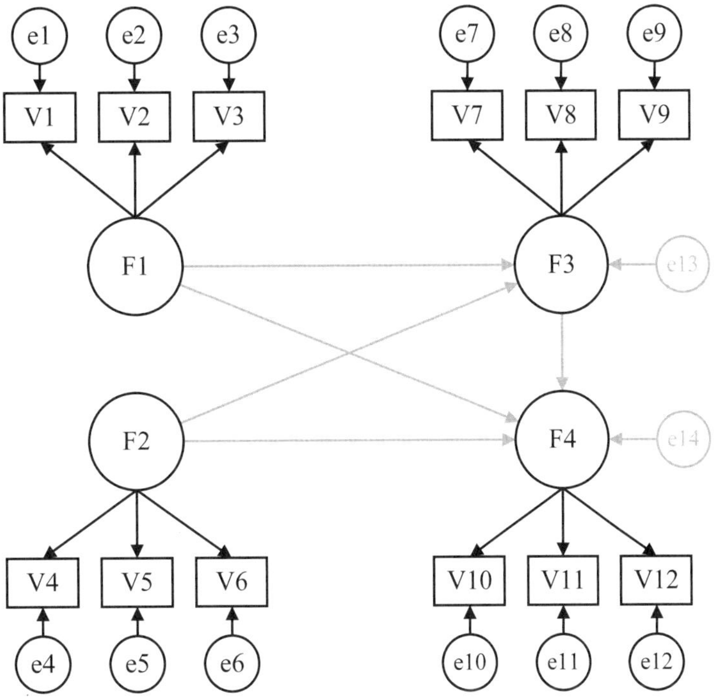

圖 15-3　PLS-SEM（內部模型）

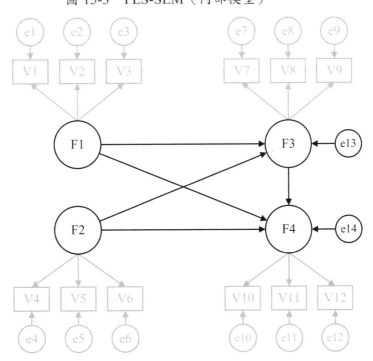

圖 15-4　PLS-SEM（形成性測量）

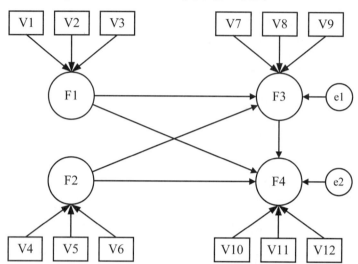

15.1.2　PLS-SEM 的特點

相較於 CB-SEM，PLS-SEM 具有以下的特點（Hair et al., 2017）：

1.　小樣本也可以分析。CB-SEM 通常使用 ML 法估計參數，需要大樣本；如果樣本數較小，PLS-SEM 是較好的選擇。如果樣本數符合 10 倍原則，PLS-SEM 的估計結果已具不偏性：(1)單一構念中最多形成性指標數量的 10 倍；或(2)單一潛在變數最多徑路數量的 10 倍。本章的範例每個潛在構念的指標都是 3 個，3×10 = 30，指向構念 A、B 的徑路數都是 2 個，2×10 = 20，因此，樣本數只要達到 20 或 30 就已足夠。當然，如果是大樣本，則會增加估計的正確性。

2.　資料不須常態分配。CB-SEM 使用的 ML 法估計，需要符合多變量常態分配假設；PLS-SEM 使用 PLS 法，不必假定資料為常態分配，比 CB-SEM 可以適用不同型態的資料。

3.　模型可以同時包含反映性與形成性測量指標。CB-SEM 的指標通常為反映性指標，PLS-SEM 可以兩者兼具，可配合更多研究需要。

4.　CB-SEM 常用來驗證理論，PLS-SEM 主要透過理論模型解釋依變數變量的方式，用於探索性研究，進而發展理論。

雖然 PLS-SEM 與 CB-SEM 的統計觀點不同，不過，如果 CB-SEM 的基本假定無法符合，則 PLS-SEM 可以是很好的替代方法，兩者估計結果也相近。如果要再使用潛在構念分數進行後續分析，則 PLS-SEM 是較好的選擇（Hair et al., 2011）。

15.1.3　PLS-SEM 的分析步驟

PLS-SEM 的分析步驟與 CB-SEM 大同小異。目前研究者使用最多的 PLS-SEM 軟體是 SmartPLS，它由 Ringle 等人（2015）設計，目前為第 4 版，可以免費試用 1 個月。STATA 中，可以安裝由 M. Mehmetoglu 設計的 plssem.ado，分析結果雖較精簡，但與 SmartPLS 一致。以下先以 STATA 指令為主，說明分析步驟，詳細的 SmartPLS 報表，則在範例部分解說。

15.1.3.1　設定結構模型

PLS-SEM 的主要目的與迴歸分析相同，在於使依變數（潛在或外顯）的觀察值與由理論模型所得的預測值差異（殘差）達到最小。而理論模型旨在描述潛在變數間的因果關係，以筆者所提的智慧型手機之科技接受模型，包含以下 5 個假設：

H_1：認知易用性（A）影響認知有用性（B）。*
H_2：認知易用性（A）影響使用態度（C）。
H_3：認知有用性（B）影響使用態度（C）。
H_4：認知有用性（B）影響行為意圖（D）。
H_5：使用態度（C）影響行為意圖（D）。

上面的 5 個假設，以依變數為準，轉換為以下 3 個模型：

M_1：認知有用性（B）受認知易用性（A）影響。
M_2：使用態度（C）受認知易用性（A）與認知有用性（B）影響。
M_3：行為意圖（D）受認知有用性（B）與使用態度（C）影響。

以上的因果關係以圖 15-5 表示，就類似第 8 章的徑路分析圖（圖 8-1）。圖中認知易用性未被其他變數解釋（影響），稱為潛在外因變數；認知有用性、使用態度、行為意圖都被其他變數解釋，稱為潛在內因變數。在模型中，潛在內因變數未被解釋的部分稱為殘差。

上述模型，在 STATA 中簡要的分析指令為：

```
plssem 外部模型, structural(B A, C A B, D B C)
```

逗號前的外部模型將在 15.3.2 節說明，逗號後括號中為內部（結構）模型，分段

---

* 比較正確應寫成：認知易用性（A）與認知有用性（B）有關聯。一般更會假設有正相關或正向效果，此時為單尾檢定，報表的 p 值應除以 2。

設定模型，第 1 個變數為依變數，其餘為自變數，如 $D\ B\ C$ 即是以 D 為依變數，B 與 C 為自變數。

圖 15-5　智慧型手機的科技接受模型

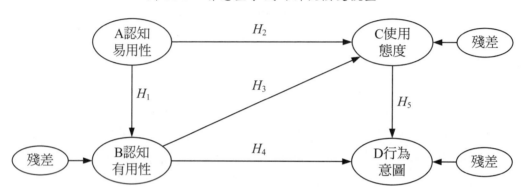

15.1.3.2　設定測量模型

　　測量模型主要在找到適合的測量指標來代表潛在變數，此部分已在第 14 章說明。在 CB-SEM 中，通常是反映性測量模型；PLS-SEM 可以同時包含反映性測量模型（模型 A）與形成性測量模型（模型 B）。兩者的差別，詳如表 15-1。

表 15-1　測量模型的比較

判斷標準	反映性測量 mode A	形成性測量 mode B
指標與構念的因果順序	從構念到指標	從指標到構念
特質或總和	構念是解釋指標的一種特質	構念是解釋指標的總和
指標代表構念的果或因	指標是構念的結果	指標是構念的原因
當特質的評量改變時，所有題項是否需要做相似的調整	需要	不需要
題項是否可以相互取代	可以	不可以

修改自：*A primer on partial least squares structural equation modeling* (PLS-SEM) (2nd ed.) (p. 52), by J. F. Hair, G. T. M. Hult, C. M. Ringle, & M. Sarstedt, 2017, SAGE.

　　圖 15-6 的測量模型是反映性測量，因果順序是從構念指向指標。在 STATA 中完整的分析指令為：

```
plssem (A>a?)(B>b?)(C>c?)(D>d?), structural(B A, C A B, D B C)
```

　　指令中潛在構念 A 的指標為 a1、a2、a3，由於資料中沒有其他以 a 開頭的變數，因此，可以簡寫為 a?，其他亦同。

圖 15-6　智慧型手機的科技接受模型（反映性測量）

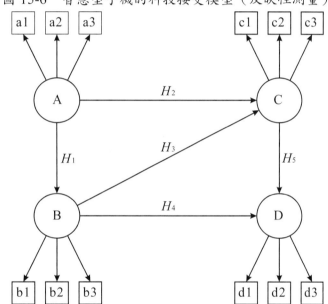

　　圖 15-7 的測量模型是形成性測量，因果順序是從指標指向構念。在 STATA 中完整的分析指令如下。由於 plssem 預設列出外部負荷量係數，但是，形成性測量應以外部加權係數為主，因此以 matrix list 列出分析後儲存的 outerweights（外部加權係數）。

```
plssem (A<a?)(B<b?)(C<c?)(D<d?), structural(B A, C A B, D B C)
matrix list e(outerweights)
```

圖 15-7 智慧型手機的科技接受模型（形成性測量）

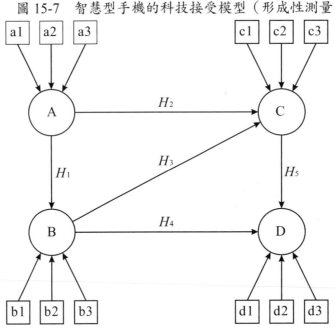

15.1.3.3 進行參數估計

PLS-SEM 的運算可分成兩個階段，第一個階段是透過以下四個步驟反覆估計潛在構念分數直到收斂（邱皓政，2011；Hair et al., 2011; Hair et al., 2019）：

1. **由外部模型趨近潛在構念分數**。第一次先把各潛在構念相對應的測量變數（指標）使用任意的權重（通常設定為 1）做線性組合，以獲得標準化分數，此為由外部模型趨近潛在構念分數〔外部代理分數（outer proxy score）〕。第二次之後則從步驟 4 獲得權重。

2. **估計內部模型權重**。把前一步驟得到的潛在構念分數，透過各潛在變數的關聯強度、迴歸或徑路模型，求得內部模型代理權重。此步驟有三種加權方式：(1)形心加權法（centroid weighting scheme）；(2)因素加權法（factor weighting scheme）；(3)徑路加權法（path weighting scheme）。雖然三種加權方法估計的結果相差不多，不過，Hair 等人（2017）建議使用徑路加權法，因為這種方法可以得到比較高的潛在內因變數 R^2，也適合所有的 PLS 徑路模型設定與估計。STATA 的 plssem 及 SmartPLS 預設使用徑路加權法。

3. **由內部模型趨近潛在構念分數**。完成上述 2 步驟所得到的潛在變數分數（從步驟 1 得到）與權重（從步驟 2 得到），就可以計算出新的內部模型潛在變數分數〔內部代理分數（inner proxy score）〕。

4. **估計外部模型權重**。把新的結構模型潛在變數分數與各對應的測量變數求相關係數（反映性測量）或迴歸係數（形成性測量），作為外部模型權重。此權重再代入第 1 步驟求取測量模型之趨近潛在變數分數。如此反覆疊代估計，直到獲得的測量模型權重收斂至不再有明顯改變時才停止計算。

第二階段則將第一階段獲得的潛在構念分數帶入，使用 OLS 法求解 PLS-SEM 中每個偏迴歸方程，以獲得最終的**外部加權**、**外部負荷量**，及**結構模型徑路係數**估計值。

圖 15-8 是反映性測量的估計結果，外部模型列出負荷量係數；圖 15-9 是形成性測量的估計結果，外部模型列出加權係數。兩個模型的內部模型之迴歸係數差異不大。

圖 15-8　智慧型手機的科技接受模型估計結果（反映性測量）

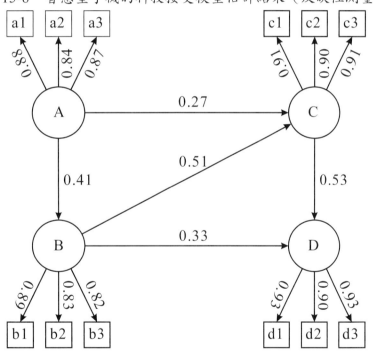

圖 15-9　智慧型手機的科技接受模型估計結果（形成性測量）

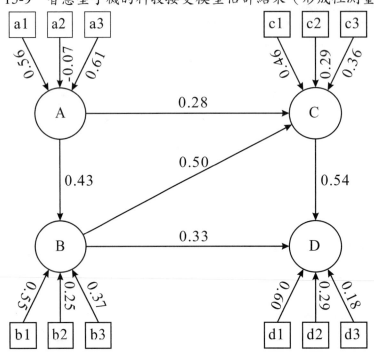

15.1.3.4　評鑑測量模型

與 CB-SEM 相同，測量模型是 SEM 的基礎，因此應先評鑑測量（內部）模型是否適當，再評鑑結構（外部）模型。評鑑測量模型會視反映性測量或形成性測量而有不同，以下分節說明之。

15.1.3.4.1　反映性測量模型的評鑑

如果是反映性測量可以從以下四方面著手：

❑ 內部一致性

首先，內部一致性要高。傳統分析量表的內部一致性信度會使用Cronbach的α係數，不過，α係數通常是信度的下限，會低估真正的信度，因此在SEM中，多數使用Werts 等人發展的組成信度（composite reliability, CR），它比較接近母群參數（Chin, 1998）。組成信度公式為：

$$\rho_c = \frac{\left(\text{因素負荷量總和}\right)^2}{\left(\text{因素負荷量總和}\right)^2 + \left(\text{測量誤差變異量總和}\right)}$$

$$= \frac{\left(\sum_{i=1}^{M} l_i\right)^2}{\left(\sum_{i=1}^{M} l_i\right)^2 + \sum_{i=1}^{M} var(e_i)} = \frac{\left(\sum_{i=1}^{M} l_i\right)^2}{\left(\sum_{i=1}^{M} l_i\right)^2 + \sum_{i=1}^{M} \left(1 - l_i^2\right)}$$

(15-1)

組成信度值介於 0 至 1 之間,數據愈大代表信度愈高。如果是試探性的研究,組成信度在 0.60 ~ 0.70 之間就可以接受;如果是後續階段的研究,最好在 0.70 ~ 0.90 之間;如果高於 0.90 甚至 0.95,表示所有指標測量到的都是同樣的現象,反而不是該構念的有效測量指標(Hair et al., 2017)。在 plssem 中,組合信度稱為 DG(Dillon-Goldstein)值。此外,它也提供 Cronbach α 及 rho_A 信度。

圖 15-8 計算所得的各種信度係數如表 15-2,都在 0.80 以上,0.95 以下,各構念的指標具有高的一致性。

表 15-2　潛在構念之信度

	A	B	C	D
Cronbach	0.83	0.80	0.89	0.91
DG	0.90	0.88	0.93	0.94
rho_A	0.85	0.81	0.89	0.91

❏ 指標信度

第二,指標的信度最好大於 0.5。因素負荷量的平方,代表指標被潛在變數解釋的變異量,是共同性也是指標的信度。指標信度常見的標準是 0.5,代表有 50%的變異量被潛在變數解釋,而 $\sqrt{0.5} \approx 0.707$,因此因素負荷量應大於 0.708 比較理想。然而,如果介於 0.40 ~ 0.70 之間,也不一定要刪除題項,除非可以提高組合信度或 AVE。圖 15-8 中負荷量最低者為 B➔b3 的 0.82,最高為 D➔d3 的 0.93,並未有低於 0.708 者,因此,指標信度良好。

❏ 聚斂效度

第三,潛在變數對指標的平均抽取變異量(AVE)應大於 0.50,小於 0.95。AVE 可以代表構念的聚斂效度,它的計算方法是把潛在變數對指標的負荷量取平方後再除以指標數,也就是潛在變數對所有指標的平均解釋量。表 15-3 下半部為 AVE,介於 0.71 ~ 0.85 之間,因此,聚斂效度良好。

表 15-3 區別效度及 AVE

	A	B	C	D
A	1.00	0.17	0.23	0.18
B	0.17	1.00	0.38	0.43
C	0.23	0.38	1.00	0.54
D	0.18	0.43	0.54	1.00
AVE	0.75	0.71	0.82	0.85

❑ 區別效度

第四，構念間應具有區別性。第一個方法可以檢視構念與指標的交叉負荷量（cross-loadings），也就是指標與不同構念間的負荷量要小於所屬構念的負荷量，不過，這是比較寬鬆的標準。在 STATA 中，要列出交叉負荷量，指令如下：

```
matrix list e(cross_loadings)
```

結果如表 15-4，表中因素負荷量以粗體字表示（筆者另加），可畫成圖 15-8。交叉負荷量雖然都小於構念本身的負荷量，但是，多數都高於 0.30，表示區別效度仍有不足。

表 15-4 交叉負荷量

	Reflective: A	Reflective: B	Reflective: C	Reflective: D
a1	**0.88**	0.39	0.43	0.38
a2	**0.84**	0.27	0.33	0.35
a3	**0.87**	0.38	0.46	0.38
b1	0.38	**0.89**	0.57	0.61
b2	0.36	**0.83**	0.48	0.49
b3	0.30	**0.82**	0.50	0.56
c1	0.45	0.57	**0.91**	0.69
c2	0.41	0.53	**0.90**	0.66
c3	0.44	0.57	**0.91**	0.64
d1	0.40	0.63	0.72	**0.93**
d2	0.37	0.57	0.65	**0.90**
d3	0.41	0.62	0.65	**0.93**

第二個方法是因素間的相關要小於因素的 AVE 平方根，或是將兩者平方，也就

是因素間的相關平方（構念間的互相解釋量）要小於因素的 AVE（構念對各指標的平均解釋量）。表 15-5 是將表 15-3 的對角線 1.00 改為各構念的 AVE（以粗體表示），最小者為構念 C 的 0.71。對角線外為各構念間的相關係數平方，最大者為構念 C 與 D 的 0.54。由於 0.71 大於 0.54，因此，各構念間具有良好的區別效度。另一種判斷方法是，粗體的 AVE 都是同一行或同一列中數字中最大者，因此，構念間的相關平方並未高於構念本身的 AVE，構念間具有良好的區別力。

表 15-5　區別效度

	A	B	C	D
A	**0.75**	0.17	0.23	0.18
B	0.17	**0.71**	0.38	0.43
C	0.23	0.38	**0.82**	0.54
D	0.18	0.43	0.54	**0.85**

15.1.3.4.2　形成性測量模型的評鑑

如果是形成性測量，可以從以下三方面著手：

❑ 聚斂效度

首先，評鑑聚斂效度。此處所指聚斂效度是同一構念之指標間的正相關程度。它的分析方法是計算同一個構念的形成性指標與反映性指標間的相關，也稱為**重複分析**（redundancy analysis），圖示如圖 15-10。以假設性資料為例，「認知易用性」構念，其反映性指標（x1 ~ x3）是：1.智慧型手機的操作方法簡單易學；2.我不需要別人協助，就可以學會使用智慧型手機；3.智慧型手機所提供的加值功能，對我而言是容易操作的。而形成性指標（y1 ~ y3）可以是：1.使用界面友善；2.有詳細的說明；3.各 APP 間操作方法一致。分析時以 3 個形成性指標組合成「認知易用性」得分（X），同時也以另外 3 個反映性指標計算另一個「認知易用性」得分（Y），並計算 2 個「認知易用性」得分的相關（也是徑路係數）。相關係數最好在 0.80 以上，也就是 R^2 應大於 0.64。

圖 15-10　重複分析

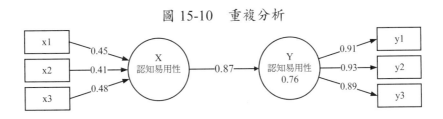

STATA 的 plssem 如下。指令中以 (X<x?) 表示形成性測量，(Y>y?) 為反映性測量，structural(Y X) 表示 $X \rightarrow Y$，digit(2) 代表列出 2 位小數。由於 plssem 預設列出外部負荷量係數，因此，另外再列出外部加權係數。

```
plssem (X<x?)(Y>y?), structural(Y X) digit(2)
matrix list e(outerweights)
```

分析結果如圖 15-10 所示，由於 $R^2=0.76$，大於 0.64，因此 $X1 \sim X3$ 作為認知易用性的形成性指標，具有高的聚斂效度。

❑ 共線性檢查

其次，檢視測量指標間的多元共線性（簡稱共線性）。形成性指標間不應有高的相關，如果指標間有共線性，就會使得係數的標準誤增大，檢定不顯著，也可能使得係數的正負相反。

以下以假設性資料進行共線性分析。其中 $a1 \sim a3$ 是 A 構念（認知易用性）的形成性指標，$b1 \sim b3$ 是 B 構念（認知有用性）的反映性指標。STATA 的語法如下。進行 plssem 分析後，會自動產生 A、B 兩個潛在構念分數。以 $a1 \sim a3$ 為自變數對構念 A 進行迴歸分析後，再計算 VIF 值。

```
plssem (A<a?)(B>b?), structural(B A) digit(2)
matrix list e(outerweights)
corr a1 a2 a3
regress A a1 a2 a3
estat vif
```

圖 15-11 是分析結果，$a1 \sim a3$ 三個形成性指標的外部加權係數分別為 0.42、0.44、0.47。表 15-6 是 3 個變數間的相關矩陣，都在 0.40 以下，並未有高相關。表 15-7 中的 VIF 值都在 10 以下，或是更嚴格標準的 2 以下。因此，3 個形成性指標並無共線性問題。

圖 15-11　共線性分析

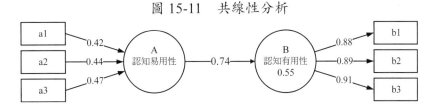

表 15-6　形成性指標間之相關係數矩陣

	a1	a2	a3
a1	1.00		
a2	0.40	1.00	
a3	0.35	0.32	1.00

表 15-7　共線性診斷

Variable	VIF	1/VIF
a1	1.27	0.785094
a2	1.25	0.803077
a3	1.19	0.838929
Mean VIF	1.24	

❏ 指標顯著性與負荷量

　　第三,檢視指標的顯著性與負荷量(相關係數)。形成性測量模型的顯著性,須使用**拔靴法**(bootstrapping,或譯為**自助抽樣法**)。它運用取出放回法反覆抽樣計算加權係數的標準誤,再將加權係數除以標準誤得到 t 值,或計算加權係數的信賴區間,以檢定加權係數是否顯著。如果某個指標的加權係數不顯著,表示與其他指標相比,它的相對貢獻較少。此時,仍應再檢視外部模型的負荷量,如果該指標與構念的外部負荷量大於 0.5,表示它仍有絕對貢獻,不應刪除該指標。

　　由於 STATA 的 plssem 並未提供外部加權係數檢定,因此改用 SmartPLS 重複抽樣 5,000 次,表 15-8 為所得係數及其 T 值、P 值、95%信賴區間。表中 T 值均大於 1.96,P 值均小於 0.01,95%信賴區間都不含 0,因此,3 個外部加權係數均顯著不等於 0。

表 15-8　外部加權係數檢定及 95%信賴區間

	初始樣本 (O)	樣本均值 (M)	標準差 (STDEV)	T 統計量 (|O/STDEV|)	P 值	2.50%	97.50%
A1 -> A 認知易用性	0.42	0.41	0.06	7.30	0.00	0.30	0.52
A2 -> A 認知易用性	0.44	0.44	0.06	7.33	0.00	0.33	0.56
A3 -> A 認知易用性	0.47	0.47	0.05	8.71	0.00	0.36	0.57

15.1.3.5　評鑑結構模型

結構模型的評鑑，依 Hair 等人（2017）的專書介紹，可分成五部分，分別說明如後。

❏ 徑路係數顯著性

首先，是結構徑路係數的顯著性檢定。第一種是使用 OLS 法計算係數標準誤的檢定。在 STATA 中使用以下指令，即可得到表 15-9 的結構模型標準化係數。係數下括號中為 p 值，均小於 0.01，因此，各迴歸係數均顯著不等於 0。

```
plssem (A>a?)(B>b?)(C>c?)(D>d?), structural(B A, C A B, D B C) digit(2)
```

表 15-9　結構模型—標準化係數

Variable	B	C	D
A	0.41 (0.00)	0.27 (0.00)	
B		0.51 (0.00)	0.33 (0.00)
C			0.53 (0.00)
r2_a	0.16	0.43	0.60

p-values in parentheses

第二種是使用拔靴法計算標準誤的檢定。表 15-10 是使用 SmartPLS 重複抽樣 5,000 次，為所得係數及其 T 值、P 值、95%信賴區間。表中 T 值均大於 1.96，P 值均小 0.01，95%信賴區間都不含 0，因此，5 個結構徑路係數均顯著不等於 0。

表 15-10　內部迴歸係數檢定及 95%信賴區間

	初始樣本 (O)	樣本均值 （M）	標準差 （STDEV）	T統計量 （|O/STDEV|）	P 值	2.50%	97.50%
A -> B	0.41	0.41	0.06	7.20	0.00	0.30	0.52
A -> C	0.27	0.27	0.06	4.51	0.00	0.15	0.38
B -> C	0.51	0.51	0.05	9.55	0.00	0.40	0.61
B -> D	0.33	0.33	0.06	5.40	0.00	0.22	0.45
C -> D	0.53	0.53	0.06	9.48	0.00	0.42	0.63

❑ 決定係數 R^2

　　其次，檢視決定係數 R^2。R^2 是外因構念對內因構念的解釋量，也是由外因構念預測所得的內因構念分數，與由外因構念指標加權而得的內因構念之間的關聯程度，如圖 15-12 所示。

圖 15-12　R 平方示意圖

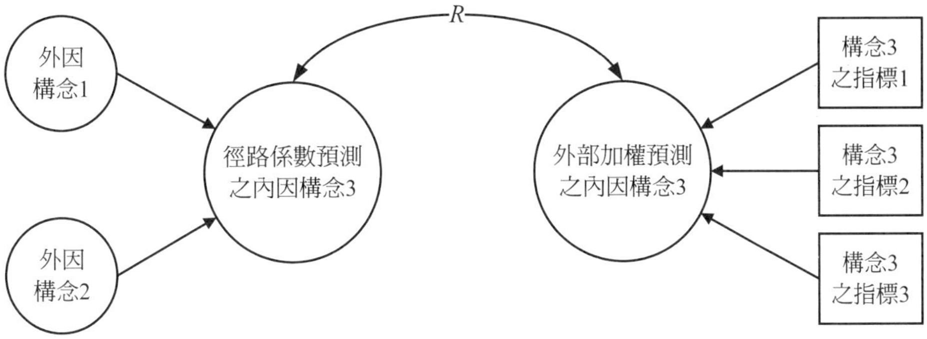

　　在 STATA 中，進行 plssem 分析後，即可得到表 15-9 表下的調整後 R^2，分別為 0.16、0.43、0.60。如果要得到原始的 R^2 及重疊量數，可以利用以下指令。

```
matrix list e(rsquared)
matrix list e(redundancy)
```

　　結果如表 15-11，R^2 分別為 0.17、0.44、0.61。R^2 乘以個別構念的平均共同性就是平均重疊量數，代表指標被其他自變數的平均解釋變異量。例如：報表 15-4 中構念 B 的 3 個指標之負荷量為 0.89、0.83、0.82，平均平方和為 0.71，乘上 B 的 R^2 0.17（表中為.16782836），即為 0.12（表中的.11972723），代表構念 B 的 3 個指標，被構念 A 平均解釋 12% 的變異量。表中 3 個 R^2 的平均數為 0.40436，3 個平均重疊量數為 0.33142，與後面的報表 15-11 一致。

表 15-11　原始 R 平方

	A	B	C	D
r2	.	.16782836	.43925476	.60599115
redundancy	.	.11972723	.36002003	.51451601

　　除了統計上達顯著外，也要留意 R^2 的實質顯著性。依據 Cohen（1988）的建議，

R^2 的小、中、大標準分別為 0.02、0.13、0.26；而 Chin（1998）的標準則是 0.19、0.33、0.67。本研究的 R^2 約為中度的效果量。不過，Hair 等人（2017）則主張，在行銷領域，R^2 的小、中、大標準應為 0.25、0.50、075，則本章範例為小至中的效果量。

❑ 直接、間接、總效果分析

第三，說明間接效果與總效果。間接效果的計算方法在第 8 章及第 14 章已有說明，此處僅說明分析結果。在 STATA 中使用以下指令可以得到直接、間接、全體效果。

```
estat total
```

結果如表 15-12，分別說明如下：

1. 認知易用性（A）正向影響認知有用性（B），直接效果為 0.410。
2. 認知易用性（A）與認知有用性（B）正向影響使用態度（C），直接效果分別為 0.269 與 0.506；認知易用性（A）對使用態度（C）的間接效果為 0.207。
3. 認知有用性（B）與使用態度（C）正向影響行為意圖（D），徑路係數分別為 0.330 與 0.530；認知有用性（B）對行為意圖（D）的間接效果為 0.268；認知易用性（A）對行為意圖（D）的間接效果為 0.388。

表 15-12　各種效果

Effect	Direct	Indirect	Total
A –> B	0.410		0.410
A –> C	0.269	0.207	0.476
A –> D		0.388	0.388
B –> C	0.506		0.506
B –> D	0.330	0.268	0.598
C –> D	0.530		0.530

間接效果的檢定，在 STATA 中只能針對個別的路徑，且只能有 1 個中介變數，無法整體檢定。例如：構念 A 對構念 D 沒有直接效果，間接效果有 A→B→D、A→C→D、A→B→C→D 共 3 個。此時，只能用以下指令進行 2 個間接效果檢定。

```
estat indirect, effects(D B A, D C A) boot(500)
```

整體的檢定，須使用 SmartPLS 軟體，結果如表 15-13，均顯著不為 0。

表 15-13　間接效果檢定及 95%信賴區間

	初始樣本（O）	樣本均值（M）	標準差（STDEV）	T 統計量（|O/STDEV|）	P 值	2.50%	97.50%
A -> B							
A -> C	0.207	0.21	0.037	5.643	0.000	0.143	0.286
A -> D	0.388	0.391	0.048	8.122	0.000	0.298	0.483
B -> C							
B -> D	0.268	0.269	0.040	6.715	0.000	0.194	0.350
C -> D							

❑ f^2 效果量

除了內因變數 R^2 之外，刪除模型中特定外因變數所造成的 R^2 改變值，也可以用來檢定被刪除的變數是否對內因變數有顯著的影響，此稱為 f^2 效果量，它的公式是：

$$f^2 = \frac{R^2_{\text{包含某外因變數}} - R^2_{\text{刪除某外因變數}}}{1 - R^2_{\text{包含某外因變數}}} \tag{15-2}$$

以圖 15-8 的模型為例，直接影響 B 的變數有 A，其 R^2 為 0.168。當只有常數項時，對 B 的 R^2 為 0。因此，A 對 B 的 f^2 結果為：

$$f^2 = \frac{0.168 - 0}{1 - 0.168} = 0.202$$

模型中影響 C 的變數有 A 與 B，合併的 R^2 為 0.439。如果刪除 A，則 R^2 為 0.379。因此，A 對 C 的 f^2 為：

$$f^2 = \frac{0.439 - 0.379}{1 - 0.439} = 0.107$$

如果刪除 B，則 R^2 為 0.226。因此，B 對 C 的 f^2 為：

$$f^2 = \frac{0.439 - 0.226}{1 - 0.439} = 0.380$$

在 STATA 中，可以分段進行迴歸分析，將分析所得的 R^2 儲存之後，再計算 f^2。指令中 qui 為 quietly 的縮寫，表示不列出分析結果；gen 為 generate 的縮寫，表示產生某個新變數；disp 為 display 的縮寫，表示列出某個變數的數值。

```
qui plssem (A>a?)(B>b?)(C>c?)(D>d?), structural(B A, C A B, D B C)
qui regress B A
gen BA=e(r2)
qui regress B
gen BB=e(r2)
disp (BA-BB)/(1-BA)

qui regress C B A
gen CBA=e(r2)
qui regress C B
gen CB=e(r2)
disp (CBA-CB)/(1-CBA)

qui regress C A
gen CA=e(r2)
disp (CBA-CA)/(1-CBA)

qui regress D C B
gen DCB=e(r2)
qui regress D C
gen DC=e(r2)
disp (DCB-DC)/(1-DCB)

qui regress D B
gen DB=e(r2)
disp (DCB-DB)/(1-DCB)
```

表 15-14 是 SmartPLS 分析結果，與 STATA 一致。

表 15-14　f^2 效果量

	A	B	C	D
A		0.202	0.107	
B			0.380	0.172
C				0.443
D				

☐ 預測相關性

　　預測相關性是以 Q^2 代表模型能準確預測反映性內因構念的值，甚至能預測該構念的指標之數值（陳寬裕，2018；Hair et al., 2017），也代表模型及其參數重建觀察值的程度（Chin, 1998）。它以盲解法（blindfolding），透過將資料矩陣分隔成 G 群，反覆估計 G 次，一次省略一組的資料不納入分析，再使用模型估計預測省略的部分，從而算得 Q^2 值（蕭文龍，2013）。詳細過程可參考陳寬裕（2018）及 Hair 等人（2017）的著作。Q^2 值如果大於 0，表示模型對反映性內因構念具有預測相關性。

　　圖 15-13 是以 SmartPLS 分析所得的 Q^2 值，分別為 0.12、0.35、0.51，表示模型對 3 個內因構念及其指標具有預測相關性。

圖 15-13　智慧型手機之科技接受模型之 Q^2

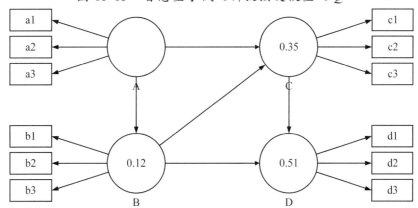

　　利用類似 f^2 的算法，也可以計算個別構念的 q^2，不過，SmartPLS 並未提供此功能，需要使用者透過刪除某個構念的方式自行計算，過程較繁複，因此，不在此處說明。

❑ 模型適配度

PLS-SEM 不像 CB-SEM 提供較多的模型適配度，而且，適配度也不一定能代表模型是否適當。

STATA 與 SmartPLS 提供的適配度指標簡述如下：

1. 平均 R^2，是各內因構念被預測之 R^2 的平均數。代表內因構念被外因構念的平均解釋量。

2. 平均共同性，是各因素負荷平方〔也就是共同性（communality）〕的平均數。代表所有構念對各指標的平均解釋量。

3. 平均重疊量。每個指標的重疊量（redundancy），是由共同性乘以該指標之構念被其他構念預測的 R^2 而得。所有重疊量的平均數即為平均重疊量，代表所有內因構念之指標的平均被解釋量。

4. 絕對適配度指標 GoF，為平均重疊量與平均 R^2 之乘積的平方根，代表同時考量測量模型與結構模型後的整體預測力。在 STATA 中，只有反映性測量才會計算 GoF，如果模型中都是形成性測量，並無 GoF。相對 GoF 則再考量特徵值及典型相關，公式可參見 Vinzi 等人（2010）的說明。相對 GoF 如果大於 0.90，代表模型適配度良好。絕對 GoF 的小、中、大標準可為 0.10、0.25、0.36（Wetzels et al., 2009）。不過，Hair 等人（2017）認為，GoF 並無法代表整體的適配度，而 SmartPLS 也未提供此指標。

5. SRMR（standardized root mean square residual），是觀察相關矩陣與隱含相關矩陣之差異（也就是殘差矩陣）平均值，代表理論模型與觀察資料的差異。如果 SRMR 小於 0.80，代表模型良好。

6. 其他的精確模型適配指標：SmartPLS 提供 d_ULS（歐氏距離平方）、d_G（測地距離），它們需要使用 bootstrap（自助法或拔靴法）以計算信賴區間，如果模型良好，則信賴區間的上限應大於原始的 d_ULS 或 d_G 值。

7. 標準適配度指標（normed fit index, NFI）：分子為「基準線模型與理論模型的卡方差值」，分母為「基準線模型的卡方值」，介於 0 ~ 1 之間，大於 0.95 表示理論模型比基準線模型有更佳的適配度。公式如下：

$$NFI = \frac{\chi_B^2 - \chi_T^2}{\chi_B^2} \tag{15-3}$$

不過，如果模型愈複雜，NFI 通常會愈大，最好改用 NNFI，但是，SmartPLS 並未提供 NNFI 指標。

8. RMS_theta，是外部模型之殘差共變數矩陣的均方，它僅適用於反映性測量。RMS_theta 如果小於 0.12，表示模型適配良好。

15.2　假設性資料

假設研究者提出圖 15-1 之理論模型，並蒐集 40 個觀察體在 12 個變數的數據如表 14-2（在第 14 章，不重複列出），分別以 STATA 及 SmartPLS 進行 PLS-SEM 分析。

15.2.1　簡要語法

在 STATA 中，建議語法如下，設定小數位為 2。

```
plssem (F1>v1 v2 v3)(F2>v4 v5 v6)(F3>v7 v8 v9)(F4>v10 v11 v12), structural (F3 F1 F2, F4 F1 F2 F3) digit(2)
```

15.2.2　簡要報表

以下以 STATA 的報表為主，配合 SmartPLS 的估計結果簡要說明。

報表 15-1

Measurement model - Standardized loadings

	Reflective: F1	Reflective: F2	Reflective: F3	Reflective: F4
v1	0.90			
v2	0.91			
v3	0.92			
v4		0.90		
v5		0.90		
v6		0.91		
v7			0.92	
v8			0.93	
v9			0.91	
v10				0.93
v11				0.91
v12				0.95
Cronbach	0.90	0.89	0.91	0.92
DG	0.94	0.93	0.94	0.95
rho_A	0.90	0.89	0.91	0.92

報表 15-1 是上半部測量模型（外部模型）的標準化負荷量，$F1 \sim F4$ 都是反映性測量。下半部是各構念的一致性信度，其中 DG 即為組成信度，都大於 0.90。

報表 15-2

Structural model - Standardized path coefficients		
Variable	F3	F4
F1	0.37	0.36
	(0.01)	(0.00)
F2	0.47	0.32
	(0.00)	(0.00)
F3		0.43
		(0.00)
r2_a	0.45	0.82
p-values in parentheses		

報表 15-2 是結構模型（內部模型）的標準化徑路係數，括號中為 p 值，均小於 .05。下半部為內因構念被模型解釋的調整 R^2。

報表 15-3

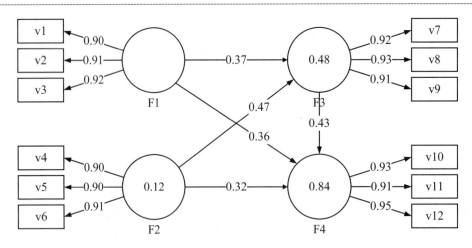

報表 15-3 是 SmartPLS 估計所得的參數，各係數與 STATA 一致。內因構念被解釋的原始 R^2 各為 0.48 及 0.84。

15.3　應用部分

15.3.1　範例說明

　　筆者提理論模型如圖 15-6，使用自編「智慧型手機使用量表」之數據（與第 14 章相同），說明如何進行 PLS-SEM 分析。

15.3.2　STATA 語法

```
[1]    plssem (A>a?)(B>b?)(C>c?)(D>d?), structural(B A, C A B, D B C) digit(2)
[2]    estat total
[3]    plssem (A<a?)(B<b?)(C<c?)(D<d?), structural(B A, C A B, D B C) digit(2)
[4]    matrix list e(outerweights)
```

15.3.3　STATA 語法說明

[1] Plssem 指令，逗號前為測量模型，a1 ~ a3 為構念 A 的反映性指標，箭頭方向由構念 A 指向 a?（? 代表任意數字或字母），其他指標亦同。逗號後為結構模型，括號中再以逗號分隔各迴歸模型，依變數寫在前，其後為自變數。

[2] 列出所有的效果，含直接（等於迴歸係數）、間接、全體效果。

[3] 如果是形成性測量，則箭頭由指標指向構念。

[4] 形成性測量，應列出外部加權係數。

15.3.4　SmartPLS 分析步驟圖

1. 繪製好理論模型後，點擊【運算】按鈕（圖 15-14）。

圖 15-14　理論模型及執行運算

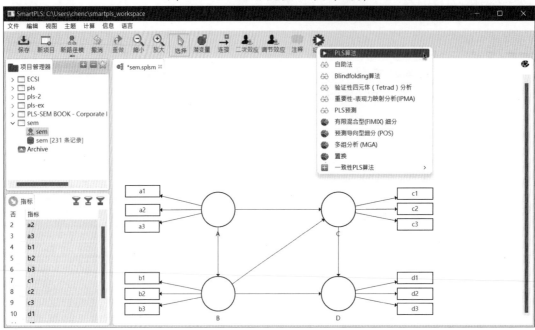

2.　加權方案，預設為「路徑」，這也是最常用的方式（圖 15-15）。

圖 15-15　進行運算

3.　運行後即可得到各種結果，圖 15-16 為內部模型之徑路係數。

圖 15-16　運算後各種結果

15.3.5　報表及解說

以下以 STATA 的報表為主，配合 SmartPLS 的估計結果說明。

報表 15-4

Measurement model - Standardized loadings

	Reflective: A	Reflective: B	Reflective: C	Reflective: D
a1	0.88			
a2	0.84			
a3	0.87			
b1		0.89		
b2		0.83		
b3		0.82		
c1			0.91	
c2			0.90	
c3			0.91	
d1				0.93
d2				0.90
d3				0.93

Cronbach	0.83	0.80	0.89	0.91
DG	0.90	0.88	0.93	0.94
rho_A	0.85	0.81	0.89	0.91

報表 15-4 上半部是測量模型（外部模型）的標準化負荷量，構念 $A \sim D$ 都是反映性測量。下半部是各構念的一致性信度，DG 組成信度，都大於 0.80，因此具有高的一致性。

報表 15-5

Discriminant validity - Squared interfactor correlation vs. Average variance extracted (AVE)

	A	B	C	D
A	1.00	0.17	0.23	0.18
B	0.17	1.00	0.38	0.43
C	0.23	0.38	1.00	0.54
D	0.18	0.43	0.54	1.00
AVE	0.75	0.71	0.82	0.85

報表 15-5 是聚斂—區別效度。下半部為構念對各指標的平均解釋變異量（AVE），都大於 0.50，因此具有高的聚斂效度。上半部對角線外為各構念的相關平方，代表構念間各互相解釋的變異量，都小於 AVE，因此具有高的區別效度。

報表 15-6

Structural model - Standardized path coefficients

Variable	B	C	D
A	0.41 (0.00)	0.27 (0.00)	
B		0.51 (0.00)	0.33 (0.00)
C			0.53 (0.00)
r2_a	0.16	0.43	0.60
p-values in parentheses			

報表 15-6 是結構模型（內部模型）的標準化徑路係數，括號中為 p 值，均小

於.05。下半部為內因構念被模型解釋的調整 R^2。

報表 15-7

Direct, Indirect (overall) and Total Effects

Effect	Direct	Indirect	Total
A -> B	0.410		0.410
A -> C	0.269	0.207	0.476
A -> D		0.388	0.388
B -> C	0.506		0.506
B -> D	0.330	0.268	0.598
C -> D	0.530		0.530

　　報表 15-7 為各種效果，直接效果即是內部模型的徑路係數，間接效果由各直接效果相乘而得，已於第 8 章與第 14 章說明計算方法，全體效果由直接效果與間接效果相加而得。

報表 15-8

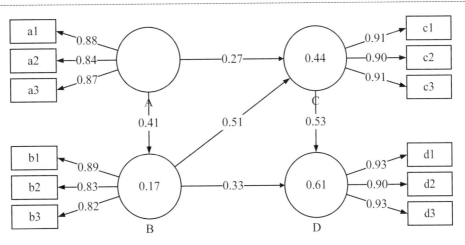

　　報表 15-8 是由 SmartPLS 所繪之估計參數，與 STATA 一致。與第 14 章的 CB-SEM 報表 14-25 相比，PLS-SEM 的測量模型負荷量較高，但是結構模型的徑路係數則較小。PLS-SEM 的決定係數 R^2 也較高（分別為 0.24、0.57、0.72）。在 SmartPLS 中可使用一致性 PLS 算法，得到與 CB-SEM 相似的結果（R^2 分別為 0.24、0.57、0.73）。

報表 15-9

	A	B	C	D
A		0.20	0.11	
B			0.38	0.17
C				0.44
D				

報表 15-9 是由 SmartPLS 分析而得的 f^2，已於前面說明過。

報表 15-10

	A	B	C	D
A		0.13	0.07	
B			0.26	0.12
C				0.30
D				

報表 15-10 是使用盲解法，將所有樣本分成 8 組，並逐次刪除某個預測變數而算得的 q^2，此為筆者自行計算之結果，並非 SmartPLS 報表。整體而言，q^2 平均約為 f^2 的 65%。

報表 15-11

Number of obs	=	231
Average R-squared	=	0.40436
Average communality	=	0.78208
Absolute GoF	=	0.56235
Relative GoF	=	0.97464
Average redundancy	=	0.33142

報表 15-11 是 STATA 的各項適配指標。GoF = 0.56，為強的適配度。相對 GoF = 0.97，相當接近 1。

報表 15-12

	飽和的模型	估計模型	初始樣本 (O)	樣本均值(M)	95%	99%
SRMR	0.054	0.055	0.055	0.042	0.050	0.054
d_ULS	0.227	0.237	0.237	0.138	0.191	0.225
d_G	0.171	0.171	0.171	0.164	0.182	0.191
卡方值	239.545	240.326				
NFI	0.867	0.867				
rms_Theta		0.222				

　　報表 15-12 是綜合 SmartPLS 各項適配度指標而得的結果，並非單一表格。其中，估計模型中的 SRMR 為 0.055，小於 0.08，合於寬鬆標準，未達嚴格標準的 0.05。NFI 為 0.867，未大於 0.90。rms_Theta 為 0.222，未小於 0.12。d_G 為 0.171，未大於 99% 上限 0.191。d_ULS 為 0.237，大於 99%上限 0.225。整體而言，模型適配度並不理想。

報表 15-13

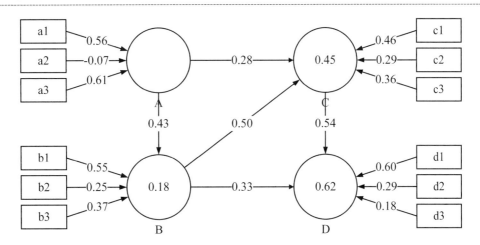

　　報表 15-13 是將所有指標改為形成性測量（不符合原理論，只是舉例說明），其中 a2→A 的外部加權係數為−0.07，與外部負荷量 0.66（代表指標與構念間之相關，未顯示於報表中）正負號相反，應是 a1 ~ a3 間有共線問題造成，應多留意。

15.4　分析結論

　　研究者自編 12 題 Likert 六點量表，以測量使用者對智慧型手機的看法。本量表共有 4 個分量表，各有 3 題，分別在測量認知有用性、認知易用性、使用態度，及行為意圖。以 STATA 之 plssem 及 SmartPLS 3.39 版，進行 PLS-SEM 分析。外部模型部分，4 個潛在構念的組成信度 ρ 分別為 0.90、0.88、0.93、0.94，AVE 分別為 0.75、0.71、0.82、0.85，各分量表具有良好的聚斂效度。各構念間相關均小於 AVE 平方根，具有良好的區別效度。標準化估計值如報表 15-8，構念下方為 R^2，因素負荷量都在 0.708 以上，5 個研究假設均獲得支持：

1. 認知易用性正向影響認知有用性，徑路係數為 0.41，$f^2 = 0.20$，$q^2 = 0.13$。
2. 認知易用性正向影響使用態度，徑路係數為 0.27，$f^2 = 0.11$，$q^2 = 0.07$。
3. 認知有用性正向影響使用態度，徑路係數 0.51，$f^2 = 0.38$，$q^2 = 0.26$。
4. 認知有用性正向影響行為意圖，徑路係數為 0.33，$f^2 = 0.17$，$q^2 = 0.12$。
5. 使用態度正向影響行為意圖，徑路係數為 0.53，$f^2 = 0.44$，$q^2 = 0.30$。

15.5　使用 JASP 分析

　　JASP 0.17.0.0 版已可進行 PLS-SEM 分析。圖 15-17 是形成性指標的分析結果，外部加權係數及迴歸係數均與報表 15-13 一致，左上角為分析語法。

圖 15-17　JASP 分析結果

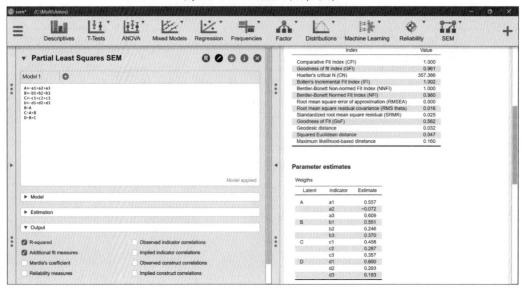

參考書目

王濟川、王小倩、姜寶法（2011）。**結構方程模型：方法與應用**。高等教育。

王濟川、謝海義、姜寶法（2008）。**多層統計分析模型：方法與應用**。高等教育。

王濟川、郭志剛（2003）。**Logistic 迴歸模型——方法與應用**。五南。

余民寧（2000）。徑路分析。輯於**教育大辭書**。http://163.28.84.216/Entry/Detail/?title= 徑路分析

周文賢（2002）。**多變量統計分析**。智勝。

林邦傑（1981）。集群分析及其應用。**教育與心理研究**，**4**，31-57。

林清山（1988）。**多變項分析統計法**。東華。

邱皓政（2006）。**統計原理與分析技術**。雙葉書廊。

邱皓政（2008）。**潛在類別模式：原理與技術**。五南。

邱皓政（2011）。當 PLS 遇上 SEM：議題與對話。**量化研究學刊**，**3**(1)，20-53。

邱皓政（2017a）。多元迴歸的自變數比較與多元共線性之影響：效果量、優勢性與相對權數指標的估計與應用。**臺大管理論叢**，**27**(3)，1-44。

邱皓政（2017b）。多層次模式與縱貫資料分析：Mplus 8 解析應用。五南。

邱皓政（譯）（2006）。**多層次模型分析導論**。五南。

馬信行（1988）。簡介迴歸分析。**教育研究**，**1**，61-69。

張健邦（1993）。**應用多變量分析**。文富出版社。

張雷、雷靂、郭伯良（2005）。**多層線性模式應用**。教育科學出版社。

郭志剛等（譯）（2008）。**階層線性模式**。五南。

陳正昌（2022）。**SPSS 與統計分析**（三版）。五南。

陳正昌、林曉芳（2020）。**R 統計軟體與多變量分析**。五南。

陳正昌、程炳林、陳新豐、劉子鍵（2011）。**多變量分析方法：統計軟體應用**（六版）。五南。

陳正昌、賈俊平（2019）。**統計分析與 R**（二版）。五南。

陳純槿（2020）。PISA 2018 中國四省市學生閱讀素養研究新發現。**華東師範大學學報**（教育科學版），**38**(5)，22-62

陳寬裕（2018）。**結構方程模型分析實務：SPSS 與 SmartPLS 的運用**。五南。

傅粹馨（1996）。多元迴歸分析中之結構係數與逐步迴歸。**教育資料與研究**，**11**，25-35。

傅粹馨（2002）。典型相關分析與結構方程模式關係之探究。**屏東師院學報，16**，231-262。

楊秋月、陳耀茂（2017）。**醫護研究與資料分析：SPSS 的應用**。五南。

溫福星（2006）。**階層線性模式：原理、方法與應用**。雙葉書廊。

溫福星、邱皓政（2011）。**多層次模式方法論：階層線性模式的關鍵議題與試解**。新亞測驗評量暨技術發展中心。

葉啟政（1978）。因徑分析。輯於楊國樞、文崇一、吳聰賢、李亦園（合編），**社會及行為科學研究法**（頁 859-905）。東華書局。

蕭文龍（2013）。**統計分析入門與應用——SPSS 中文版+PLS-SEM**。碁峰資訊。

Allison, P. D. (1999). *Logistic regression using the SAS system: Theory and application.* SAS Institute Inc.

American Psychological Association. (2001). *Publication manual of the American Psychological Association* (5th ed.). Author.

Anderson, J. C., & Gerbing, D. W. (1988). Structural equation modeling in practice: A review and recommends two-step approach. *Psychological Bulletin, 103*(3), 411-423.

Bandalos, D. L., & Boehm-Kaufman, M. R. (2009). Four common misconceptions in exploratory factor analysis. In C. E. Lance & R. J. Vandenberg (Eds.), *Statistical and methodological myths and urban legends: Doctrine, verity and fable in the organizational and social sciences* (pp. 61-87). Routledge/Taylor & Francis Group.

Betz, N. E. (1987). Use of discriminant analysis in counseling psychology research. *Journal of Counseling Psychology, 34*(4), 393-403.

Bickel, R. (2007). *Multilevel analysis for applied research: It's Just Regression!* Guilford Press.

Bird, K. D. (1975). Simultaneous contrast testing procedures for multivariate experiments. *Multivariate Behavioral Research, 10*, 343-351.

Blunch, N. J. (2013). *Introduction to Structural Equation Modeling using IBM SPSS Statistics and AMOS* (2nd ed.). Sage.

Bollen, K. A. (1989). *Structural equations with latent variables*. John Wiley.

Borgen, F., & Seling, M. (1978). Uses of discriminant analysis following MANOVA: Multivariate statistics for multivariate purposes. *Journal of Applied Psychology, 63*, 689-697.

Bray, J. H., & Maxwell, S. E. (1985). *Multivariate analysis of variance*. Sage Publications, Inc.

Buras, A. (1996). *Descriptive versus predictive discriminant analysis: A comparison and contrast of the two techniques* (ED395981). https://files.eric.ed.gov/fulltext/ED395981.pdf

Byrne, B. M. (2016). *Structural equation modeling with Amos: Basic concepts, applications, and programming* (3rd ed.). Routledge.

Chin, W. W. (1998). The partial least squares approach for structural equation modeling. In G. A. Marcoulides (Ed.), *Modern methods for business research* (pp. 295-336). Lawrence Erlbaum Associates.

Cohen, J. (1988). *Statistical power analysis for the behavioral science* (2nd ed.). Lawrence Erlbaum Associate.

Comrey, A. L., & Lee, H. B. (1992). *A first course in factor analysis* (2nd ed.). Lawrence Erlbaum Associates.

Courville, T., & Thompson, B. (2001). Use of structure coefficients in published multiple regression articles: β is not enough. *Educational and Psychological Measurement, 61*(2), 229-248.

Davis, F. D. (1989). Perceived usefulness, perceived ease of use, and user acceptance of information technology. *MIS Quarterly, 13*(3), 319-340.

Dillon, W. R., & Goldstein, M. (1984). *Multivariate analysis: Methods and applications*. John Wiley.

Dolenz, B. (1993). *Descriptive discriminant analysis: An application* (ED355274). https://files.eric.ed.gov/fulltext/ED355274.pdf

Dunteman, G. H. (1994). Principal components analysis. In M. S. Lewis-Beck (Ed.), *Factor analysis and related techniques* (pp. 157-245). Sage.

Edirisooriya, G. (1995). *Stepwise regression is a problem, not a solution*. Paper presented at the Annual Meeting of the Mid-South Educational Research Association (Biloxi, MS, November 8-10, 1995).

Fornell, C., & Larcker, D. F. (1981). Evaluating structural equation models with unobservable variables and measurement error. *Journal of Marketing Research, 18*, 39-50.

Gao, S., Mokhtarian, P. L., & Johnston, R. A. (2008). Nonnormality of data in structural equation models. *The Annals of Regional Science, 42*(2), 342-356.

Gorsuch, R. L. (1983). *Factor analysis* (2nd ed.). Lawrence Erlbaum.

Hahs-Vaughn, D. L. (2017). *Applied multivariate statistical concepts*. Routledge.

Hair, J. F., Anderson, R. E., Tatham, R. L., & Black, W. C. (1995). *Multivariate data analysis with reading* (4th ed.). Prentice Hall.

Hair, J. F., Black, W. C., Babin, B. J., & Anderson, R. E. (2019). *Multivariate data analysis* (8th ed.). Cengage.

Hair, J. F., Hult, G. T. M., Ringle, C. M., & Sarstedt, M. (2017). *A Primer on partial least squares structural equation modeling (PLS-SEM)* (2nd ed.). Sage.

Hair, J. F., Ringle, C. M., & Sarstedt, M. (2011). PLS-SEM: Indeed a silver bullet. *Journal of Marketing Theory and Practice, 19*(2), 139-151.

Harman, H. H. (1976). *Modern factor analysis* (3rd ed.). The University of Chicago Press.

Harris, R. J. (1975). *A primer multivariate statistics*. Academic.

Hayton, J. C., Allen, D. G., & Scarpello, V. (2004). Factor retention decisions in exploratory factor analysis: A tutorial on parallel analysis. *Organizational research methods, 7*(2), 191-205.

Heck, R. H., & Thomas, S. L. (2009). *An introduction to multilevel modeling techniques*. Routledge.

Heidgerken, A. D. (1999). *The importance of structure coefficients in interpreting regression research* (ED426093). https://files.eric.ed.gov/fulltext/ED426093.pdf

Henard, D. H. (1998). *Suppressor variable effects: Toward understanding an elusive data dynamic* (ED416215). https://files.eric.ed.gov/fulltext/ED416215.pdf

Henington, C. (1994). *A primer on the use of predictive discriminant analysis* (ED367705). https://files.eric.ed.gov/fulltext/ED367705.pdf

Hoelter, J. W. (1983). The analysis of covariance structure: Goodness-of-fit indices. *Sociological Methods & Research, 11*, 325-344.

Hooper, D., Coughlan, J., & Mullen, M. (2008). Structural equation modelling: Guidelines for determining model fit. *The Electronic Journal of Business Research Methods, 6*(1), 53-60.

Hosmer, D. W., & Lemeshow, S. (2000). *Applied logistic regression* (2nd ed.). Wiley.

Hox, J. J. (2010). *Applied multilevel analysis* (2nd Ed.). Routledge.

Hu, Li-Tze, & Bentler, P. M. (1995). Evaluating model fit. In R. H. Hoyle (Ed.), *Structural equation modeling: Concepts, issues, and applications* (pp. 76-99). Sage.

Huberty, C. J. (1994). *Applied discriminant analysis*. John Willy.

Huberty, C. J., & Olejnik, S. (2006). *Applied MANOVA and discriminant analysis* (2nd ed.). John Wiley.

Johnson, D. E. (1998). *Applied multivariate methods for data analysts*. Duxbury Press.

Johnson, R. D., & Wichern, D. W. (2007). *Applied multivariate statistical analysis* (6th ed.). Pearson Prentice Hall.

Jolliffe, I. L. (2002). *Principal component analysis* (2nd ed.). Springer.

Jöreskog, K. (2015). *50 Years of SEM in 50 Minutes??* https://modeling.uconn.edu/wp-content/uploads/sites/1188/2015/12/50-years-of-SEM-in-50-minutes.pdf

Kaiser, H. F., & Rice, J. (1974). Little Jiffy, Mark IV. *Educational and Psychological Measurement, 34*, 111-117.

Khattree, B., & Naik, D. N. (2000). *Multivariate data reduction and discrimination with SAS software*. SAS.

Kim, J. O., & Mueller, C. W. (1978). *Factor analysis statistical methods and practical issues*. Sage.

Klecka, W. R. (1980). *Discriminant analysis*. Sage.

Klemmer, C. D. (2000). *Stepwise descriptive or predictive discriminant analysis: Don't even think about using it!* (ED438321). https://files.eric.ed.gov/fulltext/ED438321.pdf

Kline, R. B. (2011). *Principles and practice of structural equation modeling* (3rd ed.). The Guilford Press.

Kreft, I. G., & de Leeuw, J. (1998). *Introducing multilevel modeling*. Sage.

Kroff, M. W. (2002). *Commonality analysis: A method of analyzing unique and common variance proportions* (ED463309). https://files.eric.ed.gov/fulltext/ED463309.pdf

Landis, R. S., Edwards, B. D., & Cortina, J. M. (2009). On the practice of allowing correlated residuals among indicators in structural equation models. In C. E. Lance & R. J. Vandenberg (Eds.), *Statistical and methodological myths and urban legends: Doctrine, verity and fable in the organizational and social sciences* (pp. 193-214). Routledge/Taylor & Francis Group.

Lattin, J., Carroll, J. D., & Green, P. E. (2003). *Analyzing multivariate data*. Thomson.

Lutz, J. G., & Eckert, T. L. (1994). The relationship between canonical correlation analysis and multivariate multiple regression. *Educational and Psychological Measurement, 54*(3), 666-675.

Maas, C. J. M., & Hox, J. J. (2004). Robustness issues in multilevel regression analysis. *Statistica Neerlandica, 58*(2), 127-137.

Maas, C., & Hox, J. (2005). Sufficient sample sizes for multilevel modeling. *European Journal of Research Methods for The Behavioral and Social Sciences, 1*(3), 86-92.

Menard, S. (2002). *Applied logistic regression analysis* (2nd ed.). Sage.

Meshbane, A., & Morris, J. D. (1996). *Predictive discriminant analysis versus logistic regression in two-group classification problems* (ED400280). https://files.eric.ed.gov/fulltext/ED400280.pdf

Moore, J. D., Jr. (1996). *Stepwise methods are as bad in discriminant analysis as they are anywhere else* (ED395041). https://files.eric.ed.gov/fulltext/ED395041.pdf

Nimon, K. (2010). Regression commonality analysis: Demonstration of an SPSS solution. *Multiple Linear Regression Viewpoints, 36*(1), 10-17.

O'Connor, B. P. (2000). SPSS and SAS programs for determining the number of components using parallel analysis and Velicer's MAP test. *Behavior Research Methods, Instrumentation, and Computers, 32*, 396-402.

O'Rourke, N., & Hatcher, L. (2013). *A step-by-step approach to using SAS for factor analysis and structural equation modeling* (2nd Ed.). SAS Press.

Olson, C. L. (1976). On choosing a test statistic in multivariate analyses of variance. *Psychological Bulletin, 83*, 579-586.

Pampel, F. C. (2000). *Logistic regression: A Primer*. Sage.

Pedhazur, E. J. (1997). *Multiple regression in behavioral research: Explanation and prediction* (3rd ed.). Harcourt Brace College Publishers.

Pedhazur, E. J., & Schmelkin, L. P. (1991). *Measurement, design, and analysis: An integrated approach*. Lawrence Erlbaum Associates.

Pituch, K. A., & Stevens, J. P. (2016). *Applied multivariate statistics for the social science* (6th ed.). Routledge.

Ployhart, R. E. (2005). Hierarchical models. In B. S. Everitt & D. C. Howell (Eds.), *The encyclopedia of statistics in behavioral science* (pp. 810-816). Wiley.

Raudenbush, S. W., & Bryk, A. S. (2002). *Hierarchical linear models: Application and data analysis methods* (2nd ed.). Sage.

Rawlings, J. O., Pantula, S. G., & Dickey D. A. (1998). *Applied regression analysis: A research tool* (2rd ed.). Springer.

Raykov, T., Marcoulides, G. A. (2006). *A first course in structural equation modeling* (2nd ed.). Lawrence Erlbaum Associates.

Ringle, C. M., Sarstedt, M., & Straub, D. (2012). A Critical look at the use of PLS-SEM in MIS Quarterly. *MIS Quarterly*, *36*(1), iii-xiv.

Ringle, C. M., Wende, S., & Becker, J.-M. (2015). *SmartPLS 3*. Boenningstedt: SmartPLS GmbH, http://www.smartpls.com.

Rodger, R. S. (1973). Confidence intervals for multiple comparisons and the misuse of the Bonferroni inequality. *British Mathematical and Statistics Psychology, 26*, 58-60.

SAS Inc. (1990). *SAS/STAT user's guide* (4th ed.). SAS.

Schumacker, R. E. (2016). *Using R with multivariate statistics*. Sage.

Sharma, S. (1996). *Applied multivariate techniques*. John Wiley.

Singer, J. D. (1998). Using SAS PROC MIXED to fit multilevel models, hierarchical models, and individual growth models. *Journal of Educational and Behavioral Statistics*, *23*(4), 323-355.

Snijders, T. A. B. (2005). Power and Sample Size in Multilevel Linear Models. In B. S. Everitt & D. C. Howell (Eds.), *The encyclopedia of statistics in behavioral science* (pp. 1570-1573). Wiley.

SPSS (2000). *Advanced statistical analysis using SPSS*. SPSS.

Tabachnick, B. G., & Fidell, L. S. (2019). *Using multivariate statistics* (7th ed.). Pearson.

Thompson, B. (1990). Don't forget the structure coefficients. *Measurement and Evaluation in Counseling and Development, 22*(4), 178-180.

Thompson, B. (1995a). Review of applied discriminant analysis by C. J. Huberty. *Educational and Psychological Measurement*, *55*, 340-350.

Thompson, B. (1995b). Stepwise regression and stepwise discriminant analysis need not apply here: A guidelines editorial. *Educational and Psychological Measurement*, *55*(4), 525-534.

Thompson, B. (1998). *Five methodology errors in educational research: The pantheon of statistical significance and other faux pas* (ED419023). https://files.eric.ed.gov/fulltext/ED419023.pdf

Thurstone, L. L. (1947). *Multiple factor analysis*. University of Chicago.

Tucker, L. R., & Lewis, C. (1973). The reliability coefficient for maximum likelihood factor analysis. *Psychometrika, 38*, 1-10.

Twisk, J. W. R. (2006). *Applied multilevel analysis: A practical guide*. Cambridge University Press.

Vinzi, V. E., Trinchera, L., & Amato, S. (2010). PLS path modeling: From foundations to recent developments and open issues for model assessment and improvement. In V. E. Vinzi, W. W. Chin, J. Henseler, & H. Wang (Eds.), *Handbook of Partial Least Squares: Concepts, Methods and Applications* (pp. 47-82). Springer.

Wetzels, M., Odekerken-Schroder, G., & van Oppen, C. (2009). Using PLS path modeling for assessing hierarchical construct models: Guidelines and empirical illustration. *MIS Quarterly*, *33*(1), 177-196.

Whitaker, J. S. (1997a). *Interpretation of structure coefficients can prevent erroneous conclusions about regression results* (ED406438). https://files.eric.ed.gov/fulltext/ED406438.pdf

Whitaker, J. S. (1997b). *Use of stepwise methodology in discriminant analysis* (ED406447). https://files.eric.ed.gov/fulltext/ED406447.pdf

Wilkinson, L. (1999). Statistical Methods in Psychology Journals Guidelines and Explanations. *American Psychologist, 54*(8), 594-604.

Wright, S. (1921). Correlation and Causation. *Journal of Agricultural Research*, *20*, 557-585.

Zwick, W. R., & Velicer, W. F. (1986). Factor influencing five rules for determining the number of components to retain. *Psychological Bulletin*, *99*, 432-442.

索引

十三畫

國家圖書館出版品預行編目(CIP)資料

多變量分析：使用SPSS與STATA/陳正昌著. --
初版. -- 臺北市：五南圖書出版股份有限公司,
2023.02
　　面；　公分
　　ISBN 978-626-343-778-4(平裝)

1.CST: 多變量分析 2.CST: 統計套裝軟體

512.4　　　　　　　　　　112000985

1HAP

多變量分析：
使用SPSS與STATA

作　　者 ─ 陳正昌
發 行 人 ─ 楊榮川
總 經 理 ─ 楊士清
總 編 輯 ─ 楊秀麗
主　　編 ─ 侯家嵐
責任編輯 ─ 吳瑀芳
文字校對 ─ 陳俐君
封面設計 ─ 王麗娟
出 版 者 ─ 五南圖書出版股份有限公司
地　　址：106臺北市大安區和平東路二段339號4樓
電　　話：(02)2705-5066　　傳　　真：(02)2706-6100
網　　址：https://www.wunan.com.tw
電子郵件：wunan@wunan.com.tw
劃撥帳號：01068953
戶　　名：五南圖書出版股份有限公司
法律顧問：林勝安律師
出版日期：2023年2月初版一刷
定　　價：新臺幣660元